一流本科专业一流本科课程建设系列教材

高级财务管理

主　编　郝以雪
副主编　牟绍波　高　洁　曲佳莉
参　编　杨　曾　郭晓竹

U0331618

机械工业出版社

高级财务管理是在企业财务管理的理论研究成果和实践经验的基础上,以财务管理中特殊和复杂的业务管理、财务管理领域新问题以及财务管理研究中尚不成熟的问题为研究对象,旨在使学生了解和掌握高级财务管理理论与方法,培养财务管理专业学生的分析判断等综合能力,为社会培养高级的财务管理人才服务。本书在体系内容安排上贴近现实,着眼未来,强调实用,在深入阐述基本财务管理理论的基础上(如资本市场理论、财务治理理论),以企业财务管理活动的流程与企业的生命周期为线索,以专题的形式系统地阐述了数智化时代企业价值管理,企业并购的财务管理,企业集团财务管理,中小企业财务管理,企业破产重整、和解与清算的财务管理,并设置了诸如导读、案例、思考题等丰富的辅助教学模块,为读者在复杂环境下进行企业财务管理提供了方法和运作思路。

本书是西华大学"财务管理"校级混合式一流课程建设配套教材,也是会计学、工商管理国家级一流本科专业核心课程建设配套教材,可以作为高等院校财务管理、会计学、审计学、金融学专业高年级本科生和研究生的教材,也可以作为企业管理人员的工作参考书。

图书在版编目(CIP)数据

高级财务管理 / 郝以雪主编. -- 北京:机械工业出版社,2024. 12. -- (一流本科专业一流本科课程建设系列教材). -- ISBN 978-7-111-77426-6

Ⅰ. F275

中国国家版本馆 CIP 数据核字第 2025DD2527 号

机械工业出版社(北京市百万庄大街 22 号　邮政编码 100037)
策划编辑:常爱艳　　　　　　　责任编辑:常爱艳　赵晓峰
责任校对:郑　婕　李　杉　　封面设计:鞠　杨
责任印制:李　昂
北京新华印刷有限公司印刷
2025 年 4 月第 1 版第 1 次印刷
184mm×260mm · 21.5 印张 · 519 千字
标准书号:ISBN 978-7-111-77426-6
定价:69.00 元

当前，我国企业处于经济结构转型、数字化转型、全球化挑战与机遇，以及绿色可持续发展等多重因素影响下的复杂环境。结合我国"十四五"规划的要求，将财务管理理论和实践与国家的经济发展战略紧密对接，有助于创新驱动、绿色发展、高质量增长、开放经济、区域协调以及共享经济等关键领域的发展与应用。这一过程不仅要求财务专业人员具备深厚的理论知识和实际操作能力，还要求他们具有前瞻性思维和战略视野，以便在复杂多变的经济环境中做出有效决策。高级财务管理的理论与方法不仅能够提升财务管理人员的专业水平，促进企业的可持续发展，还能确保企业战略与国家发展大局同步，为实现国家经济社会发展目标贡献力量。

本书的构思特点如下：

（1）理论与实践结合　本书的内容不仅涵盖了财务管理的基础理论，还包括了先进的管理理论和实践案例。这种结合有助于读者理论知识的深化和实践技能的提升，使其能够更好地应对实际工作中的复杂问题。

（2）响应市场变化　随着技术进步、经济全球化和市场环境的不断变化，财务管理的范围和内容也在不断扩展和更新。本书在编写时及时反映了这些变化，为读者提供了最新的知识和工具，帮助他们适应和引领变化。

（3）增强读者决策能力　通过对高级财务管理知识的学习和理解，读者可以提高自己在企业经营活动方面的分析和决策能力。这不仅包括对财务数据的分析能力，还包括对市场趋势、风险因素和投资机会的判断能力，从而能够在复杂的市场环境中做出更加科学合理的决策。

（4）培养读者战略思维　本书在编写过程中强调财务决策与企业整体战略的紧密结合，促使读者在处理日常财务问题的同时，能够从更宏观的角度考虑问题，培养自身的战略思维和前瞻性思维。

（5）促进读者专业发展　随着财务管理职能的不断扩展，财务管理者需要不断学习新的知识和技能以适应职业发展的需要。本书为实现这一目标提供了支持，有助于提升读者的职业素养和竞争力。

（6）推动学术研究　本书的编写有助于推动学术界对财务管理理论和实践的研究，促进知识的创新和传播，为财务管理领域的发展贡献新的思想和方法。

虽然"高级财务管理学"的内容体系至今仍然没有统一的界定标准，但是经过11年的教学尝试与不断研究，我们对"高级财务管理"应包括的基本内容有较为清晰的认识。由于按照是否遵循财务管理假设对其内容进行划分在教学实践与理论研究中得到了学术界的一定认可，所以本书首先介绍了高级财务管理的主要框架体系。在内容上涵盖了财务理论专题，企业价值评估，企业并购的财务管理，企业集团财务管理，中小企业财务管理，企业破产重整、和解与清算的财务管理等专门性的财务问题，其中有些内容是当前经济社会中的热门问题，如企业并购；有些内容是当前财务管理的难点问题，如企业集团财务管理与企业价值评估；有些则是一般财务管理教材中较少涉及的内容，如企业破产重整、和解与清算的财务管理。

本书由西华大学管理学院郝以雪担任主编，由西华大学管理学院牟绍波、高洁、曲佳莉担任副主编，由西华大学管理学院杨曾和郭晓竹担任参编。全书的总撰工作由郝以雪负责，郝以雪、牟绍波负责总审。西华大学的在读研究生李涛和财务管理专业的学生曾凡乾、孟佳欣对全书进行校对。本书共十章，编写工作的具体分工如下：第一章由郝以雪编写；第二章和第三章由曲佳莉编写；第四章由牟绍波和杨曾编写；第五章和第六章由高洁编写；第七章和第八章由郝以雪和郭晓竹编写；第九章由杨曾编写；第十章由郝以雪和郭晓竹编写。

本书的编写历时近一年。在编写过程中，我们得到了西华大学陈万江教授的大力支持，参考了许多专家学者的专著、论文、教材。这些专著、论文和教材，对本书的编写以及完成有着不可磨灭的作用。在此，谨向这些专家学者致以衷心感谢。

本书的出版得到了机械工业出版社编辑们的大力支持和帮助，特别是责任编辑常爱艳女士为本书的出版付出了大量心血，在此表示诚挚的谢意！

我们希望本书有一些新的观念、新的启迪，能够为推进"财务管理"学科的建设尽一份微薄之力。我们也将以此为起点，不断探索，与时俱进，追求卓越。

尽管我们已经尽了最大努力，但由于水平有限，本书的内容难免有不足之处，在此真诚地希望广大读者批评指正，以便进一步修改完善。

我们为选择本书作为授课教材的老师免费提供教学电子课件（PPT）、教学大纲及课后习题答案，请联系机工教育服务网（www.cmpedu.com）索取。

编　者

2025 年 1 月于西华大学

目 录

第一章

高级财务管理导论

 【本章导读】

　　2016 年，苹果公司曾面临一个财务决策挑战：尽管公司在海外拥有大量的现金储备，但这些资金若转回美国，则会产生高额税负；同时，苹果公司需要资金进行股票回购和支付股息，以提升股东价值。在这一背景下，苹果公司必须找到一个既经济又高效的资金筹集方式。

　　苹果公司在选择资金筹集方式时涉及多个步骤：首先，进行了深入的市场条件分析，考察了利率水平和债券市场的状况；其次，进行了全面的风险评估，包括利率风险、信用风险和货币风险；接着，认真考量了不同融资方式的税务影响，特别是将海外资金转回美国可能产生的高额税负；最后，进行了资本成本的计算，以确定债券发行相比其他融资方式的成本效益。这个决策过程体现了公司在财务决策中的理性分析和战略规划，旨在最大化股东价值和优化资本结构。

　　基于上述分析，苹果公司决定在美国内部市场发行债券。这一决策的好处显著：利用低利率环境，债券发行成本较低；同时避免了将海外资金转回美国的高额税负。此举不仅为公司筹集了所需资金，而且优化了其资本结构。这一决策被视为公司理性理财的典型案例，展示了如何通过全面的市场分析、风险评估、税务考虑和资本成本计算来做出最有利于增加公司价值的财务决策。

　　苹果公司 2016 年发行债券的案例是否符合公司理性理财的概念？若是，它主要体现在哪些方面？这正是本章要重点讨论的问题之一。

 【学习目标】

通过本章的学习，你应该：

1. 了解高级财务管理学的产生和发展
2. 掌握财务管理理论结构的概念和基本框架
3. 理解财务管理假设的构成及其与高级财务管理内容的关系
4. 熟悉高级财务管理的特点与产生背景
5. 掌握高级财务管理的内容范畴

第一节　财务管理的发展历程

▶ 一、西方财务管理的发展历程

财务管理是一种古老的活动，自人类生产劳动出现开始，便有了理财活动。但是，最早的财务管理只是简单的会计意义上的管理。财务管理作为企业的一种独立经济活动，是伴随着公司制这一企业组织形式的产生和发展而逐渐形成的。

早在 15 世纪—16 世纪，商业比较发达的地中海沿岸城市（特别是意大利的威尼斯）就出现了邀请公众入股的城市商业组织（原始的股份制形式），入股的股东包括商人、王公、大臣、市民等。商业经济的初步发展要求商业组织做好资金筹集、股息分派和股本管理等财务管理工作。但由于这时企业对资金的需求量并不是很大，且筹资渠道和筹资方式比较单一，因此企业的筹资活动仅仅附属于商业经营管理，并没有形成独立的财务管理业务，这种情况一直持续到 19 世纪末 20 世纪初。尽管当时企业中尚未正式形成财务管理部门或机构，但上述财务管理活动的重要性已在企业管理中得以凸显。因此，该时期被视为西方财务管理的萌芽时期。

1897 年，美国著名财务学者托马斯·L. 格林（Thomas L. Green）出版《公司理财》（*Corporation Finance*）一书，它标志着西方财务理论的独立。自此，西方财务理论以其独特的研究核心和研究方法成为经济学的一门分支，并在 20 世纪取得了较大发展，大批学者以股份公司为研究对象，着眼于不断发展的资本市场，涌现了丰富的研究成果。王化成（1997）、郭复初（1997）等学者对这一百多年来财务管理的发展进行了归纳，学者们对西方财务管理发展阶段划分观点不一致。在对众多学者文献进行总结的基础上，本书根据西方财务管理的发展变化将其划分为以下八个发展阶段。

（一）筹资财务管理阶段（19 世纪末—20 世纪初）

19 世纪末—20 世纪初，工业革命的成功使制造业迅速崛起，新技术、新机器不断涌现，西方股份公司有了迅速发展，资本主义经济也得到快速发展。这时，股份公司不断扩大生产经营规模，在财务上要求开辟新的筹资渠道，及时足额筹得资金以满足因生产经营规模扩大而产生的资金需求，并在财务关系上处理好公司与投资者、债权人之间的财务权、责、利关系，分配好盈利。于是，各股份公司纷纷成立专职财务管理部门，以适应加强财务管理的需要。而财务管理职能与机构的独立化，标志着近代西方财务管理的完全形成。

在这一阶段中，市场竞争不是十分激烈，各国经济均得到了迅速发展，企业只要筹集到足够的资金，一般都能取得较好的效益。然而，当时的资金市场还不是很成熟，金融机构也不发达，因此，如何筹集资金便成为财务管理的最主要问题。财务管理的主要职能是预测企业资金的需求量和筹集企业所需的资金，理论研究的侧重点在于金融市场、金融机构和金融工具的概念与应用。因此，筹资理论和方法得到了迅速的发展，为现代财务管理理论的产生和完善奠定了良好的基础，这一时期西方资本市场发展日趋完善。

这个阶段具有代表性的理论贡献如下：

1) 1897 年，托马斯·L. 格林出版《公司理财》一书，详细阐述了公司资本的筹集问题，并被学界认为是筹资财务理论的最早代表作，它标志着西方财务理论的独立。

2) 1910 年，米德（Meade）出版了《公司财务》一书，主要研究企业如何最有效地筹集资本，该书为现代财务理论奠定了基础。

3) 1920 年，亚瑟·斯通（Arthor Stone）出版了《公司财务策略》（*Financial Policy Corporation*）一书。

4) 德国海因里希·施曼林巴赫（Heinrich Schmalebach）的《财务论》，主要研究资本的筹集，更重视研究股票和公司债等资本筹措方式。

这个阶段的研究成果主要集中于如何有效地筹集资金。

（二）内部控制财务管理阶段（20 世纪 30 年代—20 世纪 50 年代）

筹资阶段的财务管理往往只注重研究资金的筹集，却忽视了企业日常的资金周转和企业内部控制。1929 年的经济危机后，为保护投资者利益，各国政府加强了对证券市场的监管，尤其加强了对公司偿债能力的监管。美国在 1933 年、1934 年通过了《联邦证券法》和《证券交易法》，要求公司编制反映企业财务状况和其他情况的说明书，并按规定的要求向证券交易委员会进行定期报告。政府监管的加强客观上要求企业把财务管理的重心转向内部控制。同时，对企业而言，想要尽快走出经济危机的困境，内部控制也显得十分必要。

第二次世界大战以后，全世界被压迫民族和人民迅速觉醒，纷纷争取独立，殖民主义制度土崩瓦解，科学技术迅速发展，市场竞争日益激烈。西方财务管理人员更加清醒地认识到，在残酷的市场竞争中，要维持企业的生存和发展，财务管理的主要功能不仅在于筹集资金，更在于有效地进行内部控制，管好、用好资金。因此，在这一时期，企业内部的财务决策被认为是企业财务管理最重要的问题，而资本市场等与筹资有关的事项已退居次要地位。西方财务学家将这一时期称为"守法财务管理时期"或"法规描述时期"（Descriptive Legalistic Period）。

在这一时期，财务管理的重点开始从扩张性的外部融资问题向防御性的内部资金控制转移，各种财务目标和预算的确定、债务重组、资产评估、保持偿债能力等问题，开始成为这一时期财务管理研究的重要内容。具体表现在以下几个方面：

1) 财务管理不仅要筹集资金，而且要进行有效的内部控制，管好、用好资金，资产负债表中的资产项目，如现金、应收账款、存货、固定资产等引起财务管理人员的重视。

2) 人们普遍认为，企业财务活动是与供应、生产和销售相并列的一种必要的管理活动，它能够调节和促进企业的供、产、销活动。

3) 对资本的控制需要借助于各种定量方法，因此各种计量模型逐渐被应用于存货、应收账款、固定资产管理上，财务计划、财务控制和财务分析的基本理论和方法逐渐形成，并在实践中得到了普遍应用。

4) 如何根据政府的法律、法规来制定企业的财务政策成为企业财务管理的重要方面。

5) 财务管理内容还涉及企业的破产、清偿和合并等问题。

这个时期具有代表性的理论贡献如下：

1) W. H. 洛弗（W. H. Lough）出版了《企业财务》一书，率先提出了企业财务除筹集资金之外，还要对资金周转进行有效管理。

2）英国学者 T. G. 罗斯（T. G. Rose）出版《企业内部财务论》一书，该书中强调企业内部财务管理的重要性，认为资本的有效运用是财务管理的中心。

这个时期的研究成果为企业财务状况的系统分析及对资产流动性分析打下了基础。

（三）资产管理理财阶段（20 世纪 50 年代—20 世纪 60 年代）

20 世纪 50 年代以后，面对激烈的市场竞争和买方市场趋势的出现，财务经理普遍认识到单纯靠扩大融资规模、增加产品产量已无法适应新形势的发展需要，财务经理的主要任务应是解决资金的利用效率问题，企业内部的财务决策上升为首要问题，西方财务学家将这一时期称为"内部决策时期"（Internal Decision-making Period）。在此期间，资金的时间价值引起了财务经理的普遍关注，以固定资产投资决策为研究对象的资本预算方法日益成熟，财务经理的重心由重视外部融资转向注重资金在企业内部的合理配置，使企业财务管理发生了质的飞跃。由于这一阶段资产管理成为财务管理的重中之重，因此这一阶段也可称为资产管理阶段。

20 世纪 50 年代后期，对公司整体价值的重视和研究，成为财务管理理论的另一显著发展。在实践中，投资者和债权人往往根据公司的盈利能力、资本结构、股利政策、经营风险等一系列因素来决定公司股票和债券的价值。因此，资本结构和股利政策的研究受到了高度的重视。

这一时期主要财务研究成果有：

1）1951 年，美国财务学家迪安（Joel Dean）出版了最早研究投资理财理论的著作《资本预算》，该书着重研究如何利用货币的时间价值确定贴现现金流量，使投资项目的评价和选择建立在可比的基础上，该著作成为此后在这一领域众多论著共同的思想、理论源泉，起了极其重要的先导和奠基作用，对财务管理由筹资财务管理向资产财务管理的飞跃发展产生了决定性影响。

2）1952 年，哈里·马科维茨（Harry M. Markowitz）发表论文《资产组合选择》，他认为在若干合理的假设条件下，投资收益率的方差是衡量投资风险的有效方法。从这一基本观点出发，1959 年，马科维茨出版了专著《组合选择》，从收益与风险的计量入手，研究各种资产之间的组合问题。马科维茨也被公认为资产组合理论流派的创始人。

3）1958 年，弗兰科·莫迪利安尼（Franco Modigliani）和默顿·米勒（Merton H. Miller）在《美国经济评论》上发表《资本成本、公司财务和投资理论》一文，提出了著名的 MM 理论。莫迪利安尼和米勒因为在研究资本结构理论上的突出成就，分别在 1985 年和 1990 年获得了诺贝尔经济学奖。

4）1964 年，威廉·夏普（William Sharpe）、约翰·林特纳（John Lintner）等在马科维茨理论的基础上，提出了著名的资本资产定价模型（CAPM），系统地阐述了资产组合中风险与收益的关系，区分了系统性风险和非系统性风险，并明确提出了非系统性风险可以通过分散投资而减少等观点。资本资产定价模型使资产组合理论发生了革命性变革，夏普因此与马科维茨一起共享第 22 届诺贝尔经济学奖的荣誉。

综上，在这一时期，以研究财务决策为主要内容的"新财务论"已经形成，其实质是注重财务管理的事先控制，强调将企业与其所处的经济环境密切联系，以资产管理决策为中心，将财务管理理论向前推进了一大步。

（四）**投资财务管理阶段**（20世纪60年代—20世纪70年代）

第二次世界大战结束以后，科学技术迅速发展，产品更新换代速度加快，国际市场迅速扩大，跨国公司增多，金融市场繁荣，市场环境更加复杂，投资风险日益增加，因此企业必须更加注重投资效益，规避投资风险，这对财务管理工作提出了更高的要求。20世纪60年代中期以后，财务管理的重心重新从内部向外部转移，理财活动比以往更加关注于投资问题，特别是20世纪70年代后，金融工具的推陈出新使企业与金融市场的联系日益加强。认股权证、金融期货等广泛应用于企业的筹资与对外投资活动中，推动了财务管理理论日益发展和完善。另外，统计学和运筹学优化理论等数学方法也引入财务理论研究中。因此，这一时期被称为投资财务管理阶段，其核心问题是资本结构和投资组合的优化。

这个阶段的主要研究成果有以下几个方面：

1）资本结构理论进一步深化和发展。如前所述，投资组合理论和资本资产定价模型揭示了资产的风险与其预期报酬率之间的关系，受到了投资界的欢迎。它不仅将证券定价建立在风险与报酬相互作用的基础上，而且大大改变了企业的资产选择策略和投资策略，因此被广泛应用于企业的资本预算决策。其结果导致财务学中原来比较独立的两个领域——投资学和企业财务管理相互结合，使企业财务管理理论跨入了投资财务管理的新时期。前述资产管理理财阶段的财务研究成果同时也是投资财务管理阶段初期的主要财务研究成果。

在这一时期，资本结构理论研究的深化，经历了从早期传统资本结构理论到现代资本结构理论的发展过程（1952年—1977年），并以MM理论为开端，逐渐发展到破产成本理论、税差理论、市场均衡理论、权衡理论、信息不对称理论等。从1977年开始，以梅耶斯（Myers）、迈基里夫（Majluf）提出的优序融资理论为起点又开始了新资本结构理论的发展阶段，其后出现了以詹森（Michael C. Jensen）、麦克林（W. H. Meckling）、梅耶斯为代表的代理成本说，以史密斯（Smith）、华纳（Warner）等人为代表的财务契约论，以罗斯（S. A. Ross）、利兰（Leland）等人为代表的信号模型，以史密斯为代表的产业组织理论以及以哈里斯（Harris）、雷维夫（Raviv）为代表的企业治理结构学派。

2）资本市场的发展和投资风险的日益加大使人们开始寻求资产组合、避险和控制风险的工具，金融工具的推陈出新使企业与金融市场的关系更加密切，认股权证、金融期货等广泛应用于企业融资和对外投资活动中，特别是20世纪70年代中期，布莱克（F. Black）等人创立了期权定价模型（Option Pricing Moldel，OPM）；斯蒂芬·罗斯（Stephen Ross）提出了套利定价理论（Arbitrage Pricing Theory，APT）。这一时期的财务管理呈现出百花开放、百家争鸣的繁荣景象。

3）1972年，法马（Fama）和米勒（Miller）出版了《财务管理》一书，这部集西方财务管理理论之大成的著作，标志着西方财务管理理论已发展成熟。

一般认为，该阶段是西方财务管理理论走向成熟的阶段，主要表现在以下几个方面：①建立了合理的投资决策程序；②形成了完善的投资决策指标体系；③建立了科学的风险投资决策方法。由于吸收了自然科学和社会科学的丰富成果，财务管理进一步发展成为集财务预测、财务决策、财务计划、财务控制和财务分析于一身，以筹资管理、投资管理、营运资金管理和利润分配为主要内容的管理活动，并在企业管理中居于核心地位。

（五）通货膨胀理财阶段（20世纪70年代—20世纪80年代）

在这个阶段，石油价格上涨，西方国家出现了严重的通货膨胀，持续的通货膨胀给财务管理带来了一系列前所未有的问题，因此这一阶段财务管理的任务主要是应对通货膨胀。在通货膨胀条件下，如何有效地进行财务管理一度成为热点问题。大规模的通货膨胀使企业资金需求不断增加、货币资金不断贬值、资金成本不断提高、成本虚降、利润虚增、资金周转困难。为此，西方财务管理根据通货膨胀的状况对企业筹资决策、投资决策、资金日常调度决策、股利分配决策进行了相应的调整。

（六）国际财务管理阶段（20世纪80年代—20世纪90年代）

国际企业是指在两个或两个以上国家进行投资、生产或销售的企业。国际企业中的财务管理，就叫国际财务管理。20世纪80年代中后期，由于运输和通信技术的发展，市场竞争加剧，国际企业发展迅速。因此，国际企业财务管理也越来越重要。当然，一国财务管理的基本原理也是适合国际财务管理的。但由于国际企业涉及多个国家，要在不同的制度、不同的经济环境下做出决策，因而有一些特殊的问题需要解决。如外汇兑换的损益及其风险问题、多国性融资问题、在其他国家投资的资本预算问题、国外投资环境问题、内部转移价格问题、国际投资分析、跨国公司财务业绩评估等都和一国企业财务管理不同。自20世纪80年代中期以来，国际财务管理的理论和方法迅速发展，并在财务管理实务中得到了广泛应用，成为财务管理发展过程中的又一个高潮，并由此产生了一门新的财务学分支——国际财务管理。

20世纪80年中后期，拉美、非洲和东南亚地区的发展中国家陷入沉重的债务危机，苏联和东欧国家政局动荡、经济濒临崩溃，美国经历了贸易逆差和财政赤字，贸易保护主义一度盛行。这一系列事件导致国际金融市场动荡不安，使企业面临的投融资环境变得高度不确定。因此，财务风险问题与财务预测、决策数量化受到高度重视。

（七）网络财务管理阶段（20世纪90年代—21世纪初期）

20世纪90年代以来，随着计算机技术、电子通信技术和网络技术的迅猛发展，财务管理的重点悄然向网络财务管理转变。

自21世纪以来，人类社会已经进入了一个以知识为主导的时代，知识、创新精神和声誉等无形智力资源成为企业赢得竞争优势的关键资源和企业价值创造的主要驱动力。从财务管理的角度来看，这些变化改变了企业资源配置结构，即从传统的以厂房、机器、资本为主要内容的资源配置结构转变为以知识为基础，并以智力资本为主的资源配置结构。例如，在有形资产的数量方面，美国微软公司与小型企业相差无几，而其市场价值却超过美国三大汽车公司的总和。面对知识经济趋势的深化，传统财务管理理论以"物"为本的观念受到巨大冲击，以人为本的理念贯穿企业筹资、投资、资金运营和利润分配的各环节。对智力资本如何进行确认、计量和管理成为财务管理的一个重要课题。

同时，知识经济拓宽了经济活动的空间，改变了经济活动的方式，主要表现在以下两个方面：一是网络化，容量巨大、高速互动、知识共享的信息技术网络构成了知识经济的基础，企业之间的激烈竞争将在网络上进行；二是虚拟化，由于经济活动的数字化和网络化加强，开辟了新的媒体空间，如虚拟市场、虚拟银行等，许多传统的商业运作方式也将随之消失，代之以电子支付、电子采购和电子订单，商业活动将在全球互联网上进行，使企业购销活动更便捷、费用更低廉，对存货的量化监控更精确。同时，网上收付使国际资本的流动加快，而财务主体面临的货币风险却大大增加，网络财务管理主体、课题、内容、方式都会发生很大的变化。相应地，现代的财务管理理论和实践将随着理财环境的变化而不断革新，并继续朝着国际化、精确化、电算化、网络化的方向发展。

（八）数智化财务管理阶段（21 世纪 10 年代以后）

数字化与智能化（简称数智化）财务管理作为一个概念，其起始较难精确定义，因为它涉及多种数字技术在财务管理领域的应用，这些技术并非同时出现。不过，随着大数据、云计算、人工智能等技术在 21 世纪 10 年代初期开始得到广泛关注和应用，数智化财务管理逐渐成为一个明确的趋势。特别是在 21 世纪 10 年代中后期，随着这些技术的成熟和企业数字化转型的加速，数智化财务管理开始广泛被提及并应用于实践中。

企业在数智化财务管理阶段进行了财务管理领域的一次重大转型，这一转型深刻地影响了企业的财务决策、风险管理和战略规划等多个方面。随着信息技术的飞速发展，尤其是大数据、云计算、人工智能（AI）和区块链等技术的广泛应用，企业财务管理的范式正在发生根本性的变化。这些技术的集成不仅极大地提高了财务流程的自动化程度，降低了人力成本和错误率，还使企业能够实时处理和分析海量的财务数据，从而提供更加深入和准确的业务洞察。例如，AI 和机器学习技术的应用使得企业可以自动化完成复杂的财务报告和分析工作，而云计算的使用则为财务数据的存储和处理提供了更加灵活和可扩展的平台。此外，区块链技术在提高财务交易的安全性和透明度方面展现了巨大的潜力，尤其是在供应链财务和跨境支付领域。

在数智化财务管理阶段，企业不仅关注提高财务操作的效率和精确性，而且注重通过数据驱动的洞察来支持更加科学和具备前瞻性的财务决策。利用先进的数据分析工具，企业能够对市场趋势、客户行为和竞争环境进行更加细致和全面的分析，从而在预算编制、资本配置、投资决策等方面做出更加合理和有效的选择。同时，数智化财务管理还强调了合规性和透明度的重要性，通过确保财务数据和流程的准确性和透明度，企业能够更好地应对监管要求，降低法律风险，并建立投资者和合作伙伴的信任。总的来说，数智化财务管理为企业提供了一个更加高效、智能和透明的财务管理框架，不仅优化了企业的内部运营，也为企业在复杂多变的市场环境中保持竞争力和可持续发展提供了有力的支持。

从 20 世纪以来财务管理的发展过程可以看出，财务管理目标、财务管理内容、财务管理方法的变化都是理财环境综合作用的结果。可以说，有什么样的理财环境，就会产生什么样的理财模式，也就会产生相应的财务管理理论体系。实际上，财务管理总是依赖于其生存发展的环境。在任何时候，对财务管理问题的研究，都应以客观环境为立足点和出发点才有价值。脱离环境来研究财务管理理论，就等于无源之水、无本之木。所以，将财务管理环境确定为财务管理理论结构的起点是一种合理的选择。

▶▶ 二、我国近代企业及其财务管理

两次鸦片战争后，西方国家的资本大量涌入中国，建立了各种各样的洋行，并采用发

行股票的办法筹集资本。

从 19 世纪 70 年代起，清政府开始创办包括工矿业、交通运输业和电信业等在内的近代企业。从经营形式上看，这些企业分官办、官商合办和官督商办三种。全部由政府出资开办的，称为"官办企业"；部分由政府出资、部分由商人出资的，称为"官商合办"；以商人出资为主，政府加入资金很少，甚至一点也没有，但有权对企业进行控制，掌握企业用人和理财之权的，称为"官督商办"。

早在甲午战争以前，我国的民族资本在创办企业时，就已经开始采用集资合股的办法。例如，1882 年由广州商人合股建立的广州造纸厂，1886 年由杨宗濂创办的天津火柴公司等。

在北洋军阀政府统治时期，北洋政府也创办了一些公司。但是这些公司大部分是以中外合办的形式、以出卖国家主权为代价向西方国家乞求资本办起来的。

在国民党统治时期，官僚资本创办、控制了许多公司。1927 年，国民党新军阀建立了军事独裁政权后，利用政权力量，在经济上实行垄断，很快集中了大量财富，形成了以蒋、宋、孔、陈四大家族为代表的官僚资本集团。

从 1929 年 2 月到 1935 年 6 月，全国注册的公司有 1966 家，其中，股份有限公司为 1384 家，占 70.4%；无限公司为 509 家，占 25.9%；两合公司为 56 家，占 2.8%；股份两合公司只有 17 家，占 0.9%。[○]

▶ 三、我国财务管理的发展历程

我国企业财务管理的发展与新中国经济建设实践是一脉相承的，大体经历了计划经济阶段（1949 年—1978 年）、建立有计划的商品经济体制阶段（1979 年—1991 年）、建立社会主义市场经济体制阶段（1992 年—2000 年）、完善社会主义市场经济体制阶段（2001 年至今）。完善社会主义市场经济体制阶段，也可以称为数字化转型阶段，这一阶段包括信息化初期阶段（2001 年—2010 年）、移动互联网和云计算推动阶段（2010 年—2015 年）、大数据和人工智能加速阶段（2015 年至今）。本书围绕这几个阶段对我国企业财务管理实践、理论和财务管理教育等活动进行总结，并对其发展趋势进行探讨。

（一）计划经济阶段的企业财务管理（1949 年—1978 年）：初始建立

新中国成立后，国民经济开始恢复，逐步实现了由新民主主义经济向社会主义经济过渡的历史任务，故我们将 1949 年—1978 年这一阶段称之为计划经济阶段。此时，我国借鉴苏联的财务管理理论和方法，初步建立起了一套为社会主义计划经济服务的财务管理体系。

1951 年 2 月，政务院财政经济委员会召开的全国财政会议对加强国营企业的财务管理工作进行了首次部署，要求建立并执行国营企业财务收支计划制度、定期的报表制度、预算决算制度，实行财政监督。同年 4 月，该委员会颁发了 1951 年度的国营企业财务收支计划、提缴折旧基金和提缴利润三项暂行办法，标志着企业的财务管理工作开始纳入计划管理的轨道。同年 11 月，财政部召开了首次全国企业财务管理暨会计会议，交流和总结

○ 陈真. 中国近代工业史资料：第 4 辑 [M]. 三联书店，1961：59.

了前述三项制度的执行情况，并讨论了国营企业统一会计报表和会计科目等问题，为建立适应计划经济要求的企业财务管理体系做了相应准备。1953 年—1957 年，我国开展了第一个五年计划，在此期间，财政部陆续颁发系列规章，对"四项费用拨款"制度、"超计划利润分成"制度、流动资金的"两口供应，分别管理"制度以及产品成本开支范围等财务制度予以明确。至此，以资产管理为主要内容，以计划、控制和监督为基本职能的国营企业财务管理体系初步建立起来。

此时，各经济类杂志上相继出现了一些关于企业财务管理研究的文章，涉及的问题主要有：①社会主义经济核算制，主要涉及经济核算的实质、客观依据、指标体系等；②资产核算与管理的问题，主要涉及流动资产和固定资产的核定与分类，同时涉及若干考核指标，如流动资产周转率、固定资产产值率等；③企业成本费用与利润的核算，成本费用方面包含成本支出的界定、各项成本与费用的分类与管理，利润方面主要是计算利润总额和利润率等；④关于财务本质问题的研究，一种观点认为财务本质是货币关系体系的总和，另一种观点认为财务本质是资金运动及其所体现的经济关系，还有人认为财务本质是价值分配活动所产生的经济关系；⑤财务管理形式的改革，如月度财务收支计划和资金平衡、决算审查、费用控制和定额发料、班组经济核算等。

在这一阶段，整个社会处于经济复苏的大潮中，国民经济出现欣欣向荣的景象，企业财务管理发展迅速，并受到了社会的极大关注。由于经济体制逐步过渡到计划经济，相应的，国营企业财务管理体制纳入国家计划之中，实行国家统收统支、统负盈亏的体制：资金由国家支配，企业无筹资和投资权；成本费用开支均报国家有关部门审核，企业无成本开支权；收入按国家计划分配，企业无定价权与分配权；企业财务管理的重点是成本核算，成本计划控制与实行财务监督。在这种高度集中的计划和财政体制下，企业财务管理的体系框架涵盖的内容相对简单和单一。此外，企业会计制度和体系都不完善，会计核算制度都是依据财务管理制度建立的，此时会计包含在财务管理体系中。

(二) 建立有计划的商品经济体制阶段的财务管理（1979 年—1991 年）：升级焕发

十一届三中全会以后，我国进入以经济建设为中心的社会主义建设新时期。这一时期的经济体制开始是以"计划经济为主，市场调节为辅"，之后进一步过渡到"有计划的商品经济"体制。国家对企业实行"放权让利"的政策，使企业拥有了一定的自主权，企业财务管理的内容、工作环节、方式、方法也随着发生了一系列新的变化，并逐步建立起适应商品经济的财务管理新体系。

在筹资方面，1979 年—1986 年的银行体制改革改变了一切存贷业务由中国人民银行独家办理、贷款品种和利率单一的状况，使得银行贷款成为企业筹资的主要方式。1987 年国务院发布《企业债券管理暂行条例》，债券筹资成为企业另一可选方式。在商品市场中，赊销成为重要的促销方式，使得企业运用商业信用筹资成为可能。1984 年，中国人民银行颁发的《商业汇票承兑、贴现暂行办法》进一步鼓励了企业之间的商业信用筹资。此外，企业横向吸收直接投资、吸收外商直接投资、发行股票、融资租赁等也从无到有，不断拓宽了自身的筹资渠道。

在投资方面，1984 年 9 月、10 月，国务院连续颁发了《关于改革建筑业和基本建设管理体制若干问题的暂行规定》和《关于改进计划体制的若干暂行规定》，缩小了投资方面指令性计划的范围。1987 年 3 月，国务院颁发的《关于放宽固定资产投资审批权限和简化审批手续的通知》规定，限额以下的技术改造项目由企业自主决定。1988 年 4 月，第七届全国人民代表大会通过的《中华人民共和国全民所有制工业企业法》规定，"企业有权依照法律和国务院规定与其他企业、事业单位联营，向其他企业、事业单位投资，持有其他企业的股份"，使企业的投资主体地位得到正式确认。

在资产管理方面，1979 年，财政部发布《关于国营企业固定资产实行有偿调拨的试行办法》，改变了计划经济下无偿调拨的形式，促使企业对固定资产的合理占用和节约使用。1980 年，财政部等部委发布《关于征收国营工业交通企业固定资金占用费的暂行办法》和《关于国营工交企业清产核资划转定额贷款和国拨流动资金实行有偿占用的通知》，促使企业提高了资产的使用率，节约使用资金，加速资金周转。1985 年，国务院发布的《国营企业固定资产折旧试行条例》，允许折旧基金不必集中上交，同时改综合折旧法为分类折旧法，促使企业提高固定资产的使用效益，加强固定资产的更新和技术改造。

在成本管理方面，1984 年 3 月，国务院发布《国营企业成本管理条例》，重新规范了成本费用的开支范围，明确了成本管理责任制的内容，并强化了监督与处罚措施。财政部等部门随之颁发了系列实施细则，促进企业在生产的各个环节加强成本管理，提高经济效益。这一时期，一些国外的财务管理方法被引入国内，如量本利分析、目标管理、ABC 管理、滚动计划等。

在利润分配方面，1979 年开始试行"利润留成"制度。1980 年，又进行"基数利润留成加增长利润留成"的试点。此外，还在一些企业进行"以税代利"，即利改税的试点。此时，国营企业收入分配出现了企业基金、利润留成、以税代利等多种形式并存的局面。1983 年和 1984 年，国家先后推行了两步"利改税"办法，较大地调整了国家与企业的分配关系，充分调动了企业自主经营、自负盈亏的积极性。1987 年，实行了承包经营责任制办法，企业将原先缴纳的所得税、调节税改为上交国家利润并对此实行承包，超收多留、欠收自补。1989 年，试行"税利分流"办法，企业实现的利润分别以所得税和部分利润两种形式上交给国家。

1979 年 1 月，新时期第一本财经杂志《财务与会计》正式创刊，财务管理研究也再次焕发出勃勃生机。这一阶段财务管理研究的热点问题包括以下几个方面：①财务与会计的关系问题研究。"大财务"与"大会计"是我国长期存在的争议问题，经过 20 世纪 80 年代的激烈争论，确立了财务管理相对独立的地位。②财务职能研究。在理论上实现了由服务职能向预测、决策、计划、控制、分析职能的转化。③企业筹资管理的研究。企业拥有自主理财权使得其筹资方式、金融工具、资本市场等成为筹资管理研究的主要内容。④企业投资管理的研究。包括对内的固定资产和无形资产投资以及对外的证券投资和股权投资。⑤财务管理方式、方法的创新与发展的研究。如实行分级分权管理、内部结算等。

在这一阶段，国民经济在新政策的指导下迅速恢复和发展，国营企业也逐渐建立了适应自身发展的管理方式，财务管理研究出现了新的发展热潮，国家相继颁布了许多关于企业财务管理的相关政策和法规，放宽了诸多政策以促进国营企业的发展，企业财务管理的作用也逐渐大了起来。此时企业财务管理体系的特点如下：以筹资管理、投资管理、资产管理、成本管理和利润管理为主要内容，以决策、计划、控制、分析为基本环节。企业自主支配权的实现使得企业财务管理出现筹资和投资的概念，扩展了企业财务管理体系的内容。

（三）建立社会主义市场经济体制阶段的财务管理（1992年—2000年）：锐意进取

1992年10月，党的十四大确定将我国经济体制改革为社会主义市场经济体制。由于改革开放的深入，国内渐渐引入西方的财务管理理论，并在自身经济发展的基础上形成了具有中国特色的企业财务管理体系。

1992年11月，财政部发布《企业财务通则》，这是新中国成立以来财务管理改革和发展的重要里程碑。与以往财务制度相比，该通则在以下几个方面实现重大突破：统一了境内不同所有制、不同经营方式企业的财务制度；建立资本金制度，实行资本保全原则；取消专用基金专款专用、专户存储制度，改由企业统筹运用；取消全部成本法，实行制造成本法，并调整了成本费用的开支范围；规范了企业利润分配顺序。与此同时，国家还提出了分行业财务制度，对主要的十个行业分别下发了详细的财务制度规定。这样，我国就建立起了以《企业财务通则》为基本原则，以分行业的企业财务制度为主体，以企业内部财务管理规定为补充的新型企业财务制度体系。

1993年11月，十四届三中全会提出国有企业改革的方向是建立现代企业制度。1993年12月，《公司法》对公司筹资、投资、利润分配等重大财务事项做出了规定。1999年10月，再次修订后的《会计法》提出了企业内部监督制度及财务工作者的道德素质等方面的新要求。这两项法规对企业各项财务工作具有指导作用，在一定程度上推动了企业财务管理的进一步改革。

为了更好地适应投资者的要求和评价企业综合经济效益，财政部于1995年1月颁发了《财政部企业经济效益评价指标体系（试行）》，这套指标体系包括十项指标，主要是从企业投资者、债权人以及企业对社会的贡献等方面来考虑的。1999年6月，财政部等四部委联合印发了《国有资本金效绩评价规则》及其操作细则，将评价指标增加为32项。这些指标体系对加强企业财务管理起着重要的促进作用。

随着市场经济的发展，财务管理在企业中的作用越来越明显，先后涌现出宝山钢铁、邯郸钢铁、燕山石化等典型企业经验。1995年4月，财政部副部长张佑才在全国工交企业财务工作会议上强调，财务管理是企业一切管理活动的基础，是企业管理的中心环节。同年9月，冶金工业部部长刘淇在《财务与会计》上撰文指出，应当把财务管理放到企业管理的中心地位上来。至此，"财务管理中心论"正式提出，引发了人们的热烈讨论并逐步使"企业管理以财务管理为中心"的理念深入人心。

在上一阶段的基础上，本阶段的企业财务管理体系逐步健全，企业财务管理研究得到了更深入的探索和发展，表现在以下几个方面：

1）财务管理内容的丰富。企业作为财务主体的地位日益强化，形成对企业筹资、投资、成本、分配、激励、风险和财务评价等多层次、全方位的管理。

2）财务管理的环节逐渐完善。主要包括财务预测、财务决策、财务计划、财务控制、财务分析、财务检查和财务考核等多环节，特别是增加了过去由上级主管部门掌握的财务预测。

3）财务管理主体的创新。主要包括政府、出资人、经营者、财务经理和员工等。

4）财务管理目标的多元化。主要包括利润最大化、股东财富最大化、企业价值最大化、每股收益最大化、相关者利益最大化等十余种观点。

5）财务管理研究方法的改变。实证分析方法与规范性研究方法形成对峙，案例分析法也日益引起重视。

这一阶段企业财务管理体系仍是以筹资管理、投资管理、资产管理、成本管理和利润管理为主要内容，以决策、计划、控制、分析为基本环节，但在财务管理内容、方式和方法上均有所改进和创新。在内容上，西方财务管理理论大量引入，如资本结构理论、投资组合理论、企业并购理论、企业股利分配政策等，同时，在我国经济发展的基础上进行探索和创新，如对财务管理目标、国家与国有企业的财务关系理论的探索。在方式方法上，由于计算机技术和信息技术的发展，财务管理信息化流程促进了财务规范管理和精确管理。这些都有力地提升了企业财务管理水平，使企业具备了迎接外来挑战的实力和信心。

（四）完善社会主义市场经济体制阶段的财务管理（2001年至今）：欣欣向荣

2001年，我国加入世界贸易组织（WTO），这是我国经济全球化过程中的重要里程碑。随着经济全球化和知识经济时代的来临，企业理财环境出现了重大变迁，我国财务管理的地位、作用、目标和使命都出现了重大变化。

随着社会主义市场经济体制和现代企业制度的建立，纯粹意义上的国有企业越来越少，而公司制等产权多元化的企业越来越多，在此背景下，2001年5月，《企业国有资本与财务管理暂行办法》出台。该办法立足于建立政府出资人财务制度，围绕国有资本的投入、营运、收益、退出等环节管理，体现了国家作为国有资本所有者的财务管理职能。

2005年10月，再次修订后的《公司法》对公司资本限额、出资方式、对外投资、担保利润分配等方面做了重要的修改和调整。2006年12月，财政部颁发修订后的《企业财务通则》。首先，这次修订体现出重要的财务管理观念转换，将由国家直接管理企业具体财务事项转变为指导与监督相结合，企业自主决定内部的财务管理制度。其次，还原了财务的本质，不再对税收扣除标准和会计要素的确认、计量做出规定。再次，拓宽了财务管理领域，将企业重组、财务风险、财务信息管理作为财务管理的重要内容。最后，从政府宏观财务、投资者财务和经营者财务三个层次，构建资本权属清晰、符合企业法人治理结构要求的企业财务管理体制。

2001年6月，财政部颁发了《内部会计控制规范—基本规范（试行）》和《内部会计控制规范—货币资金（试行）》，随后又陆续颁发"采购与付款"等七项会计控制规范，有效地促进了企业财务管理水平的进一步提高。在此基础上，2008年5月，财政部又联合审计署等五部委联合发布《企业内部控制基本规范》。该规范有机融合了世界主要经济体加强内部控制的做法经验，构建起以内部环境为重要基础、以风险评估为重要环节、以控制活动为重要手段、以信息与沟通为重要条件、以内部监督为重要保证，相互联系、相互促进的内部控制框架。这一系列规范要求企业建立健全内部控制机制，以提高管理效率、预防风险，特别是对上市公司而言，这些规定有助于增强投资者信心，提升公司治理水平。

2006年，财政部发布的新《企业会计准则》是一个重大转折点，这套准则大幅借鉴了国际财务报告准则（IFRS），旨在提高中国企业财务报告的质量和国际可比性。这不仅促进了中国企业的国际化进程，也为国际投资者提供了更加清晰、可信的财务信息。

自2009年起，中国开始实施增值税转型改革，逐步将营业税改为增值税，这一改革在 2016 年全面完成。此举不仅简化了税制，还减轻了企业负担，促进了服务业和制造业的发展。

同时，随着非上市公众公司影响力的增加，2012 年《非上市公众公司监督管理办法》发布，进一步完善了包括财务管理在内的公司治理结构，确保了这些公司的运营透明度和公平性，保护了投资者利益。

为进一步扩大开放，我国于 2019 年通过了《外商投资法》，该法自 2020 年 1 月 1 日起施行，旨在提供更加透明、稳定、可预期的投资环境，保护外商投资权益，促进外资企业与国内企业的公平竞争。

到了 2020 年，随着修订后的《证券法》实施，我国的财务管理和资本市场监管达到了新的水平。该法律加强了对信息披露的要求，提高了对违法行为的处罚力度，进一步保障了市场的公正性和效率。

在绩效评价方面，2002 年 2 月，财政部等五部委将企业绩效评价指标体系由 32 项改进为 28 项。同年 6 月，财政部又发布了《企业集团内部效绩评价指导意见》和《委托社会中介机构开展企业效绩评价业务暂行办法》。2006 年 4 月，国资委出台了《中央企业综合效绩评价管理暂行办法》。2009 年 12 月，为了加强对金融类国有及国有控股企业的财务监管，积极稳妥地推进金融类国有及国有控股企业的绩效评价工作，财政部颁布了《金融类国有及国有控股企业绩效评价实施细则》。2009 年 12 月 28 日修订的《中央企业负责人经营业绩考核暂行办法》将经济增加值（EVA）作为考核指标，占 40% 的考核权重。所有这些措施都使绩效评价指标体系更为完整并且更加适合当前经济下企业的发展。

在分配制度方面，2005 年 4 月，国资委、财政部联合发布《企业国有产权向管理层转让暂行规定》。2006 年 9 月，两部委又联合发布《国有控股上市公司（境内）实施股权激励试行办法》。2006 年 10 月，财政部等四部委联合发布《关于企业实行自主创新激励分配制度的若干意见》。这些规定正式确立了管理、技术等智力要素参与企业收益分配的制度。

此外，面对全球可持续发展的要求，2016 年七部委联合发布的《关于构建绿色金融体系的指导意见》体现了我国在财务管理领域整合环境保护和社会责任的决心。这些政策鼓励了绿色投资和融资，推动了绿色经济的发展。

同时，21 世纪初至今，随着信息技术的飞速发展，特别是互联网、大数据和人工智能等技术的广泛应用，中国企业的财务管理进入了数字化转型阶段。企业开始采用企业资源计划（ERP）系统、财务共享服务中心、云计算和移动支付等技术，提高财务管理的效率和效果。数据分析和智能决策成为提升财务管理水平的重要手段，企业财务管理更加注重战略规划和参与企业的全面治理。因此，这一阶段也可以称为数字化转型阶段，依据政府颁布的关键性文件及政策导向进行精细划分。这些官方文件与政策指引显著体现了国家层面对于促进财务管理领域数字化与信息化进程的高度重视及其发展趋势的指导意图。国家通过这些政策框架，不仅明确了数字化转型的战略方向，也为企业财务管理的信息技术应用提供了坚实的政策支撑和法规依据。在此基础上，企业能够根据国家的宏观指导和行业标准，系统地规划和实施财务管理的数字化升级，确保其转型进程与国家经济发展的整体目标和信息化建设的步伐保持一致。因此，这些政府文件和政策不仅是推动企业财务管理数字化转型的驱动力，也是构建现代企业财务管理体系，提高财务管理效率和决策质量，以及增强企业核心竞争力的重要基石。这一阶段可以分为以下三个阶段。

（一）信息化初期阶段（2001 年—2010 年）

2001 年，我国正式加入世界贸易组织（WTO），这一重大事件不仅加速了我国经济的全球化步伐，也为企业的信息化和数字化提供了强大的外部动力，促使企业加快信息技术的引进和应用。2006 年，国务院颁布《国家中长期科学和技术发展规划纲要（2006—2020 年）》，明确强调了信息技术发展的战略地位和对企业信息化建设的重要指导作用。此外，2008 年颁布的《国家信息化发展战略（2006—2020 年）》进一步细化了信息化发展的目标和任务，为企业财务管理的数字化转型提供了更为具体的政策环境。这些政策文件的相继出台，不仅为企业财务管理的信息化提供了明确的方向和支持，也为企业利用信息技术优化财务管理流程、提高财务管理效率和质量创造了有利条件。在这一阶段，我国企业财务管理的数字化转型步伐明显加快，信息技术在企业财务管理中的应用日益广泛和深入。

（二）移动互联网和云计算推动阶段（2010 年—2015 年）

在移动互联网和云计算推动阶段，我国企业财务管理经历了显著的变革。2014 年，国务院发布的《关于积极推进"互联网+"行动的指导意见》为企业采用云计算和移动互联网技术提供了强有力的政策支持。在这一阶段，许多企业开始大规模采用云服务和移动应用来优化财务流程和提高工作效率。例如，阿里巴巴集团自 2010 年起就开始借助云计算平台优化其财务系统，使财务数据处理更加高效、安全，同时通过移动支付等创新手段改善了消费者的支付体验和企业的资金管理。

（三）大数据和人工智能加速阶段（2015 年至今）

进入大数据和人工智能加速阶段，我国企业的财务管理数字化转型进一步加速。2015 年国务院发布的《促进大数据发展行动纲要》，2016 年国家发改委、科技部、工信部、中央网信办发布的《"互联网+"人工智能三年行动实施方案》以及 2017 年的《新一代人工智能发展规划》将大数据和人工智能定位为国家战略，推动了企业在财务管理中深入应用这些技术。以腾讯为例，自 2015 年起，腾讯通过利用大数据和人工智能技术对海量用户交易数据进行分析，不仅提升了财务报告的准确性和时效性，还能进行更精细的财务预测和风险控制，极大提升了企业的财务决策质量和风险管理能力。这两个阶段的发展不仅展示了技术进步对企业财务管理的深远影响，也反映了我国政府在推动企业数字化转型中发挥的积极作用。

▶ 四、我国资本市场的发展历程

我国资本市场的发展历程是一段从探索到成熟，再到深化改革和国际化的复杂历程。在这个过程中，资本市场经历了多个阶段的变革和发展。

（一）起步阶段（20 世纪 80 年代末—20 世纪 90 年代初）

在起步阶段，我国资本市场开始萌芽。1984 年，我国政府批准设立首批股份制企业，为资本市场的形成奠定了基础。1986 年，上海飞乐股份和深圳发展银行股票的发行预示着股票市场的初步形成。1990 年 12 月 19 日，上海证券交易所的成立象征着我国资本市场的正式启动，紧随其后，1991 年 4 月 3 日深圳证券交易所的成立进一步完善了我国的资本市场体系。这一时期，尽管市场规模有限，制度不完善，但为我国资本市场的发展奠定了重要的基础。

（二）发展阶段（20 世纪 90 年代初—21 世纪初）

进入 20 世纪 90 年代，我国资本市场迎来了快速发展期，特别是在 1992 年邓小平的南方谈话之后，资本市场发展被赋予了新的动力。在这一时期，股票市场逐渐扩容，B 股市场的开设标志着我国资本市场对外开放的初步尝试。同时，1993 年中国证监会的成立标志着我国资本市场监管体制的建立，这为市场的健康运行提供了保障。股市的活跃度显著提高，资本市场开始在我国经济中扮演越来越重要的角色。

（三）规范阶段（21 世纪初—21 世纪 10 年代初）

2001 年我国加入世界贸易组织（WTO）后，资本市场的对外开放程度进一步加深。2005 年的股权分置改革解决了流通股与非流通股并存的问题，极大地提升了市场的流动性和效率，被视为我国资本市场发展史上的一个里程碑。此外，2009 年创业板的开市为创新型企业和小微企业提供了融资平台，进一步丰富了市场层次。

（四）深化改革与国际化阶段（21 世纪 10 年代至今）

2014 年沪港通的启动和 2016 年深港通的开通，标志着我国资本市场对外开放迈出了重要步伐。这一阶段的另一个重要特点是制度创新，特别是 2018 年科创板的设立和试点注册制的推出，旨在更好地服务于科技创新企业，优化资本市场结构。2019 年科创板的正式开市，进一步证明了我国资本市场改革的决心和力度。这些措施不仅推动了市场的深化改革，也促进了我国资本市场与国际市场的融合。

此外，自 2020 年以来，我国资本市场在深化改革与国际化阶段迈出了重要步伐，包括全面推进注册制改革，特别是在深圳证券交易所的创业板实施注册制，进一步提高了市场效率，并吸引了创新型企业。2021 年 9 月，我国宣布成立北京证券交易所，专注于服务创新型中小企业，这一举措不仅丰富了我国资本市场体系，也为中小企业开辟了新的融资渠道。同时，"沪深港通"机制的进一步完善和科创板及创业板注册制改革的深化，加强了市场的互联互通和透明度，吸引了更多的国内外投资者。此外，我国资本市场继续加强与国际市场的合作与交流，提升了国际影响力，并为投资者提供了更多投资机会。这些改革和措施体现了我国资本市场在提升市场机制建设、增强市场活力以及推动市场对外开放方面所做的努力，展现了我国资本市场向成熟和开放迈进的决心和成就。

总体来看，我国资本市场从起步、发展到规范，再到深化改革和国际化，每个阶段都有其特定的背景、特点和成就。起步阶段奠定了市场的基础，发展阶段加速了市场扩容和制度建设，规范阶段提升了市场效率和透明度，而深化改革与国际化阶段则是市场成熟和对外开放的体现。这一发展历程不仅反映了我国经济改革和对外开放的大背景，也记录了我国资本市场在不断探索和实践中逐步成熟和完善的过程。

第二节 财务管理理论框架结构

衡量一门学科成熟与否的标志，是观其理论研究的深度。完整、科学的理论体系是指导、评估实务正确与否的指南。财务管理实务已有悠久历史，但财务管理理论的出现却较晚。根据现有资料，社会主义制度下的财务管理学，是 20 世纪 40 年代苏联科学院院士费·吉亚琴科教授倡导与创建的。直到 20 世纪 50 年代，西方才形成比较规范的财务管理理论。我国的财务管理理论研究是从 20 世纪 60 年代才开始的。尽管财务管理的实践经验很重要，但是因为种种缘由，财务管理的理论结构问题始终没有被充分地研究。理论和实践是相辅相成的：理论不仅来源于实践经验，还为实践提供指导和预见性。没有理论支持的实践可能导致决策盲目。特别是自我国改革开放以来，财务管理的实践发生了巨大变化，亟须理论上的规范与指导，以求能使今后的财务管理得到更好的进展和取得长足的进步。

一、财务管理理论结构的界定

（一）财务管理理论

理论是概念、原理的体系，是系统化的理性熟悉，是人们对由实践概括出来的关于自然界和社会学问的有系统的结论。理论与实践的关系总是十分疏远并相辅相成的。它们互为对方提供支持和协助，每一方都有助于订正对方的缺陷，使它变得越发完美。理论的职能是扩大阅历的范围并深入其含义。凡属科学的理论必须能完整、精确地解决两个问题：①如何说明实践，即熟悉世界；②如何进一步做好实际工作，即改造世界。

按照上述理论的含义，结合财务管理的特点，我们可以把财务管理理论定义为：财务管理理论是按照财务管理假设所进行的科学推理或对财务管理实践进行科学总结而建立的概念体系，其目的是用来说明、评价、指导、完善和开辟财务管理实践。

（二）财务管理理论结构

财务管理理论是人类在长久财务管理实践的基础上，通过思维活动所产生的关于财务管理的系统化的理性熟悉。而系统化的理性熟悉要求有一定的内在结构。那么，什么是结构？根据哲学范畴，它是指物质及其运动的分布状态，是事物各个组成要素之间的排列顺序、组合方式和互相制约、互相联系、互相作用、互相依赖的关系总和。根据《现代汉语词典》对结构的解释：结构是各个组成部分的搭配和排列。因此，说到结构，一般包括两个方面的含义：①构成物质或系统基本要素的排列顺序或组合方式；②各要素间的互相制约、互相联系、互相作用、互相依赖关系。

根据结构的基本定义，结合财务管理的特点，可以将财务管理理论结构描述为财务管理理论系统内部各要素之间相互关系、相互作用的联结关系，或者说是财务管理理论体系中各要素之间排列与组合的形式。它包含两个方面的含义：①财务管理理论结构中包括哪些构成要素；②这些构成要素之间的逻辑关系。

（三）研究财务管理理论结构的意义

1. 指导实践

企业财务管理理论为企业提供了关于如何进行有效财务决策的明确指导。它帮助管理者在处理财务规划、投资决策和风险管理等复杂问题时，能够依据科学的原则和方法做出合理的选择，从而优化企业的整体财务健康。

○ 王化成. 论财务管理的理论结构 [J]. 财会月刊，2000（4）：2-7.

2. 提升运营效率

财务管理理论的应用有助于企业更高效地管理其资金流、资本结构和投资活动。这些理论提供了工具和框架，使企业能够在日常运营中实现成本效益最大化，进而提高盈利能力和市场竞争力。

3. 控制财务风险

理论框架提供了识别和管理财务风险的方法论，帮助企业在面对市场波动、信用风险、利率变动等问题时，能够采取适当的策略来减少损失和避免不必要的风险。

4. 促进财务理论的创新与发展

财务管理理论的不断发展推动了新的管理方法和工具的创新。这些创新对于企业适应快速变化的经济环境、提升财务绩效以及实现长期可持续发展至关重要。

5. 提高决策质量

良好的财务管理理论基础可以增强企业财务决策的透明度、合理性和可预测性。这有助于提高决策的质量，使企业的财务决策更加科学和有效。

6. 提高环境适应性

随着外部经济环境的不断变化，对财务管理理论的研究能使企业及时调整其财务策略和实践，以应对新的市场趋势和挑战，确保企业的灵活性和适应性。

7. 培养专业人才

对财务管理理论的深入研究和教育对培养高素质的财务专业人才极为重要，这些人才是支持企业财务健康和推动经济发展的关键。理论教育提供了必要的知识基础，使人才能够在实际工作中有效应用理论知识。

总之，对企业财务管理理论结构的研究不仅对企业的财务健康和长期成功至关重要，而且对整个经济体系的稳定和发展也发挥着重要作用。

▶▶ 二、财务管理理论结构的逻辑起点

（一）现有财务管理理论结构逻辑起点的主要观点

财务管理理论结构的逻辑起点，长期以来一直是一个有争议的问题，学术界主要有以下几种观点。

1. 财务本质起点论

这种观点的形成源于 20 世纪 80 年代我国财务管理理论初建时期。长期以来，我国财务管理学术界一直主张以"财务的本质"作为财务管理理论结构的逻辑起点，从这一点出发，逐渐阐述财务管理概念、财务管理对象、财务管理原则、财务管理任务、财务管理方法等一系列理论问题。

2. 假设起点论

这种观点是近年来人们在借鉴会计理论研究方法的基础上形成的。持这种观点的人认为，任何一门独立学科的形成和发展，都是以假设为逻辑起点的，财务管理学科也不例外。假设对任何学科都是非常重要的，但以财务管理假设作为财务管理理论研究的起点还存在一些问题：一是财务管理假设不是凭空捏造的，更不是天生就有的，而是根据财务管理环境和其内在规律概括出来的，显然，环境决定假设；二是即使是过去一直以假设为理

论起点的会计学，进入 20 世纪 70 年代，也受逐渐放弃了这种观点，改用其他范畴作为会计理论研究的起点。可见，并不是任何学科、任何时候都可以以假设作为理论研究的起点。

3. 目标起点论

20 世纪 90 年代后，我国有些学者提出了以财务管理目标为财务管理理论研究起点的观点。这种观点认为任何管理都是有目的的行为，财务管理也不例外。只有确立合理的目标后，企业才能适应市场经济发展要求，实现高效管理。但这种观点存在一些问题：一是从逻辑学的角度看，任何理论研究的起点都应是其本原点，而财务管理目标受财务管理环境的影响，显然财务管理目标并不具备这一特点；二是从财务管理理论体系本身来看，如果以财务管理目标为起点，很难确定财务管理假设在财务管理理论结构中的地位，因为假设是根据环境概括出来的，而不是根据目标概括出来的。

4. 本金起点论

本金起点论是郭复初教授近年来提出的一种观点。他认为，本金是指为进行商品生产和流通而垫支的货币性资金，具有流动性与增值性等特点，并进一步指出经济组织的本金按其构成可以分为实收资本、内部积累和负债等几大组成部分。本金起点理论符合逻辑起点的基本标准，弥补了其他起点理论的种种不足。以本金作为基本细胞并就此展开研究，有利于从小到大、层层展开，从而构成完整的财务管理理论体系。但以本金作为财务管理理论研究的起点，必须对本金与资金、资本之间的关系做出明确的回答。

5. 环境起点论

财务管理环境是指对财务管理有影响的一切因素的总和，它包括宏观的理财环境和微观的理财环境。其中，宏观的理财环境主要是指企业理财所面临的政治环境、经济环境、法律和社会文化环境；微观的理财环境主要是指企业的组织形式，企业的生产、销售和采购方式等。

（二）以系统关系构建财务管理理论结构

系统的概念，恩格斯早就有所论述，他说："一个伟大的基本思想，即认为世界不是一成不变的事物集合体，而是过程的集合体"。这里所说的"集合体"就是系统，而"过程"则是指系统中各个组成部分的相互作用和整体的发展变化。系统是相关物体或构成整体的各个部分的有组织的集合。

系统观认为，系统是物质世界存在的基本方式和根本属性，即自然界是成系统的，人类社会是成系统的，人的思维也是成系统的。用一句话来概括，即：世界上的任何事物都可以看作一个系统整体。从系统自身的角度看，系统一方面是由物质、能量和信息构成；另一方面又具有要素、结构和功能等因素，这些因素是系统存在的基本方式和属性。

系统要素和系统本身是相对存在的。系统的结构决定系统的功能；系统关系反映着系统中各要素之间的联系，它决定着系统各要素之间的结构形式，也决定着系统的功能（或是强度）等其他要素。

因此，依据系统观理论，我们可以将财务管理理论结构看作一个系统，它同样具有系统的基本性质。财务管理理论中的财务管理环境、财务管理假设、财务管理目标、财务管理方法等构成了整个理论结构系统中的基本要素；这些要素之间的系统关系，即彼此间的时空联系形式则是整个财务管理理论结构的核心。

在整个财务管理理论结构系统处于平衡稳定的状态时，系统的整体性作用通过系统关系即基本要素彼此之间的时空联系来控制和决定各要素的地位、排列顺序、作用性质和范围的大小，并统帅各要素的特性和功能，协调各要素之间比例关系。也就是说，财务管理理论结构的各要素，包括财务管理环境、假设、目标、性质和方法等基本要素，通过彼此间的结构关系相互联系、相互作用，综合地、辩证地决定着财务管理理论结构的特性、功能。

（三）以财务管理环境为起点构建财务管理理论结构的原因

财务管理理论结构的逻辑起点，是研究财务管理理论的出发点，它是财务管理理论体系中各种理论要素的构成基础，而财务管理环境恰好符合作为逻辑起点的要求，理由如下。

1. 环境因素对财务管理性质、假设及目标的影响

从辩证唯物论角度，世界上任何事物的发展都是由时间、空间等环境因素决定的。财务管理性质、假设、目标都是特定经济、政治、文化环境下人们对财务管理活动的一种认识。自然有什么样的财务管理环境，必然要求有什么样的财务管理理论与之相适应。可见，财务管理性质、假设、目标都是由财务管理环境决定的。

2. 环境变化是财务管理理论发展的主要驱动力

财务管理环境的变化是财务管理理论发展的主要动力。从 20 世纪财务管理发展的过程可以看出，理财环境对财务管理假设、财务管理目标、财务管理方法、财务管理内容具有决定性的作用。20 世纪财务管理经历的四次飞跃式的变化，我们称之为财务管理的四次发展浪潮，使财务管理不断向前发展。可见，财务管理依赖于其生存和发展的环境，环境的变化决定着财务管理的理财模式，也自然会产生与之相适应的财务管理理论结构。财务管理环境不仅决定着财务管理的现状，还决定着财务管理的未来。

3. 探析全球财务管理理论差异的主要根源

在全球范围内，各国财务管理理论的差异主要体现在各自的财务管理环境上。由于不同国家的经济、政治和文化背景存在显著差异，这些因素共同塑造了各国独特的财务管理环境。因此，各国在面临的财务管理问题和挑战上呈现出明显的不同。这种多样化的环境导致了财务管理实践和理论在国际的多元化。从而，每个国家的财务管理理论都发展出了具有本土特色的理论体系和实践模式。

▶▶ 三、财务管理理论结构的框架

（一）财务管理理论的起点、前提、导向与研究方法

1. 财务管理理论的起点

财务管理环境是财务管理理论研究的起点，财务管理中的一切理论问题都是根据财务管理环境展开的，并在此基础上逐步深入，形成合理的逻辑层次关系。

2. 财务管理理论的前提

财务管理假设是财务管理理论研究的前提。财务管理假设是人们根据财务活动的内在规律和对财务管理环境的要求，综合自身拥有的知识所提出的具有一定事实依据的假设和

设想。一般而言，理论体系的构建大多数要经过假设、推理、实证等过程才能实现。所以，要形成理论，就需要先根据环境和特定学科的规律性提出假设。没有这些假设，就无法形成科学的财务管理基本理论。

3. 财务管理理论的导向

财务管理目标是财务管理理论和实践的导向。企业在认真研究、分析财务管理环境和已经确立的财务管理假设的基础上，建立一定时期财务管理目标。财务管理目标不仅对财务管理的内容、原则、方法等基本理论问题起导向作用，而且对一般通用业务理论和特殊业务理论也起导向作用。企业在不同的政治、经济环境下，有着不同的财务管理目标。不同的财务管理目标，必然产生不同的理论构成要素和理论逻辑层次关系。在财务管理理论结构中，财务管理目标具有承上启下的作用，它是根据财务管理环境确立的，同时又会对财务管理基本理论和应用理论产生影响。

4. 财务管理理论的研究方法

财务管理理论研究方法是人们探索和认识财务管理理论的手段、技巧、工具、方式和途径的总和，它要解决的是"怎样正确认识财务管理"的问题。财务管理理论研究方法既可以表现为"从实践上或理论上把握现实，为解决具体课题而采用的手段或操作的总和"，也可以表述为"作为过去研究活动的理论结果形成的方法"。财务管理理论研究方法是财务管理理论研究的出发点和条件，财务管理理论的发展依赖于财务管理理论研究方法的创新和创造性地运用研究方法，二者相互依存、互为条件。没有不以财务管理理论为依据的研究方法，也没有不借助于研究方法的财务管理理论。

（二）财务管理理论结构的基本框架

我国财务管理学家对财务管理理论结构或理论体系的看法均有其可取与独到之处，为我们构建财务管理理论框架结构提供了可供借鉴的理论和方法。根据现有观点，结合当前我国财务管理理论研究的现状及未来发展的趋势，本书借鉴王化成（2021）构建的财务管理理论框架体系，如图 1-1 所示，包括财务管理基本理论、财务管理通用业务理论、财务管理特殊业务理论和财务管理理论的其他领域。

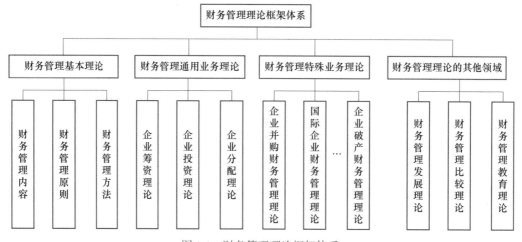

图 1-1　财务管理理论框架体系

1. 财务管理基本理论

财务管理的基本理论是指由财务管理内容、财务管理原则、财务管理方法构成的概念体系。且基本理论的构成要素包括财务管理环境、财务管理假设、财务管理目标、财务管理性质、财务管理理论研究方法，财务管理方法等是财务管理理论结构的核心内容，也是财务管理理论结构的研究重点。

（1）财务管理环境　财务管理环境是指财务管理系统以外的对财务管理系统有影响的一切系统的总和；针对企业而言，则是指对企业财务活动和财务管理产生影响的企业内外的各种因素和条件。根据不同的标准，财务管理环境有以下分类：按其包括的范围，分为宏观财务管理环境和微观财务管理环境；按其与企业的关系，分为企业内部财务管理环境和企业外部财务管理环境；按其变化情况，分为静态财务管理环境和动态财务管理环境。

（2）财务管理假设　财务管理假设是指人们利用自己的知识，根据财务活动的内在规律和理财环境的要求所提出的，具有一定事实依据的假定或设想，是进一步研究财务管理理论和实践问题的基本前提。根据财务管理假设的作用不同，可以分为财务管理基本假设和财务管理应用假设。

（3）财务管理目标　财务管理目标是企业理财活动所希望实现的具体结果，是评价企业理财活动是否合理的基本标准。它直接反映着理财环境的变化，并根据环境的变化做适当调整，是财务管理理论结构中的基本要素和行为导向。

（4）财务管理性质　财务管理性质是指财务管理活动的质的特征和规定性。鉴于我国财务性质的研究现状，笔者在此提出了财务活动的管理论和经营论，从财务活动的管理性质和资本经营性质两个方面来讨论财务管理的性质。财务活动的管理性质体现在其对企业内部财务活动的引导、监督和控制，着重于有效配置资源、优化决策和风险管理，以实现企业长期发展目标。而财务活动的资本经营性质则凸显了其在资金运作、投资决策和资本结构方面的重要性，强调了财务资源的有效利用、资本回报的最大化和企业价值的增长。这两个性质相辅相成，共同构成了财务管理的综合特征，为企业实现持续盈利和稳健成长提供了坚实基础。

（5）财务管理理论研究方法　财务管理理论研究方法是指人们用来探索和认识财务管理理论的手段、技巧、工具、方式和途径的综合体系。这一体系不仅是财务管理理论研究的起点和前提，更是推动理论不断深化和发展的重要基础。

2. 财务管理通用业务理论

财务管理的通用业务理论是指各类企业进行投资、筹资和分配业务时会用到的理论，包括一系列原则和概念，这些理论对于指导企业如何有效地管理和使用其财务资源至关重要。这些理论包括价值最大化原则，强调在追求企业价值最大化的同时平衡风险与回报；时间价值理论，关注金钱随时间变化的价值；资本市场效率，该理论认为市场价格能反映所有可用信息；资本结构理论，研究债务与股权的最优组合；资本成本理论，关注如何计算和最小化资本成本；营运资本管理，确保企业流动性以维持日常运营；投资决策理论，包括资本预算和投资评估方法；财务规划与预算，制定有效的长短期财务策略。此外，企业治理与道德规范的强调也是这一理论体系不可或缺的一部分，确保企业在财务管理上的透明度和道德责任。这些理论为企业提供了一个全面的框架，以支持企业在复杂的经济环境中做出明智的财务决策。

3. 财务管理特殊业务理论

财务管理的特殊业务是指只在特定企业或某一企业的特定时期才有的财务管理业务。这类业务有很多，如企业破产的财务管理、企业并购的财务管理、企业集团的财务管理、小企业财务管理、通货膨胀财务管理、国际企业财务管理等。这些业务往往是在特定情况下或特定的企业中发生的，会对原有的财务管理假设产生冲击，财务人员在处理这些业务时通常要提出新的假设，甚至提出新的财务管理目标。例如，企业破产的财务管理、企业并购的财务管理就对持续经营假设提出挑战，研究此类问题时，就不能遵循持续经营假设，而应当提出非持续经营假设；企业集团财务管理、国际企业财务管理等会对理财主体假设提出挑战，因为出现了理财主体的多元化问题；小企业财务管理会对理性理财假设和有效市场假设提出挑战，因为小企业财务管理人员有较大可能出现非理性理财行为，即使存在一个有效市场，由于受规模限制，小企业也无法充分利用；非营利组织财务管理则会对资金增值假设提出挑战，因为这种单位的资金并不要求增值。

4. 财务管理理论的其他领域

分析完上述三个方面，财务管理的理论结构的主要问题都有了相应的安排，但尚有一些问题没有讨论，主要有：财务管理发展理论（财务管理史问题）、财务管理比较理论（比较财务管理问题）和财务管理教育理论。我们把这些问题统一归入财务管理理论的其他领域进行研究。财务管理发展理论主要研究财务管理环境在时间上的差异以及这些差异对财务管理理论和实践的影响；财务管理比较理论主要研究财务管理环境的空间差异以及这些差异对财务管理理论和实践的影响；财务管理教育理论主要研究财务管理环境变化对财务管理教育提出的要求以及财务管理教育所采取的对策。

第三节　财务管理的假设理论

▶ 一、财务管理假设的概念

根据《韦氏新国际辞典》的解释，"假设的最贴切定义看来是：一是提出一个认为理所当然或不言自明的命题；二是基本的前提或假定。其中第一个定义是关于那些被假定为人们所公认的，而其有效性为其他假设或原则、准则、程序所需要的假设的阐述"。[⊖]假设的提出，一般认为是对那些未经确切认识或无法正面论证的事物或现象，根据客观的正常情况或趋势做出合乎事理的判断或推断。

实际上，假设是针对环境的不确定性提出的。换句话说，假设的现实基础是环境的不确定性，同时假设又指明社会的哪些环境因素对企业财务更相关和更重要。

不确定性表示事物的随机性和非线性状态。企业财务面临很多不确定性因素，比如人们从事财务活动的动机追求和思维方式的不确定、企业经营持续和生存周期的不确定、利率和汇率变化的不确定等等。面对众多不确定的环境因素，企业财务学在设计自己的决策与分析体系时，需要通过假设的方式，把财务决策和分析方法人为地置于环境可确定的状态之中，否则就难以设计出一套前后逻辑一贯的概念与方法体系。

⊖ 王化成，刘亭立. 高级财务管理学 [M]. 5 版. 中国人民大学出版社，2022.

因此，财务管理假设是人们根据财务活动的内在规律和理财环境的要求所提出的具有一定事实依据的假定或设想，是研究财务管理理论和实践问题的基本前提。目前，国内许多学者就财务管理假设的具体内容说法不一，但目前比较流行的观点是财务管理假设可分为基本假设、派生假设和具体假设。

▶▶ 二、财务管理假设的意义

财务管理假设在财务管理和分析中起着至关重要的作用，它们为理解和解释经济现象、制定策略和决策提供了一个理论框架和基础。

（1）简化复杂的经济现象　财务管理假设在理解复杂的经济现象中起到了极为重要的作用。它们通过抽象和简化现实世界的复杂性，使得我们能够更容易地理解和分析财务问题。例如，市场效率假设帮助我们理解资产的定价机制和市场行为，而忽略了现实市场中的许多不规则因素。这种简化是理解和预测经济行为的必要步骤，尽管它可能无法涵盖所有情况的细节。

（2）提供财务分析和决策的基础　财务管理假设为财务分析和决策提供了坚实的基础。例如，企业的持续经营假设允许企业在财务报告中按照常规运营进行资产和负债的评估，而非基于清算价值。这些假设形成了分析的起点，使得财务数据的解释和比较变得可能和有意义。

（3）制定财务决策和策略　财务管理假设对于企业和投资者在制定财务策略和决策时具有指导意义。它们帮助决策者权衡不同的财务选择，管理风险并寻求最佳的投资回报。例如，风险与回报的权衡原则是投资组合管理和资本预算中不可或缺的考虑因素。

（4）推动财务理论的发展和完善　财务管理假设是推动财务理论发展和完善的关键因素。随着新的研究和实证数据的出现，这些假设可能会被重新评估、更新或改进。例如，有效市场假设的不同形式（弱、半强、强）提供了丰富的研究领域，并促进了资产定价理论和市场行为分析的进步。

（5）提供重要的教学框架　在财务教育和专业培训中，财务管理假设提供了一个重要的教学框架。它们帮助学生和财务专业人士理解基本的财务原理和实践，从而建立起对复杂财务世界的系统性认识。这些基本假设是学习财务学的基石，对于培养财务思维和分析能力至关重要。

（6）提供相关政策和法规的理论支持　财务管理假设在政策和法规的制定过程中扮演着重要角色。它们为立法者和监管机构提供了理论依据，以制定合理的财务报告标准、审计规范和公司治理准则。这些政策和法规旨在确保财务信息的透明度、可靠性和一致性，从而保护投资者和其他市场参与者的利益。

（7）财务管理假设是财务管理理论体系构建的基本前提　在企业财务领域，实务工作尚未标准化，假设的意义对会计与对财务是有差别的。对财务来说，假设最主要的意义是构建企业财务学的概念或理论及方法体系，而依据这些假设所涉及的概念和方法体系未必就是（并且在多数场合下也很难就是）财务管理工作的标准或指南。例如"理性理财假设"，现有的企业财务学理论和方法体系确实是以"理性经济人"为前提假设推理和设计的，但这并不意味着实际的理财工作都是理性展开的，也并不意味着以理性为假设基础推导的财务学方法体系就是实际财务管理工作的指南。因此，财务领域的假设，更多的是服务于财务学概念与方法体系的推导和设计，而不是服务于财务管理实务工作标准的设计和运行。正因为如此，财务领域的假设并没有稳定或确定，而是尚存争议。

鉴于此，对企业财务来说，假设的意义总是与财务学的构建联系在一起的，也就理所当然地称之为"财务管理假设"，这是一个最严格的名称。

三、财务管理基本假设

财务管理基本假设是研究整个财务管理理论体系的假定或设想，它是财务管理实践活动和理论研究的基本前提。财务管理假设体系主要是针对财务环境中的空间、时间、环境三方面因素形成三个基本假设，即理财主体假设、持续经营假设、有效市场假设。

（一）理财主体假设

理财主体假设明确了财务管理工作的空间范围，将一个主体的理财活动同另外一个主体的理财活动相区分，使财务主体、财务客体、财务管理目标、信息、方法具有空间归属，为科学划分权责关系奠定了理论基础。在现代的公司制企业中，客观上要求将企业的财务活动与股东的财务活动划分清楚，如果将成千上万的股东和企业混在一起，就无法判断企业的经营业绩和财务状况。而使用理财主体假设，将企业与包括股东、债权人和职工在内的其他主体分开，无疑是一种明智的做法。

所谓理财主体，是指凡是能够拥有或控制一定经济资源，能够独立自主地进行理财活动，具有独立或相对独立的物质利益的经济主体。它应具备以下特点：①理财主体必须具有独立的经济利益；②理财主体具有独立的经营权和财产所有权；③理财主体一定是法律主体。一个组织只有具备这三个特点，才能真正成为理财主体。

与会计主体相比，理财主体的要求更严格。如果某个主体虽然有独立的经济利益，但不是法律实体，则该主体是会计主体，但不是理财主体，如一个企业的分厂。如果某主体虽然是法律实体，但没有独立的经营权和财产所有权，则其也不是理财主体。当然，在实际工作中，为了满足管理上的要求，会人为地确定一些理财主体。例如，对一个分厂实行承包经营，赋予它比较大的财产所有权，这个分厂就有了理财主体的性质。因此，考虑到实际情况，理财主体可以区分为完整意义上的理财主体（或称真正的理财主体、自然的理财主体）和相对意义上的理财主体（或称相对的理财主体、人为的理财主体）。一个真正的理财主体必须具备上述三个条件。而一个相对的理财主体，条件可适当放宽，可以根据实际工作的具体情况和一定单位责、权、利的大小，确定特定层次的理财主体。不过，在财务管理理论研究中所说的理财主体，一般是指真正意义上的理财主体。

理财主体假设为正确建立财务管理目标、科学划分权责关系奠定了理论基础。

【案例1-1】 2014年，微软公司进行了一次大规模的债务融资，以资助其对诺基亚公司手机业务部门的收购。这一事件是企业理财主体假设的一个典型案例。微软，作为一个独立的法律实体和理财主体，决定通过发行债券来筹集资金，而不是直接使用其大量的现金储备。这种决策体现了企业作为独立理财主体的能力，能够基于自身的财务状况和市场条件做出最佳融资决策。这次融资操作不仅体现了微软财务团队的战略规划，而且显示了公司作为独立理财实体在利用资本市场进行资金管理方面的能力和灵活性。

（二）持续经营假设

持续经营假设（也称为"持续经营概念"或"续营假设"）是财务学中的一个基本

原则，是指在财务决策和报告过程中，假定企业将在可预见的未来继续运营，而不是面临清算或终止业务。持续经营假设是企业财务管理和报告的一个基本前提，它确保了财务信息的连续性和一致性，帮助投资者和管理者更好地理解企业的长期财务健康状况和发展前景。

显然，持续经营虽然是一种假设，在正常情况下，却是财务管理人员唯一可选择的办法，因而为财务管理人员所广泛接受，成为一项公认的假设。在任何一个时点上，企业的前景只有两种可能：持续经营和停业清算，非此即彼，没有第三种可能。在正常情况下，当企业进行筹资、投资和分配时，假定企业持续经营是完全合理的，推测企业破产反而有悖常理。因为只有在持续经营的情况下，企业的投资在未来产生效益才有意义，企业才会根据其财务状况和对未来现金流量的预测、业务发展的要求安排其借款的期限，如果没有持续经营假设，这一切都无从谈起。因此，持续经营假设限定了财务管理理论研究和实践的内容主要是常规的财务管理。

【案例1-2】 2019年，波音737 MAX系列飞机在两起严重的空难后被全球范围内停飞。尽管面临这一巨大挑战，波音在其财务报告和管理决策中依然坚持了持续经营假设。在这一时期，波音对其固定资产的评估和负债的分类是基于公司将会继续运营和最终解决这些问题的预期。此外，波音继续进行长期投资，如研发新型飞机，并在财务报告中按照正常运营状态下的会计原则进行了体现。这反映了即使在面临重大危机时，波音公司仍然基于持续经营的前提来进行财务规划和决策，展示了对公司未来的信心和对长期运营的承诺。

（三）有效市场假设

有效市场假设是连接财务管理假设与资本市场的基本纽带，是财务投资的基本前提。有效市场假设是指财务管理所依据的资金市场是健全和有效的。只有在有效的市场上，财务管理才能进行，财务管理理论体系才能建立。最初提出有效市场假设的是美国财务管理学者法玛（Fama），他将有效市场划分为弱式有效市场、次强式有效市场、强式有效市场。

有效市场的有效性表现在两个方面：一是资源配置的有效性；二是信息的有效性。因此，有效市场应具备以下特点：①当企业需要资金时，能以合理的价格在资金市场筹集到资金；②当企业有闲置资金时，能在市场上找到有效的投资方式；③企业理财上的任何成功和失败都能在资金市场上得到反映。

【案例1-3】 在2008年全球金融危机期间，尽管整体市场状况动荡不安，苹果公司仍发布了其创新的iPhone 3G产品，这一积极的产品更新信息迅速被市场吸收并反映在其股票价格上。苹果公司的股价在这一期间相对稳定，甚至出现上升，这反映了市场对公司未来增长潜力的预期。此案例表明，即使在市场普遍低迷的环境中，特定公司的积极信息仍能迅速影响其股价，符合有效市场假设中关于信息反映的观点。这一现象说明，市场对新信息的反应是迅速和有效的，尤其是对于那些具有重大影响的信息，如苹果公司的产品发布。

四、财务管理派生假设

财务管理派生假设是由财务管理基本假设引申和发展出来的一些假定和设想。财务管理派生假设与基本假设相互作用、互为前提，派生假设是对基本假设的进一步说明和阐述，在构建财务管理理论体系中也起着重要作用。

在基本假设的基础上，结合财务人员实施的财务行为，实现财务目标需要形成六个派生假设，它们分别为：理财主体假设派生出的自主理财假设和理性理财假设；持续经营假设派生出的理财分期假设；有效资金市场假设派生出的资金流通假设、资金增值假设和财务信息可靠假设；理性理财假设派生出的资金再投资假设；资金增值假设派生的风险与报酬同增假设；基本假设和派生假设相互作用形成财务假设体系的总体假设——财务可控假设。

（一）自主理财假设

自主理财假设，即假设财务主体——企业具有财务自主权，能够独立自主地组织或开展财务活动，财务自主权包括财务筹资自主权、财务投资自主权和收益分配自主权。

在这种假设下，企业被认为拥有完全的自由来制定和执行其财务策略，如投资决策、资金配置和债务管理，而不受外部干预。这同时意味着企业在一个高效的市场中运作，能够基于透明和公平的市场信息做出决策。此外，企业被假定能够优化其内部管理和操作流程，以提高效率和盈利能力，并且能够独立地识别、评估和管理各种财务风险。这一假设强调了企业在理财活动中的独立性和自主性，虽然在实际操作中可能受到市场环境、监管政策和股东压力等因素的影响。

（二）理性理财假设

理性理财假设是指从事财务管理工作的人员都是理性的理财人员，因而他们的理财行为也是理性的。他们会在众多的方案中选择最有利的方案。理性理财主要表现在四个方面：①理财是一种有目的的行为，即企业的理财活动都有一定的目标；②理财人员在众多的方案中选择一个最佳方案，他们通过比较、判断、分析等手段，从若干个方案中选择一个有利于财务管理目标实现的最佳方案；③当理财人员发现正在执行的方案是错误的时，都会及时采取措施进行纠正，以使损失降至最低；④财务人员能吸取以往工作的教训，总结以往的工作经验，不断学习新理论，使理财行为由不理性变为理性，由理性变为更理性。

理性理财假设是确立财务管理目标，建立财务管理原则，优化财务管理方法的理论前提。例如，财务管理的优化原则，财务管理的决策、计划和控制方法等都与此项假设有直接联系。

（三）理财分期假设

理财分期假设是指将企业持续不断的经营活动人为地划分为一定期间，以便分阶段考核企业的财务状况和经营成果。根据持续经营假设，企业自创立之日起，直到解散停业为止，其生产经营活动和财务活动都是持续不断的。企业在其存在期内的财务状况是不断变化的，一直到停业之日才停止变动。为了分阶段地考核企业的经营成果和财务状况，必须将持续经营的企业人为地划分为若干个期间，这就是理财分期假设的现实基础。

企业理财的分期假设是财务学中的一个基础原则，它使得企业的长期经营活动能够被有效地划分、监控和分析，有助于提高企业运营的透明度和管理效率。

【案例1-4】 在2008年全球金融危机期间，国际银行巨头摩根大通面对市场的剧烈波动和金融环境的不确定性，持续遵循分期假设原则，在每个季度末提供详细的财务报告。这些报告包括该季度的收入、费用、资产负债情况和现金流量，允许股东、投资者和监管机构能够及时了解公司在极具挑战的市场环境下的财务状况。通过这种定期的财务披露，摩根大通不仅遵守了其对透明度的承诺，也为管理层提供了重要的数据支持，帮助其在动荡的市场环境中做出更为明智的决策。这个案例突显了分期假设在企业理财中的重要性，尤其是在经济动荡时期，为企业提供了一个结构化和连续的财务报告框架。

（四）资金流通假设

资金流通假设是指假定资金在市场中的流通是充分且透明的。当企业需要资金时，能以合理的成本在资金市场上筹集到资金；当企业有闲置的资金时，能在市场上找到有效的投资方式。同时，这些资金流通都能在资金市场上得到清晰、真实的反映。此外，这个假设的核心在于认识到现金流是企业运营和财务健康的关键因素。

【案例1-5】　在2001年，亚马逊公司通过有效地管理其资金流通，成功克服了初创期的财务困境，成为这一假设的典型案例。当时，亚马逊面临着严重的现金流挑战，其业务模式和快速扩张策略导致了巨额的运营成本和资本开支。为应对这一挑战，亚马逊采取了一系列措施，包括优化库存管理以减少现金流出、调整支付条款以延长与供应商的付款周期，同时增强了其在线零售平台的效率。这些举措有效改善了公司的现金流状况，提高了运营效率，使得亚马逊能够在后续几年中维持稳定的增长。这个案例突显了在企业运营中，对资金流的有效管理是确保企业生存和发展的关键。

（五）资金增值假设

资金增值假设是指通过财务管理人员的合理营运，企业资金的价值可以不断增加。这一假设实际上指明了财务管理存在的现实意义。因为财务管理是对企业资金进行规划和营运的一种理财活动，如果在整个资金运动过程中不能实现资金的增值，财务管理也就没有必要存在。

企业财务人员在营运资金的过程中，可能会出现以下三种情况：①资金增值，即有盈余；②资金减值，即出现亏损；③资金价值不变，即不盈不亏。财务管理存在的意义只在于第一种情况，即资金增值。当然资金只有在不断的运动中，通过合理营运才能产生价值的增值。在商品经济条件下，从整个社会看，资金的增值是一种规律，但从个别企业来考虑，资金的增值只能是一种假设，而不是一种规律。因而在财务管理中，在做出这种投资时，一定是假设这笔投资是增值的，否则就不会发生这项投资了。

【案例1-6】　2015年，谷歌（现在的Alphabet）宣布重大的企业重组和资本分配策略，成为企业资金增值假设的一个著名案例。这一重组包括创建Alphabet作为母公司，旗下包括谷歌和其他多个业务单位，如Waymo（自动驾驶汽车）和Verily（生命科学）。此外，Alphabet还宣布了股票回购计划，这是公司历史上首次这样做。通过这种重组和资本分配策略，Alphabet不仅优化了其业务结构，提高了运营效率，还通过股票回购直接为股东创造价值。这个案例展示了公司是如何通过战略性的企业重组和明智的资本分配决策实现资金的增值，进一步增强了公司的市场地位和财务实力。

（六）财务信息可靠假设

财务信息可靠假设是指在财务行为发生的时点上，假定财务管理人员得到的与财务活动决策相关的财务数据和信息是准确、完整和真实的。这个假设为财务主体提供了在做决策时所需要信息的可靠性保障。这个假设的另一个主要目的是增强外部用户对财务报告的信任度，确保其能够基于这些信息做出明智的经济决策。缺乏可靠性的财务信息可能导致错误的决策和对企业信誉的损害。因此，财务信息的可靠性成为市场有效性的基础，从而使市场得以实现资源的最优配置。

【案例1-7】 2002年，世界通信巨头安然（Enron）的破产是企业财务信息可靠假设的一个反面案例。安然之前被视为能源行业的创新者，但后来被揭露其财务报告存在严重的误导性和不真实性，例如通过复杂的会计手段和特殊目的实体来隐藏债务和夸大盈利。这些财务操作最终导致了公司的崩溃，股价暴跌，股东和雇员遭受巨大损失。安然的案例突出了财务信息可靠性的重要性，同时促使了《萨班斯-奥克斯利法案》（Sarbanes-Oxley Act）的通过，该法案旨在加强公司治理和财务报告的透明度，确保财务信息的真实性和可靠性。这一事件清楚地展示了当企业违反财务信息可靠性原则时可能导致的严重后果。

（七）资金再投资假设

资金再投资假设是指当企业有了闲置的资金或产生资金的增值，都会用于再投资。换句话说，企业的资金在任何时候都不会大量闲置。财务管理中的资金时间价值原理、净现值和内部报酬率的计算都是建立在此项假设基础之上的。

【案例1-8】 在2010年，亚马逊决定将其相当一部分盈利再投资入AWS的发展中，这是一个相对新兴的领域。这项投资包括增强基础设施、研发新技术和扩大服务范围。亚马逊的这一策略被证明是极其成功的，因为AWS很快成长为全球领先的云服务提供商，为公司带来了巨大的收益。这个例子体现了公司如何通过明智地再投资其盈利，特别是在有潜力的新技术和市场中，以实现长期增长和盈利能力，符合公司资金再投资的战略思维。

（八）风险与报酬同增假设

风险与报酬同增假设是指风险越高，获得的报酬也越高（取得的增值越大或付出的成本越低）。资金的运筹方式不同，获得的报酬就不一样，例如，国库券基本是无风险投资，而股票是风险很大的投资，为什么还有人将巨额资金投向股市呢？这是因为他们假设股票投资取得的报酬要远远高于国库券的报酬。同样，有人将资金投向食品行业，有人却投向房地产行业，还有人投向衍生金融工具，他们同样是根据风险与报酬同增这一假设来进行决策的。风险与报酬同增假设实际上暗含着另一项假设，即风险可计量假设。因为如果风险无法计量，财务管理人员就不知道哪项投资风险大，哪项投资风险小，风险与报酬同增假设也就无从谈起。

【案例1-9】 在2008年的全球金融危机中，投资银行雷曼兄弟的崩溃是风险与报酬同增假设的一个典型案例。在危机之前，雷曼兄弟大量投资了高风险的次级抵押贷款和相关金融衍生品，期望获得高额回报。这些投资在初期确实带来了显著的利润，推动了公司股价和市场地位的提升。然而，当房地产市场崩溃，次级抵押贷款开始违约时，雷曼兄弟面临的风险迅速上升，最终导致公司资产价值大幅下降，引发流动性危机和破产。雷曼兄弟的经历鲜明地展示了高风险投资可能带来高回报，但同时也伴随着巨大的风险，一旦市场条件逆转，可能会产生严重的后果。这个案例反映了风险与报酬同增的基本金融原则，即追求更高的收益往往需要承担更大的风险。

五、财务管理具体假设

财务管理具体假设是指为研究某一具体问题而提出的假定和设想。它是以财务管理基本假设为基础，根据研究某一具体问题的目的而提出的，是构建某一理论或创建某一具体方法的前提。例如，财务管理中著名的 MM 理论、资本资产定价理论、本量利分析方法等都是在一系列假设的基础上构建的。

六、财务管理假设的逻辑结构

财务管理假设体系是一个统一的系统，每个假设都相互联系、相互制约、缺一不可。财务管理假设的逻辑框架如图 1-2 所示。

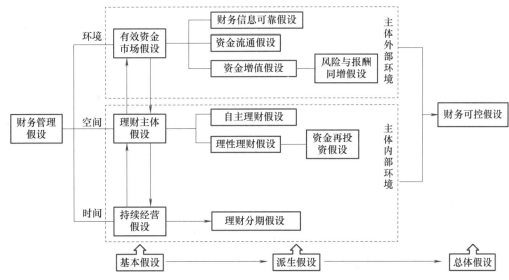

图 1-2　财务管理假设的逻辑框架

理财主体假设是财务管理假设体系存在的重要前提。若没有财务主体的存在，就没有接收和输出资金与信息的主体，就无法有效地组织财务活动、形成健全的财务关系。同时，理财主体假设也是财务管理假设体系的核心，因为所有财务管理活动都是围绕着财务主体展开的，假设体系中的所有具体假设也都是以理财主体假设为核心的。

持续经营假设是在理财主体假设的基础上，进一步提出的关于主体经营方面的假设，它也是财务活动得以顺利进行的基础，只有持续经营的财务主体才能顺利开展理财活动。这一假设从时间上限定了财务管理要素的具体范围，理财分期假设是在持续经营假设的基础上更进一步提出的关于财务主体的假设，以便于财务主体分析、控制财务活动，并分期向外部传递和接收财务信息。

有效资金市场假设是财务活动得以顺利进行的保证，资金市场接收财务主体的资金并提供资金增值的环境，最后增值的资金又返回至财务主体，如此循环，从而实现财务管理目标。而有效资金市场假设包含的财务信息可靠假设、资金流通假设和资金增值假设也是相互制约、互为前提的。只有资金流通了，才能实现资金增值；只有资金实现了增值，才能促使资金流通；而财务管理人员只有及时获得可靠的财务信息，才能进行正确的财务资金运转和资金增值决策。

财务可控假设是在前述所有假设都成立的基础上所提出的对财务管理活动的总体假设，是框架中最上层的假设。

第四节　高级财务管理的理论结构

数智化时代背景即将成为企业财务管理的基本环境。财务管理理论，尤其是财务管理实践，需要在充分考虑数智化时代背景的基础上，做出应有的思考、修正和完善。

▶▶ 一、高级财务管理的界定

构建高级财务管理理论框架，首先面临的一个问题就是对高级财务管理学本身的界定问题，即何为高级财务管理？高级财务管理应包括哪些内容？对于问题的答案，人们的认识不统一。这仍然是一个仁者见仁、智者见智的问题。高级财务管理与现行的初级财务管理、中级财务管理理论有何区别？它的"高级"是如何体现的？

如果我们审视其他学科的"高级"定义，其含义也不统一，有先进、复杂或特殊的意思。与财务管理学科相近的、相对较为成熟的学科是高级财务会计，那么高级财务会计是如何界定"高级"这一概念的？阎达五和耿建新（1997）曾明确指出："高级会计是随着社会经济的发展，对原有的财务会计内容进行补充、延伸和开拓的一种会计。"目前国内出版的各种《高级财务会计》是对原有财务会计内容进行横向补充、纵向延伸的一种以新出现的特殊业务为主的会计。卡普兰的《高级管理会计》中，"高级"隐含的是"先进科学"的内容。他将管理会计放在企业的集权和分权体制以及委托代理契约中，进行与企业组织环境、管理过程相融合的研究。这里的"高级"不再是内容上的增补，而是实现管理会计管理机能的飞跃。

那么，高级财务管理是如何界定"高级"这个概念的？汤谷良（2017）认为高级财务管理和高级管理会计所体现的"高级"的思想是一致的。初级、中级和高级应该不是同一个平面上的差别，而是不同层面的差异。王化成等（2022）则依据财务管理知识层次设置课程和财务管理假设，将高级财务管理与初级、中级财务管理的内容进行划分。凡符合财务管理假设的内容，都归入初级、中级财务管理中；凡是对财务管理假设有突破的内容，都放入高级财务管理中。

由此可见，相对于中级财务管理而言，高级财务管理内容可在两个方面得到拓展：一是对中级财务管理内容的横向拓展，也就是财务管理范围的拓展，如企业集团财务管理、中小企业财务管理、国际财务管理、非营利组织财务管理、公司并购、企业财务战略、企业价值评估、企业重整与清算等，这些内容突破了原来中级财务管理的假设条件，主要探讨企业整体和企业之间的财务管理问题；二是对原来中级财务管理内容的深化、探讨，如绩效评价与价值管理、超越预算管理、期权及其应用、股权激励等，这些内容主要涉及对原来中级财务管理环节和方法的深化研究，目的在于丰富和发展财务管理的方法体系。上述两个方面内容的共同点是，它们同属于财务管理实务范围，而不是与财务管理理论的相互交叉。也就是说，财务管理理论框架中的特殊业务理论属于高级财务管理的范围（如图 1-3 所示）。

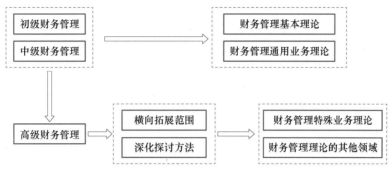

图 1-3　高级财务管理内容

二、高级财务管理的基本特征

高级财务管理中的"高级"是一个相对的概念，它是相对于传统或者说"中级"财务管理而言的，其所蕴含的具体内容是随着管理科学的发展，更新更复杂的管理过程及其财务事项的出现而不断变化的，总体而言，高级财务管理的基本特征表现如下。

（一）从企业的股东价值到整体价值

财务目标是确定财务管理主体行为的目标和准则，在以往的多种财务目标取向中，企业着重于财务利润等财务价值目标，现在企业价值最大化目标成为现代企业财务目标的最好表达。企业价值不仅仅是股东财富的价值，而是考虑了股东在内的企业所有的利益相关者。一个企业的利益相关者包括股东、债权人、员工、管理者、客户、供应商、社区、政府甚至整个社会，而且企业整体价值的概念强调的不仅仅是财务的价值，而是在组织结构、财务、采购、生产、技术、市场营销、人力资源、产权运作等各方面整合的结果。

（二）从保障型到战略型财务管理

从目前的财务管理教材所阐述问题的逻辑思维分析，这些教材主要定位在特定企业发展阶段和特定组织结构模式下的财务投融资、财务控制与分析问题，其讨论的财务管理似乎与战略相差较远，可以说是一种战略保障型财务管理。现代财务在企业战略管理中应该发挥更为广阔、深远的作用，应该侧重于企业的长期发展和规划，现代财务管理的又一特征是全面的战略管理，实现价值最大化必须突出战略管理与财务管理的结合，战略的目标不再仅仅是获取竞争优势，而是获得企业整体价值不断提高的新目标。

（三）从财务独立型到财务整合型管理

传统的企业管理与财务分析的思想无法满足企业整体价值最大化和战略管理的要求。传统的管理思维是把公司划分为不同的部门，例如，采购、生产、质量、市场营销、财务、会计、人事部门，突出职能分工和部门利益。然而，企业管理的实践已经充分表明，比单一职能部门、单项管理顺利运作更为重要的是把不同职能部门的功能、职责有效地整合起来。也就是说，不同的职能管理单项有效但并不能保证公司整体功能的效率最大化。需要运用系统的财务思想整合企业管理，实现"财务管理是企业管理的中心"的基本命题。高级财务管理带来管理理念和方法的全面提升，它提供了一种与现代企业制度下法人治理结构相匹配的管理制度，整合企业实物流程、资金周转和信息传递的科学方法，建立确保战略实施、整合全方位、全过程、全员的管理体系。

（四）从结果导向型到过程控制型财务管理

现代财务管理主要研究财务管理如何获得成功，结果应该如何，以及如何反映结果。但是对面对逆境时，如何防止企业免遭损失和风险是不够重视的。实践证明，由于理财环境的动荡性和人们对未来认识能力的局限，企业可能面对的风险与损失是难免的，财务管理必须居安思危，防患于未然，把握企业财务失败的原因及预防措施，必须实现由结果控制向过程控制延伸的管理导向，必须在管理过程中，充分重视人的行为因素，重视控制的全方位，针对企业不断面临的危机或机遇，及时反馈，加强沟通，制定对策，实施政策，引导行为，以规避风险或走出困境。

（五）从资金管理到价值型管理

传统的财务管理关注股东价值最大化，以净利润或者股票价格的最大化来表现企业的成长和壮大，财务部门强调资金运营、资金筹措和资金投放以及资金的分配，财务管理工作呈现典型的资金管理特点。高级财务管理以企业价值最大化目标为出发点，以现金收益和风险的平衡发展为基本财务管理理念，强调财务分析技术和决策模型的量化财务管理方法，全方位对接发展战略；以落实财务战略为基础，改造组织体系，分析企业价值增长的驱动因素，将战略落实为具体的预算目标，并以预算管理、报告体系和预警机制为监控手段，通过资产组合和风险控制，保障企业的可持续增长，最后通过相关的评价机制和激励机制来激励管理者和全体员工不断追求价值的最大化。

（六）从资产运营到资本运营

财务理论的发展除了受到财务学科本身特质、相关学科相互关联的影响外，越来越受到理财环境和企业经营模式、战略的复杂影响。当今世界经济一体化的趋势，跨国战略、并购浪潮、抵御区域性风险已经成为理财环境和企业关注的热点。随着资本运营活动在经济中的扩展与深入，与此相关的一系列基础性的困惑和问题逐渐暴露，如资本为何要交易？谁在交易中起决定作用？资本交易的依据又是什么？运营后的效益如何评价？这些问题必须由以资本、资产配置为内容，以企业价值最大化为行为准则的财务理论来描述和规范。现行财务理论体系主要关注资产管理、资金管理，关于资本运营的理论较为零散。而当今现实已表明资本运营是企业更高层次的资源重组配置方式，对它的研究和长期主动的关注、把握是企业价值增长的有效手段之一。

（七）从单一财务主体到复杂的财务主体

不同企业组织形式是决定财务管理特征的主要因素。市场经济的发展与企业组织形态的多样化，要求财务管理必须关注不同规模与不同组织结构企业的财务管理行为。既要关注公司制企业的财务运作问题，也要研究非公司制企业的财务管理问题；既要研究大型企业的一般财务问题，又要关注中小企业的特殊财务情况；既要分析单一组织结构的财务管理问题，又要特别研究多层组织结构（集团制）的集权与分权问题。

▶▶ 三、高级财务管理理论的内容与本书的结构安排

高级财务管理理论研究的起点是企业组织，不同的企业组织形式有着不同的财务目标

和财务主体。财务目标为财务管理过程提供了技术标准和方向，而财务治理结构下的分层财务主体则为处于管理过程核心的人提供了行为导向和规范。这是财务管理过程展开的两个必要前提，即既要知道目标也要知道规则。依据财务目标和财务管理的知识层次，本书对高级财务管理的主要理论进行编写，除第一章导论之外，其他章节都讲授财务管理专题内容。本书的基本内容如下。

（一）企业价值理论

财务目标是确定财务管理主体的行为目标和准则，在多种财务目标取向中，我们认为企业整体价值最大化目标是现代企业财务目标的最好表达。由此提出的有关企业整体价值的基本命题：①企业价值不仅仅是股东财富的价值，而是考虑了股东在内的企业所有的利益相关者，包括股东、债权人、员工、管理者、客户、供应商、社区、政府，甚至整个社会。一个企业价值的增加不应该仅仅使股东受益，而且应该使所有的利益相关者获利。只有当所有的利益相关者的权益得到保证并不断增长时，企业经营才是有效率的和成功的。所以有人说："作为一种责任和利润分担机制，公司财务管理既要确保投资者不被排除在企业利害关系人之外，又不至于损害其他利害关系人的利益。对于投资者和其他外部人士来说，财务责任乃是关键之所在。"②企业整体价值的概念强调的不仅仅是财务的价值，而是在组织结构、财务、采购、生产、技术、市场营销、人力资源、产权运作等各方面整合的结果。③企业整体价值的概念，不是基于已经获得的市场份额和利润数据，而是基于与适度风险相匹配的已经获得和可能获得的现金流量。④企业整体价值有多种表现形式，但是市场价值是最主要的形式，所以现代企业财务必须密切关注资本市场或产权市场，企业只有从内部和外部两个方面下手才能提高企业整体价值。包括关注不断变化的市价而引发的市值管理。

（二）有效资本市场理论

有效资本市场理论是高级财务管理中的一个重要概念，它描述了资本市场在信息处理和资产定价方面的效率。

有效资本市场理论的核心假设在于市场参与者可以即时且无成本地获取所有相关信息，投资者行为完全理性，以及资产价格能够即时且准确地反映所有可用信息。这一理论假定在这样的市场环境中，任何尝试获取超额回报的努力都是徒劳的，因为所有的信息都已经在当前的价格中得到了体现。

有效资本市场理论按信息反映的程度分为三种形式：弱式有效市场假定资产价格反映了所有历史价格信息，因此通过分析过去的价格和成交量等历史数据无法获得超额收益；半强式有效市场认为价格不仅反映了历史信息，还反映了所有公开可获取的信息，包括公司财报、行业新闻等，使得利用公开信息进行投资分析无法实现超额收益；而在强式有效市场中，价格甚至反映了内部或未公开信息，意味着即便是拥有内幕信息的投资者也无法实现超额回报。每一种形式都代表了市场效率的不同层次，反映了市场在处理和反映信息方面的能力。

有效资本市场理论在高级财务管理中的应用非常广泛，它影响了投资组合管理、资产定价、公司财务决策等多个领域。例如，如果市场是有效的，那么公司发布的新信息会立即反映在其股价中，这对公司的财务沟通策略、市场定位和资本结构决策都有重要影响。

然而，现实世界中的市场并不总是完全有效。市场无效率、信息不对称、心理因素和行为偏差等都可能导致资本市场偏离理论上的有效性。因此，高级财务管理不仅需要理解有效资本市场的理论框架，还需要考虑实际市场中的各种复杂因素。这一部分内容在本书的第三章有详细论述。

（三）财务治理理论

高级财务管理理论所要研究的问题不能脱离现代企业制度及其法人治理结构。公司财务治理是公司治理的核心内容。公司财务治理旨在利用一定的财务治理机制、手段，合理地对公司财务方面的权责利进行界定划分、安排配置，以实现有效的财务约束和激励机制，并形成科学的财务决策制度规范。伴随着现代企业制度下公司治理理论和实务的不断创新，公司财务治理也发展出一系列新的概念和特征。本书将从公司治理、公司治理与财务治理、公司治理的基础理论、公司财务治理结构和公司财务治理机制五个方面对公司财务治理进行阐述。这一部分内容在本书的第四章有详细论述。

（四）企业并购财务管理

并购的财务问题涉及理财主体假设和持续经营假设，即并购涉及理财主体的变更和理财主体的消亡。并购的内容较多，本书设两章讲授。第五章是企业并购理论基础，主要包括并购的概念、并购的类型和程序、并购的动因等。在此基础上，第六章着重讲授并购中对目标企业的价值评估方法，并系统介绍并购的出资方式、并购后的企业整合，以及目标企业的反并购措施。

（五）企业集团财务管理

企业集团财务管理主要涉及理财主体假设，在全资子公司和控股子公司中，理财主体的地位已经部分消失，因为许多财权掌握在母公司手中。本书第七章为企业集团财务管理概述，主要讲授企业集团的概念、企业集团的特征、企业集团财务管理的特点、企业集团的组织结构以及企业集团的财务管理体制等问题。第八章为企业集团财务决策，主要讲授企业集团融资管理、投资管理、收益分配管理等问题。

（六）中小企业财务管理

中小企业是经济社会和产业结构的重要组成部分，其在组织、资金、管理等方面显著不同于大型企业，这使得中小企业的财务管理存在一系列区别于大型企业的议题和特征。本书第九章基于中小企业这一特殊的企业群体，以中小企业财务管理为重点研究分析对象，从中小企业财务管理概述、中小企业融资管理、中小企业投资管理和中小企业绩效评价四个方面对中小企业财务管理进行详细阐述，旨在探讨中小企业财务管理的新特征、新方法和新趋势，提升中小企业财务管理绩效和水平。

（七）企业破产重整、和解与清算的财务管理

这部分内容将突破理财主体的假设，出现理财主体的变更和消亡。本书第十章主要围绕该部分内容展开，首先，讲述我国破产法环境现状与发展历程，破产重整、和解、清算的决策流程及相关程序；其次，介绍财务危机预警管理，包括财务危机的概念、特征、成因、征兆、预警分析系统、应对与管理评价；再次，介绍重组与破产重整的财务管理；最后，介绍破产和解与清算的财务管理等。

【思考题】

1. 从财务管理的发展历程分析高级财务管理普遍存在哪些基本特征？
2. 数智化环境对企业财务管理提出了哪些新挑战？
3. 如何理解高级财务管理必须从保障型财务转型为战略型财务？
4. 企业财务决策应该如何顺应数智化环境？
5. 高级财务管理与初级财务管理、中级财务管理之间存在什么样的关系？
6. 怎样看待我国资本市场的发展和企业财务管理的关系？

【案例题】

海尔集团的数字化转型及其对财务目标的影响

海尔集团（简称海尔）作为全球领先的家电品牌，自 2010 年开始深入推进数字化转型。特别是在 2012 年，海尔提出了"以用户为中心"的转型战略，开始构建基于互联网的开放创新平台，这一转型策略对公司的财务目标产生了深远影响。

在 2012 年，海尔启动了深入的数字化转型，采取了"人单合一"的管理模式，将企业划分为多个独立运营的小微企业，每个小微企业都围绕特定的客户群体和市场需求独立运营。这种组织结构的调整极大地提高了企业的市场响应速度和决策效率，使财务目标更加注重市场导向和灵活性，为财务管理带来了根本性的变革。

随后，在 2013 年至 2015 年，海尔进一步利用大数据和云计算技术对财务管理体系进行创新。通过实施电子发票系统和自动化财务报告系统，海尔不仅显著提升了财务处理的效率，还利用数据分析增强了财务决策的准确性和前瞻性。这一系列技术的应用，使财务管理更加精细化和智能化，为企业的快速发展提供了有力支持。

从 2014 年开始，随着数字化转型的进一步深入，海尔的财务目标发生了多元化的转变。不再单一追求利润最大化，而是开始采用包括用户满意度、市场占有率、品牌价值以及创新能力等多维度指标。这一转变反映了海尔从传统的产品导向转向以用户需求为中心的市场导向，财务管理的目标也因此变得更加全面和动态。

进入 2015 年，海尔建立了创新孵化平台，鼓励内部创业和外部合作，推动新业务模式的发展。在这个过程中，对创新项目的投资回报和风险进行了精细的评估，财务目标也相应地包括了创新成果的商业化成功率和风险控制能力。通过这些措施，海尔不仅促进了企业文化的创新，激发了其活力，也为财务管理带来了新的挑战和机遇，使企业能够在激烈的市场竞争中保持领先地位。

思考：

（1）海尔集团通过哪些途径实现了数字化转型？
（2）外部环境是如何影响公司财务目标的？
（3）技术驱动对海尔集团有什么样的贡献？
（4）海尔集团是如何处理创新与风险管理的关系的？

第二章

价值评价理论

【本章导读】

　　宁德时代是一家锂离子电池研发制造公司，专注于新能源汽车动力电池系统、储能系统的研发、生产和销售。2018 年 6 月，宁德时代在深交所挂牌上市时，发行价只有25.14 元/股。近年来，我国新能源汽车消费需求持续增长，得益于国家政策对新能源汽车产业的大力支持，动力锂离子电池发展迅猛，作为锂离子电池行业龙头企业的宁德时代，也迎来良好发展机遇。2019 年—2022 年公司营收增长迅速，2021 年最高增速达到了 159.06%，实现营收 1 303.56 亿元，净利润 159.31 亿元，同比增长 185.34%。业绩表现稳健，股价也水涨船高，2021 年第三季度，宁德时代成为 A 股市场上总市值排名第二的上市公司，总市值达到了 1.22 万亿元，股价在 2021 年 12 月 3 日更是达到了历史高位，382.68 元/股。2022 年，宁德时代实现营收 3 285.94 亿元，同比增长 152.07%，实现净利润 307.29 亿元，同比增长 92.89%，2023 年披露的前三个季度的营收为2 946.77 亿元，净利润为 311.45 亿元，总体业绩表现也是相当亮眼，但是其股价却一路走低，最低达到了 145.75 元/股，市值排名也跌出了前十。

　　宁德时代的股价从发行时的 25.14 元/股涨到 382.68 元/股，再跌到 145.75 元/股，以及 2024 年 1 月 26 日的 150.00 元/股（其股价日 K 线如图 2-1 所示），对于投资者来说，面对不断变化的股票价格应该如何做出投资决策呢？382.68 元/股的价格就是被高估了吗？145.75 元/股的价格就是被低估了吗？本章将对这些问题做出科学的回答。

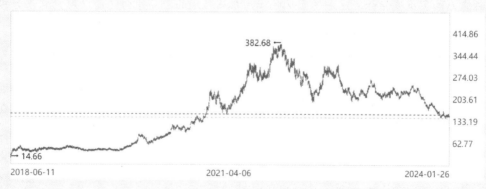

图 2-1　宁德时代股价日 K 线

注：该图来自同花顺网站。

【学习目标】

通过本章的学习，你应该：

1. 了解相关价值的概念
2. 了解价值评估的步骤
3. 掌握债券估值、股票估值的基本方法
4. 掌握企业自由现金流的预测方法，会编制预计利润表和预计资产负债表
5. 掌握经济增加值的估计方法
6. 掌握企业实体价值评估方法，主要有现金流量折现估值法、经济增加值法、相对价值法

第一节　价值评估概述

 一、价值评估的概念

每一种资产，无论是金融资产还是实物资产，都具有价值。所谓价值评估，是指运用科学的方法，对资产某一时点的价值进行评定和估计，从而提供该资产公平市场价值信息的经济活动。价值评估在企业进行商业决策、投资分析、税务规划、财产分割和许多其他经营活动中扮演着关键角色，可以帮助个人或组织更好地了解资产的真实价值，从而做出更明智的决策。价值评估可以应用于各种不同的情境和资产类型，如房地产、企业、股票、债券、商品、专利或商标等，价值评估理论也是现代财务管理理论的重要组成部分。

正确理解价值评估的含义，需要注意以下几点。

1. 对评估"资产"和"价值"的界定

这里的"资产"通常包含会计核算上加以确认的资产，但并不局限于此，它可以是股票、债券等金融资产，也可以是厂房、设备、生产线等实物资产，甚至可以是一个企业。对"资产"的界定取决于它未来是否能为企业带来经济利益，例如，评估企业的一条生产线，那么，评估的资产就是与这条生产线有关的设备、技术、专利等预期能为企业带来现金流入的所有有形和无形资源。

这里的"价值"是指资产的内在价值，它通常由该资产预期能产生的现金流决定，在数值上它等于预期现金流以适当的折现率加以贴现所得到的现值。它与资产的账面价值、市场价值和清算价值等既有区别，又有联系，后文在区分相关价值概念时将继续讨论这个问题。

2. 价值评估的误差

价值评估是一种经济"评估"方法，"评估"一词不同于"计算"，计算过程的输入和输出都是准确无误的，输入一系列确定的值，在确定的算法下输出的结果也是确定的。价值评估不仅仅是一个财务行为，它还涉及对市场趋势、行业动态和宏观经济条件的深入理解，而不同的评估人员对这些问题的理解和判断可能会带有主观偏见，这会导致不同的评估者得出不同的估值结果。

价值评估既然带有主观估计的成分，其结论必然会存在一定误差，不可能绝对正确。在进行评估时，由于认识能力和成本的限制，人们不可能获得完全的信息，总要对未来做出某些假设，从而导致结论的不确定。因此，即使评估进行了非常充分的考虑，合理的误差也是不可避免的。

价值评估是一种分析方法，要通过逻辑分析来完成。好的分析来源于好的理解，好的理解建立在正确的概念框架基础之上。价值评估涉及大量的信息，合理的概念框架可以指导评估人正确选择模型和有效地利用信息。本章节后续也将着重对各种估值模型进行介绍，探讨如何把各种模型运用到各式各样的估值情形中。

3. 价值评估提供的信息

价值评估，特别是企业价值评估，提供的信息不仅仅是企业价值的一个数字，还包括评估过程产生的大量信息。例如，企业价值是由哪些因素驱动的？销售净利率对企业价值的影响有多大？提高投资资本报酬率对企业价值的影响有多大等。即使企业价值的最终评估值不是很准确，这些中间信息也是很有意义的。因此，不要过分关注最终结果而忽视评估过程产生的其他信息。

价值评估提供的是有关"公平市场价值"的信息。价值评估不否认市场的有效性，但是不承认市场的完善性。在完善的市场中，企业只能取得投资者要求的风险调整后收益，市场价值与内在价值相等，价值评估没有实际意义。在这种情况下，企业无法为股东创造价值，股东价值的增加，只能利用市场的不完善才能实现。价值评估认为市场只在一定程度上有效，即并非完全有效，价值评估正是利用市场的缺陷寻找被低估的资产。当评估价值与市场价格相差悬殊时必须十分慎重，评估人必须令人信服地说明评估价值比市场价格更高的原因。

特定资产的价值既受系统风险的影响，也受非系统风险的影响，随时都会变化。由于价值评估依赖的企业信息和市场信息在不断变动，新信息的出现随时可能改变评估的结论，所以价值评估提供的结论有很强的时效性。

二、区别相关价值概念

在价值评估理论中，涉及各种不同的价值概念，例如在股票投资行为中，上市公司账面上记载着股东权益的价值，但实际投资者更多关注的却是股票的市场价值。价值评估理论中的价值概念也是有所特指的，为避免在运用理论时混淆不同的价值概念，我们有必要对一些价值概念进行界定和区别。

1. 账面价值和市场价值

账面价值（Book Value）是指会计核算中某账户的账面余额减去相关备抵项目后的净额。例如，固定资产的账面价值为固定资产成本扣减累计折旧和累计减值准备后的金额。账面价值又被称为簿记价值，它是一种用历史成本计价的价值，代表曾经的市场价值。这种价值不考虑资产价格随市场的波动，也不考虑资产的收益情况，是一种静态的估价。时间的流逝和经济条件的变化可能会慢慢扭曲账面价值，长期性资产尤其会受到时间的影响，并且现行会计核算将不同会计期的资产购置价格及使用不同计价方法的资产混合在一起，使得账面记载的价值缺乏明确的经济意义，在制定经营决策时其提供的信息非常有限。因此，在大多数情况下，账面价值并不适用于价值评估，它只在一定程度上作为一种价值参考，例如，价值评估的结果是高于还是低于账面价值、相差有多少，这种对比有助于价值评估审慎地得出结论。

市场价值（Market Value）是指一项资产在市场上交易的价格，它是在买卖双方都自愿、理性且不存在任何胁迫的情形下，通过公开竞价或谈判的方式所确定的双方都能接受的价格。市场价值也可以理解为，一项资产拿到公开市场上去交易最可能实现的价格。在市场价值的形成过程中，交易的双方会根据诸如资产或证券的交易数量、各当事人的偏好、重大的产业调整、政治经济条件的转变等调整他们各自对资产价值的评估，从而达成共识。因此，市场价值会根据市场行情的变化、时间的推移而上下波动。

账面价值和市场价值之间并不存在必然的联系，账面价值产生以后就与市场价值无关。市场价值受到很多因素影响，具有潜在的不稳定性，但与账面价值相比，在估算财务报表上所列资产与负债现有价值时，它仍被公认为是一种较为合理的标准，例如，在对存货和资本投资可回收价值的评估中，人们也常使用市场价值。

2. 公平市场价值与现时市场价值

价值评估的目的是确定一项资产的公平市场价值（Fair Market Value）。所谓公平市场价值是指买卖双方按自愿原则，在双方有关知识和信息基本对称的条件下，根据其自身利益在公平交易中所确定的资产交易价格。资产被定义为实现未来经济利益的载体，而"经济利益"则表现为现金流入，因此资产就是未来可以带来现金流入的资源。由于现金具有时间价值，因此，资产的公平市场价值就是资产未来现金流入的现值，它是资产的内在价值。

现时市场价值（Current Market Value）是现行市场价格计量的资产价值，它与公平市场价值是有区别的，它可能是公平的，也可能是不公平的。

首先，作为交易对象的资产，如果没有完善的市场，也就没有现时市场价值。例如，在评估企业价值时，非上市企业或者它的一个部门，由于没有在市场上交易，其价格也就不得而知；对于上市企业来说，每天参加交易的只是部分股权，多数股权不参与日常交易，因此市价只是少数股东认可的价值，无法代表公平价值。

其次，从事资产交易的双方，存在比较严重的信息不对称，当人们对资产的预期有很大差距时，成交价格的公平则难以保证。例如，2006年至2007年中国股市过热，投资者的非理性交易导致股市产生严重泡沫，便是一个很好的例子。

再次，资产的现时市场价值受到多种因素的影响，是经常变动的。例如，股票的价格在每个交易日有开盘价、收盘价、分时成交价，可以说是每时每分每秒的价格都不一样，到底哪一个代表是企业的公平价值，投资者往往难以确定。

最后，价值评估的一个重要作用就是寻找被市场低估的资产，也就是公平市场价值低于现行市场价值的资产，投资这类资产才是有利可图的。如果用现时市场价值作为企业的估价，则企业价值与价格相等，价值评估也就失去了意义。

3. 持续经营价值和清算价值

持续经营价值（Going Concern Value）是指假设一个企业是持续经营的，即企业现有的资产将被用于产生未来现金流并且不会被出售时估算出来的企业价值。潜在投资者将从整体上估计企业的价值，将持续经营价值与生产终止时的资产价值对比，如果持续经营价值超过生产终止时的资产价值，那么进行经营是有意义的。

清算价值（Liquidation Value）是指以评估对象处于被迫出售、快速变现或其他非正常市场条件下资产价值的估计数额。一项资产或一个公司的清算价值等于它能够被迅速卖出的估算价格，此时的价值是卖方被迫出售、买方自愿而不是被迫购买的价格。清算价值又分为正常清算价值和廉价清算价值，有时候，两种价值的差异非常大，这取决于企业及其资产特征。如果资产的专用性程度比较高，其清算价值一般会大幅低于其市场价值；另外，清算时间越急，卖方在市场中讨价还价的余地越小，其清算价值也会越低。

一个企业持续经营的基本条件是其持续经营价值大于清算价值。依据理财的"自利原则"，当未来现金流的现值大于清算价值时，投资人会选择持续经营，如果现金流量下降，或者资本成本提高，使得未来现金流量现值低于清算价值（即企业持续经营价值已经低于其清算价值），投资人会选择清算。如果此时企业经营者拒绝清算，而使企业继续经营，这种非理性的持续经营将摧毁股东本来可以通过清算得到的价值（如图2-2所示）。

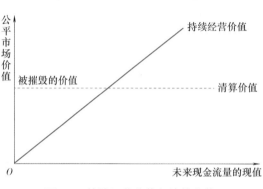

图 2-2　持续经营价值与清算价值

本章所讲的评估价值是指持续经营价值，只有在清算的时候才会用到清算价值。由此构成的价值评估理论是将各类资产、各经营单位、分支机构看作一个经营整体，以价值最大化为原则进行重大交易和商业战略抉择，评价其未来预期收益，据此估算企业的内在价值。

4. 股权价值和公司价值

企业的筹资来源分为股权融资和债务融资，为了论述方便，我们假设企业的融资来源仅有普通股权融资和债务融资，企业也就形成了两类投资者——股东和债权人。股权价值（Equity Value）是指企业对股东的价值，这种价值反映在由股息和资本利得所构成的股东总报酬中，并且通过股票价格在资本市场上得以体现。

公司价值（Corporate Value）（或称企业实体价值）是指企业所有资产的价值，从不同的角度看，企业实体价值的具体含义会有所变化：从市场定价的角度看，假设公司只以普通股和公司债券两种方式融资，企业实体价值可视为普通股与债券市场价值之和；从投资定价的角度，企业实体价值是现有项目投资价值和新项目投资价值之和，这里的投资价值是指项目所带来的增量现金流量；从现金流量角度，企业实体价值是企业未来现金流量的折现值，未来现金流量越多，企业实体价值越大，未来现金流量越少，企业实体价值越小。

大多数企业购并是以购买股份的形式进行的，因此评估的最终目标和双方谈判的焦点是卖方的股权价值，而买方的实际收购成本等于股权成本加上所承接的债务。例如，A 企业以 10 亿元的价格买下了 B 企业的全部股份，并承担了 B 企业原有的 5 亿元的债务，收购的经济成本是 15 亿元。通常，人们说 A 企业以 10 亿元收购了 B 企业，其实并不准确。对于 A 企业的股东来说，他们不仅需要支付 10 亿元现金（或者印制价值 10 亿元的股票换取 B 企业的股票），而且还要以书面契约的形式承担 5 亿元债务，实际上他们需要支付 15

亿元。因此，企业实体价值与股权价值是不同的，企业实体价值是股权价值与债务价值之和。即

$$企业实体价值=股权价值+债务价值$$

股权价值在这里不是所有者权益的账面价值，而是股权的公平市场价值，债务价值也不是它们的会计价值（账面价值），而是债务的公平市场价值。

5. 少数股权价值与控股权价值

企业的所有权与控股权是两个极为不同的概念，股东拥有企业的所有权，但却不一定拥有控股权。首先，少数股东发表的意见无足轻重，只有成为控制人才能决定企业的重大事务。在我国，多数上市公司"一股独大"，大股东决定了企业的生产经营，少数股东基本上没有决策权。其次，从世界范围看，多数上市公司的股权高度分散，不存在控股股东，此时有效控制权被授予董事会和高层管理人员，所有股东只是"搭车的乘客"，不满意的乘客可以"下车"，但是无法控制"方向盘"。所有权与控制权的分离是现代公司治理的一个普遍现象。

在股票市场上交易的只是少数股权，大多数股票并没有参与交易，掌握控股权的股东不参加日常的交易。我们看到的股价只是少数参与交易的股票的价格，它们衡量的只是少数股权价值（Minority Interest Value）。控股权价值（Controlling Interest Value）一般体现在收购交易中，一旦控股权参加交易，企业股价会迅速飙升，甚至达到少数股权的数倍。在评估企业价值时，必须明确所评估的对象是少数股权价值，还是控股权价值。

少数股权与控股权的价值差异是由于二者交易的基础存在本质的区别。买入企业的少数股权，是承认企业现有的管理和经营战略，买入者只是一个旁观者。买入企业的控股权，投资者获得改变企业发生经营方式的充分自由，或许还能增加企业的价值。

这两者不同，以至于可以认为：同一企业的股票在两个分割开来的市场上交易，一个是少数股权市场，它交易的是少数股权代表的未来现金流量；另一个是控股权市场，它交易是企业控股权代表的现金流量。获得控股权，不仅意味着取得了未来现金流量的索取权，而且同时获得了改组企业的特权。在两个不同市场里交易的，实际上是不同的资产。

控股权的价值如图 2-3 所示。从少数股权投资者来看，$V_{(当前)}$ 是股票的公平市场价值，它是在现有管理和战略条件下企业能够给股票投资人带来的现金流量的现值。对于谋求控制权的投资者来说，$V_{(新的)}$ 是企业股票的公平市场价值，它是企业进行重组、改进管理和经营战略后可以为投资人带来的未来现金流量的现值。新的价值与当前的价值的差额就是控股权溢价，它是由于转变控股权增加的价值，即

$$控股权溢价=V_{(新的)}-V_{(当前)}$$

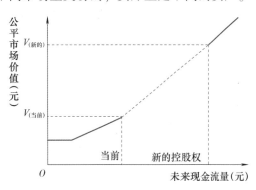

图 2-3 控股权的价值

总之，在进行价值评估时，必须要明确拟评估的对象是什么，不同的评估对象有不同的用途，需要使用不同的方法进行评估。而企业价值评估的首要问题同样是明确"要评估的是什么"，也就是价值评估的对象是什么，企业价值评估的一般对象是企业整体的经济价值，即将企业作为一个整体，评估其公平市场价值。

三、价值评估的作用

价值评估是财务管理的核心理论，客观科学的价值评估可以帮助投资者和管理当局做出和改善决策。它的主要作用表现在以下三个方面。

（1）价值评估可以指导投资决策　不管是证券投资，还是项目投资，投资的主要目的是通过投资活动获得自身价值的增长。对于证券投资，在做出投资决策之前，就需要对目标证券进行估价，将其现值与市场价格进行比较，进而做出投资决策；对于项目投资，也需要对特定项目的净现值进行估价，将其与现行投资价格进行比较，进而做出相应的决策。由此可见，价值评估在投资决策中扮演着重要的角色。

（2）价值评估可以辅助战略决策　战略管理是指涉及企业目标和方向、带有长期性、全局性的重大决策和管理，战略管理还具有较高的风险性，它的正确与否决定了企业的成败。战略分析是战略管理的起点，价值评估在战略分析中起核心作用。在战略分析过程中，通过对经营设想可能创造的价值做出评估，从而寻找企业目前和今后增加股东财富的关键因素是什么，进而帮助战略管理者做出战略决策。例如，收购决策属于战略决策，在战略分析阶段，收购企业需要对目标企业的合理价格进行估计，以避免收购价格过高导致收购失败，在决定收购价格时还要对合并前后的价值变动进行评估，以判断收购能否增加股东财富，以及依靠什么来增加股东财富。因此，价值评估是战略管理中的一个重要环节。

（3）价值评估可以用于以价值为基础的管理　以价值为基础的管理又称作价值管理，是指以价值评估为基础、以价值增长为目的的一种综合管理模式，它源于企业追逐价值最大化的内在动力。价值管理关注企业价值的成长而不是简单的账面利润，只有当公司收入在弥补了投资人的全部成本之后仍有剩余，公司才创造了真正的价值，增加了股东财富。价值管理要求在企业经营管理过程中，以股东价值最大化为目标，遵循价值理念，依据价值增长规律，广泛运用经济增加值、市场增加值、折现现金流量、托宾 q 值等一系列价值评估技术和方法，将企业的战略目标进行价值分解，并以此建立企业的业绩评价体系和管理者的报酬体系。由此可见，准确的价值评估是价值管理得以成功实施的基础。

四、企业价值评估基本方法

2005 年中国资产评估协会颁布的《企业价值评估指导意见》，提出以收益法（理论上称为现金流量折现估值法）、市场法（理论上称为相对价值比较法）和成本法作为企业价值评估的三种可选择方法，理论上，除了上述三种传统的估价方法外，经济增加值法也有较大的影响力和使用范围。接下来，将对这些价值评估方法进行简单介绍。

1. 现金流量折现估值法

现金流量折现估值（Discounted Cash Flow，DCF）法是财务学的基本理论之一，也是构建其他价值评估方法的基础，在企业价值评估中使用最广泛，理论发展也最健全。该方法起源于 1930 年美国经济学家艾尔文·费雪（Irving Fisher）的资本价值理论，其基本思想是增量现金流量原则和时间价值原则，也就是任何资产（包括企业或股权）的价值是其产生的未来现金流量的现值，即持有索取权的投资者未来预期现金流通过一个恰当的贴现率进行贴现后的总现值。即

$$资产的价值 = \sum_{t=1}^{n} \frac{CF_t}{(1+r)^t} \qquad (2\text{-}1)$$

式中 n——资产的预计使用年限；

　　CF_t——第 t 年的现金流量；

　　r——包含了预计现金流风险的折现率，又称贴现率。

现金流的具体表现随着资产的不同而变化，例如，债券的现金流是利息和本金，股票的现金流则是股利，投资项目的现金流是增量现金流。折现率 r 由所估算现金流的风险决定，风险越高，其折现率越大；风险越低，其折现率也越低。例如，风险较低的债券其折现率要比风险较高的股票折现率低。

实际运用中需要解决的主要是企业现金流的数量、现金流时间分布和相应的折现率如何确定等问题。实际应用中 DCF 法又分为股权现金流量法和实体现金流法。前者需要计算预测股权（主要是普通股）现金流，以及股权资本折现率，其评估得到的是企业股权价值；后者需要计算预测企业的自由现金流，以及加权平均资本成本，其评估得到的是企业实体价值。

由于 DCF 法以预测的现金流量和贴现率为基础，考虑到获取这些信息的难易程度，最适合用这种方法来评估企业价值的情况是：企业目前的现金流量是正的，而将来一段时间内的现金流量和风险能可靠地估计，并且可以根据风险得出现金流的贴现率。

2. 相对价值比较法

现金流量折现估值法虽然是价值评估最基本的估价方法，但现实情形却是，大多数资产都是以相似资产在市场上的价格为依据进行定价的。相对价值比较法（Relative Compare Method），又称相对价值法、可比交易价值法，是指利用相似企业的市场价格来确定目标企业价值的一种评估方法。

相对价值比较法的假设前提是存在一个支配企业市场价值的主要变量，如收益、账面价值、销售额、息税前收益、企业重置成本等，市场价值与该财务变量的比值，各企业是类似的、可以比较的。被评估企业的价值就可以参照可比企业的市场价值与某财务变量的比率求得。用公式表示为

$$P = K \times \frac{P'}{K'} \qquad (2\text{-}2)$$

式中 P——被评估企业的股权价值或企业价值；

　　K——影响企业价值的某一关键财务变量；

　　(P'/K')——可比企业的股权价值与关键财务变量的比率，这一比率也称为乘数。

相对价值比较法，是将目标企业与可比企业相比，用可比企业的价值衡量目标企业的价值。可比企业一般是同行业内的企业，与目标企业具有相似的现金流、增长潜力及风险特征，在选择可比企业时，还要关注企业产品性质、资本结构、企业规模、成长阶段、盈利能力等因素。财务变量的取值要考虑周期波动性，选用能代表正常年份的数值，根据选择的财务变量不同，常见的相对价值比较法有市盈率估价法、市净率估价法、市销率估价法等。

相对价值比较法依赖市场的正确性，它假设市场对所有资产的定价在总体上是无误的，但是对个别资产的定价却会出现错误，通过对各种乘数进行比较可以找出这些错误，

而随着时间的推移，市场也会纠正这些错误，使其回归到正常的水平。

相对价值比较法非常简单，它可以迅速估算公司价值或资产价值，尤其是当市场上存在大量的可比上市公司时。但是，相对价值比较法也存在一些问题，例如，如果可比企业的价值被高估了，则目标企业的价值也会被高估。实际上，所得结论是相对于可比企业来说的，以可比企业价值为基准，是一种相对价值，而非目标企业的内在价值。对于那些在市场上缺乏明确可比者的公司，通常难以使用乘数予以估价。另外，这些乘数也可能包含市场对于这类公司估价的误差（高估或低估），例如，若市场高估了所有新能源上市企业，那么在评估一家 IPO 的新能源企业时，将导致对它价值的高估。在可比公司的选择方面也存在操纵的余地，因为没有哪两家公司在风险和增长特征上完全相同，有关可比公司的定义纯属主观，那些带有偏见的评估者运用相对价值比较法就得以有机会选择一家或一组可比公司论证他对于目标公司价值的偏见。

3. 成本法

成本法也称资产基础法、重置成本法、成本加和法，是指以资产负债表为导向，在合理评估企业各项资产价值和负债的基础上确定企业价值的一种评估方法。对已计入资产负债表中的资产和负债进行重估，使它与现实价值相符，对未计入资产负债表但是对企业价值有影响的有形资产、无形资产和负债进行评估，确认它们的价值，将这两部分价值进行加总就构成了企业的评估价值。运用成本法对企业资产进行评估时，被评估资产的现实重置成本扣减其各项损耗价值就构成了评估资产的评估价值，其计算公式为

$$被评估资产价值 = 重置成本 - 实体性贬值 - 功能性贬值 - 经济性贬值 \tag{2-3}$$
$$= 重置成本 \times 成新率$$

在我国企业价值评估实践中，长期以来都以成本法作为主要的评估方法，这是由于成本法具有显著的优点。首先，它以资产负债表为依据，使得评估价值有迹可循，并且对于获得的评估结果也便于进行账务处理。其次，在评估的过程中分别对每一种资产估算其价值，可以将每种资产对企业价值的贡献全面地反映出来。最后，不管采用哪种方式评估企业价值，企业价值总是基于公司资产和盈利两方面，虽然盈利可能对公司内在价值影响更明显，但是，在企业并购谈判过程中，无论标的企业盈利能力有多强，收购方对于涉及资产很少而商誉很高的交易总是持审慎的态度。

理论上，成本法应该对资产负债表内资产和表外对企业价值能产生影响的资产都一一做出评估，但是实践中对表外资产进行界定、确认和评估是比较困难的，尤其是大量的无形资产长期以来都游离于表外，会计核算上都很难对其进行确认和计价，如企业的组织管理能力、人力资本等。再者，企业价值并不是企业资产的简单加总，即不是 $1+1=2$，企业之所以能创造价值，是因为各项资产成为一个整体，在有效的组织管理下发生作用，创造出 $1+1>2$ 的结果，即创造价值。因此，成本法作为企业价值评估方法存在一些缺陷。《企业价值评估指导意见》也指出，以持续经营为前提对企业进行评估时，成本法一般不应当作为唯一使用的评估方法。

4. 经济增加值法

20 世纪 80 年代初，美国的思腾思特（Stern Stewart）咨询公司提出了一种企业经营业绩评价的新方法——经济增加值（Economic Value Added，EVA）法，并为全球 400 多家客户实施了 EVA 管理体系，其中包括可口可乐、索尼、西门子、新加坡财政部、美国邮

政总署等世界著名企业或部门，并获得了极大的成功。摩根士丹利和高盛等著名投资银行，也都将 EVA 作为一种基本的价值评估分析方法。1995 年，美国管理协会接受将 EVA 作为衡量公司业绩的标准，2001 年 3 月，思腾思特中国公司于上海正式成立，开始在中国大力开展业务，EVA 的概念也随着该公司业务的推广而迅速传播开来。

EVA 法的基本思路是：理性的投资者都期望自己所投入的资产获得的收益超过资产的机会成本，否则就会将已投入的资本转移到其他方面去。EVA 是指企业投资收益与资本成本之间的差额，即

$$经济增加值(EVA) = 投资收益 - 资本成本$$
$$= 投资资本 \times 投资资本报酬率 - 投资资本 \times 加权平均资本成本$$
$$= 投资资本 \times (投资资本报酬率 - 加权平均资本成本)$$

$$(2-4)$$

如果 EVA 大于零，表明企业的经营收入在扣除所有成本和费用后仍然有剩余，说明企业创造了价值，企业价值随之增加；反之，如果 EVA 小于零，表明企业经营收入不足以弥补包括股权资本成本在内的成本和费用，企业就会发生价值减损。因此，EVA 是影响企业价值的一个重要因素，EVA 价值评估法的基本思路是：企业价值由期初的投资资本与市场增加值两部分构成，而企业的市场增加值就是企业每年 EVA 的现值之和，其计算公式为

$$企业价值 = 期初投资资本 + 市场增加值 = 期初投资资本 + \sum_{t=1}^{n} \frac{EVA_t}{(1+k)^t}$$

$$期初投资资本 = 净负债 + 股东权益 \qquad (2-5)$$

式中 EVA_t——公司第 t 年的经济增加值；

n——公司持续经营的年限，理论上 $n \to \infty$；

k——加权平均资本成本。

EVA 法与 DCF 法本质上是一致的。但是，EVA 法具有能计量单一年份价值增加的优点，而自由现金流量是做不到的。因为任何一年的自由现金流量都会受到净投资的影响，加大投资会减少企业当年的现金流量，推迟投资就可增加当年现金流量。因此，某个年度的现金流量并不能成为计量当年业绩的依据，管理层可以通过投资的增减，使企业的现金流量发生变动，从而人为地影响企业价值，而 EVA 法克服了这一缺点。但是，EVA 法也存在一些局限，因为 EVA 的计算是通过对资产负债表和利润表某些项目加以调整，调整幅度也因行业、因公司而异，在此过程中很容易受到评估者个人主观判断的影响。

五、企业价值评估的步骤

企业价值评估一般发生在做出投资决策或重大战略调整的时候，例如，要收购目标企业就需要对其进行价值评估以确定收购价格，或者要出售某个业务单元或子公司，也需要对其做出价值评估。实施价值评估，一般需要遵循这样三个步骤：对评估对象的全面战略分析，搜集评估资料和选定评估方法，评定估算并形成最终的评估报告。

1. 对评估对象的全面战略分析

预期现金流是价值评估中一个非常重要的变量，要有效地预测企业未来预期现金流就

需要对企业市场地位进行准确的判断。全面战略分析包括从宏观环境、行业环境和竞争环境三个层面对企业的外部环境进行分析，通过分析判断企业经营业务是否与国家和社会经济发展的大趋势一致。例如，企业所处的行业是属于国家大力倡导发展的行业，还是国家正在规范调整的行业，该行业生命周期阶段的特征以及目前所处的阶段，该行业的竞争状况如何，企业的主要竞争对手有哪些，其实力如何，等等。2021 年 8 月，国家教育 "双减" 政策正式出台并落地实施，中小学教育培训行业一夜之间进入冰冻期，大量培训机构倒闭。当然，这是一种特殊的现象，但它也足以说明宏观环境会对企业价值产生显著影响。分析外部环境，可以让评估人员对企业经营面临的机遇和威胁有更清晰的判断，机遇会让企业的未来现金流更加稳定，而威胁则会加剧企业未来现金流的波动。

全面战略分析的另一个内容就是从内部对企业的资源和能力展开系统分析，通过对企业的有形资源、无形资源、人力资源进行分析和判断，识别出能为企业带来竞争优势的资源；通过对企业研发能力、生产管理能力、营销能力、财务能力和组织管理能力的分析，识别出哪些能力是企业核心竞争力的来源。企业的核心竞争力是其在竞争激烈的市场上得以生存和发展的基础，要维持稳定的现金流，企业必须具备核心竞争力，没有核心竞争力的企业，其经营活动往往难以持久。

通过全面的战略分析，评估人员对企业有了清晰的定位，能对企业未来现金流的发展趋势做出更有效的假设，这是企业价值评估一个很重要的前提。

2. 搜集评估资料和选定评估方法

资料搜集是保障企业价值评估质量的重要手段，也是进行价值估算的基础。搜集的资料包括直接从市场获取的关于市场价格、市场规模、市场行情、消费者变化、技术变化等的信息；也包括从资产占有方获取的财务报表、组织结构、资产使用情况等信息；还包括从政府部门、各类专业性中介结构和其他部门获取的诸如政府文件、行业资讯、其他专业报告、鉴定报告等信息。搜集的资料应当全面、翔实并且来源可靠，根据评估项目的进展还应该及时补充需要的资料。

对搜集的资料，评估人员应该对其进行充分的分析，确定其可靠性、相关性、可比性，在此基础上选择适当的评估方法。常用的评估方法有现金流量折现估值法、相对价值比较法、EVA 评估法、成本法，每种评估方法都有其假设前提和适用性，在选择评估方法时应根据评估对象、评估目的，并结合搜集的资料，考虑每种方法的适用性，对最终的选择应当说明其理由。在我国企业价值评估实践中，长期以来都是选择成本法，但是随着价值观念的改变，收益法越来越受到投资者的重视，在价值评估中，不应再以成本法作为唯一的评估方法，而应该结合其他价值评估方法，从多个角度做出相应评估，从而提高价值评估质量。

3. 评定估算并形成最终的评估报告

选定评估方法后，评估人员应当根据评估方法的要求和规范，开展具体的评定和估算工作，形成初步评估结论。例如，采用现金流量折现估值法，应当合理预测未来收益、收益期和折现率；采用相对价值比较法，应当合理确定可比企业，以及选择合理的乘数等。

运用选定的评估方法进行评估，得出初步评估结论后，需要对评估过程的参数选用、预测假设等关键信息选取的合理性做出综合分析，从而形成最终的评估报告。当选择两种或以上方式进行评估时，评估人员应当在初步结论的基础上，综合分析评估方法的相关性和恰当性以及相关参数选取的合理性，并对各种方法评估结果的差异性和适用性做出说明，以便形成最终的评估报告。

评估人员在完成评估过程和综合分析过程后，应当编制价值评估报告书，对整个评估过程所使用的信息和方法、评估的假设和前提、评估结果及其适用性等进行充分说明，并将最终的评估报告以适当的形式提交给相关人员。最后，评估报告的使用者，可能是企业的管理者、现有投资者、潜在投资者、债权人等，在他们使用评估报告的过程中如果有疑惑的地方，评估人员应当予以说明，引导使用者合理理解报告内容。

第二节 证券价值评估

一、债券价值评估

债券是政府、企业、银行等债务人为筹集资金，按照法定程序发行并向债权人承诺于指定日期还本付息的有价证券。债券的本质是债务的证明书，具有法律效力，债券购买者或投资者与发行者之间是一种债权债务关系，债券发行人即债务人，投资者（债券购买者）即债权人。

构成一项有效债券的基本要素有债券面值、票面利率、到期日和发行价格。债券面值是债券的票面价值，它是债券到期时债券持有人将获得的金额，也是计算利息的基础。票面利率是预计一年内向投资者支付的利息占债券面值的比率，通常以年利率的形式表现，利率可以是固定的，也可以是浮动的，还有一些债券不支付利息，但是会以低于面值的价格出售，到期日再以面值赎回债券，被称为零息债券。到期日是债券本金需偿还给债券持有者的日期，到期日可以从几个月到几十年不等。发行价格是债券发行时债券投资者购买债券所支付的价格，债券可以按面值（即平价）、高于面值（即溢价）或低于面值（即折价）发行。

债券除了具备上述四个共同特征外，不同的债券还具有不同的契约特征，如债券是否可以提前赎回、是否有抵押、是否可以转换为股份而免除还款义务，契约条款的差异会导致债券风险、价格和预期收益产生差异。因此，在投资某一债券时，我们除了关注其票面利率以外，更应该关注其价值。

（一）债券估值的基本模型

1. 普通债券的价值

债券的价值是发行者按照合同规定从发行时开始至债券到期日结束所支付款项的现值之和。一项普通债券是固定利率、每年计算并支付利息、到期归还本金的。债券价值的计算模型如下：

$$PV = \sum_{t=1}^{n} \frac{I_t}{(1+i)^t} + \frac{M}{(1+i)^n} \tag{2-6a}$$

式中 PV——债券的价值；

　　 n——债券计息的总年数；

t——计息期；

I_t——每期支付的利息，由债券的票面利率乘以债券面值得到；

M——到期偿还的本金，一般是票面价值；

i——折现率，即债券的市场利率，一般用同等风险投资的必要报酬率来衡量。

由该模型可以看出，固定利率债券的价值实际上是由一个 n 期的普通年金 I 的现值加上一个到期还款额为 M 的复利现值两部分构成，所以该模型也可以写为

$$PV = I \times (P/A, i, n) + M \times (P/F, i, n) \tag{2-6b}$$

【例2-1】 KM公司打算于2024年1月1日发行面值为1 000元的债券，票面利率为8%，每年12月31日支付利息，五年后到期，同等风险投资的必要报酬率为10%，则该债券的价值为多少？

解析：该债券每期支付的利息为：1 000×8% = 80（元），其价值可用式（2-6b）计算。

$$PV = 80 \times (P/A, 10\%, 5) + 1\,000 \times (P/F, 10\%, 5) = 924.16(元)$$

2. 纯贴现债券的价值

纯贴现债券是指债券发行方以低于面值的价格出售，到期时再按面值赎回的一种债券，该债券不存在利息支付，故又称作"零息债券"。投资者持有该种债券获得资本增值而非利息收入，即以较低的价格买入该债券，再以较高的价格出售。纯贴现债券未来的现金流仅有到期按照面值赎回的金额，所以，它的价值就是赎回金额的复利现值，其计算公式如下：

$$PV = \frac{M}{(1+i)^n} = M \times (P/F, i, n) \tag{2-7}$$

【例2-2】 假设KM公司发行了面值为1 000元的10年期零息债券，如果投资者的期望回报率为8%，该债券最高售价为多少？

解析：根据 $PV = \dfrac{M}{(1+i)^n}$，可知

$$PV = \frac{1\,000}{(1+8\%)^{10}} = 463.19(元)$$

在市场利率为8%的情况下，KM公司的债券发行价不能超过投资者对其债券价值的估计，否则无法销售出去，所以债券的最高售价为463.19元。

【例2-3】 有一项五年期国库券，其面值为1 000元，票面利率为10%，单利计算，到期一次还本付息。假设市场利率为8%，则其发行日、发行两年后及发行四年后的价值分别为多少？

解析：该国库券在到期前不向投资者支付任何利息，从性质上讲，也是一种纯贴现债券。其到期约定偿付的金额不只是债券的面值，还包括其五年累积的利息。

到期偿付的总金额为 （1 000+1 000×10%×5） = 1 500 （元）

在发行日的价值为 $PV = 1\,500/(1+8\%)^5 = 1\,020.87$ （元）

发行两年后的价值为 $PV = 1\,500/(1+8\%)^3 = 1\,190.75$ （元）

发行四年后的价值为 $PV = 1\,500/(1+8\%)^1 = 1\,388.89$ （元）

通过本题的计算可以看出，该纯贴现债券的价值随着到期日的临近，价值会逐渐升

高，这一现象并不区分该债券是溢价发行或折价发行，这是该债券的特点之一。因为当约定到期偿还金额和折现率不变时，到期日的临近使得其复利现值系数 $1/(1+i)^n$ 有越来越大的趋势，其折现值也必然会随之增大。

3. 流通债券的价值

流通债券是指已经发行并流通在外的债券。流通债券价值确定的基本原理与新发债券没有区别，其价值仍然是未来现金流量的现值。但由于这类债券已在外流通了一段时间，因而在确定其价值时应考虑其不同于新发行债券的特点：①流通债券的到期时间往往小于债券发行在外的时间；②投资者估价的时点往往不在发行日，而是在发行后至到期日前的任一时点，会产生"非整数计息期"的问题。

对于流通债券的估价方法有两种：一种是以现在为折算时点，历年现金流量按非整数计算期折现；另一种是以最近一次付息时间（或上一次付息时间）为折算时点，计算历次现金流量现值，然后再将其折算到现在时点。无论用哪种方法，都要涉及非整数计息期的问题。

【例 2-4】 假定有一面值为 1 000 元的债券，票面利率为 8%，2020 年 5 月 1 日发行，2025 年 5 月 1 日到期，每年 5 月 1 日支付利息一次。某投资者在 2023 年 4 月 1 日准备投资该债券，如果该投资者要求的必要报酬率是 10%，该投资者的最高出价会是多少？

解析：求投资者的最高出价即该债券按投资者要求的必要报酬率折现的价值，即投资价值。该债券是流通债券，截至 2023 年 4 月 1 日，已在外流通了 35 个月，该债券距离到期的时间只剩 25 个月，投资后的现金流量总共有四笔，它们分别是 2023 年、2024 年及 2025 年每年 5 月 1 日支付的票面利息 80（1 000×8%）元，以及 2025 年 5 月 1 日到期偿还的本金 1 000 元，其现金流如图 2-4 所示。该债券价值的计算涉及以 2022 年 4 月 1 日为时点的未来现金流量的非整数期计息问题。

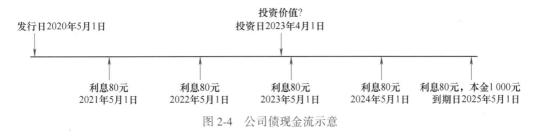

图 2-4 公司债现金流示意

解法一：以 2023 年 4 月 1 日为当前时点，将 2023 年 5 月 1 日、2024 年 5 月 1 日和 2025 年 5 月 1 日的现金流量都按非整数期折现，其计算过程为

$$PV = 80/(1+10\%)^{\frac{1}{12}} + 80/(1+10\%)^{\frac{13}{12}} + (80+1000)/(1+10\%)^{\frac{25}{12}} = 1\ 037\ (\text{元})$$

解法二：先将未来现金流量折算到 2023 年 5 月 1 日这一时点，其计算过程为

2023 年 5 月 1 日债券的价值 = 80 + 80×(P/A, 10%, 2) + 1 000×(P/F, 10%, 2) = 1 045.29(元)

再将 2023 年 5 月 1 日的价值向前折算一个月至 2023 年 4 月 1 日，其计算过程为

$$2023 \text{年} 4 \text{月} 1 \text{日债券的价值} = 1\ 045/(1+10\%)^{\frac{1}{12}} = 1\ 037(\text{元})$$

可见，1 037 元是该流通债券在 2023 年 4 月 1 日的价值，在市场利率为 10% 的情况下，投资者的最高出价不会超过该水平。

（二）债券价值的影响因素

从债券估价模型可以看出，影响债券价值的因素有债券的票面价值、票面利率、折现率、计息期、到期时间。鉴于债券的面值和票面利率在发行时已经确定，其对价值的影响是显而易见的，即债券面值、票面利率越高，债券的价值就越高，故对其深入讨论的意义不大。接下来我们主要讨论在定期支付利息、到期还本的模式下，折现率、计息期和到期时间的变化对债券价值的影响。

1. 折现率对债券价值的影响

债券价值与折现率密切相关，对于面值、票面利率、付息方式和偿还期相同的债券，当债券的市场利率等于其票面利率时，债券的价值就等于其面值，在债券发行时，一般情况就是如此。债券发行后，票面利率就保持不变，而市场利率却是上下波动的。当市场利率超过票面利率时，债券就会贬值；反之，当市场利率低于票面利率时，债券就会升值。

【例2-5】 KM公司的债券于2023年1月1日发行，面值为1 000元，票面利率为8%，每年12月31日付息，五年后到期，请计算当市场利率分别为6%、8%、10%时债券的价值。

解析：该债券每期的票面利息=1 000×8%=80（元），还款期限为五年，付息方式为年付。

根据债券估值模型，$PV = I \times (P/A, i, n) + M \times (P/F, i, n)$

当市场利率为6%时，该债券的价值为

$$PV = 80 \times (P/A, 6\%, 5) + 1\,000 \times (P/F, 6\%, 5) = 1\,084.25(元)$$

当市场利率为8%时，该债券的价值为

$$PV = 80 \times (P/A, 8\%, 5) + 1\,000 \times (P/F, 8\%, 5) = 1\,000(元)$$

当市场利率为10%时，该债券的价值为

$$PV = 80 \times (P/A, 10\%, 5) + 1\,000 \times (P/F, 10\%, 5) = 924.18(元)$$

从这个案例我们可以看出，该债券票面利率为8%，面值为1 000元，当市场利率为8%时，其价值与面值相等，也为1 000元；当市场利率降低至6%时，其价值则高于票面价值，为1 084.25元；当市场利率上升至10%时，其价值则低于票面价值，仅为924.18元。据此特征，我们可以把债券分为以下三种类型：

1）平价发行债券，其票面利率等于市场利率，该债券的发行价等于面值。

2）溢价发行债券，其票面利率高于市场利率，该债券的发行价大于面值。

3）折价发行债券，其票面利率低于市场利率，该债券的发行价小于面值。

2. 计息期对债券价值的影响

前面的讨论都是在按年付息、到期还本的假定下进行的，如果支付的频率加快，每半年付息一次或每季度付息一次，甚至每月付息一次，债券的价值又会发生何种变化呢？

应当注意，利率分为名义利率和实际利率。当一年内要复利几次时，给出的年利率就是名义利率，名义利率除以年内复利次数得出实际利率。对于这一规则，票面利率和折现率都要遵守，否则就破坏了估价规则的内在统一性，也就失去了估价的科学性。因此，将债券估价基本模型加以调整，就可以得出一年内多次付息的债券估价模型

$$PV = \sum_{t=1}^{mn} \frac{\left(\dfrac{I}{m}\right)}{\left(1 + \dfrac{i}{m}\right)^t} + \frac{M}{\left(1 + \dfrac{i}{m}\right)^{mn}} \tag{2-8a}$$

式中　m——一年内付息的次数，其他变量的含义同前。

该式也可以写为现值和的形式

$$PV = \frac{I}{m} \times (P/A, i/m, nm) + M \times (P/F, i/m, nm) \tag{2-8b}$$

【例 2-6】　KM 公司的债券于 2023 年 1 月 1 日发行，面值为 1 000 元，票面利率为 8%，每年 6 月 30 日与 12 月 31 日分别付息一次，五年后到期，请计算当市场利率分别为 6%、8%、10% 时债券的价值。

解析：该债券为固定利率债券，票面利率为 8%，每半年付息一次，即每年付息两次，可以用式（2-8b）计算该债券的价值。

每年票面利息：$I = 1\,000 \times 8\% = 80$（元）

则有：

当市场利率为 6% 时，每年付息两次，其价值为

$\quad PV = (80/2) \times (P/A, 6\%/2, 5 \times 2) + 1\,000 \times (P/F, 6\%/2, 5 \times 2) = 1085.30$（元）

当市场利率为 8% 时，每年付息两次，其价值为

$\quad\quad PV = (80/2) \times (P/A, 8\%/2, 5 \times 2) + 1\,000 \times (P/F, 8\%/2, 5 \times 2) = 1000$（元）

当市场利率为 10% 时，每年付息两次，其价值为

$\quad PV = (80/2) \times (P/A, 10\%/2, 5 \times 2) + 1\,000 \times (P/F, 10\%/2, 5 \times 2) = 922.78$（元）

对比【例 2-5】的计算结果可见，当折现率等于票面利率（为 8%）时，计息期的缩短对债券价值没有影响。当折现率为 6% 时，计息期的缩短使债券价值比原来每年付息一次时略有上升，从 1 084.25 元上升到 1 085.30 元。当折现率为 10% 时，计息期的缩短使债券价值比原来每年付息一次时略有下降，由 924.18 元下降到 922.78 元。

对于一年内分期平均支付利息、到期还本的债券，我们可以得出以下结论：

1）对于平价发行债券，计息期的缩短对债券价值没有影响。

2）对于溢价发行债券，计息期的缩短使得债券价值相对上升。

3）对于折价发行债券，计息期的缩短使得债券价值相对下降。

3. 到期时间对债券价值的影响

债券的到期时间，是指当前至到期日之间的时间间隔。随着时间的延续，债券的到期时间逐渐缩短，至到期日变为零。对于每期付息、一次还本的债券，当我们假定折现率一直保持不变时，随着到期日的临近，债券价值又如何发生什么变化呢？

【例 2-7】　KM 公司的债券于 2023 年 1 月 1 日发行，面值为 1 000 元，票面利率为 8%，每年 12 月 31 日付息，五年后到期，请计算当市场利率分别为 6%、8%、10% 时债券在 2025 年 1 月 1 日、2026 年 1 月 1 日和 2027 年 1 月 1 日的价值。

解析：该债券属于固定利率债券，每年付息一次，2025 年 1 月 1 日、2026 年 1 月 1 日、2027 年 1 月 1 日分别对应的到期时间为 $n = 3$ 年，$n = 2$ 年，$n = 1$ 年。每年付息 $I = 1\,000 \times 8\% = 80$（元），到期还本 $M = 1\,000$ 元。我们运用式（2-6b）来计算在三种折现率

水平下，在上述三个到期时间该债券的价值分别是多少。计算结果见表 2-1。

表 2-1　KM 公司的债券价值估算表　　　　　　　　　　单位：元

当市场利率为 6% 时	
2025 年 1 月 1 日	$PV = 80 \times (P/A, 6\%, 3) + 1\ 000 \times (P/F, 6\%, 3) = 1\ 053.46$
2026 年 1 月 1 日	$PV = 80 \times (P/A, 6\%, 2) + 1\ 000 \times (P/F, 6\%, 2) = 1\ 036.67$
2027 年 1 月 1 日	$PV = 80 \times (P/A, 6\%, 1) + 1\ 000 \times (P/F, 6\%, 1) = 1\ 018.87$
当市场利率为 8% 时	
2025 年 1 月 1 日	$PV = 80 \times (P/A, 8\%, 3) + 1\ 000 \times (P/F, 8\%, 3) = 1\ 000$
2026 年 1 月 1 日	$PV = 80 \times (P/A, 8\%, 2) + 1\ 000 \times (P/F, 8\%, 2) = 1\ 000$
2027 年 1 月 1 日	$PV = 80 \times (P/A, 8\%, 1) + 1\ 000 \times (P/F, 8\%, 1) = 1\ 000$
当市场利率为 10% 时	
2025 年 1 月 1 日	$PV = 80 \times (P/A, 10\%, 3) + 1\ 000 \times (P/F, 10\%, 3) = 950.26$
2026 年 1 月 1 日	$PV = 80 \times (P/A, 10\%, 2) + 1\ 000 \times (P/F, 10\%, 2) = 965.29$
2027 年 1 月 1 日	$PV = 80 \times (P/A, 10\%, 1) + 1\ 000 \times (P/F, 10\%, 1) = 981.82$

由表 2-1 可知，当市场利率等于票面利率，为 8% 时，随着到期时间的临近，债券价值没有发生变化，始终为 1 000 元；当市场利率低于票面利率，为 6% 时，到期日的临近使债券价值由发行时的 1 084.25 元下降为 1 018.87 元，逐渐接近债券的票面价值；而当市场利率高于票面利率，为 10% 时，到期日的临近使债券价值由发行时的 924.18 元上升到 981.82 元，也是逐渐接近于债券票面价值。这是因为，当债券到期时，债券发行方将按照债券票面价值偿还借款，那时的债券价值就是其面值，所以随着债券到期时间的临近，债券价值会向其面值回归，并最终等于面值。由此，对于分期付息、到期一次还本的固定利率债券，我们得出以下结论：

1）对于平价发行债券，到期日的临近对债券的价值没有影响。

2）对于溢价发行债券，随着到期日的临近，债券的价值逐渐下降，最终降至债券的面值。

3）对于折价发行债券，随着到期日的临近，债券的价值逐渐上升，最终升至债券的面值。

对于该案例，如果我们把该债券从发行日至到期日的每一个付息日和付息后一日的价值都计算出来，那么我们可以发现该债券的价值在两个付息日之间呈现周期性变动。当市场利率为 10% 时，该债券属于折价发行债券，对于折价发行债券，其价值总体波动趋势是逐渐上升的，最终回到债券面值，但在流通的过程中，其价值上升不是一个直线过程，而是一个波浪式上升的过程。在临近付息日，利息的现值就越大，债券价值也越大且可能超过面值，付息日后债券价值下降且可能低于面值。将这一现象绘制成图形，如图 2-5 所示。

仍然以该案例为例，假设市场利率为 6% 并保持不变，则该债券属于溢价发行债券，我们依次计算出从发行日至到期日的每一个付息日和付息后一日的价值，仍然可以发现该债券的价值在两个付息日之间呈现周期性变动。对于溢价发行债券，其价值总体波动趋势是逐渐下降的，最终回到面值，与折价发行债券类似，其价值下降不是直线式的下降，也是波浪式的下降。债券临近付息日，其价值达到峰值，割息后价值下降，但由于是溢价发行，债券价值不会下降到面值以下，随着到期日的临近，债券价值回到面值。将这一现象绘制成图形，如图 2-6 所示。平价发行的债券也一样，只是在每个付息日之间，其价值都围绕着一条水平直线（债券的面值）上下波动，若绘制成图形，其形状如图 2-7 所示。

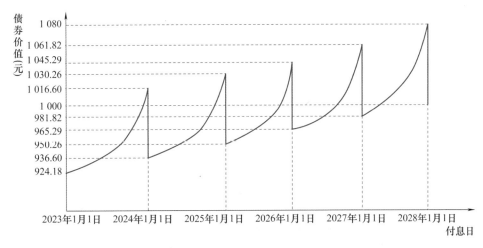

图 2-5　折价发行债券的价值波动

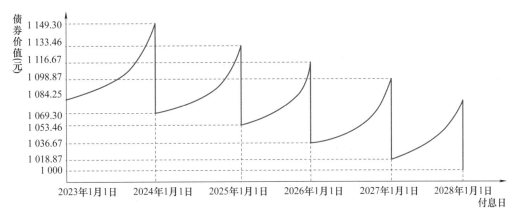

图 2-6　溢价发行债券的价值波动

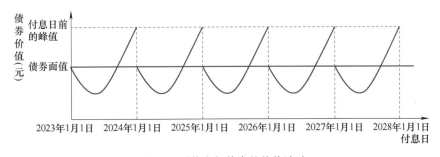

图 2-7　平价发行债券的价值波动

图 2-5 至图 2-7 所示的价值波动是在每年支付一次利息的情况下绘制的，如果利息支付的间隔期无限小，从理论上趋近于连续支付利息的情形，则流通的付息债券在到期前的价值波动将会是一条直线，如图 2-8 所示。该图揭示了债券到期前，其价值变动与债券面值之间的关系，即随着到期时间的临近，无论是溢价发行债券，还是折价发行债券，其价值均会向其面值回归，在到期日，债券价值与面值相等。

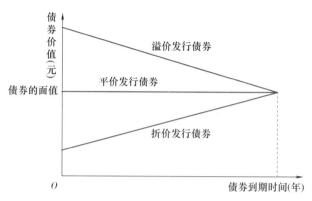

图 2-8　连续支付利息的债券价值波动

（三）债券的到期收益率

债券的收益水平通常用到期收益率来衡量，债券的到期收益率是指以特定价格购买债券并持有至到期日所能获得的收益率，它是使未来现金流量等于债券价格的折现率。到期收益率亦被称作承诺收益率，是指债券所有承诺的付款都实现，投资者将获得的回报水平。当债券违约概率为零或债券不能提前赎回时，到期收益率等于期望收益率。如果存在违约风险或债券可被提前赎回，投资者将不会收到债券承诺的所有付款，此时到期收益率将大于期望收益率。债券收益率受到宏观利率水平的影响，随时都在发生变化，在债券购买日至到期日之间，债券的到期收益率是随市场波动而变动的，我们讨论的到期收益率是指投资者购买债券时的到期收益率，即购买日的到期收益率。

按期平均支付利息、到期还本债券的到期收益率是通过求解如下含有贴现率的方程计算出来的：

$$P_0 = I \times (P/A, r_d, n) + M \times (P/F, r_d, n) \tag{2-9}$$

式中　P_0——债券的购买价格；

I——债券每年支付的利息；

M——债券面值；

n——到期前的年数；

r_d——年折现率，也即到期收益率。

【例 2-8】　A 投资者于 2023 年 1 月 1 日投资购买了一张面值为 1 000 元的债券，票面利率为 10%，每年年末付息一次，五年后到期。如果投资者的买价是 1 100 元，则他投资债券的到期收益率是多少？

解析：根据到期收益率的计算公式，列方程得

$$1\ 100 = 1\ 000 \times 10\% \times (P/A, r_d, 5) + 1\ 000 \times (P/F, r_d, 5)$$

根据折现率与债券价值之间的关系，该债券购买价大于面值，属于溢价发行债券，其折现率应该小于票面利率 10%，所以我们先选择 8% 进行试验：

$$1\ 000 \times 10\% \times (P/A, 8\%, 5) + 1\ 000 \times (P/F, 8\%, 5) = 1\ 079.87(元)$$

以 8% 为折现率计算的债券价值为 1 079.87 元，仍然小于 1 100，所以折现率应该比

8%还小，继续选择7%进行试验：

$$1\,000\times10\%\times(P/A,7\%,5)+1\,000\times(P/F,7\%,5)=1\,123.02(\text{元})$$

以7%为折现率计算的债券价值为1 123.02元，该结果大于1 100元。至此，通过试误法把真实折现率锁定在7%到8%之间，接下来用内插法直接计算：

$$r_d=7\%+\frac{1\,123.02-1\,100}{1\,123.02-1\,079.87}\times(8\%-7\%)=7.53\%$$

该债券在购买日2023年1月1日的到期收益率为7.53%，低于票面利率10%，其购买价也高于面值。从该例题我们可以看出，如果债券购买价格与面值不相等，我们可以利用折现率与债券价值之间的关系进行试误来求解到期收益率。对于溢价购买，其购买价高于面值，则求解出的到期收益率一定低于票面利率，选择试误的折现率应以低于票面利率的折现率为起点，直到试到债券价格高于购买价格时止。对于折价购买债券，则与之相反。如果是平价购买债券，其到期收益率就为票面利率。仍以该题为例，如果投资者的购买价为1 000元，则他的投资到期收益率就为10%，计算如下：

$$1\,000\times10\%\times(P/A,10\%,5)+1\,000\times(P/F,10\%,5)=1\,000(\text{元})$$

显然，试误法尽管从理论上来讲相对精确，但是要通过反复试验才能找到最终答案，计算过程比较复杂，因而实际应用中也常使用下面的公式近似地求解到期收益率

$$r_d=\frac{P_0\times i+(P_0-P_n)/n}{(P_0+P_n)/2} \tag{2-10}$$

式中　　r_d——到期收益率；

P_0——债券的面值；

i——债券的票面利息率；

P_n——债券的实际购买价格；

n——债券的还本期限。

$P_0\times i$表示每期的利息收入，(P_0-P_n)是债券的面值与购买价之间的差额，也是购买债券的资本利得，如果是溢价购买债券，其资本利得为负，如果是折价购买债券，其资本利得为正。式（2-10）的分子部分表示在直线摊销法下该债券每期的利息收入与资本利得之和，分母则表示以债券购买日与到期日为端点的债券平均投资成本。

仍以上题为例，用近似求解法可得

$$r_d=\frac{\left(1\,000\times10\%+\dfrac{1\,000-1\,100}{5}\right)}{\dfrac{1\,000+1\,100}{2}}=7.62\%$$

用该方法计算的结果是一个近似结果，与试误法计算的结果存在一定偏差，但它胜在计算过程简单，所以在实践中也被广泛采用。

二、股票价值评估

股票是股份有限公司发给股东的所有权凭证，股票本身是没有价值的，仅是一种凭证，它之所以有价格，可以买卖，是因为它能给持有人带来预期收益。一般来说，公司第一次发行股票时，要规定发行的总额和每股面值，而股票一旦上市交易，其价格就与面值

相分离。股票价格是在股票市场上某一时刻股票的交易价格，它是由市场供求决定的，反映了当前市场参与者愿意买入或卖出该股票的价格，是股票的现实市场价值。股票价格会受到多种因素的影响，包括公司业绩、市场情绪、宏观经济状况、行业趋势、新闻事件等。在强式有效市场中，股票的市场价格被认为是对其内在价值的良好估计，在非强式有效市场中，股票的市场价格可能由于各种原因（如市场情绪、信息不对称、短期交易行为等）与其内在价值不符，股票价值可能被高估或低估。强式有效市场在现实中往往难以实现，现实中的股票价格总是围绕股权价值上下波动，这也是股权价值评估的意义所在。

股票价值对投资者和企业管理者都十分重要。对投资者来说，投资策略是买进被市场低估的股票，避免购买被高估的股票；对企业管理者来说，管理目标是追求股东价值最大化，增加股东财富，管理者在做出任何决策前都需要考虑其决策会对公司股票价格产生怎样的影响，可见，股票价值评估是影响投资者和管理者决策的一个重要因素。因此，学术界和实务界围绕股票估值发展了多种方法和模型，例如股利贴现模型、市盈率估值模型、市场增加值模型等，其中股利贴现模型是从股票价值的内涵出发而建立起来的股票估值方法，其学术成果最为丰富，本节首先对该方法加以介绍。

（一）股票估值的基本模型

与债券价值的定义类似，股票的价值也是其未来现金流量的现值。有所不同的是，债券未来现金流是以合约形式确定下来的，因而在计算债券价值的时候只需将未来现金流折现即可。那么，股票未来的现金流是什么呢？假设某个投资者购买某公司的股票并将永远持有它，除非该公司被清算或者出售，那么该投资者所获得的现金流将为一系列股利，所以股票当前的价值就等于未来无限期的股利现金流○的现值之和，所以股票估值的一般模型为

$$股票价值 = \hat{P}_0 = 预期未来股利现值之和$$

$$= \frac{D_1}{(1+r_s)^1} + \frac{D_2}{(1+r_s)^2} + \cdots + \frac{D_n}{(1+r_s)^n} = \sum_{t=1}^{n} \frac{D_t}{(1+r_s)^t} \quad (2\text{-}11)$$

式中 $\hat{P}_0$——股票的内在价值，也是股票价值在当前的估计值；

r_s——考虑投资风险和收益后投资者能够接受的最低报酬率，又称作必要报酬率，它等于无风险利率加上风险溢价，必要报酬率受股票实际回报率、通货膨胀率、投资风险等多种因素的影响；

D_t——投资者在第 t 年年末预期能够获得的股利，它是股票的未来现金流。

对股票价值进行估计首先要确定未来现金流，而股利现金流没有合约事先规定，也不是固定不变的，它们受到企业经营绩效、宏观经济环境、市场利率、通货膨胀水平等多种因素影响，具有较高的不确定性，这就使得股票估值要比债券估值复杂得多。

（二）模型的扩展

式（2-11）是股票估值的基本模型，它假设股利 D_t 在每期都有不同的取值，即 D_t 是一

○ 如果某投资者在持有某公司股票一段时间以后出售，那么对于他个人来说，他预期获得的现金流包括预期股利和预期股票售价。而预期股票售价又取决于未来投资者预期得到的股利。所以对所有投资者来说，股票预期现金流取决于预期未来股利，除非公司被清算或出售，否则它提供给投资者的现金流只包括股利现金流。

个随机变量，可以随时间的变化而变化，甚至可以在某些期间为零，即公司不分配股利，这时该模型仍然有效。但问题的关键是，D_t是公司未来的股利，我们如何对其进行准确预测呢？为了解决该难题，在实务中，我们可以对未来的股利做出一些假设，从而简化对D_t的估计，这些简化的方法包括假设未来股利呈固定增长、零增长和非固定增长三种基本形式，这就形成了固定增长股票估值模型、零增长股票估值模型和非固定增长股票估值模型三种基本模型，下面对这些模型进行介绍。

1. 固定增长股票估值模型

固定增长股票估值模型（Gordon Growth Model）又称戈登模型，该模型是在20世纪50年代由迈伦·J·戈登（Myron J. Gordon）和伊莱·夏皮罗（Eli Shapiro）共同提出的。这个模型首次出现在他们于1956年共同发表的论文中，用于估算股票的内在价值，特别是对于那些预期会支付稳定股息的公司。该模型假设企业预期股利现金流以固定增长率增长，假设增长率为g，则式（2-11）可以改写如下：

$$\hat{P}_0 = \frac{D_0(1+g)^1}{(1+r_s)^1} + \frac{D_0(1+g)^2}{(1+r_s)^2} + \cdots + \frac{D_0(1+g)^n}{(1+r_s)^n} = \sum_{n=1}^{\infty} \frac{D_0(1+g)^n}{(1+r_s)^n} \quad (2\text{-}12)$$

式中　g——股利的固定增长率；

D_0——最近一期已经支付的股利；

D_1——未来第一次预期发放的股利，$D_1 = D_0(1+g)$。

只要该公司不清算或出售而从市场上消失，那么购买该公司股票的投资者将获得无限期的股利现金流，即$n \to \infty$，所以式（2-12）就是一个首项为$\frac{D_0(1+g)}{1+r_s}$，公比为$\frac{1+g}{1+r_s}$，项数为$n \to \infty$的等比数列之和，只要$r_s \neq g$，该等比数列之和就可以写成如下形式：

$$\hat{P}_0 = \frac{D_0(1+g)}{r_s-g} = \frac{D_1}{r_s-g} \quad (2\text{-}13)$$

式（2-13）就是戈登模型的基本形式，该模型的应用有两个基本前提：其一是该股票的必要报酬率一定要大于股利长期增长率，即$r_s > g$，如果在$r_s < g$的情况下用该模型估计股票的价值，将得到负的股票价值，而股价不可能为负，所以这个估计是没有意义的；其二是该模型的一个重要假设是公司预期股利增长率保持不变，这在现实中很难持续。因此，这个模型最适用于增长稳定、定期支付股息的成熟公司，对于快速增长或不稳定的公司，这个模型可能不太适用。就平均而言，成熟型公司的增长率通常与名义国内生产总值增长率（实际国内生产总值增长率加通货膨胀率）相同。

【例2-9】假定KM公司普通股股票今年的股利为每股3元，预期以后公司能够永远维持成长率8%，投资者要求的最低回报率是15%，试对该公司股票的内在价值进行评价。

解析：KM公司股票的内在价值为

$$\hat{P}_0 = \frac{D_0(1+g)}{r_s-g} = \frac{3 \times (1+8\%)}{15\%-8\%} = 46.29（元/股）$$

对投资者而言，只有当该公司股票的价格低于46.29元/股时，才会购买该股票。如果评估时的股票价格高于46.29元/股，证明该股票被市场高估，投资者就会出售该股票，从而获利。

2. 零增长股票估值模型

式（2-13）同样适用于零增长股票的估值，当 $g = 0$ 时，式（2-13）可以写成如下形式：

$$\hat{P}_0 = \frac{D_0}{r_s} = \frac{D}{r_s} \tag{2-14}$$

零增长股票是假设公司未来股利保持当前水平不变，即 $D_0 = D_1 = \cdots = D_n = D$，估计这类股票价值的问题就是求一个永续年金的现值问题，其中年金是指每年固定不变的股利，折现率就是投资者要求的必要报酬率 r_s。由于优先股大多在固定的时点支付固定的股利，且无到期日，所以优先股的定价常常采用该模型。

【例 2-10】 S 公司发行在外的优先股年股利率为 10%，面值为 100 元，投资者要求的必要报酬率为 8%，则该优先股的价值是多少？

解析：该优先股每年支付的股利为 $10\% \times 100 = 10$ 元/股，优先股属于零增长股票，用式（2-14）对其进行估值：

$$P_0 = \frac{D}{r_s} = \frac{10}{8\%} = 125（元/股）$$

由于该模型假设股息不增长，因此通常适用于那些盈利稳定、不太可能增长（或增长非常缓慢）的公司。这些公司通常是成熟的、在市场上已经稳定经营多年的公司，它们的业务增长可能已经放缓，但能够持续产生稳定的现金流。

3. 非固定增长股票的估值模型

现实经济中，假设股利固定增长并不合理，因为公司的增长会随着其所处生命周期阶段的不同而变化，在初创期和成长期，公司增长速度通常会远高于整个经济的增长速度；到达成熟期，公司增长速度会与整个经济的增长速度持平；进入衰退期，其增速又会低于整个经济的增长速度。因此，大部分股票的股利支付既不属于零增长股票类型，也不属于固定增长类型，更可能的情形是股利在一个阶段表现为一种增长模式，在另一个阶段又表现为另一种增长模式，这种不同增长模式的阶段可能有两个、三个，甚至更多。此时，固定股利增长模型就不再适用，对于非固定增长股票，我们一般选择分段股利折现模型对其进行估值，常见的分段股利折现模型有两阶段股利折现模型和三阶段股利折现模型。

（1）两阶段股利折现模型 该模型假设股利在未来 N 年中以非固定增长率增长，即异常增长，该增长通常是相对较高的增长率，之后它以固定增长率 g 增长。该模型同样适用于这样一种公司，即它被预期在未来 N 年中会出现较低的甚至为负的增长率，然后又会回到稳定的增长率。第 N 年通常称为到期日或终点日，即异常增长的终止点。运用固定股利增长模型可以估计出该股票在 N 年后的价值，即终点日价值（用 $\hat{P}_N$ 表示），其计算公式为

$$终点日价值 = \hat{P}_N = \frac{D_{N+1}}{r_s - g}$$

股票当前的价值 $\hat{P}_0$ 就等于股利在非固定增长期的现值加上终点日价值的现值之和：

$$\hat{P}_0 = \frac{D_1}{(1+r_s)^1} + \frac{D_2}{(1+r_s)^2} + \cdots + \frac{D_N}{(1+r_s)^N} + \frac{\hat{P}_N}{(1+r_s)^N}$$

$$= \sum_{t=1}^{N} \frac{D_t}{(1+r_s)^t} + \frac{\hat{P}_N}{(1+r_s)^N} = \sum_{t=1}^{N} \frac{D_t}{(1+r_s)^t} + \frac{\frac{D_{N+1}}{r_s-g}}{(1+r_s)^N} \qquad (2\text{-}15)$$

各变量的含义同前。

【例 2-11】 一个投资人持有 ABC 公司的股票，该股票的必要报酬率为 15%。预期 ABC 公司未来三年股利将高速增长，增长率为 20%。在此以后转为正常的增长，增长率为 12%。公司最近支付的股利是 2 元/股。请计算该公司股票的内在价值。

解析：该股票股利增长分为两个阶段，可以运用两阶段股利折现模型来估值，估值过程如图 2-9 所示。

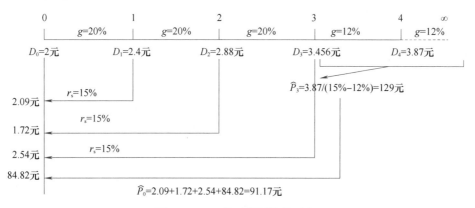

图 2-9　ABC 公司股票估值示意

该股票未来三年股利增长率为 20%，可以计算出第一年至第三年每年年末的股利分别为 2.4 元/股、2.88 元/股与 3.456 元/股，将这三期股利分别折现，折现率为必要报酬率 15%，其现值分别为 2.09 元、1.72 元、2.54 元，现值和为 6.35 元，计算过程为

$$\sum_{t=1}^{3} \frac{D_t}{(1+r_s)^t} = \frac{2 \times (1+20\%)}{(1+15\%)} + \frac{2 \times (1+20\%)^2}{(1+15\%)^2} + \frac{2 \times (1+20\%)^3}{(1+15\%)^3}$$

$$= 2.4 \times (P/F, 15\%, 1) + 2.88 \times (P/F, 15\%, 2) + 3.456 \times (P/F, 15\%, 3)$$

$$= 2.09 + 1.72 + 2.54 = 6.35 (元)$$

该公司股利从第四年开始进入固定增长阶段，固定增长率为 12%，可以计算出第四年年末的股利为 3.456×(1+12%)＝3.87 元，此时，用固定股利增长模型来估计 $\hat{P}_3$，也就是在第三年年末估计第四年及以后所有股利的现值，即第三年年末的终点日价值：

$$\hat{P}_3 = \frac{D_4}{r_s - g} = \frac{3.87}{15\% - 12\%} = 129 (元)$$

然后将 $\hat{P}_3$ 折现，得到 $\dfrac{\hat{P}_3}{(1+r_s)^3} = \dfrac{129}{(1+15\%)^3} = 84.82$ 元。

最后把这两部分现值加总，即得到股票在当前的估值：

$$\hat{P}_0 = \sum_{t=1}^{3} \frac{D_t}{(1+r_s)^t} + \frac{\hat{P}_3}{(1+r_s)^3} = 6.35 + 84.82 = 91.17(元)$$

该股票当前的估值为 91.17 元。为了简化计算过程，本例假定的高速增长阶段只有三年，现实中对股票估值时，其异常增长时间跨度可能更长，因此，在评估其价值时，应该根据公司股利增长的可能情况具体分析，分别计算出每一期的预期股利，然后再折现，其中的难点是对公司未来股利增长率的可靠预测。

（2）三阶段股利折现模型 从广义上讲，三阶段股利折现模型只是特殊的两阶段股利折现模型。它将股利的增长划分为三个阶段，初始的高增长阶段、增长减缓的转换阶段和最终的稳定增长阶段。由于该模型没有对股利增长率施加任何限制，故它是一种最为普遍适用的模型。三阶段股利增长股票估值示意如图 2-10 所示。

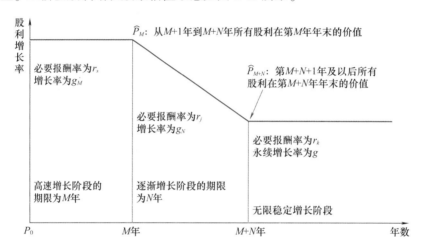

图 2-10　三阶段股利增长股票估值示意

注：g_M 表示高速增长阶段的增长率；
　　g_N 表示逐渐增长阶段的增长率。

对这种股利增长存在多阶段特征的股票估值，其基本思想是：首先将各阶段每期股利折现到每阶段起点，计算出各阶段股利的价值，然后将各阶段股利的价值折现到评估时点，从而得到其最终估值。其估值的一般模型为

$$\hat{P}_0 = \sum_{t=1}^{M} \frac{D_t}{(1+r_s)^t} + \frac{\hat{P}_M}{(1+r_s)^M} + \frac{\hat{P}_{M+N}}{(1+r_s)^M(1+r_j)^N} \tag{2-16}$$

$$\hat{P}_M = \frac{D_{M+1}}{(1+r_j)^1} + \cdots + \frac{D_{M+N}}{(1+r_j)^N} = \sum_{t=1}^{N} \frac{D_{M+t}}{(1+r_j)^t}$$

$$\hat{P}_{M+N} = \frac{D_{M+N}(1+g)}{r_k - g}$$

将 $\hat{P}_M$ 和 $\hat{P}_{M+N}$ 带入式（2-16），可以得到

$$\hat{P}_0 = \sum_{t=1}^{M} \frac{D_t}{(1+r_s)^t} + \sum_{t=1}^{N} \frac{D_{M+t}}{(1+r_j)^t(1+r_s)^M} + \frac{D_{M+N}(1+g)}{(r_k-g)(1+r_s)^M(1+r_j)^N} \tag{2-17}$$

式中 M——高速增长阶段的期限；

N——逐渐增长阶段的期限；

$\hat{P}_M$——逐渐增长阶段 N 年的每期股利在第 M 年年末的价值；

$\hat{P}_{M+N}$——无限稳定增长阶段的所有股利在第 $M+N$ 年年末的价值；

r_s——高速增长阶段的必要报酬率（或股权资本成本）；

r_j——逐渐增长阶段的必要报酬率（或股权资本成本）；

r_k——无限稳定增长阶段的必要报酬率（或股权资本成本）；

g——无限稳定增长阶段的永续增长率。

其他变量的含义同前。

在运用三阶段股利增长模型进行股票估值时，要注意在不同的增长阶段，投资者面临的投资风险可能不一样，所以不同增长阶段的必要报酬率可能存在差异，一般情况下，有 $r_s > r_j > r_k$，因此，在实际估值过程中，应该逐期估计其折现系数并逐期折现，不能简单地用一个折现率完成全部折现工作，例如，$\hat{P}_{M+N}$ 就是先用 r_j 折现到第 M 年年末，再把第 M 年年末的现值用 r_s 折现到评估时点。

（三）股票的收益率

股票的收益率是投资者购买股票时的期望收益率。股票带给投资者的收益主要由两部分现金流构成，一部分是股利，另一部分是出售股票时的资本利得。因此可得

$$股票的收益率 = 股利收益率 + 资本利得收益率$$

对于股利固定增长的股票，股票的期望收益率等于预期股利收益率加上预期资本利得收益率。其计算公式为

$$\hat{r}_s = \frac{D_1}{P_0} + g \tag{2-18}$$

式中 $\hat{r}_s$——股票期望收益率；

P_0——当前的股票价格；

D_1——未来第一年的股利；

$\dfrac{D_1}{P_0}$——股利收益率；

g——股利的增长率，它反映的是资本利得收益率，也是公司预计的可持续增长率。

【例 2-12】 A 公司是一家处于成熟期的公司，预计其可持续增长率为 10%，其股利增长的模式是固定成长型。股票当前市价为 40 元/股，预计下一期的现金股利为 2 元/股，求该股票的期望报酬率。

解析：根据 $\hat{r}_s = \dfrac{D_1}{P_0} + g$，可得 $\hat{r}_s = \dfrac{2}{40} + 10\% = 5\% + 10\% = 15\%$。

可见，该股票的期望报酬率为 15%，其中 5% 是股利收益率，10% 是资本利得收益率。

对于普通股票，如果股票市场是均衡的，在任何时点股价都能反映该公司任何可获得的公开信息，并且能对新信息迅速做出反应，此时，股票价格就等于其内在价值，股票的期望收益率就等于其必要报酬率，即股票的期望报酬率 $\hat{r}_s$ 等于使股票的内在价值等于当前

股票价格的贴现率，其计算公式为

$$\sum_{t=1}^{N} \frac{D_t}{(1 + \hat{r}_s)^t} + \frac{P_t}{(1 + \hat{r}_s)^t} = P_0 \qquad (2\text{-}19)$$

式中　P_t——股票将来的售价。其他变量的含义同前。

第三节　企业价值评估

　　企业价值评估是现代市场经济的产物，是对评估基准日的企业价值进行评定估算，实际上是一种模拟市场判断企业价值的过程。企业价值评估强调把企业作为一个整体，评估其公平市场价值。整体价值不是各部分价值的简单相加，而是各部分在特定的要素结合方式下形成一个有机整体，通过有效的组织和管理，发挥整体功效，为企业带来现金流量，进而形成价值。整体价值只有在运行中才能体现出来，如果企业停止运营，整体功能随之丧失，不再具有整体价值，它就只剩下一堆机器、存货和厂房，此时企业价值是这些财产的变现价值，即清算价值。故在进行企业价值评估时应该把握评估对象是在持续经营条件下、企业整体的公平市场价值，是控股权价值，而不是少数股权价值。

　　企业价值评估常见的方法有收益法、市场法以及资产基础法，收益法的基本思想是通过对未来收益加以折现来评估企业价值，如现金流量折现估值法、经济增加值法；市场法又称相对价值法，是将评估对象与可比上市公司进行比较以确定评估对象价值，如市盈率法、市净率法；资产基础法又称成本法，其基本原理是将企业资产、负债的历史成本调整为现实价值进行估值。本节主要对收益法和市场法进行介绍，由于资产基础法涉及会计准则的具体内容，本节对该方法不做介绍。

▶▶ 一、现金流量折现估值法

（一）基本模型

　　前面我们已经详细讨论了用股利折现模型对公司普通股进行估值，该方法需要评估人员对公司未来的股利支付进行可靠预测，不同于股票估值，企业价值评估关注公司未来的现金流量。企业价值取决于企业现在和未来产生现金流量的能力，因此，企业价值可以用公式表示如下：

$$企业价值 = V_{企业} = \sum_{t=1}^{\infty} \frac{现金流量_t}{(1 + 资本成本)^t} \qquad (2\text{-}20)$$

　　该模型表明，评估时企业价值等于企业未来现金流量的折现值。在估计企业价值时要用到三个参数，分别是未来的现金流量、折现率（或资本成本），以及时间序列 t。

　　1. 现金流量

　　式（2-20）中的现金流量有三种类型：企业实体自由现金流量、股权自由现金流量和股利现金流量，这三种现金流并不是独立存在的，而是相互依存的，可以从不同角度反映企业创造现金流的能力。

　　企业实体自由现金流量是指企业全部现金流入扣除付现费用、必要的投资支出后的剩余部分，它是企业可以向投资者（包括债权人、普通股东、优先股股东）支付的现金流所谓"自由"，实际上是一种剩余概念，是做了必要扣除后的剩余，所以企业自由现金流量也称"实体剩余现金流量"。正的自由现金流量表明企业当前的经营活动产生了足够多的资金，可以支撑固定资产和营运资本的投资；相反，负的自由现金流量则意味着企业没有足够的资金维持固定资产和营运资本投资，企业必须到资本市场上筹集新资金才能满足企业投资的需要。企业自由现金流量的计算公式为

$$实体自由现金流量 = EBIT \times (1 - T) + 折旧与摊销 - (净营运资本增加 + 资本支出)$$
$$(2\text{-}21)$$

$$净营运资本增加 = 流动资产增加 - 无息流动负债增加$$

$$资本支出 = 购置长期资产支出总和 - 无息长期负债增加 = 净经营性长期资产增加$$

式中　EBIT——企业息税前利润；

　　　T——企业的所得税率。

资本支出是指企业为维持正常经营或扩大经营规模而在物业、厂房、设备等资产方面的再投入，通常包括在固定资产、无形资产、长期待摊费用（包括租入固定资产改良支出、固定资产大修理支出等）及其他资产上的新增支出。资本支出与净营运资本增加都是企业的投资现金流出，它们合计称为"总投资"，从管理会计的角度，这两部分相加正好等于企业的净经营资产增加。因此，实体自由现金流量的计算公式还可以写成

$$实体自由现金流量 = EBIT \times (1 - T) + 折旧与摊销 - 净经营资产增加 \qquad (2\text{-}22)$$
$$净经营资产增加 = 净营运资本增加 + 净经营性长期资产增加$$
$$= 净营运资本增加 + 净经营性长期资产净增加^{\ominus} + 折旧摊销$$
$$= 净经营资产净增加 + 折旧与摊销 \qquad (2\text{-}23)$$

将式（2-23）代入式（2-22），可得

$$实体自由现金流量 = EBIT \times (1 - T) - 净经营资产净增加 \qquad (2\text{-}24)$$
$$= EBIT \times (1 - T) - (期末投资资本 - 期初投资资本)$$

企业实体自由现金流量还可以从企业融资的角度来计算。实体现金流量是从企业角度观察的，企业产生剩余现金用正数表示，企业吸收投资人的现金用负数表示。融资现金流量是从投资人角度观察的实体现金流量，投资人得到现金用正数表示，投资人提供现金则用负数表示，实体现金流量应当等于融资现金流量，即

$$实体自由现金流量 = 融资现金流量 = 债务现金流量 + 股权自由现金流量 \qquad (2\text{-}25)$$
$$债务现金流量 = 税后利息支出 - 有息债务净增加 \qquad (2\text{-}26)$$
$$= 税后利息支出 + 偿还债务本金 - 新借债务$$

债务现金流量为正，表示企业现金流出，即企业现金流主要表现为向债权人支付债务利息或偿还本金；债务现金流量为负，表示企业现金流入，即企业现金流主要表现为从债权人处筹集资金。

股权自由现金流量是指一定期间可以提供给股权投资人的现金流量总计，在企业价值评估中，影响股权自由现金流量的因素主要有企业股利的分配、股票的发行与股票的回购（或减少注册资本），故股权自由现金流量的计算公式如下：

⊖　净经营性长期资产净增加是经营性长期资产（主要是固定资产、无形资产、长期待摊费用等）账面价值的增加值，即经营性长期资产的净值增加值。

股权自由现金流量 = 现金股利分配 - 股票发行 + 股票回购（或企业减资） （2-27）
= 实体自由现金流量 - 债务现金流量

股权自由现金流量为正，表示企业现金流出，即企业现金流主要是向股东支付股利或回购股票；股权自由现金流量为负，表示企业现金流入，即企业现金流主要表现为增发股票从股权投资者处筹集资金。

股利现金流量是指企业分配给股权投资人的现金流量，它的主要来源是股权自由现金流量，有多少股权自由现金流量作为股利分配给股东，取决于企业的筹资和股利分配政策。

【例 2-13】 某企业 2023 年息税前利润为 1 000 万元，所得税税率为 40%，折旧与摊销为 100 万元，流动资产增加 300 万元，无息流动负债增加 120 万元，有息流动负债增加 70 万元，长期资产净增加 500 万元，无息长期债务增加 200 万元，有息长期债务增加 230 万元，税后利息为 20 万元。分别计算该企业的实体自由现金流量、债务现金流量与股权自由现金流量。

解析： 根据题意可知

净经营资产增加 = （流动资产增加 - 无息流动负债增加） + （购置长期资产的支出总和 - 无息长期负债的增加）

= （300 - 120） + （500 - 200） = 480（万元）

实体自由现金流量 = 息税前利润 × （1 - 所得税税率） + 折旧与摊销 - 净经营资产增加

= 1 000 × （1 - 40%） + 100 - 480 = 220（万元）

债务现金流量 = 税后利息支出 - 有息债务净增加

= 20 - （70 + 230） = -280（万元）

股权自由现金流量 = 实体自由现金流量 - 债务现金流量

= 220 - （-280） = 500（万元）

2. 折现率

式（2-20）中的折现率是企业的资本成本，折现率是现金流量风险的函数，风险越大则折现率越大，因此，折现率要与现金流量风险相匹配。当折现现金流量是企业实体现金流量时，须使用加权平均资本成本（WACC）作为折现率；如果要折现的是股权现金流，那就只能选择股权资本成本作为折现率。

3. 时间序列

式（2-20）中的时间序列 t，是指产生现金流的时间，一般以"年"来表示。企业价值评估是在企业持续经营的假设下展开的，所以 $t \to \infty$。但是，实践中要对企业未来无穷期的现金流量进行预测是不现实的。因此，在企业估值中，通常将企业的预测期间分为两个阶段（如图 2-11 所示）。第一阶段是有限的，有明确的预测期，称为"详细预测期"，简称"预测期"，在此期间需要对每年的现金流进行详细的预测，并根据现金流量折现模型计算其预测价值；第二阶段是预测期以后的无限时期，称为"永续期"或"后续期"，在此期间假设企业进入稳定状态，有一个稳定的增长率，可以使用简便方法直接估计永续期价值，永续期价值又称为"永续价值"或"残值"。计算永续价值要先计算出永续期现金流量的分界点价值，分界点价值是永续期现金流量在预测期末的价值，将分界点价值贴现就得到永续价值。因此，企业价值被分为两部分，即

企业价值 = 预测价值 + 永续价值

其中

$$永续价值 = \frac{现金流_{t+1}}{资本成本-增长率} \times (P/F, i, t) = 分界点价值 \times (P/F, i, t)$$

图 2-11 企业估值时间序列

（二）模型分类

依据现金流的不同种类，企业估值模型可以分为股利现金流量模型、股权现金流量模型和实体现金流量模型三种。

1. 股利现金流量模型

股利现金流量模型的基本形式如下：

$$股票价值 = \sum_{t=1}^{\infty} \frac{股利_t}{(1 + 股权资本成本)^t} \tag{2-28}$$

股利现金流量是企业分配给股权投资人的现金流量，这实际就是本章第二节所介绍的股票估值模型，这里的股利现金流就是每年企业发放的现金股利，股权资本成本就是股票的必要报酬率，所以该模型计算结果体现的是企业股票价值。

由于股利现金流模型需要对企业股利发放进行预测，而企业管理层对企业股利政策拥有较大的控制权，从而增加了对股利现金流的预测难度。因而，股利现金流量模型在实务中很少被使用，大多数情况下企业估值都采用股权现金流量模型或实体现金流量模型。

2. 股权现金流量模型

股权现金流量模型的基本形式如下：

$$股权价值 = \sum_{t=1}^{\infty} \frac{股权自由现金流量_t}{(1 + 股权资本成本)^t} \tag{2-29}$$

股权现金流量，是指一定期间内可以提供给股权投资人的现金流量总计，包括普通股股东现金流量与优先股股东现金流量。由于我国企业很少发行优先股，故本章后面所讨论的股权现金流量都假设不考虑优先股股东现金流量，只考虑普通股股东现金流量。

股权自由现金流量是企业实体现金流量在满足债权人的索取权以后的剩余现金流，属于风险较高的现金流量类型。因此，根据现金流与风险相搭配的原则，股利现金流量模型和股权现金流量模型所使用的折现率都是风险相对较高的股权资本成本。股权现金流量模型与股利现金流量模型的区别在于折现的现金流不同，如果企业把所有的股权现金流量都用来分配股利，那么上述两个模型是相同的，都体现的是公司的股权价值。

3. 实体现金流量模型

实体现金流量模型的基本形式如下：

$$企业实体价值 = \sum_{t=1}^{\infty} \frac{企业实体自由现金流量_t}{(1 + 加权平均资本成本)^t}$$

$$股权价值 = 企业实体价值 - 净债务价值 \tag{2-30}$$

$$净债务价值 = \sum_{t=1}^{\infty} \frac{债务现金流量_t}{(1 + 债务资本成本)^t}$$

实体自由现金流量是股权现金流量与债务现金流量之和，因此，与之相搭配的折现率是企业加权平均资本成本，即股权资本成本和债务资本成本的加权平均值。如果错误地选择股权资本成本或债权资本成本作为实体现金流量模型的折现率，则会低估或高估企业价值。

4. 模型的比较

理论上，用不同模型得出的企业内在价值应该相同，但实际上却经常存在差异。当出现差异时，应该重新考虑估值模型中的假设是否合理，只有合理的假设才能得出可靠的估值。对处于稳定发展阶段且发放股利的公司，上述三种模型都可以采用，但是对于不派发股利的公司则只能采用企业实体现金流量模型。采用实体现金流量模型具有显著的优势，首先，股权自由现金流量受资本结构的影响，估计起来比较复杂，而实体自由现金流量通常不受企业资本结构的影响，比较容易估计。其次，实体自由现金流量可以提供更多信息，对企业实体自由现金流量的估计主要通过编制企业全套的预计财务报表来实现，而对公司未来财务报表的预测可以揭示公司的运营状况和融资需求，这对做出更加高明的投资决策大有裨益。

因此，企业价值评估的基本思想是，先评估企业实体价值，然后评估企业债务价值，最后用实体价值减去债务价值得出股权价值。企业债务价值通常使用其市场价值计量，即等于债权人预期现金流量的现值，但如果企业债务违约风险不大，也可以使用其账面价值，这大大简化了评估工作。

（三）模型的主要参数估计

现金流量折现模型的主要参数有未来现金流量、永续期现金流量的增长率以及资本成本，这些参数是相互关联的，需要整体考虑。

1. 未来现金流量估计

对未来现金流量的估计可以通过财务预测取得，财务预测有单项预测和全面预测两种方式。单项预测的主要缺点是容易忽视财务数据之间的联系，不利于发现预测假设的不合理之处。全面预测则是指编制成套的预计财务报表，包括预计利润表、预计资产负债表、预计现金流量表，从预计财务报表获取需要的预测数据。由于计算机的普遍应用，人们越来越多地使用全面预测。预测销售收入是全面预测的起点，大多数财务数据都与销售收入存在内在联系。

（1）预测销售收入 要预测销售收入，首先要预测销售收入的增长率，然后根据基期销售收入和预测的增长率计算预测期的销售收入。销售增长率的预测以历史增长率为基础，根据未来的变化进行修正。在修正时，要考虑宏观经济、行业状况和企业的经营战略等因素的影响，如果预计未来这些因素不会发生变化，则可以按上年的增长率进行预测；如果预计未来有较大的变化，则需要根据其主要影响因素调整销售增长率。

【例2-14】 KM公司是一家食品生产企业，在市场上享有较好的声誉，2023年它推出了一系列新产品，在市场上大受欢迎，目前其市场正处在高速增长时期，2023的销售增长了12%，实现销售收入500万元。预计2024年可以维持12%的增长率，2025年开始逐步下降，每年下降2个百分点，2028年下降1个百分点，即增长率为5%，2029年及以后各年按5%的比率持续增长，则KM公司2023年—2029年的销售收入预测结果见表2-2。

表 2-2　KM 公司 2023 年—2029 年的销售收入预测结果

年　　份	2023	2024	2025	2026	2027	2028	2029
销售增长率		12%	10%	8%	6%	5%	5%
销售收入（万元）	500.00	560.00	616.00	665.28	705.20	740.46	777.48

（2）确定预测期间　预测的时间范围涉及预测基期、预测期年数的确定。

1）预测基期。基期是指作为预测基础的时期，它通常是预测工作的上一个年度。基期的各项数据被称为基数，它们是预测的起点。基期数据不仅包括各项财务数据的金额，还包括反映各项财务数据之间关系的财务比率。

确定基期数据的方法有两种：一种是以上年实际数据作为基期数据；另一种是以修正后的上年数据作为基期数据。是否需要修正，需要对历年的财务报表进行分析，分析后如果发现上年的数据不具有可持续性，就应进行适当调整，使之适合未来的情况。

基期的财务比率主要有两类：一是主要财务指标的销售百分比。编制预计财务报表可以采用销售百分比法，销售百分比法是最常用的预测方式，它假设企业报表中的一些项目与销售收入之间存在稳定的百分比关系，并且这种关系在未来一段时间将继续保持，该百分比可以根据基期的数据确定，也可以根据以前若干年的平均数确定。因此，在确定好基期及基期财务数据以后，就需要采用销售百分比法确定主要报表项目的销售百分比，作为对未来进行预测的假设。二是其他财务比率，如目标资本结构、股利分配率等。

【例 2-15】　仍以 KM 公司为例，KM 公司的预测以 2023 年为基期，以经过调整的2023 年的财务报表数据为基数，采用销售百分比法确定经营性资产和负债的销售百分比，具体数据见表 2-3 和表 2-4。

表 2-3　2023 年 KM 公司基期财务数据　　　　　（单位：万元）

利润表项目		资产负债表项目	
经营损益：		净经营资产：	
一、销售收入	500.00	经营现金	5.00
减：销售成本	364.00	其他经营流动资产	195.00
销售和管理费用	40.00	减：经营流动负债	50.00
折旧与摊销	30.00	①经营营运资本	150.00
二、税前经营利润	66.00	经营性长期资产	250.00
减：经营利润所得税	19.80	减：经营性长期负债	0.00
三、税后经营利润	46.20	②净经营长期资产	250.00
金融损益：		③=①+②净经营资产合计	400.00
四、短期借款利息	4.80	金融负债：	
加：长期借款利息	2.80	短期借款	80.00
五、利息费用合计	7.60	长期借款	40.00
减：利息费用抵税	2.28	④金融负债合计	120.00
六、税后利息费用	5.32	⑤金融资产	0.00
七、税后利润合计	40.88	⑥=④－⑤净负债（净金融资产）	120.00
加：年初未分配利润	45.00	股本	200.00
八、可供分配的利润	85.88	年末未分配利润	80.00
减：应付普通股股利	5.88	⑦股东权益合计	280.00
九、未分配利润	80.00	⑧=⑥+⑦净负债及股东权益合计	400.00

表 2-4　KM 公司相关财务比率预测

项　目	预测值	项　目	预测值
销售成本率	72.8%	经营流动负债/销售收入	10%
销售和管理费用/销售收入	8%	经营性长期资产/销售收入	50%
折旧与摊销/销售收入	6%	短期借款/净经营资产	20%
经营现金/销售收入	1%	长期借款/净经营资产	10%
其他经营流动资产/销售收入	39%	平均所得税税率	30%

2) 预测期和永续期的划分。预测期和永续期的划分不是事先主观确定的，而是在实际预测过程中根据销售增长率和投资回报率的变动趋势确定的。一般而言，预测期应当足够长，通常在 5~7 年，企业的不稳定时期有多长，预测期就应当有多长，如果有疑问，还应当延长，以使企业在预测期末达到稳定状态。如果是周期性企业，预测期大体上为一个发展周期。判断企业进入稳定状态的主要标志是两个：一是具有稳定的销售增长率，它大约等于宏观经济的名义增长率（如果不考虑通货膨胀因素，宏观经济的增长率大多在 2%~6%）；二是具有稳定的投资报酬率[○]，它与资本成本接近。这种做法与竞争均衡理论有关。

竞争均衡理论认为，一个企业不可能永远以高于宏观经济增长的速度发展下去，如果是那样，它迟早会超过宏观经济总规模；并且，一个企业通常不可能在竞争的市场中长期取得超额利润，竞争会使得其投资报酬率逐渐回归到正常水平。实践表明，只有很少的企业具有长时间的竞争优势，它们通常具有某种特殊因素可以防止竞争者进入，绝大多数企业都会在几年内回归到正常的回报水平。竞争均衡理论也得到了实证研究的有力支持，拥有高于或低于正常增长率水平的企业，其销售收入的增长率通常会在 3~10 年中恢复到正常水平。

要确定预测期需要对企业未来的财务报表进行详细预测，根据预计财务报表计算企业预计的投资报酬率，再结合增长率变动趋势确定详细预测年限。

下面仍以 KM 公司为例，利用表 2-2~表 2-4 的数据对其 2024 年财务报表的编制进行详细说明，再利用 Excel 对 KM 公司未来六年的财务报表进行详细预测。在编制预计利润表和资产负债表时，两个表之间需要进行数据交换，需要同步进行。Excel 的运用使得这一系列预测变得简单。

① 第一步：预测税后经营利润。

$$税后经营利润 = 税前经营利润 \times (1 - 所得税率)$$

税前经营利润 = 销售收入 - 销售成本 - 销售费用及附加 - 管理费用 - 折旧与摊销 - 资产减值损失 ± 公允价值变动损益 ± 投资收益 + 营业外收入 - 营业外支出

其中，"资产减值损失" 和 "公允价值变动损益" 通常不具有可持续性，可以不列入预计利润表，"营业外收入" 和 "营业外支出" 属于偶然损益，也不具有可持续性，预测时通常予以忽略。至于 "投资收益" 需要区分债权投资收益和股权投资收益，债权投资收

○ 投资报酬率（投资资本回报率）是指税后经营利润与期初投资资本（净负债加股东权益）的比率，它反映企业投资资本的盈利能力。

益属于金融活动产生的收益，应作为利息费用的减项，不列入经营收益；股权投资收益，一般可以列入经营性收益。假设 KM 公司的投资收益是经营性的，但是数量很小，并且不具有可持续性，故预测时可将其忽略。KM 公司的预计利润表见表 2-5。

表 2-5 KM 公司预计利润表 （单位：万元）

预测假设	2023	2024	2025	2026	2027	2028	2029
销售增长率	12%	12%	10%	8%	6%	5%	5%
销售成本率	72.8%	72.8%	72.8%	72.8%	72.8%	72.8%	72.8%
销售和管理费用/销售收入	8%	8%	8%	8%	8%	8%	8%
折旧与摊销/销售收入	6%	6%	6%	6%	6%	6%	6%
平均所得税税率	30%	30%	30%	30%	30%	30%	30%
短期债务利率	6%	6%	6%	6%	6%	6%	6%
长期债务利率	7%	7%	7%	7%	7%	7%	7%
预测项目	2023	2024	2025	2026	2027	2028	2029
经营损益：							
一、销售收入	500.00	560.00	616.00	665.28	705.20	740.46	777.48
减：销售成本	364.00	407.68	448.45	484.32	513.38	539.05	566.01
销售和管理费用	40.00	44.80	49.28	53.22	56.42	59.24	62.20
折旧与摊销	30.00	33.60	36.96	39.92	42.31	44.43	46.65
二、税前经营利润	66.00	73.92	81.31	87.82	93.09	97.74	102.63
减：经营利润所得税	19.80	22.18	24.39	26.35	27.93	29.32	30.79
三、税后经营利润	46.20	51.74	56.92	61.47	65.16	68.42	71.84
金融损益：							
四、短期借款利息	4.80	5.38	5.91	6.39	6.77	7.11	7.46
加：长期借款利息	2.80	3.14	3.45	3.73	3.95	4.15	4.35
五、利息费用合计	7.60	8.51[①]	9.36	10.11	10.72	11.25	11.82
减：利息费用抵税	2.28	2.55	2.81	3.03	3.22	3.38	3.55
六、税后利息费用	5.32	5.96	6.55	7.08	7.50	7.88	8.27
七、税后利润合计	40.88	45.79	50.36	54.39	57.66	60.54	63.57
加：年初未分配利润	45.00	80.00	113.60	144.96	172.56	194.91	214.66
八、可供分配的利润	85.88	125.79	163.96	199.35	230.21	255.45	278.22
减：应付普通股股利	5.88	12.19	19.00	26.80	35.30	40.79	42.83
九、年末未分配利润	80.00	113.60	144.96	172.56	194.91	214.66	235.39

① 表中 2024 年的短期借款利息为 5.38 万元，长期借款利息为 3.14 万元，利息费用合计为 8.51 万元，似乎计算有误，其实报表中数据更为精确。由于现金流量预算的计算过程很长，如果在运算中间不断四舍五入，累计误差将不断扩大。为了使最终结果可以相互核对，在使用 EXCEL 进行计算的过程中对计算结果保留了小数点后 30 位，只是在最终的输出结果中显示了 2 位小数。类似情况在本章举例中还有多处，以后不再一一注明。

"销售成本""销售和管理费用""折旧与摊销"使用销售百分比法预测，有关的销售百分比列示在表 2-5 中"预测假设"部分，"销售和管理费用"这项占销售收入的百分比

用"销售和管理费用/销售收入"表示。所以，2024 年 KM 公司的税前经营利润的为

$$560-560×72.8\%-560×8\%-560×6\%=73.92(万元)$$

KM 公司适用的所得税率为 30%，其 2024 年税后经营利润为

$$73.92×(1-30\%)=51.74(万元)$$

接下来计算金融损益，KM 公司主要从事食品的生产和销售业务，其金融损益主要来源于为满足日常经营活动而发生的借款活动，借款会带来利息费用的支出，同时利息费用又会产生抵税作用。利息费用的驱动因素是借款利率和借款金额，通常不能根据销售百分比直接预测，而是需要根据资产负债表上的短期借款和长期借款规模来确定，因此，预测工作转向资产负债表。KM 公司预计资产负债表见表 2-6。

表 2-6　KM 公司预计资产负债表　　　　（单位：万元）

预测假设	2023	2024	2025	2026	2027	2028	2029
经营现金/销售收入	1%	1%	1%	1%	1%	1%	1%
其他经营流动资产/销售收入	39%	39%	39%	39%	39%	39%	39%
经营流动负债/销售收入	10%	10%	10%	10%	10%	10%	10%
经营性长期资产/销售收入	50%	50%	50%	50%	50%	50%	50%
短期借款/净经营资产	20%	20%	20%	20%	20%	20%	20%
长期借款/净经营资产	10%	10%	10%	10%	10%	10%	10%
预测项目	2023	2024	2025	2026	2027	2028	2029
销售收入	500.00	560.00	616.00	665.28	705.20	740.46	777.48
净经营资产：							
经营现金	5.00	5.60	6.16	6.65	7.05	7.40	7.77
其他经营流动资产	195.00	218.40	240.24	259.46	275.03	288.78	303.22
减：经营流动负债	50.00	56.00	61.60	66.53	70.52	74.05	77.75
经营营运资本	150.00	168.00	184.80	199.58	211.56	222.14	233.24
经营性长期资产	250.00	280.00	308.00	332.64	352.60	370.23	388.74
减：经营性长期负债	0.00	0.00	0.00	0.00	0.00	0.00	0.00
净经营长期资产	250.00	280.00	308.00	332.64	352.60	370.23	388.74
净经营资产合计	400.00	448.00	492.80	532.22	564.16	592.37	621.98
金融负债：							
短期借款	80.00	89.60	98.56	106.44	112.83	118.47	124.40
长期借款	40.00	44.80	49.28	53.22	56.42	59.24	62.20
金融负债合计	120.00	134.40	147.84	159.67	169.25	177.71	186.60
金融资产	0.00	0.00	0.00	0.00	0.00	0.00	0.00
净负债（净金融资产）	120.00	134.40	147.84	159.67	169.25	177.71	186.60
股本	200.00	200.00	200.00	200.00	200.00	200.00	200.00
年初未分配利润	45.00	80.00	113.60	144.96	172.56	194.91	214.66
年末未分配利润	80.00	113.60	144.96	172.56	194.91	214.66	235.39
股东权益合计	280.00	313.60	344.96	372.56	394.91	414.66	435.39
净负债及股东权益合计	400.00	448.00	492.80	532.22	564.16	592.37	621.98

② 第二步：预测净经营资产。净经营资产就是企业的投资资本，也叫作"净资本"，由净营运资本和净经营长期资产组成，其计算公式为

$$净经营资产=净营运资本+净经营长期资产$$
$$=(经营现金+其他经营流动资产-经营流动负债)+(经营性长期资产-经营性长期负债)$$

其中，"经营现金"包括现金及其等价物，现金资产可以分为两部分，一部分是为了维持生产经营所必需的持有量，另一部分是作为企业备用金以应对不时之需。经营现金的数量因企业而异，需要根据最佳现金持有量确定。KM 公司的经营现金，按销售额的 1% 预计，则 KM 公司 2024 年的经营现金为

$$经营现金=560×1\%=5.6(万元)$$

"其他经营流动资产"包括应收账款、存货等项目，"经营流动负债"包括应付账款、应交税费、应付工资等项目，这些项目使用销售百分比法进行预测，可以分项预测，也可以归类到"其他经营流动资产"或"经营流动负债"进行整体预测。该案例采用整体预测，其他经营流动资产的销售百分比为 39%，经营流动负债的销售百分比为 10%。

$$其他经营流动资产=560×39\%=218.4(万元)$$
$$经营流动负债=560×10\%=56(万元)$$

"经营性长期资产"包括长期股权投资、固定资产、长期应收款等。KM 公司假设长期资产随销售增长，使用销售百分比法预测，其销售百分比为 50%。

$$长期资产=560×50\%=280(万元)$$

"经营性长期负债"包括无息的长期应付款、专项应付款、递延所得税负债和其他非流动负债，这些项目需要根据实际情况选择预测方法，不一定使用销售百分比法。KM 公司假设这些数额很小，可以忽略不计。

所以，2024 年 KM 公司的净经营资产总计为

$$净经营资产=(5.6+218.4-56)+(280-0)=448(万元)$$

③ 第三步：预测融资。

预测得出的净经营资产是企业全部的筹资需要，如何筹集这些资本取决于企业的筹资政策。

KM 公司存在一个目标资本结构，即净负债/净经营资产为 30%，其中短期借款/净经营资产为 20%，长期借款/净经营资产为 10%。企业采用剩余股利政策，即按目标资本结构配置留存收益（权益资本）和借款（债务资本），剩余利润分配给股东。该公司基期没有金融资产，预计今后也不保留多余的金融资产。

因此，2024 年 KM 公司的短期借款、长期借款和期末股东权益分别为

$$短期借款=448×20\%=89.6(万元)$$
$$长期借款=448×10\%=44.8(万元)$$
$$期末股东权益=448-89.6-44.8=313.6(万元)$$

为实现目标的资本结构，在剩余股利政策下，企业的内部筹资额为

$$内部筹资额=期末股东权益-期初股东权益=313.6-280=33.6(万元)$$

企业也可以采取其他的融资政策，不同的融资政策会导致不同的融资额预计方法。KM 公司采用的是剩余股利政策，内部融资的首要来源是企业实现的本年净利润。如果当期利润小于需要筹集的权益资本，在"应付股利"项目中显示为负值，表示需要向股东筹

集（增发新股）的现金数额；如果当期利润大于需要筹集的权益资本，在"应付股利"项目中显示为正值，表示需要向股东发放的现金数额（发放股利）。

④ 第四步：预测利息费用。现在有了借款的数额，可以返回利润表，预测利息费用。KM 公司的利息费用是根据当期期末有息债务和借款利率预计的，假设其短期借款利率为 6%，长期借款利率为 7%，2024 年该公司的利息费用为

$$利息费用 = 89.6 \times 6\% + 44.8 \times 7\% = 8.51（万元）$$

$$利息费用抵税 = 8.51 \times 30\% = 2.55（万元）$$

$$税后利息费用 = 8.51 - 2.55 = 5.96（万元）$$

⑤ 第五步：计算净利润。KM 公司的净利润由两部分构成，如下式所示：

$$净利润 = 经营损益 - 金融损益$$
$$= 税后经营利润 - 税后利息费用$$
$$= 51.74 - 5.96$$
$$= 45.78（万元）$$

⑥ 第六步：计算股利和年末未分配利润。

$$本年股利 = 本年净利润 - 内部融资额$$
$$= 45.79 - 33.6$$
$$= 12.19（万元）$$

$$年末未分配利润 = 年初未分配利润 + 本年净利润 - 本年股利$$
$$= 80 + 45.79 - 12.19$$
$$= 113.6（万元）$$

最后，将计算得出的"年末未分配利润"数额填入 2024 年的资产负债表相应栏目，然后完成资产负债表其他项目的预测⊖。

$$年末股东权益 = 股本 + 年末未分配利润$$
$$= 200 + 113.6$$
$$= 313.6（万元）$$

$$净负债及股东权益合计 = 净负债 + 股东权益$$
$$= 短期借款 + 长期借款 - 金融资产 + 股东权益$$
$$= 89.60 + 44.80 - 0 + 313.6$$
$$= 448（万元）$$

由于利润表和资产负债表的数据是相互衔接的，要完成 2024 年利润表和资产负债表的预测工作以后才能转向 2025 年的预测。在 Excel 工作表里面，只需要按照上述步骤编制 2024 年数据的计算公式，然后将公式复制到 2025 年及后续年份，就可以实现后续年份所有报表数据的计算，Excel 的使用大大提高了编制预计财务报表的效率。

3）计算投资资本回报率。KM 公司投资资本回报率的计算见表 2-7。

⊖ 股东权益还包括"资本公积""盈余公积"等项目，此处为简便将其省略，其预测方法与"年末未分配股利"类似。

表 2-7　KM 公司投资资本回报率

项　目	2023 年	2024 年	2025 年	2026 年	2027 年	2028 年	2029 年
税后经营利润（万元）	46.20	51.74	56.92	61.47	65.16	68.42	71.84
净经营资产合计（万元）	400.00	448.00	492.80	532.22	564.16	592.37	621.98
投资资本回报率		12.94%	12.71%	12.47%	12.24%	12.13%	12.13%
销售增长率	12%	12%	10%	8%	6%	5%	5%

投资资本回报率等于本期税后经营利润除以期初净经营资产合计。从表 2-7 可以看出，KM 公司在预测的前几年销售增长率较高，其投资资本回报率也较高，2024 年的投资报酬率为 12.94%，但是随着销售增长率向宏观经济增长率回落，其投资报酬率也跟着下降，到 2028 年，其投资报酬率下降为 12.13%。当销售增长率在 2029 年进入稳定增长状态后，在其他财务比率保持不变的情况下，其投资报酬率将维持在 12.13% 的水平，这个报酬率水平与企业的资本成本也比较接近，其变化趋势也符合竞争均衡理论的判断。因此，我们可以认为在既有假设条件下，KM 公司将在 2028 年以后进入稳定发展阶段，我们的预测期就以 2028 年为界，预测期就是 2024 年—2028 年，2029 年及以后为永续期。

4）计算预测期的现金流量。根据预计利润表和资产负债表可以有多种方式计算企业的预计现金流量，如前文的式（2-22）~式（2-27），由于预计资产负债表已经计算出了企业每年的投资资本，即净经营资产合计，所以，用式（2-21）计算企业实体自由现金流最简单：

企业实体自由现金流量=EBIT×(1−T)−(期末投资资本−期初投资资本)

其中，EBIT×(1−T) 是企业的税后经营利润，投资资本是预计资产负债表上的净经营资产合计，（期末投资资本−期初投资资本）就表示"投资资本净增加"，它也被称为"本期净经营资产净增加"，公式中的期末值用本期的数值表示，期初值用上期的数值表示。

2024 年的实体自由现金流量计算公式为

51.74−(448−400)=3.74(万元)

其他年份的计算结果见表 2-8 的 A 部分。

表 2-8　KM 公司 2024 年—2028 年预计现金流量　　　　　　（单位：万元）

预测项目	2024 年	2025 年	2026 年	2027 年	2028 年
A 部分：					
税后经营利润	51.74	56.92	61.47	65.16	68.42
减：投资资本净增加	48.00	44.80	39.42	31.93	28.21
实体现金流量	3.74	12.12	22.05	33.23	40.21
B 部分：					
债务现金流量：					
税后利息费用	5.96	6.55	7.08	7.50	7.88
减：短期借款增加	9.60	8.96	7.88	6.39	5.64
长期借款增加	4.80	4.48	3.94	3.19	2.82
债务现金流量合计	−8.44	−6.89	−4.75	−2.08	−0.58

（续）

预测项目	2024 年	2025 年	2026 年	2027 年	2028 年
股权现金流量：					
股利分配	12.19	19.00	26.80	35.30	40.79
减：股权资本发行	0.00	0.00	0.00	0.00	0.00
股权现金流量合计	12.19	19.00	26.80	35.30	40.79
融资现金流量合计	3.74	12.12	22.05	33.23	40.21

式（2-25）提供了从融资的角度来计算企业实体现金流量的方法。

实体自由现金流量＝融资现金流量＝债务现金流量+股权自由现金流量

其中，债务现金流量由支付的利息费用（数据来自于预计利润表）和增加的债务（数据来自于预计资产负债表）两部分构成，KM 公司 2024 年的债务现金流量为

$$5.96-(89.6-80)-(44.8-40)=-8.44（万元）$$

-8.44 万元的债务现金流量表示 2024 年 KM 公司通过债务筹资活动实现了 8.44 万元的现金净流入，也即债权人的现金净流出。

股权现金流量由当期支付的股利、股票发行、股份回购等财务活动实现的现金流量构成。假设 KM 公司当前及今后都不发行股票，也不回购股份，其 2024 年的股权自由现金流为

$$12.19-0+0=12.19（万元）$$

12.19 万元的股权现金流量表示 2024 年 KM 公司向股权投资者支付的现金净流出，也即股权投资者获得的现金净流入。

2024 年的 KM 公司实体自由现金流量也可以计算为

$$实体自由现金流量＝融资现金流量＝-8.44+12.19=3.75^{\ominus}（万元）$$

其他年份的计算结果见表 2-8 的 B 部分。现金流量的这种平衡关系，给我们提供了一种检验现金流量计算是否正确的方法。

2. 永续期现金流量增长率的确定

永续期是企业现金流量进入稳定增长以后的阶段，假设永续期内企业未来长期稳定、可持续地增长，企业必须处于永续状态。所谓的"永续状态"是指企业的各种财务比率都保持不变，企业有永续的资产负债率、资金周转率、资本结构和股利政策。在此假设下，企业的永续价值就是永续期企业每年预计现金流量的现值之和。估计永续期现金流量的主要参数是永续期期初现金流和现金流量的增长率。永续期的期初现金流量一般就是预测期的最后一期现金流量，所以不需要再单独预测。因此，估计永续期现金流量的关键参数就是永续期现金流量的增长率。

在稳定状态下，实体现金流量、股权现金流量和销售收入的增长率相同，因此，可以根据销售增长率估计现金流量增长率。为什么这三个增长率会相同呢？因为在"稳定"状

○ 这个计算结果与用式（2-21）计算出的自由现金流量 3.74 万元相差 0.01 万元，产生的原因为数据计算过程采用四舍五入法而产生的尾差。

态下，经营效率和财务政策不变，即净经营资产净利率、资本结构和股利分配政策不变，财务报表将按照稳定的增长率在扩大的规模上被复制。影响实体现金流量和股权现金流量的各因素都与销售额同步增长，因此，现金流量增长率与销售增长率相同。

仍以 KM 公司为例，公司在 2029 年进入永续增长阶段后，公司实体现金流量增长率、股权现金流量增长率都等于企业的销售增长率，均为 5%，即使再详细预测 10 年、20 年，只要销售增长率保持不变，一直是 5%，则企业现金流量增长率也会一直保持不变，并且等于销售增长率。

表 2-9　KM 公司现金流量增长率

预 计 项 目	2024 年	2025 年	2026 年	2027 年	2028 年	2029 年
实体现金流量（万元）	3.74	12.12	22.05	33.23	40.21	42.22
实体现金流量增长率		223.68%	81.94%	50.70%	21.02%	5.00%
股权现金流量（万元）	12.19	19.00	26.80	35.30	40.79	42.83
股权现金流量增长率		55.96%	41.00%	31.75%	15.55%	5.00%
销售增长率	12.00%	10.00%	8.00%	6.00%	5.00%	5.00%

3. 资本成本的估计

在现金流折现模型中使用的折现率是与折现现金流相对应的资本成本。如果折现的是实体现金流量，则折现率必须用加权平均资本成本（即 WACC）；如果折现的是股权现金流量，则折现率必须用股权资本成本；如果折现的是债权人现金流量，则折现率必须用债务资本成本率，如果错误地使用了折现率就会导致严重偏差。

对企业资本成本的估计有一套专门理论和体系，中级财务管理对此已做了详细介绍，这里就不再展开。续前例，假设 KM 公司的股权资本成本为 15.03%，加权平均资本成本为 12%。

（四）企业价值的估算

确定了现金流折现模型各参数后，就可以运用现金流折现模型对企业价值进行估算，估算过程及结果见表 2-10 和表 2-11。

表 2-10　KM 公司的实体现金流折现模型

预测项目	基期	2024年	2025年	2026年	2027年	2028年	2029年	……
实体现金流（百万元）		3.74	12.12	22.05	33.23	40.21	42.22	
永续期现金流增长率							5%	
加权平均资本成本		12%	12%	12%	12%	12%	12%	
折现系数		0.8929	0.7972	0.7118	0.6355	0.5674		
预测期现金流现值（百万元）		3.34	9.66	15.69	21.12	22.82		
预测期价值（百万元）	72.63							
2028年分界点价值（百万元）								
加：永续价值（百万元）	342.25							
企业实体价值（百万元）	414.88							
减：净债务价值（百万元）	120.00							
股权价值（百万元）	294.88							

$$603.15482=\frac{42.22}{12\%-5\%}$$

表 2-11　KM 公司的股权现金流折现模型

预测项目	基期	2024年	2025年	2026年	2027年	2028年	2029年	……
股权现金流（百万元）		12.19	19.00	26.80	35.30	40.79	42.83	
永续期现金流增长率							0.05	
股权资本成本		15.03%	15.03%	15.03%	15.03%	15.03%	15.03%	
折现系数		0.8693	0.7557	0.6569	0.5711	0.4964		
预测期现金流现值（百万元）		10.59	14.36	17.60	20.16	20.25		
预测价值（百万元）	82.97							
2028年分界点价值（百万元）							$426.87=\dfrac{42.83}{15.03\%-5\%}$	
加：永续价值（百万元）	211.91							
股权价值（百万元）	294.88							
加：净债务价值（百万元）	120.00							
企业实体价值（百万元）	414.88							

计算企业价值时，可以按照预测期、永续期两个阶段分别进行计算，也可以将预测期最后一年（本例中为 2028 年）划入后一个阶段，两种方法的最终结果是相同的。但是，无论如何划分价值的两个阶段，都必须将稳定状态之前各年的现金流量计算出来，即预测期的现金流必须按年计算出来，再将其分别进行贴现，所得现值之和即为预测期价值。永续价值的计算分两步，第一步，计算永续期现金流量在永续期期初的价值，在 KM 公司的案例中为 2028 年分界点价值，第二步，将分界点价值折现到价值评估时点。

以表 2-10 为例，预测价值的计算公式为

$$3.34+9.66+15.69+21.12+22.82=72.63(百万元)$$

永续价值的计算公式为

$$42.22/(12\%-5\%)\times0.5674=324.25(百万元)$$

表 2-10 是用实体现金流折现模型估计企业的实体价值，然后减去净债务价值，就得到股权价值，表 2-11 是用股权现金流折现模型估计企业的股权价值，然后加上净债务价值，就得到企业实体价值。其中，估计债务价值的标准方法是折现现金流量法，最简单的方法是账面价值法，本例采用账面价值法。两种方式估计的结果完全一致，企业整体价值都是 4.1488 亿元，股权价值都是 2.9488 亿元[①]。KM 公司发行在外总股数为 2 亿，其每股价值为 1.47 元，投资者此时就可以根据股票的市场价格做出投资决策，如果 KM 公司当前的股票市场价格高于 1.47 元/股，证明该股票被市场高估，理性的投资者会卖出该股票，相反，则会买入该公司股票。

▶▶ 二、经济增加值法

经济增加值（Economic Value Added，EVA）是美国思腾思特咨询公司开发并于 20 世纪 90 年代中后期推广的一种价值评价指标，它是一种评价企业经营者有效使用资本为股东创造价值的能力，也是一种体现企业最终经营目标的经营业绩考核工具。国务院资产监督管理委员会从 2010 年开始对中央企业负债人实行并不断完善经济增加值考核，财政部于 2017 年 9 月发布了《管理会计应用指引第 602 号——经济增加值法》对经济增加值的

[①] 实践中，这两种方式计算的企业价值会存在一定差异，并且也常常偏离企业实际的股票价格，这是由于现实中未来有太多随机和不可预测的因素存在，没有人能做出完美的预测。因而，不同的分析师对给定的股票会得出不同的结论，而经验丰富的分析师往往能得出相对准确的结论。

应用做出了细致的规定。

（一）经济增加值的概念

经济增加值又称经济利润（或称附加经济价值、剩余价值等），是指经济学家所持的利润概念，它是企业经济收入减去经济成本后的差额，是对企业真正的"经济利润"的评价。由于经济收入和成本与会计收入和成本在确认和计量方面存在差异，所以经济利润并不等于会计利润。

经济收入是按财产法计量的，在没有其他费用的情况下，它等于期末的财产市值减去期初的财产市值。例如，假设你在年初有5万元资产，在年末它们升值为7万元，本年你的工资收入为4万元。那么经济学家认为你的全年总收入为6万元，其中包括2万元的净资产增值；而会计师却认为你的收入只有4万元，2万元的资产升值不能算收入，理由是它还没有通过销售而实现，缺乏记录为收入的客观证据。可见，会计只确认已实现的收入（尽管目前的会计准则试图对此有所突破，但基本事实仍旧如此），而经济收入不仅包含已实现的收入，也包括了未实现的收入（即会计上的持产利得），其内涵的范围比会计收入更广泛。

经济成本不仅包括会计上实际支付的成本，而且包括机会成本。例如，股东投入企业的资本也是有成本的，在计算经济利润时应当扣除。这是因为股东投入的资本是生产经营不可缺少的条件之一，而股东要求回报的正当性不亚于债权人的利息要求和雇员的工资要求。只有当企业提供给股东的回报率（及股权资本成本）超过其投资于其他风险相近的有价证券的最低回报率（及机会成本）时，股东才愿意将资金投资于本公司。由于股东回报属于剩余求偿权，企业没有强制性的支付义务，所以会计核算上不将股权资本成本列入利润表的减项，其理由是会计确认强调可靠性。

经济增加值的定义很简单，但是它的计算却很复杂，会计利润与经济利润之间存在着核算范围的差异，因此在计算经济增加值时，需要对会计数据进行一系列调整，不同的调整方法会形成不同的经济增加值，如基本经济增加值、披露的经济增加值、特殊的经济增加值、真实的经济增加值等。由于各国（地区）的会计制度和资本市场现状存在差异，经济增加值计算过程中的会计调整方法也不尽相同，国资委于2012年12月29日发布了第30号令，要求于2013年1月1日开始实行第三次修订的《中央企业负责人经营业绩考核暂行办法》，该办法提供了针对中央企业的一种简化的经济增加值衡量方法。但是这些经济增加值评价方法都主要针对企业业绩评价，仅对企业当前或未来1~3年价值创造情况进行衡量或预判，无法衡量企业长远发展战略的价值创造情况，这是会计调整法计算经济增加值的局限性。

还有一种简化的经济增加值评价方法，它将经济增加值定义为从税后净营业利润中扣除包括股权和债务的全部投入资本成本后的所得，其核心是资本投入是有成本的，企业的盈利只有高于其资本成本（包括股权成本和债务成本）时才会为股东创造价值。

$$经济增加值 = 税后净营业利润 - 全部资本成本 \tag{2-31}$$
$$税后净营业利润 = 息税前利润 \times (1 - 所得税率)$$
$$= 税后净利润 + 税后利息$$
$$全部资本成本 = 税后利息 + 股权资本成本$$
$$= 投资资本 \times 加权平均资本成本$$

这种计算方法的优点是简便实用，但它的缺点是不够精确，因为息前税后利润是依据会计利润计算得到的，其增加值计算的基础是会计收入与会计成本之差，并不等于实际经济收入与经济成本的差额，但是对于单纯依靠会计利润来衡量企业业绩来说，它是一个进步，因为它承认了股权资本的成本，并对其加以扣除。

（二）经济增加值价值评估模型

将经济增加值作为绩效评价指标，主要是对企业经营活动所创造的价值进行衡量，当经济增加值为正时，企业经营活动创造了价值；当经济增加值为负时，企业经营活动导致企业价值减损。经济增加值是分年计量的，在企业持续经营的假设下，企业预期每年经济增加值的现值就构成了企业的市场增加值。企业价值与经济增加值之间存在以下关系：

$$企业价值 = 期初投资资本 + 市场增加值 = 期初投资资本 + \sum_{t=1}^{n} \frac{EVA_t}{(1+k)^t} \qquad (2\text{-}32)$$

式中　期初投资资本——评估基准时间的企业价值；

$\qquad$ EVA_t——公司第 t 年的经济增加值；

$\qquad$ n——公司持续经营的年限，理论上 $n \to \infty$；

$\qquad$ k——加权平均资本成本。

经济增加值价值评估模型将经济增加值与企业价值联系起来，从企业价值创造的角度来评估企业价值。在本质上它仍然类似于现金流折现模型，只不过这里折现的不是预期现金流，而是预期经济增加值，所以，运用经济增加值价值评估模型就需要对企业预期经济增加值进行估计。由于会计调整方法估计经济增加值存在局限性，我们无法对企业未来持续经营期间的经济增加值用会计调整方法加以估计，实务中，我们往往采用简化的方法来估计预期经济增加值，即

$$经济增加值 = 税后净营业利润 - 全部资本成本 \qquad (2\text{-}33)$$
$$= 税后净营业利润 - 投资资本 \times 加权平均资本成本$$

在式（2-33）的基础上，将税后净营业利润同时乘以和除以投资资本，不会对税后净营业利润的数据产生任何影响：

$$经济增加值 = 税后净营业利润 - 投资资本 \times 加权平均资本成本$$
$$= 投资资本 \times (税后净营业利润 / 投资资本) - 投资资本 \times 加权平均资本成本$$
$$= 投资资本 \times 投资资本报酬率 - 投资资本 \times 加权平均资本成本$$
$$= 投资资本 \times (投资资本报酬率 - 加权平均资本成本)$$

$$(2\text{-}34)$$

其中，投资资本报酬率 = 税后净营业利润/投资资本，也称作投资回报率，它衡量的是企业的资本运营效率，它的值越高，表明企业使用资本创造的利润越多。

从式（2-34）可以看出，决定企业经济增加值的主要因素有资本投入量、投资资本报酬率、资本成本，只有当投资资本报酬率大于资本成本时，企业经济增加值才能为正，企业才真正创造了价值。该模型还将对企业未来经济增加值的估计转变为对企业未来息前税后营业利润、投资资本、资本成本的估计，而这也正是现金流折现模型的主要估计数据，所以，经济增加值价值评估模型实质上是现金流模型的变形。

与现金流折现模型一样，我们可以将经济增加值价值评估模型予以简化，假设在未来

的某一时点，公司的经济增加值将成为一笔永续年金，或者以一固定速度增长，这样一来，对市场增加值的估计就变得容易多了。

【例2-16】 A公司的投资资本为1 000万元，预计今后每年可取得的投资资本报酬（息前税后营业利润）为100万元，每年净投资为0，资本成本为8%，则A公司的企业价值是多少？

解析：A公司的投资资本为1 000万元，每年净投资为0，则A公司每年的投资资本都为1 000万元，而预计A公司每年可取得投资资本报酬（息前税后营业利润）100万元，可得，A公司每年的投资资本报酬率=息前税后营业利润/投资资本=100/1 000=10%，则A公司预计每年经济增加值为

$$经济增加值=投资资本×（投资资本报酬率-加权平均资本成本）$$
$$=1 000×（10\%-8\%）=20（万元）$$

A公司的每年的经济增加值为固定的20万元，这是一笔永续年金，此时，可以运用零增长贴现模型计算预期每年经济增加值的现值之和，则有

$$市场增加值=20/8\%=250（万元）$$
$$企业价值=投资资本+市场增加值=1 000+250=1 250（万元）$$

此题如果用现金流量折现法，可以得出同样的结果：

$$企业实体现金流量=息前税后营业利润-净投资=100（万元）$$
$$企业价值=实体现金流量现值之和=100/8\%=1 250（万元）$$

（三）经济增加值价值评估模型的运用

续**【例2-14】**，我们用经济增加值评价方法对KM公司的企业价值进行估计，估计过程见表2-12。

表2-12　KM公司企业价值估计——经济增加值评价方法　　（单位：万元）

预测假设	2023年	2024年	2025年	2026年	2027年	2028年	2029年	2030年	……
销售增长率	12%	12%	10%	8%	6%	5%	5%	5%	
销售成本率	72.8%	72.8%	72.8%	72.8%	72.8%	72.8%	72.8%	72.8%	
销售和管理费用/销售收入	8%	8%	8%	8%	8%	8%	8%	8%	
折旧与摊销/销售收入	6%	6%	6%	6%	6%	6%	6%	6%	
经营现金/销售收入	1%	1%	1%	1%	1%	1%	1%	1%	
其他经营流动资产/销售收入	39%	39%	39%	39%	39%	39%	39%	39%	
经营流动负债/销售收入	10%	10%	10%	10%	10%	10%	10%	10%	
经营性长期资产/销售收入	50%	50%	50%	50%	50%	50%	50%	50%	
平均所得税税率	30%	30%	30%	30%	30%	30%	30%	30%	
加权平均资本成本	12%	12%	12%	12%	12%	12%	12%	12%	
预测项目	**2023年**	**2024年**	**2025年**	**2026年**	**2027年**	**2028年**	**2029年**	**2030年**	**……**
第一步：预测税后经营利润									
一、销售收入	500.00	560.00	616.00	665.28	705.20	740.46	777.48	816.35	
减：销售成本	364.00	407.68	448.45	484.32	513.38	539.05	566.01	594.31	
销售和管理费用	40.00	44.80	49.28	53.22	56.42	59.24	62.20	65.31	
折旧与摊销	30.00	33.60	36.96	39.92	42.31	44.43	46.65	48.98	
二、税前经营利润	66.00	73.92	81.31	87.82	93.09	97.74	102.63	107.76	
减：经营利润所得税	19.80	22.18	24.39	26.35	27.93	29.32	30.79	32.33	
三、税后经营利润	46.20	51.74	56.92	61.47	65.16	68.42	71.84	75.43	
第二步：预测投资资本									
经营现金	5.00	5.60	6.16	6.65	7.05	7.40	7.77	8.16	
其他经营流动资产	195.00	218.40	240.24	259.46	275.03	288.78	303.22	318.38	
减：经营流动负债	50.00	56.00	61.60	66.53	70.52	74.05	77.75	81.64	

（续）

预测假设	2023年	2024年	2025年	2026年	2027年	2028年	2029年	2030年	......
①经营营运资本	150.00	168.00	184.80	199.58	211.56	222.14	233.24	244.91	
经营性长期资产	250.00	280.00	308.00	332.64	352.60	370.23	388.74	408.18	
减：经营性长期负债	0.00	0.00	0.00	0.00	0.00	0.00	0.00	0.00	
②净经营长期资产	250.00	280.00	308.00	332.64	352.60	370.23	388.74	408.18	
③=①+②经营资产合计	400.00	448.00	492.80	532.22	564.16	592.37	621.98	653.08	
第三步：预测经济增加值									
投资资本回报率		12.94%	12.71%	12.47%	12.24%	12.13%	12.13%	12.13%	
经济增加值（EVA）		4.19	3.47	2.52	1.37	0.76	0.79	0.83	
经济增加值增长率			−17.15%	−27.39%	−45.66%	−44.91%	5.00%	5.00%	
第四步：估算企业价值									
折现系数			0.89	0.80	0.71	0.64	0.57		
经济增加值现值			3.74	2.77	1.80	0.87	0.43		
详细预测期市场增加值	9.61								
分界点未来经济增加值的价值						11.329	=0.79/（12%−5%）		
永续期的市场增加值	6.43								
企业价值	416.04								
减：债务价值	120.00								
股权价值	296.04								

从表 2-12 可以看出，经济增加值估价与现金流估价前两步都是基本一致的，即分别估计出税后经营利润和投资资本。第三步是估计企业的经济增加值，首先用第一、二步计算出的税后经营利润和净经营资产合计计算出投资资本回报率，再运用式（2-34）计算出经济增加值，同时计算出经济增加值的增长率，KM 公司的经济增加值增长率从 2025 年到 2028 年均为负数，这是由于销售增长率和投资报酬率在这期间由较高水平向稳定状态转变，导致企业的超额利润下降，使得经济增加值也下降；但是当销售增长率和投资报酬率进入稳定阶段以后，企业经济增加值也进入了稳定状态，且其增长率与销售增长率相同。与现金流折现模型一样，根据 KM 公司未来经济增加值的增长特征，我们把它未来的经济增加值划分为两个阶段，第一阶段为预测期，从 2024 年到 2028 年；第二阶段为永续期，2029 年及以后，永续期 KM 公司的经济增加值以 5% 的增长速度增长。

第四步是运用经济增加值法对企业价值进行评估，其折现过程与现金流折现方法一致，具体计算见表 2-12。最后，我们用 2023 年期末投资资本的账面价值表示 2024 年期初投资资本，计算企业在 2024 年期初的估计价值为

$$企业价值 = 期初投资资本 + \sum_{t=1}^{n} \frac{EVA_t}{(1+k)^t}$$

$$= 400 + 9.61 + 6.43 = 416.40（万元）$$

该估计结果与现金流估价结果是一致的⊖，这也表明，经济增加值价值评估模型实质上是现金流模型的变形，在假设一致的前提下，二者对企业价值的评估结果是一致的。

（四）对经济增加值评价方法的评价

大量学术研究表明，经济增加值价值评估模型在解释股价波动方面比会计模型更实用

⊖ 现金流折现模型计算出的企业价值是 414.88 万元，与经济增加值价值评估模型有 1.52 万元的差异，这是由于在计算过程中四舍五入导致的。

可靠，因为如果投资者只关心近期结果，那么所有的股票都应该以同样的市盈率交易，价值也不会反映在未来利润增长的前景上，而只会反映在较高的当前利润上。因此，经济增加值模型较前述的现金流量折现模型和会计模型有明显的优势。

首先，经济增加值价值评估模型揭示了价值创造的三个基本因素：投资资本、投资回报率和平均资本成本。投资资本是企业价值创造的基础，投资回报率决定了企业创造现金流的能力，平均资本成本代表企业要实现价值增长必须实现的回报率。在经济增加值价值评估模型中，企业价值等于期初资本投入量加上其预期经济增加值的折现值。只有当预期经济增加值为正，即投资回报率大于平均资本成本时，企业才真正创造了价值，相反，如果公司投资回报率小于平均资本成本，那么企业的经济增加值就会成为负数，这会导致企业价值减损。由此可见，如果经营利润忽视了资本成本，那么追求经营利润或提高销售利润率并不一定提高 EVA 值或股东财富。

其次，经济增加值提供了一种用以反映和计量公司是否增加了股东财富的可靠尺度。经济增加值指标的设计着眼于企业的长期发展，该指标鼓励经营者在做出投资决策时考虑该决策能否给企业带来长远利益，如新产品的研究和开发、人力资源的培养等，这样就能杜绝企业经营者短期行为的发生。现金流折现模型却做不到这一点。例如，由于任何一年的现金流都取决于固定资产和流动资金方面高度随意的投资，投资者无法通过对实际的现金流量与预计的现金流量进行比较来了解公司的经营状况，因为，公司管理层为了增加某一年的现金流量，可以选择性地推迟投资，致使企业长期的价值创造遭受损失。

最后，经济增加值评价方法在企业管理中的应用创造了使经营者从股东角度进行经营决策的环境。因为权益资本不再被看作"免费资本"，经营者甚至企业的一般雇员都必须像企业的所有者一样思考，他们将不再追求企业的短期利润，而开始注重企业的长期目标与股东财富最大化的目标相一致，注重资本的有效利用以及现金流量的增加，以此来改善企业的经济增加值业绩。经济增加值价值评估模型表明，一家公司要使股东财富增加只有四种方式：

1）削减成本，降低纳税，在不增加资金的条件下提高税后净营业利润（简称 NOPAT）。也就是说，公司应当更加有效地经营，在已经投入的资金上获得更高的资金回报。

2）从事所有导致 NOPAT 增加额大于资金成本增加额的投资，即从事所有正的净现值的项目，这些项目带来的资金回报高于资本成本。

3）对于某些业务，当资本成本的节约可以超过 NOPAT 的减少时，就要撤出资本。例如，卖掉那些对别人更有价值的资产、减少库存和加速回收应收账款。

4）合理调整公司的资本结构，使资本与债务的结构与公司的经营风险和融资灵活性相适应，以满足投资和收购战略的潜在需要，实现资本成本最小化。

因此，经济增加值能够更加真实地反映一个企业的经营业绩，是一个可以用于评价任何公司经营业绩的工具，其理念更符合现代财务管理的核心——股东价值最大化。

三、相对价值法

现金流折现法在概念上很健全，但是在应用时会碰到较多的技术问题。有一种相对容易的估价方法，就是相对价值法，也称价格乘数法或可比交易价值法。

该方法的基本原理是，利用类似企业的市场估值来估计目标企业价值，它的假设前提是存在一个支配企业市场价值的主要变量，如净利润、净资产、营业收入等，市场价值与该变量的比值在目标企业与类似企业之间是类似的、可以比较的，用公式表示为

$$\frac{P}{K} \approx \frac{P'}{K'} \tag{2-35}$$

式中　P——目标企业价值；

　　　K——支配企业市场价值的某一个变量（如净利润、净资产、营业收入等）；

　P'/K'——可比企业的比值，它可以是一家可比企业的比值，也可以是多家可比企业的平均值；

　　P/K——目标企业的比值。

则目标企业价值可以由下式计算得出

$$P = K \times \left(\frac{P'}{K'}\right) \tag{2-36}$$

相对价值法，是将目标企业与可比企业对比，用可比企业的价值衡量目标企业的价值。如果可比企业的价值被高估了，则目标企业的价值也会被高估。实际上，所得结论是相对于可比企业来说的，以可比企业价值为基准，是一种相对价值，而非目标企业的内在价值。

例如，一位购房者准备购买一套 $96m^2$ 的商品住宅，出售者报价 150 万元，如何评估这个价格呢？一个简单的方法就是寻找一个类似路段、类似质量的商品住宅，计算每平方米的价格，假设通过调查了解到，类似住宅的单价是 1.5 万元$/m^2$，利用相对价值法评估它的价值是 144 万元，于是，购房者认为出售者的报价高了。购房者对报价高低的判断是相对于类似商品住宅而言的，它比类似住宅的价格高了，但也有可能是类似住宅的价格偏低。

这种方法看上去很简单，真正使用起来却不简单。因为类似商品住宅与拟购置的商品住宅总有"不类似"的地方，类似商品住宅的价格也不一定是公平市场价格。想要准确地评估还需要对计算结果进行修正，而这种修正往往比较复杂，它涉及每平方米价格的决定因素问题。

现金流量法的假设是明确显示的，而相对价值法的假设是隐含在比率内部的，到底哪些企业可以作为可比企业，这会直接影响企业价值评估的结果。因此，它看起来简单，在实际应用时并不简单。

相对价值法的模型分为两大类：一类是以股权市价为基础的模型，包括每股市价/每股收益（即市盈率）模型、每股市价/每股净资产（即市净率）模型、每股市价/每股销售额（即市销率）模型；另一类是以企业实体价值为基础的模型，包括实体价值/息前税后利润模型、实体价值/实体现金流模型、实体价值/投资资本模型、实体价值/销售额模型等。这两类模型的基本原理是一致的，第二类模型涉及对企业实体价值的估计，在可比企业的实体价值已知的情况下，可以运用第二类模型对企业价值进行估计，否则还需要先对可比企业的实体价值进行估计，这反而增加了估计的复杂程度。因此，实践中普遍采用的是以股权市价为基础的模型。在这里，我们介绍三种以股权市价为基础的模型，它们是市盈率模型、市净率模型和市销率模型。

(一) 市盈率模型

1. 基本模型

市盈率模型将企业净利润看作影响企业价值的关键因素，即式（2-36）中的 K 表示企业净利润，P/K 就是企业的市盈率：

$$市盈率 = \frac{每股价值}{每股收益}$$

则目标企业每股价值为

$$目标企业每股价值 = 目标企业每股收益 \times 可比企业平均市盈率 \tag{2-37}$$

市盈率模型假设类似企业有相同的市盈率，股票市价是每股收益的函数，企业每股收益越大，股票价值越大，这也正体现了净利润对企业价值的影响，该模型提供了一种直观的方法帮助人们了解企业盈利情况和股票价格之间关系。对大多数股票来说，市盈率易于计算并容易得到，而市盈率的含义也非常丰富，它可以暗示公司股票收益的未来水平、投资者投资于公司希望从股票中得到的收益以及公司投资的预期回报，还能作为公司一些其他特征的代表（如风险性和成长性等），因此，市盈率模型在实践中得到了广泛运用。

2. 市盈率模型的驱动因素

为什么市盈率可以作为评估企业价值的乘数呢？影响市盈率高低的因素有哪些？根据股利折现模型，处于永续增长状态的企业每股价值为

$$每股价值 P_0 = \frac{每股股利_1}{股权资本成本 - 增长率} \tag{2-38}$$

把式（2-38）等号两边同时除以当期"每股收益$_0$"

$$\frac{每股价值 P_0}{每股收益_0} = \frac{每股股利_1 / 每股收益_0}{股权资本成本 - 增长率} \tag{2-39}$$

式（2-39）的左边是当前股票市价与同期净收益的比值，即本期市盈率，简称市盈率；右边的每股股利$_1$是下一期的每股股利，它可以由当前的每股收益$_0$、增长率、股利支付率估计得到，所以有

$$本期市盈率 = \frac{[每股收益_0 \times (1+增长率) \times 股利支付率] / 每股收益_0}{股权资本成本 - 增长率} \tag{2-40}$$

$$= \frac{股利支付率 \times (1+增长率)}{股权资本成本 - 增长率}$$

如果把式（2-38）两边同时除以下一期的"每股收益$_1$"，则有

$$\frac{每股价值 P_0}{每股收益_1} = \frac{每股股利_1 / 每股收益_1}{股权资本成本 - 增长率} \tag{2-41}$$

式（2-41）左边称为"内在市盈率"或"预期市盈率"，每股股利$_1$/每股收益$_1$就是股利支付率，所以式（2-41）可以简化为

$$内在市盈率 = \frac{股利支付率}{股权资本成本 - 增长率} \tag{2-42}$$

式（2-40）和式（2-42）中的股权资本成本与企业的风险高度相关，因此，市盈率的驱动因素有三个：股利支付率、增长率与企业风险（用企业的 β 值来衡量），只有这三个

因素都类似的企业，才会具有类似的市盈率。这就给我们提供了选取可比企业的基本原则，当我们应用市盈率模型评估企业价值时，选取的可比企业应是股利支付率、增长率与β值类似的企业。并且，在这三个因素中，增长率类似最为关键，它指的是企业的增长潜力类似，所谓"增长潜力"类似，不仅是指具有相同的增长率，还包括增长模式的类似性，例如，同为永续增长，还是同为由高增长转为永续低增长。

【例2-17】　A公司收购同行业的B公司，该行业各企业的收益和风险较为均衡，有关资料如下：目标企业B公司今年的净利润250万元，普通股股数为200万股，A公司今年的净利润为1 000万元，普通股股数为500万股，分配股利1.4元/股，公司净利润和股利的增长率都是6%，β值0.85。国库券利率为5%，股票的风险附加率为4.5%。请评估目标企业价值。

解析：由于A公司与目标企业所处的行业相同，且行业中各企业的收益和风险较为均衡，所以可以用A公司的市盈率表示可比企业平均的市盈率。

A公司的每股收益=1 000/500=2（元/股）

股利支付率=1.4/2×100%=70%

资本成本=5%+0.85×4.5%=8.825%

A公司的市盈率=70%×(1+6%)/(8.825%-6%)=26.27

目标企业的每股收益=250/200=1.25（元/股）

目标企业的每股价值=26.27×1.25=32.84（元/股）

目标企业的评估价值=32.84×200=6 568（万元）

3. 市盈率模型的适用情形

市盈率模型的优点：首先，计算市盈率的数据容易取得，并且计算简单。其次，市盈率把价格和收益联系起来，可以直观地反映投入和产出的关系。最后，市盈率涵盖了风险、增长率、股利分配率的影响，具有很高的综合性。

虽然目前市盈率模型被广泛使用，但是市盈率模型也有很多局限性：首先，如果收益是负值，市盈率就失去了意义。其次，应用市盈率模型对可比公司的选择要求较高，尤其是对可比公司未来成长能力可比性的判断，不仅要增长率相等，还要增长模式、增长稳定性相类似。同一行业各个企业成长性、成长的稳定性是不一样的，其市盈率也未必能作为评估的参照指标，而选择一个增长模式与风险均类似的企业也并非易事。最后，市盈率除了受企业本身基本面的影响以外，还受到整个经济景气程度的影响。在经济繁荣时市盈率上升，经济衰退时市盈率下降，如果是一个周期性企业，受经济景气程度的影响，企业价值可能被扭曲。因此，市盈率模型最适合连续盈利且可比企业比较容易确定的企业。

另外，用市盈率模型来评估企业价值也需要格外谨慎。通常我们认为高市盈率的公司股票价值被高估，低市盈率的公司股票价值被低估，但是实际情况却并不是这么简单。我们不能简单地认为所有的公司都应该具有相同的市盈率，市盈率会受到风险的影响，风险越高的股票，投资者会要求越高的报酬率，在其他条件相同的情况下，高风险的股票会拥有较低的市盈率，另外，增长机会较大的公司未来收益会更多，这类公司的股票会拥有较高的市盈率。

【例2-18】　甲企业今年的每股收益是0.5元，分配股利0.35元/股，其净利润和股利的增长率都是6%，β值为0.75。政府长期债券利率为7%，股票的风险补偿率为5.5%。

该企业的本期市盈率和预期市盈率各是多少？

乙企业与甲企业是类似企业，今年实际每股收益为1元，根据甲企业的本期市盈率对乙企业进行估价，其股票价值是多少？乙企业预期明年每股收益是1.06元，根据甲企业的预期市盈率对乙企业估价，其股票价值是多少？

解析：甲企业股利支付率＝每股股利/每股收益

$$=0.35/0.5×100\%$$

$$=70\%$$

甲企业股权资本成本＝无风险利率+β×市场风险溢价

$$=7\%+0.75×5.5\%$$

$$=11.125\%$$

甲企业本期市盈率＝股利支付率×（1+增长率）/（股权资本成本-增长率）

$$=[70\%×（1+6\%）]/（11.125\%-6\%）$$

$$=14.48$$

甲企业预期市盈率＝股利支付率/（股权资本成本-增长率）

$$=70\%/（11.125\%-6\%）$$

$$=13.66$$

乙企业股票价值＝乙企业本期每股收益×甲企业本期市盈率

$$=1×14.48$$

$$=14.48（元/股）$$

乙企业股票价值＝乙企业预期每股收益×甲企业预期市盈率

$$=1.06×13.66$$

$$=14.48（元/股）$$

通过这个例子可知，如果目标企业的预期每股收益变动与可比企业相同，则根据本期市盈率和预期市盈率进行估价的结果相同。

值得注意的是，在估价时，目标企业本期每股收益必须要乘以可比企业本期市盈率，目标企业预期每股收益必须要乘以可比企业预期市盈率，两者必须匹配。这一原则不仅适用于市盈率，也适用于市净率和市销率；不仅适用于未修正价格乘数，也适用于后文所讲的各种修正的价格乘数。

4. 市盈率模型在实际应用中的修正

应用市盈率模型的主要困难是选择可比企业，通常的做法是选择一组同业的上市企业，计算出它们的平均市盈率（通常是算术平均值），作为估计目标企业价值的乘数。

根据前面的分析可知，市盈率取决于增长率、股利支付率和企业风险。选择可比企业时，需要先估计目标企业的这三个因素，然后按此条件选择可比企业，在这三个因素中，最重要的驱动因素是增长率，应格外重视。处在生命周期同一阶段的同业企业，大体上有类似的增长率，企业的生命周期阶段可以作为判断增长率类似的主要依据。如果符合条件的企业较多，可以进一步根据企业规模的类似性进一步筛选，以提高可比性的质量。按照这种方法找到一些符合条件的可比企业，接下来就是计算可比企业的平均市盈率，然后以其为乘数估计目标企业的价值。

【例2-19】　开元公司是一个制造业公司，其每股收益为0.5元/股，股票价格为14.5

元/股，假设在制造业上市公司中，增长率、股利支付率和风险与开元公司类似的有六家，它们的市盈率见表 2-13。请问开元公司的股价被市场高估了还是低估了？

表 2-13　类似公司的实际市盈率

公司名称	市盈率
A	14
B	24
C	16
D	49
E	32
F	33
平均市盈率	28

解析：开元公司股票价值＝开元公司每股收益×可比企业平均市盈率＝0.5×28＝14 元/股，而开元公司股票的实际价格是 14.5 元/股，所以，开元公司的股价被市场高估了。

事实上，选择可比企业往往没有上述举例那样简单，如果同行业的上市企业很少，对可比条件的要求又比较严格，要找到符合条件的可比企业往往比较困难。在这种情况下，又应如何处理才能运用市盈率模型进行企业估价呢？

【例 2-20】　续前例的数据，假设各可比企业的预期增长率见表 2-14，开元公司的预期增长率为 15.5%，其他条件不变。请问开元公司的股价被市场高估了还是低估了？

表 2-14　可比企业预期增长率及实际市盈率

公司名称	预期增长率	本期市盈率
A	7%	14
B	11%	24
C	12%	16
D	22%	49
E	17%	32
F	18%	33
平均值（＝合计数/6）	14.5%	28

影响市盈率模型的关键因素是预期增长率，从表 2-14 可以看出，可比企业之间的增长率存在较大差异，并不完全一致，例如，D 公司增长率是 A 公司增长率的三倍多，而这些企业中，只有 E 公司增长率与开元公司的增长率比较接近。此时就不能简单地运用市盈率模型来估值，因为可比企业在关键因素上与目标企业不具有可比性，目标企业与可比企业之间市盈率的相似性也大大降低。

这时，我们就需要采用修正的市盈率，即将增长率对市盈率的影响去除，从而把增长率不同的同行业企业纳入可比范围，以期保留更多的信息。修正过程如下：

$$修正市盈率＝可比企业市盈率/（可比企业预期增长率×100）\tag{2-43}$$

修正市盈率排除了增长率对市盈率的影响，它是由股利支付率和股权资本成本决定的市盈率，可以称为"排除增长率影响的市盈率"。利用修正市盈率估计的目标企业每股价值如下：

目标企业每股价值＝可比企业修正市盈率×目标企业增长率×100×目标企业每股收益

$$(2-44)$$

采用修正市盈率模型进行企业估值有两种思路，一是修正可比企业平均市盈率，二是修正每家可比企业的市盈率，该方法又叫股价平均法。以开元公司数据为例，具体方法介绍如下：

（1）修正平均市盈率法

修正平均市盈率＝可比企业平均市盈率/（平均预期增长率×100）

＝28/14.5＝1.93

开元公司的每股价值＝修正平均市盈率×目标企业增长率×100×目标企业每股收益

＝1.93×15.5%×100×0.5＝14.97（元/股）

该估计结果高于企业当前每股价格14.5元，即开元公司股价被市场低估了，这与修正前的估算结果相反。

（2）股价平均法 该方法的基本步骤是：首先，对各可比企业的市盈率进行修正；其次，用各可比企业的修正市盈率估计目标企业的股票价值；最后，将得出的股票价值进行算术平均，该平均值就是目标企业的价值。计算过程见表2-15。

表2-15 股价平均法计算开元公司每股价值

可比企业				开元公司		
企业名称	本期市盈率	预期增长率	修正市盈率	每股收益（元/股）	预期增长率	每股价值（元/股）
A	14	7%	2.00	0.5	15.5%	15.50
B	24	11%	2.18	0.5	15.5%	16.91
C	16	12%	1.33	0.5	15.5%	10.33
D	49	22%	2.23	0.5	15.5%	17.26
E	32	17%	1.88	0.5	15.5%	14.59
F	33	18%	1.83	0.5	15.5%	14.21

开元公司最终的评估价值＝（15.50+16.91+10.33+17.26+14.59+14.21）/6＝14.80元/股，该价值高于其当前股价14.5元/股，即开元公司股价被市场低估了。

（二）市净率模型

1. 基本模型

市净率模型将企业净资产看作影响企业价值的关键因素，即式（2-36）中的K表示企业净资产，P/K就是企业的市净率：

$$市净率＝\frac{每股价值}{每股净资产}$$

市净率模型假设股权价值是净资产的函数，类似的企业有相同的市净率，目标企业的净资产越大，则股权价值就越大。因此，股权价值是净资产的一定倍数，目标企业的价值

可以用每股净资产乘以可比企业平均市净率计算。其基本模型是

$$目标企业每股价值 = 可比企业平均市净率 \times 目标企业每股净资产$$

2. 市净率模型的驱动因素

将股利折现模型，即式（2-38）左右两边同时除以当期的每股净资产，就可以得到市净率

$$
\begin{aligned}
市净率_0 &= \frac{每股价值 P_0}{每股净资产_0} = \frac{每股股利_0 \times (1+增长率)/每股净资产_0}{股权资本成本 - 增长率} \\[2mm]
&= \frac{\dfrac{每股股利_0}{每股收益_0} \times \dfrac{每股收益_0}{每股净资产_0} \times (1+增长率)}{股权资本成本 - 增长率} \\[2mm]
&= \frac{股利支付率 \times 权益净利率_0 \times (1+增长率)}{股权资本成本 - 增长率}
\end{aligned}
\tag{2-45}
$$

如果将基本模型中的"每股净资产$_0$"换成预期下期的"每股净资产$_1$"，则可以得到内在市净率，或称作预期市净率：

$$
\begin{aligned}
内在市净率_1 &= \frac{每股价格 P_0}{每股净资产_1} = \frac{每股股利_0 \times (1+增长率)/每股净资产_1}{股权资本成本 - 增长率} \\[2mm]
&= \frac{\dfrac{每股股利_0}{每股收益_1} \times \dfrac{每股收益_1}{每股净资产_1} \times (1+增长率)}{股权资本成本 - 增长率} \\[2mm]
&= \frac{股利支付率 \times 权益净利率_1}{股权资本成本 - 增长率}
\end{aligned}
\tag{2-46}
$$

使用内在市净率作乘数对企业价值进行评估，其结果与使用本期市净率模型应当是一致的。式（2-45）和式（2-46）表明，市净率的驱动因素有股利支付率、权益净利率、增长率和企业风险，其中权益净利率是关键因素。这四个比率类似的企业会有类似的市净率，不同企业市净率的差别，也是由于这四个比率的不同引起的。

3. 市净率模型的适用情形

市净率模型的优点：首先，净资产账面价值的数据容易取得，当会计标准合理且企业各年度的会计政策具有一贯性时，市净率的变化可以反映企业价值的变化。其次，净利润为负值的企业不能用市盈率模型进行估价，而市净率极少为负值，可用于大多数企业；最后，净资产账面价值比净利润更稳定，不像净利润那样容易被操纵。

市净率的局限性：首先，尽管市净率为负值的情况极少，但当某些企业连续多年亏损，或经营中出现了巨额亏损，其净资产则是负值，此时市净率无法用于比较评估。其次，市净率中的净资产反映的是企业所有者权益的账面价值，必然会受到会计政策选择的影响。如果不同企业所执行的会计标准或会计政策有所不同，市净率会失去可比性。最后，在服务性与高科技行业中，净资产与企业价值的关系不大，其市净率的比较没有什么实际意义。

因此，市净率模型主要适用于拥有大量资产且净资产为正值的企业。

【例2-21】 表2-16中列出了2023年12月18日汽车制造行业五家上市企业的市盈率和市净率，以及当天股票收盘价。请用这五家企业的平均市盈率和市净率对海马汽车的股

票价值进行评估。

表 2-16　2023 年汽车制造业五家上市企业的市盈率和市净率及海马汽车相关信息

企 业 名 称	每股收益（元/股）	每股净资产（元/股）	收盘价（元/股）	市　盈　率	市　净　率
江淮汽车	0.08	6.06	17.18	214.75	2.83
东风汽车	0.02	4.07	5.98	299.00	1.47
长城汽车	0.59	7.70	25.60	43.39	3.32
江铃汽车	1.17	11.46	19.55	16.71	1.71
长安汽车	1.01	7.09	18.04	17.86	2.54
平均值				118.34	2.38
海马汽车	-0.09	1.19	5.11		

解析：海马汽车的每股收益为负值，企业处于亏损状态，无法用市盈率模型进行估价。

用市净率模型评估海马汽车股票价值为

$$2.38 \times 1.19 = 2.83（元/股）$$

海马汽车当前的股票价格为 5.11 元/股，其价格被高估了。由于汽车制造业是一个需要大量资产的行业，用市净率模型对其进行估价更为合适。另外，当企业每股收益非常低时，其市盈率也失去了可比性，如表 2-15 中江淮汽车和东风汽车的市盈率都达到了 200 以上，与行业其他企业差异显著，高市盈率并不是企业的成长性带来的，而是每股收益严重偏低导致的，这使得他们的市盈率和其他企业不具有可比性。由此可见，合理选择模型对于正确估价是很重要的。

4. 市净率模型在实际应用中的修正

选择驱动因素类似的企业仍是应用这一模型的难点之一，我们仍可应用修正市盈率的方法对可比企业的市净率进行修正。市净率的驱动因素有权益净利率、股利支付率、增长率和企业风险，其中权益净利率是关键因素。故我们可以得到

$$修正市净率 = 实际市净率 / （权益净利率 \times 100）$$

目标企业每股价值 = 平均修正市净率 × 目标企业权益净利率 × 100 × 目标企业每股净资产

（三）市销率模型

1. 基本模型

市销率模型将企业销售收入看作影响企业价值的关键因素，即式（2-36）中的 K 表示企业销售收入，P/K 就是企业的市销率：

$$市销率 = \frac{每股价值}{每股销售收入}$$

这种方法假设影响企业价值的关键变量是销售收入，企业价值是销售收入的函数，销售收入越高则企业价值越大。既然企业价值是销售收入的一定倍数，那么目标企业的价值可以用销售收入乘以平均市销率估计，其基本模型如下：

$$目标企业价值 = 可比企业平均市销率 \times 目标企业的销售收入$$

2. 市销率模型的驱动因素

将股利折现模型左右两边同时除以当期的每股销售收入，就可以得到市销率：

$$市销率_0 = \frac{每股股价P_0}{每股销售收入_0} = \frac{每股股利_0 \times (1+增长率)/每股销售收入_0}{股权资本成本-增长率}$$

$$= \frac{\dfrac{每股股利_0}{每股收益_0} \times \dfrac{每股收益_0}{每股销售收入_0} \times (1+增长率)}{股权资本成本-增长率} \tag{2-47}$$

$$= \frac{股利支付率 \times 销售净利率_0 \times (1+增长率)}{股权资本成本-增长率}$$

如果将基本模型中的"每股销售收入$_0$"换成预期下期的"每股销售收入$_1$",则可以得到内在市销率,或称作预期市销率:

$$内在市销率_1 = \frac{每股价格P_0}{每股销售收入_1} = \frac{每股股利_0 \times (1+增长率)/每股销售收入_1}{股权资本成本-增长率}$$

$$= \frac{\dfrac{每股股利_0}{每股收益_1} \times \dfrac{每股收益_1}{每股销售收入_1} \times (1+增长率)}{股权资本成本-增长率} \tag{2-48}$$

$$= \frac{股利支付率 \times 销售净利率_1}{股权资本成本-增长率}$$

使用内在市销率作乘数对企业价值进行评估,其结果与使用本期市销率模型应当是一致的。式（2-47）、式（2-48）表明,市销率模型的驱动因素有股利支付率、销售净利率、增长率和企业风险,其中销售净利率是关键因素,这四个比率类似的企业会有类似的市销率。

3. 市销率模型的适用性

市销率模型的优点主要有:首先,它不会出现负值,对于亏损企业和资不抵债的企业,也可以计算出一个有意义的价值。其次,由于销售收入不受折旧、存货和非经常性支出所采用的会计政策的影响,所以与利润及净资产不同,收入相对比较稳定、可靠,不容易被操纵。最后,市销率对价格政策和企业战略变化敏感,可以反映这种变化的后果。

市销率估价模型的局限性:它不能反映成本的变化,而成本是影响企业现金流量和价值的重要因素之一。例如,当公司面临成本控制的问题时,公司的利润和账面价值会大幅度下降,而收入可能会保持不变。所以,对利润或账面价值为负的公司,如果采用该模型不考虑公司之间的成本和利润差别,那么评估出来的价值可能会严重误导决策。

因此,这种方法主要适用于销售成本率较低的服务类企业,或者销售成本率趋同的传统行业的企业。

4. 市销率模型在实际应用中的修正

选择驱动因素类似的企业仍是应用这一模型的难点之一,我们仍可应用修正市盈率的方法对可比企业的市销率进行修正。市销率的驱动因素有销售净利率、股利支付率、增长率和企业风险。其中销售净利率是关键因素,故我们可以得出

修正市销率＝实际市销率/（销售净利率×100）

目标企业每股价值＝平均修正市销率×目标企业销售净利率×100×目标企业每股销售收入

当然如果候选的可比企业在非关键变量方面也存在较大差异,就需要进行多个差异因

素的修正。修正的方法是使用多元回归技术，包括线性回归，或其他回归技术。通常需要使用一个行业全部上市企业甚至跨行业上市企业的数据，把市价比率作为因变量，把驱动因素作为自变量，求解回归方程。然后利用该方程计算所需要的乘数，该过程通常需要借助计算机处理大量数据才能完成计算。

在得出评估价值后，还需要全面检查评估的合理性，例如，公开交易企业的股票流动性高于非上市企业。因此，非上市企业的评估价值要减掉一部分，一种简便的办法是按上市成本的比例减少其评估价值，当然，如果是为新发行的原始股定价，该股票将很快具有流动性，则无须扣除。再如，对于非上市企业的评估往往涉及控股权的评估，而可比企业大多选择上市企业，上市企业的价格与少数股权价值相联系，不含有控股权价值，因此，非上市目标企业的评估值需要加上一笔额外的费用，以反映控股权的价值。

总之，由于认识价值是一切经济和管理决策的前提，增加企业价值是企业的根本目的，所以价值评估是财务管理的核心问题。价值评估是一个认识企业价值的过程，由于企业充满了个性化的差异，因此，每一次评估都具有挑战性。不能把价值评估看作履行某种规定的程序性工作，而应始终关注企业的真实价值到底是多少，它受哪些因素驱动。

【思考题】

1. 股票估值与债券估值有什么异同点？

2. 股票价格与内在价值之间的区别和联系是什么？

3. 某企业发行面值为 1 000 元的债券，期限为三年，票面利率为 8%，每年期末付息一次，到期一次性还本，如果市场利率为 7%，债券的发行价不能高于多少，投资者才愿意购买？

4. 如果某潜在投资者通过调查分析发现 T 公司股票的内在价值低于或高于当前股价，该投资者会分别采取什么投资策略？如果该公司未来一期的现金股利为 2 元/股，股利增长率为 6%，当前的股价为 40 元/股，请计算该股票未来一年的预期股利收益率、资本利得收益率以及总收益率分别为多少？

5. 企业实体自由现金流量是指什么？从融资的角度看，它包含哪些内容？

6. 对企业未来现金流进行估计是如何确定预测期年数的？

7. 什么是经济增加值和市场增加值？经济增加值与会计利润有什么区别？

8. 在【例 2-21】中，我们用市净率模型对海马汽车的股票价值进行了估计，估计结果是为 2.83 元/股，对应评估时海马汽车的股价为 5.11 元/股。这一定能说明海马汽车的股价被市场高估了吗？请对该结论发表你的看法。

第三章

有效资本市场

 【本章导读】

　　2021 年 3 月 19 日，中国证监会发布修订后的《上市公司信息披露管理办法》，自 2021 年 5 月 1 日起施行。该修订的主要内容包括：①完善信息披露基本要求，新增简明清晰、通俗易懂原则，完善公平披露制度，细化自愿披露的规范要求，降低信息披露成本，明确信息披露义务人的范围等；②完善定期报告制度，明确定期报告包括年度报告和半年度报告，针对性完善上市公司董监高异议声明制度，要求董事、监事无法保证定期报告内容的真实性、准确性、完整性或者有异议的，应当在董事会或者监事会审议、审核定期报告时投反对票或者弃权票；③细化临时报告要求，补充完善重大事件的情形，完善上市公司重大事项披露时点，明确董事、监事或者高级管理人员知悉该重大事件发生时，上市公司即触发披露义务；④完善信息披露事务管理制度，增加上市公司应当建立内幕信息知情人登记管理制度的要求，新增上市公司应当制定董监高对外发布信息的行为规范要求；⑤进一步提升监管执法效能，完善监督管理措施类型，针对滥用异议声明制度专门设置法律责任。

　　证监会为何要对公司的信息披露做出如此详细的要求，并且进行严格的监管呢？信息披露对上市公司、对投资者、对我国资本市场的建设有何意义呢？学习本章的内容将为你解开这些谜团。

 【学习目标】

通过本章的学习，你应该：

1. 了解有效市场假说的基本内容
2. 理解风险与报酬的权衡
3. 掌握风险的概念及衡量方法
4. 掌握期望报酬的概念及衡量方法
5. 理解 β 系数的概念及衡量方法
6. 掌握资本资产定价模型的概念及其运用

第一节　有效市场理论

▶▶ 一、有效市场假说

　　有效市场假说（Efficient Markets Hypothesis，EMH）是由美国著名经济学家尤金·法玛（Eugene Fama）于1970年提出并深化的。有效市场假说认为，在法律健全、功能良好、透明度高、竞争充分的股票市场，一切有价值的信息已经及时、准确、充分地反映在股价走势当中，包括企业当前和未来的价值，除非存在市场操纵的情况，否则投资者不可能通过分析以往价格获得高于市场平均水平的超额利润。

有效市场假说是现代财务学的理论基础之一，它是连接财务管理与资本市场的基本纽带，是财务投资的基本前提。资本市场有效的外部标志有两个：一是证券的有关信息能够充分地披露和均匀地分布，使每个投资者在同一时间得到等质量的信息；二是价格会对新的信息做出迅速、充分的反应，当新的信息出现在市场上时，投资者对信息会立即做出反应。

有效市场假说是建立在一系列基本条件之上的。

第一个最基本的条件是：有大量的、竞争的、追求利润最大化的参与者对证券进行分析并估价，每一位参与者与其他参与者相互独立。

第二个条件是：有关证券的新信息以随机的方式进入市场，一项公告与其他公告在时间上是独立的。如果价格总是反映所有相关的信息，那么只有当新信息出现时价格才会发生变化。新信息是不能被提前预测的，否则它就不是新信息，因此，价格变化也是不能被提前预测的。如果股票的价格已经反映了所有能够预期的信息，那么只有没有预期到的信息出现时，价格才会发生变化，换言之，价格变化的序列必定是随机的。

第三个条件尤其重要：竞争的投资者为了使价格反映新信息，会迅速地调整证券的价格。大量的投资者追随证券的运动、分析新信息对证券价格的影响并且买卖证券，直到证券的价格调整到反映新信息为止。但是，价格的调整并不是完美的，市场有时会调整过度，有时会调整不足，在任何给定的时刻都无法预测哪一种情况会发生。由于证券价格将对所有的新信息都做调整，并且大量追求利润最大化的投资者在相互竞争，证券价格的调整很迅速，因此在任何时点这些证券的价格将反映所有可公开获得的信息，证券价格将是所有当时可获得信息的无偏估计。

按照以上假设，一个有效的资本市场应具备以下特点：①当企业需要资金时，能以合理的价格在资金市场筹集到资金；②当企业有闲置资金时，能在市场上找到有效的投资方式；③企业财务上的任何成功和失败都能在资本市场上得到反映。

资本市场是调配资本的枢纽之一，一个高效、公平的资本市场，不但能够高效地集结和调配资本，而且能够将有限的资本配置到资本使用效率最高的公司。在一个有效的资本市场上，经营业绩优良的公司能够吸引较多的资本发展壮大，提高公司的价值；而经营业绩较差的公司难于吸收更多的资本，公司价值随着经营业绩下降而下跌，甚至陷入被并购或破产的境地。

二、市场效率程度

市场的有效性有不同程度，根据有效市场假说，按证券价格对信息反映的不同程度和层次，市场效率程度可以分为三种，分别是弱式有效、半强式有效和强式有效。

（1）弱式有效（Weak-Form Market Efficiency） 弱式有效假说认为，证券的市场价格已充分反映出所有历史的证券价格信息，包括股票的成交价、成交量、卖空金额、融资金额等，没有投资者可以通过有关股票的历史价格或收益信息来赚取超额收益。弱式有效还意味着证券价格不值得记忆，过去股票价格的走势在预测未来价格走势方面没有任何用处。如果弱式有效市场假说成立，则基于历史数据的股票价格技术分析将失去作用，由于股票价格的变动只会反映新信息，关于企业基本面的分析还有可能帮助投资者获得超额利润。

大量的经验研究表明，证券短期收益之间存在较小的正相关，第 $t+1$ 天获得的收益与在第 t 天获得的收益有较小的正相关，但是，在考虑了交易成本之后，太小的相关性使得交易者不可能获利。因此，主要的证券市场都具有高度的弱式有效。

（2）半强式有效（Semi-Strong-Form Market Efficiency） 半强式有效包含了弱式有效，并且继续假设当前市场价格反映了过去价格信息和所有公开可得信息，包括了交易信息、盈利预期信息、公司管理状况以及相关财务信息，等等。在半强式有效情况下，技术分析和基本面分析都将失去作用，只要信息是可公开获得的，就会在价格中得到反映。投资者无法再根据技术分析和基本面分析得到任何超额利润，唯一可能得到超额利润的就是内部消息。

有两种主要的经验用于检验半强式有效，第一种经验验证是检验价格对新信息的调整。在半强式有效市场上，价格对新信息能做出迅速的调整。例如，某人工智能公司宣布它开发出了一项新的人工智能技术，该技术可以改变人们的生活，该信息一旦披露，公司的股票就应该立刻上升到新的均衡价值。如果价格调整过度，然后回落，或几天才调整到新的水平，导致投资者通过股票交易可以获得超额收益，那么，这时的市场就是弱式有效。大多数学术实证研究支持半强式有效假说，例如，宣布股票分割、股利增加、收益增加、兼并、资本支出、新股发行等对股票价格具有显著影响。

第二种经验验证是评估证券分析师和投资组合经理能否获得超额收益。若市场是半强式有效，任何人都不能通过公开的信息能获得超过市场的收益。一般来说，证券分析师和投资组合经理只能获得公开信息。有时候，他们可以获得高于市场的收益，有时候，他们也可能获得低于市场的收益。但是平均来讲，这些专家不可能获得超过市场的收益。

（3）强式有效（Strong-Form Market Efficiency） 强式有效市场假说认为价格已充分地反映了所有关于公司营运的信息，这些信息包括已公开的或内部未公开的信息。在强式有效市场中，没有任何方法能帮助投资者获得超额利润，任何人包括内部人士，如董事长、总经理和主要股东也都无法在股市中获得超额收益。

大量财务学家对市场效率进行了验证。例如，对大宗交易进行的调查表明，在大宗交易成为公开可得信息以后的 15 分钟内，价格已经调整到一个新的水平，或者价格不能立即做出反应，但它能很快进行调整。调查结果显示：所有发展完善的资本市场或股票市场都具有高度的弱式有效以及相当程度的半强式有效，特别是那些大公司的股票，其半强式有效更为明显。通过对公司内部人买卖股票的研究表明，由于公司内部人士比公司外部人士能较早地获悉诸如收购、销售额下降等信息，因此，他们仍然可以获得超常收益。

不同市场效率与其对应的信息含量之间的关系如图 3-1 所示。

强式有效成立时，半强式有效必须成立；半强式有效成立时，弱式有效也必须成立。所以，要检验市场的效率，首先应检验弱式有效是否成立；若成立，再检验半强式有效；若半强式有效也成立，最后才检验强式有效是否成立，该顺序不可颠倒。

对于市场效率水平，还有一种观点认为存在一个"市场效率连续区间"，对一些大公司的股票而言，市场是高度有效的，而对一些小公司的股票而言，市场则是高度无效的。其原因是，大公司更容易吸引分析师和投资者的关注，新信息被反映到股票价格的速度也越快，另外，不同公司与分析师或投资者沟通的程度也不一样，沟通越充分，市场对该股票越有效。市场的有效程度越高，投资者就会认为他们付出或得到的价格是有利的，这会激发投资者的投资；而当市场无

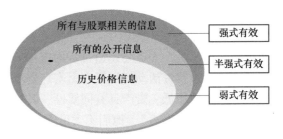

图 3-1　不同市场效率与其对应的信息含量之间的关系

效时，人们可能害怕投资，这将导致资本配置效率低下和经济停滞。因此，从经济角度看，建立一个高度有效的市场是非常重要的。市场效率连续体如图 3-2 所示。

图 3-2　市场效率连续体

▶▶ 三、效率市场的启示

市场效率假说被称为公平博弈理论，即在整个时间内，证券价格的实际变动与证券价格的预期变动平均来看没有任何差别。如果证券市场是有效率的，或至少是半强式有效的，则证券市场反映了全部公开可得信息，财务经理可以观察公司股票价格的变动，发现市场对公司最近决策的反应，从而做出更优的决策。效率市场对公司理财的意义主要有以下几个方面。

（1）选择证券发行的时机是没有意义的　当股票价格较高时发行新股，看似能更容易地获得一个较高的发行价格，但是，当资本市场是弱式有效时，股票目前的价格对未来价格走势不会产生任何影响。如果根据当前市场上证券价格的高低来确定是否发行新证券，结果将会使财务经理们失望。因此，财务经理对证券发行时机的选择应持中立态度，不能因为目前股票价格下降而放弃发行新股，也不能因为目前股票价格上升而增发新股。公司应该在发现新的投资机会而需要融资时发行新股，并且这些有关投资机会的信息也会反映到股票价格的上升中。

（2）希望通过改变会计方法提升股票价值是不现实的　公司的某些会计政策是可以选择的，例如，公司对库存估价时可采用先进先出法或后进先出法，对固定资产的折旧在国家允许的范围内可选择加速折旧法或直线折旧法，会计政策的选择为企业改善报告利润提供了较大的空间。如果资本市场是半强式有效的，并且财务报告是充分的、合规的，则财务报告信息可以完全反映到股价中，即使这些财务报告通过选择会计政策进行了调整，这些调整也能被市场自动识别。例如，投资者可以利用公开的信息测算出不同会计政策下的利润，这就使得企业的会计调整变成徒劳。但是，如果资本市场达不到半强式有效，或财务报告的信息不充分、甚至不合规，投资者很有可能被企业的财务报告信息误导。有些公

司为了提高股价,向市场提供虚假信息,进行财务造假,这将使企业面临巨大的法律风险。

(3) 实业公司不能期望通过金融投机活动提高企业价值 效率市场原则要求理财时慎重使用金融工具。实业公司通过资本市场筹集资本,它的主要角色是筹资者,而不是投资者,很难通过筹资活动增加股东财富。资本市场与商品市场不同,其竞争程度高、交易规模大、交易费用低、资产具有同质性,其有效性比商品市场要高得多。实业公司属于金融产品的"业余投资者",他们不太可能拥有利率、汇率,以及其他公司的特别信息,其投资活动只能获得与风险相称的报酬,报酬率水平与资本成本率相同,这并不会增加股东财富。他们应该把精力放到生产经营活动中,利用竞争优势在产品或服务市场上赚取利润,增加企业价值。

(4) 有效市场的价格是有效的 如果市场是有效的,则证券价格反映了所有公开可得信息,对投资者来说,想通过公开可得的信息来获取超额利润是没有机会的。这就要求投资者慎重考虑市场对证券或企业的评价。例如,收购公司的经理经常认为自己找到了被市场低估的公司,通过自身的管理可以提高目标公司的价值,因此出高价购进目标公司。实际上,他们不仅高估了自身的管理能力,也低估了市场的评价能力。实际经验表明,当一家公司决定收购另一家公司的时候,多数情况下收购公司的股价不是提高而是降低了,这说明收购公司忽视了市场对企业的正确估价,出价过高,降低了本公司的价值。

(5) 做好信号传递降低信息不对称是经理的重要任务之一 在弱式有效或半强式有效市场上,公司的内部人往往比外部人拥有更多的信息。例如,公司经理能够比外部投资者更早地掌握企业销售情况、新产品开发情况等信息。当公司经理比投资者和证券分析师了解公司更多的未来情况时,信息不对称就产生了。信息不对称对公司经理来说,既有其有利的一面,也有其不利的一面。有利的一面是公司经理可根据内部的信息来确定公司证券价格是被高估了还是被低估了;但不利的一面是公司内部的利好消息难以为外部投资者所知。因此,在信息不对称的情形下,公司如何做好信息的传递和管理是一项至关重要的财务管理活动。

公司理财的主要目标是股东财富最大化,公司经理们总是尽可能迅速地将有利的内部信息传递给公众,从而使这些信息能在证券价格中得到充分反应。传递信息最简单的方法是召开新闻发布会,宣布对公司发展有利的信息。但是,有时候外部人士无法知道宣布的信息是否为真,或真的这么重要,这导致宣布信息的价值是有限的。如果公司经理能够用一些真实可信的方法发出利好的信号,投资者就会认真对待这些信息,并且这些信息会反映在证券价格上。宣布发放股利就是一个典型的例子,如果公司宣布发放现金股利,或是增加现金股利,这就向市场传递了公司未来收益和现金流有好预期的信号,但是,如果市场预测公司股利会增加,但实际并没有增加,这就是负面信号。

第二节 风险与报酬

▶▶ **一、风险与报酬概述**

(一) 风险的概念

韦伯字典将风险定义为"一种可能造成损失或伤害的危险或冒险",因此,风险通常是指不利事件发生的可能性。例如，你去跳伞，你就在拿自己的生命冒险，你可能因此丢掉性命——跳伞是有风险的；如果你去买卖股票，你就是在拿你的金钱去冒险，你可能损失掉你的本钱——炒股也是有风险的。如果按照这个定义看待风险，财务管理的风险就是"发生财务损失的可能性"。

当对风险进行深入研究以后人们发现，风险不仅可以带来超出预期的损失，也可能带来超出预期的收益。于是，出现了一个更正式的定义："风险是预期结果的不确定性。"这一定义包括两层含义：第一，风险不仅包括负面效应的不确定性，也包括正面效应的不确定性。从财务管理的角度而言，风险是指企业在各项财务活动中，由于各种难以预料或无法控制的因素，使企业的实际收益与预计收益发生偏离的可能性，这种偏离可能是超出预期的损失，呈现出不利的一面；也可能是超出预期的收益，呈现出有利的一面。第二，关于"不确定性"，它是指人们事先只知道某种行动可能产生的各种结果，但不知道各种结果出现的概率，或者两者都不知道。另外，风险的大小会随着时间的变化而改变，是"一定时期内"的风险，随着时间的延续，事件的不确定性在缩小，事件完成，其结果也就完全确定了。因此，风险总是"一定时期内的风险"。

公司的财务决策几乎都是在存在风险和不确定性的情况下做出的，根据风险的程度，企业的财务决策可以分为三种基本类型：

1）确定性决策，是指决策者对事件的结果完全确定。例如，购买国库券几乎能肯定地获得国库券载明的报酬率。

2）风险性决策，是指决策者对事件的结果不能完全确定，但是对各种结果出现的概率是已知的或可以估计的。例如，某公司的股票在市场繁荣时，能获得20%的报酬；在市场一般时，能获得10%的报酬；在市场萧条时，将亏损15%；根据市场分析认为，未来市场繁荣、一般、萧条发生的概率分别为20%、50%、30%，是否购买该公司的股票就属于风险性决策。

3）不确定性决策，是指决策者对事件结果不仅不能完全确定，对其可能出现的概率也不清楚。例如，决定开发某种技术，如果开发成功，能使企业的收益增加200；如果开发失败，企业将损失巨额的研发费用，并且使收益也将下降10%。但是，技术能否开发成功，成功与失败的可能性各是多少，事先并不清楚。决策者决定是否开发这项技术就属于不确定性决策。

从理论上来看，风险性决策和不确定性决策是不同的，不确定性决策对事件的结果是不确定的、无法计量的，这就使得它无法被预测。通常只能对不确定性决策估计一个大致的概率，例如，对技术开发的决策，估计成功和失败的概率各占50%，这就将不确定性决策转变为风险性决策。因此，在企业财务管理中，对风险性决策和不确定性决策不做严格的区分，说到风险，可能是一般意义上的风险，也可能是指不确定性问题。

（二）报酬

报酬是指投资者投资于某项资产获得的收益，报酬的大小可以用报酬率来衡量。报酬分为总报酬与期望报酬两种，总报酬是某项投资已实现的报酬，是"事后"的概念；期望报酬是在投资之前对未来可能实现的报酬的一种估计，是"事前"的报酬衡量指标。

1. 总报酬

总报酬由两部分构成：收益所得与资本利得（或损失）。收益所得是指投资于资产产生的收益，如利润、利息、股利等收入，资本利得（或损失）是指资产出售时的收入大于（或小于）资产取得时支出的部分，即资产增值（或减值）。总报酬用总报酬率来衡量，其计算公式为

$$总报酬率=\left(\frac{收益所得}{期初资产价值}+\frac{期末资产价值-期初资产价值}{期初资产价值}\right)\times 100\% \qquad (3\text{-}1)$$

【例3-1】 假设某投资者购买A公司的股票10万元，股票买入价为25元/股，持有期为一年，一年后全部出售，卖出价为28元/股，持有期间获得公司派发的现金股利1元/股，不考虑交易成本，其投资报酬率为多少？

解析：该投资者购买A公司股票的报酬由收益所得（1元/股）和资本利得（3元/股）两部分构成，其投资报酬率为

$$投资报酬率=\left(\frac{1}{25}+\frac{28-25}{25}\right)\times 100\%=16\%$$

其他条件不变，如果卖出价为22元/股，则其资本损失3元/股，其投资报酬率为

$$投资报酬率=\left(\frac{1}{25}+\frac{22-25}{25}\right)\times 100\%=-8\%$$

由上述计算可以看出，资产的期末价值可能高于期初价值，也可能低于期初价值，当资产的期末价值可能高于期初价值时，则为资本利得，反之则为资本损失。资本损失不仅体现为负的资产价值变动率，甚至可能导致总报酬率为负。

2. 期望报酬

期望报酬与总报酬的概念完全不一样，它用期望报酬率（Expected Rate of Return）来衡量。期望报酬率是一种"期望值"的概念，表示投资人在投资前（也就是"事前"的概念）、在各种可能情况下所能获得的报酬的平均水平，期望报酬就是期望报酬率与初始投资额的乘积。期望报酬率$E(R)$的计算公式为

$$E(R)=\sum_{i=1}^{n}p_i r_i \qquad (3\text{-}2)$$

式中 p_i——第i种情形出现的概率；

r_i——第i种情形出现后的报酬率；

n——所有可能情形的数目。

【例3-2】 以前文风险性决策的例子为例（具体数据见表3-1），计算投资该股票的期望报酬率。

表3-1 某公司股票报酬率及其概率分布

经 济 状 况	概　　率	股票报酬率
繁荣	20%	20%
一般	50%	10%
萧条	30%	−15%

解析：该股票的期望报酬率为

$$E(R)=\sum_{i=1}^{n}p_i r_i=20\%\times 20\%+50\%\times 10\%-30\%\times 15\%=4.5\%$$

期望报酬率为 4.5%，它表示投资者如果购买该公司的股票，考虑各种经济状况，该项投资的平均报酬率为 4.5%。如果初始投资 10 万元，投资者能得到的平均报酬为 0.45（10×4.5%）万元，这 0.45 万元即为该项投资的期望报酬。

（三）风险与报酬的权衡

风险与报酬的权衡是指风险和报酬之间存在对应关系，高风险对应着高报酬，低风险对应着低报酬，投资者必须对报酬和风险做出权衡，为追求较高的报酬就需要承担较大风险，或者为减少风险就要接受较低的报酬，风险与报酬的权衡如图 3-3 所示。对企业来讲，为了吸引投资者投资风险更大的项目，就需要向投资者提供更高的期望报酬。

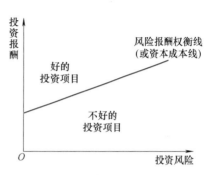

图 3-3　风险与报酬的权衡

投资者普遍不愿承担风险，对具有相同报酬率的不同投资项目，投资者偏向于选择风险较小的项目，这是投资者的"风险厌恶"决定的。图 3-3 中的斜线对投资者来说叫作风险报酬权衡线，该线上的投资项目，其报酬刚好足以弥补其承担的风险，此时的报酬是同等风险下投资者期望的最低报酬，也叫作必要报酬，该线越陡峭表明投资者越是厌恶风险，越平坦表明投资者更愿意承担风险。风险规避型投资者往往倾向于低风险的投资项目，风险偏好型投资者往往倾向于高风险的投资项目。不论何种情况，投资者的目标都是获得足够的报酬以弥补其面临的风险，因此，位于风险权衡线以上的项目为好的项目，其报酬超过了同等风险下投资者期望的最低报酬；以下的为不好的项目，其报酬不能满足同等风险下投资者期望的最低报酬。

风险报酬权衡线对公司而言就是其资本成本线。公司必须支付给投资者的报酬就是公司获取资金的成本，风险报酬权衡线代表了同等风险下投资者期望获得的最低报酬，这是公司必须提供给投资者的报酬，也即公司的资本成本。如果一个公司要投资于风险较高的项目，就必须给投资者提供较高的预期报酬，并且公司只有通过投资于报酬超过资本成本的项目才能创造价值，因此，公司应该选择资本成本线以上的项目进行投资。

二、风险与报酬的衡量

一项资产的风险可以从两个方面来分析：一是基于独立资产，只考虑资产本身，这是资产的独立风险；二是基于投资组合，在投资组合中持有资产，这涉及资产的组合风险。资产的独立风险，又叫作单项资产的风险，是指投资者只持有该项资产时将面临的风险。大多数金融资产，尤其是股票都是在投资组合中持有，为了了解投资组合中的风险，首先必须了解单项资产的风险。

（一）单项资产风险的衡量

根据前面的定义，风险是预期结果的不确定性，人们一般用概率统计的方法来衡量不确定性，因此，单项资产风险的衡量可以使用概率与统计的方法来衡量。

我们从一个简单例子开始。假设目前有两个项目，分别是投资于 H 公司和 K 公司的股票，这两家公司股票的报酬率取决于未来的经济状态，假设未来的经济状态只有三种情况：繁荣、一般、萧条，各种状况出现的概率分别为 30%、40%、30%，H 公司和 K 公司的股票在不同经济状态下的报酬率见表 3-2。

表 3-2　H 公司和 K 公司的股票在不同经济状态下的报酬率

经济状态 （1）	发生的概率 （2）	H 公司报酬率 （3）	H 公司乘积 （4）=（2）×（3）	K 公司报酬率 （5）	K 公司乘积 （6）=（2）×（5）
繁荣	30%	80%	24.00%	15%	4.50%
一般	40%	10%	4.00%	10%	4.00%
萧条	30%	−60%	−18.00%	5%	1.50%
合计	100%	—	10.00%	—	10%

表中第（4）列和第（6）列最下面一行就是前面介绍的期望报酬率 $E(R)$，这两只股票的期望报酬率都是 10%。表 3-2 只是假设未来的经济状态只有三种情况，实际上，未来的经济状态不可能只这三种状态，它更有可能是在极度萧条与极度繁荣之间以不同的状态连续存在，有无限的可能。假设我们能够估计出每种状态出现的概率（这些概率之和仍为100%），以及每种状态下公司股票的报酬率，那么表 3-2 就会有更多行的数据，我们可以用连续的曲线表示概率和报酬率（如图 3-4 所示），并且我们仍然可以计算这两个公司的期望报酬率，假设仍然为 10%。

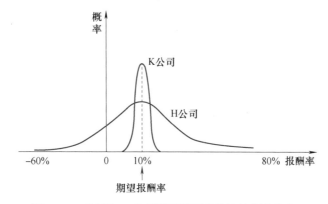

图 3-4　H 公司和 K 公司股票报酬率的连续概率分布

由统计学的知识可知，概率分布越集中（或概率密度图形越尖），实际结果接近期望值的可能性越大，并且，最终结果不太可能远低于期望值，因此，概率分布越紧密，风险越低。在图 3-4 中，K 公司的概率密度分布更集中，其实际报酬率可能会更接近其期望报酬率 10%，风险较小；而 H 公司的概率密度分布更分散，其实际报酬偏离期望报酬率10% 的可能性更大，风险更高。

概率分布的紧密程度可以用标准差来衡量，因此，我们可以用期望报酬率的标准差来度量投资项目的风险。接下来，我们就详细探讨如何用标准差度量单项资产的风险。

1. 标准差

标准差（Standard Deviation）也称均方差，是方差的平方根，它衡量了实际报酬可能会偏离期望报酬的程度，通常用 σ^2 来表示方差，用 σ 来表示标准差，标准差的计算公式为

$$\sigma = \sqrt{\sigma^2} = \sqrt{\sum_{i=1}^{n}(r_i - E(R))^2 p_i} \tag{3-3}$$

式中各变量的含义与式（3-2）相同，其中，根号下的算式 "$\sum_{i=1}^{n}(r_i - E(R))^2 p_i$" 就是方差 σ^2 的计算公式，式中的 "$r_i - E(R)$" 表示第 i 种情形的报酬率与期望报酬率的偏差，又称作离差。

用表 3-2 中的数据，计算 H 公司和 K 公司期望报酬率的标准差为

$$\sigma_{\text{H公司}} = \sqrt{(80\%-10\%)^2 \times 30\% + (10\%-10\%)^2 \times 40\% + (-60\%-10\%)^2 \times 30\%} = 54.22\%$$

$$\sigma_{\text{K公司}} = \sqrt{(15\%-10\%)^2 \times 30\% + (10\%-10\%)^2 \times 40\% + (5\%-10\%)^2 \times 30\%} = 3.87\%$$

从计算结果可以看出，H 公司期望报酬率的标准差是 54.22%，K 公司期望报酬率的标准差是 3.87%，假设报酬率的概率服从正态分布[⊖]，则 H 公司实际报酬率有 68.26% 的可能性会位于 -44.22% ~ 64.22%，而 K 公司实际报酬率有 68.26% 的可能性会位于 6.13% ~ 13.87% 之间，两家公司股票的期望报酬率都是 10%，由此可见，K 公司实际报酬接近 10% 的可能性更大，而 H 公司的实际报酬偏离期望报酬的可能性更大，而且还很可能为负。因此，K 公司股票风险较小，而 H 公司股票风险较大。

2. 用历史数据计算标准差

上述内容是基于我们对未来经济状况的概率分布及其报酬率估计的期望报酬率和标准差，如果我们拥有历史实际报酬率的数据，我们也可以用历史数据来估计，用历史数据计算的标准差又叫作样本标准差，其计算公式为

$$\hat{\sigma} = \sqrt{\frac{\sum_{t=1}^{n}(\hat{r}_t - \bar{r})^2}{n-1}} \tag{3-4}$$

式中　$\hat{\sigma}$——基于历史数据计算的标准差；

　　　$\hat{r}_t$——第 t 年的实际报酬率；

　　　n——过去报酬率的年数；

　　　$\bar{r}$——过去 n 年实际报酬率的算术平均值。

【例 3-3】　假设 AW 公司的证券 2019 年—2023 年历年的实际报酬率见表 3-3，用历史数据估计其 2024 年的期望报酬率及标准差。

表 3-3　AW 公司证券 2019 年—2023 年历年的实际报酬率

年　份	实际报酬率	实际报酬率 与平均值的偏差	偏差的平方
2019	28%	15%	2.25%
2020	10%	-3%	0.09%
2021	-10%	-23%	5.29%

⊖　如果一个随机变量服从正态分布，其实际值最终落在以期望值为中心，±1σ 的区间的可能性大约为 68.26%，±2σ 的区间的可能性大约为 95.46%，±3σ 的区间的可能性大约为 99.73%。

（续）

年　份	实际报酬率	实际报酬率 与平均值的偏差	偏差的平方
2022	20%	7%	0.49%
2023	17%	4%	0.16%
平均值 合计	13%		8.28%

解析：根据式（3-4）可得

$$\hat{\sigma} = \sqrt{\frac{8.28\%}{5-1}} = 14.39\%$$

用历史数据预测未来的一个关键问题是用多长时间的历史数据，在【例3-3】中，我们用2019年—2023年五年的历史数据计算的平均值是13%，据此预测的未来的标准差是14.39%，如果我们改变选用的历史区间，如选择2020年—2023年，则会得到一个不一样的平均值（9%）和标准差（13.5%）。到底哪一个值作为对未来的估计更好？使用更长的历史时间，其好处是可以提供更多的信息，但是太长的历史时间会让人怀疑多年前的数据在今天是否仍然有用，另外，如果有显著的信息预示未来的风险水平可能与过去不同，则历史信息就无法对未来进行可靠的估计。

3. 变异系数

当不同投资项目的期望报酬率相同时，标准差无疑是衡量风险的最佳指标，标准差越低，风险越小；或者当不同投资项目的标准差相同时，期望报酬率更高的项目显然更好，在这些情况下，投资者都能做出正确的决策。然而，当期望报酬率和标准差都不相同时，例如，一个项目有较高的期望报酬，另一个项目有较低的标准差，这时又该如何决择呢？这时就需要对标准差进行修正，使用变异系数来判断投资项目的风险水平。变异系数是指标准差与期望报酬率的比值，其计算公式为

$$变异系数 = CV = \frac{\sigma}{E(R)} \tag{3-5}$$

变异系数衡量的是单位预期报酬率所承担的风险，它提供了更有意义的风险度量方法，将标准差转换成变异系数后，即可对期望报酬率和标准差都不相同的项目进行比较。

【例3-4】　Q证券的期望报酬率是32%，标准差是12%，L证券的期望报酬率是17%，标准差是9%，哪个证券的风险更小呢？

解析：Q证券和L证券的期望报酬率和标准差都不一样，不能通过直接比较期望报酬率或标准差来判断风险的大小，而应该使用变异系数来度量各自的风险。

$$CV_{Q证券} = \frac{12\%}{32\%} = 0.38$$

$$CV_{L证券} = \frac{9\%}{17\%} = 0.53$$

由Q证券和L证券各自的变异系数可以看出，虽然Q证券标准差较大，但它也有较

高的期望报酬率，其变异系数反而比 L 证券更小，也就是说，Q 证券单位期望报酬率承担的风险比 L 证券单位期望报酬率承担的风险更小。

（二）投资组合报酬与风险的衡量

1. 投资组合的概念

由两种及两种以上资产构成的集合，称为投资组合，或者叫作资产组合，如果构成组合的资产都是证券资产，这种组合又叫作证券组合。例如，一个投资者同时持有五家公司的股票；或者一个投资者用投资额的 30% 持有三家公司的股票，30% 购买公司债券，40% 购买国库券，这都是投资者构建的投资组合。一些金融机构推出的理财产品、基金也是典型的投资组合，这些投资组合往往由多种股票、债券、货币等金融资产组成。上证综合指数、深证成指、沪深 300 等指数也都是基于相应的证券组合计算出来的，例如，上证综合指数是中国资本市场最具影响力的指数之一，简称上证指数，构成上证指数计算样本的是在上海证券交易所上市的符合条件的股票与存托凭证，这个样本就是一个庞大的证券组合，该指数的变动反映了上海证券交易所上市公司的整体表现，经常作为中国 A 股市场行情的代表性指标。

2. 投资组合的期望报酬率

投资组合的期望报酬率是构成投资组合的各项资产的期望报酬率的加权平均值，记作 $\hat{R}_p$，其计算公式如下：

$$\hat{R}_p = \sum_{i=1}^{N} w_i \, E(R)_i \tag{3-6}$$

式中　w_i——第 i 种资产在全部投资额中的比重，$\sum_{i=1}^{N} w_i = 100\%$；

$E(R)_i$——第 i 种资产的期望报酬率；

N——投资组合中资产的种类数。

【例 3-5】 某投资者用投资额的 30% 持有 A 公司的股票，A 公司股票的期望报酬率为 20%；用投资额的 30% 购买 T 公司债券，T 公司债券的期望报酬率为 10%；用投资额的 40% 购买国库券，国库券的期望报酬率为 6%。试计算该投资组合的期望报酬率。

解析：该投资组合由三项证券组成，期望报酬率是这三项证券期望报酬率的加权平均值。

$$\hat{R}_p = 30\% \times 20\% + 30\% \times 10\% + 40\% \times 6\% = 11.4\%$$

该投资组合的期望报酬率是 11.4%。

3. 投资组合的风险

投资组合的风险仍然用标准差来衡量，记作 σ_p，但是投资组合的标准差并不是组合中各项资产标准差简单的加权平均。在组合中持有资产的风险通常小于单独持有某项资产的风险，这也正是投资组合存在的意义，构建投资组合可以降低风险。

假设有一个由 A、B 两种证券组成的投资组合，投资于证券 A、B 的投资额各占 50%，两种证券的标准差相同，当两个证券完全正相关、完全负相关、部分相关时，证券组合 AB 的报酬率和标准差见表 3-4。

表 3-4　不同相关性程度下证券组合的期望报酬率与标准差

当 A、B 完全正相关时（ρ=1）

年　　度	证券 A 的报酬率	证券 B 的报酬率	证券组合 AB 的报酬率
2021	31.00%	31.00%	31.00%
2022	−5.00%	−5.00%	−5.00%
2023	33.00%	33.00%	33.00%
2024	−7.00%	−7.00%	−7.00%
2025	13.00%	13.00%	13.00%
平均值	13.00%	13.00%	13.00%
标准差	17.02%	17.02%	17.02%

当 A、B 完全负相关时（ρ=−1）

年　　度	证券 A 的报酬率	证券 B 的报酬率	证券组合 AB 的报酬率
2021	31.00%	−5.00%	13.00%
2022	−5.00%	31.00%	13.00%
2023	33.00%	−7.00%	13.00%
2024	−7.00%	33.00%	13.00%
2025	13.00%	13.00%	13.00%
平均值	13.00%	13.00%	13.00%
标准差	17.02%	17.02%	0.00%

当 A、B 部分相关时（ρ=0.10）

年　　度	证券 A 的报酬率	证券 B 的报酬率	证券组合 AB 的报酬率
2021	31.00%	−5.00%	13.00%
2022	−5.00%	31.00%	13.00%
2023	33.00%	33.00%	33.00%
2024	−7.00%	−7.00%	−7.00%
2025	13.00%	13.00%	13.00%
平均值	13.00%	13.00%	13.00%
标准差	17.02%	17.02%	12.65%

　　两个证券之间的相关性程度用 ρ 来度量，由表 3-4 可以看出，当证券 A、B 完全正相关（即 ρ=1）时，证券组合 AB 期望报酬率的标准差与证券 A、B 各自的标准差相同，都是 17.02%，这表明完全正相关的证券构成的组合不能改变投资风险；当证券 A、B 完全负相关（即 ρ=−1）时，证券组合 AB 期望报酬率的标准差为 0，这意味着完全负相关的证券构成的组合抵消了单项资产的所有风险，使得组合的收益率成为确定的收益率，此时的组合没有任何风险。

　　实际上，各种证券之间不可能完全正相关或完全负相关，即 ρ 的取值在−1 到 1 之间，大量研究表明，大多数证券都是正相关的，但并不完全相关，即 0<ρ<1，因此证券组合可以降低风险但又不能抵消所有风险。在表 3-4 中，当证券 A、B 的相关系数 ρ=0.10 时，证券组合 AB 期望报酬率的标准差为 12.65%，显著低于证券 A、B 各自的标准差，这意味着证券组合降低了投资风险。因此，一个理性的、风险规避的投资者持有投资组合比持有单项资产更为有利，就如证券 A、B 组成的证券组合，其期望报酬率与持有单项资产的期望报酬率相同，但它拥有更低的风险。

因此，投资组合的风险衡量需要考虑各项证券之间的相关性，其计算公式如下：

$$\sigma_p = \sqrt{\sum_{i=1}^{N} \sum_{j=1}^{N} w_i \, w_j \, \sigma_{ij}} \tag{3-7}$$

式中　w_i——第 i 种资产在全部投资额中的比重；

　　　w_j——第 j 种资产在全部投资额中的比重；

　　　σ_{ij}——第 i 种资产与第 j 种资产报酬率的协方差；

　　　N——投资组合中资产的种类数。

（1）关于协方差 σ_{ij} 的计算　两种证券报酬率的协方差是用来衡量它们之间共同变动的程度，其计算公式如下：

$$\sigma_{ij} = \rho_{ij} \sigma_i \sigma_j \tag{3-8}$$

式中　σ_i——第 i 种资产期望报酬率的标准差；

　　　σ_j——第 j 种资产期望报酬率的标准差；

　　　ρ_{ij}——第 i 种资产与第 j 种资产的相关系数。

（2）关于协方差矩阵　式（3-7）中根号内的双重求和符号为 $\sum$，它表示对所有可能的配对组合的协方差分别乘以各自的投资比例，然后求其总和。例如，当 $N=4$ 时，所有可能的配对组合的协方差矩阵如下所示：

$$\begin{matrix} \sigma_{11} & \sigma_{12} & \sigma_{13} & \sigma_{14} \\ \sigma_{21} & \sigma_{22} & \sigma_{23} & \sigma_{24} \\ \sigma_{31} & \sigma_{32} & \sigma_{33} & \sigma_{34} \\ \sigma_{41} & \sigma_{42} & \sigma_{43} & \sigma_{44} \end{matrix}$$

在这个矩阵中，从左上角到右下角的对角线上的 σ_{11}、σ_{22}、σ_{33}、σ_{44} 分别是第 1、2、3、4 种证券各自的方差；组合 σ_{12} 代表证券 1 与证券 2 报酬率之间的协方差，σ_{21} 代表证券 2 与证券 1 报酬率之间的协方差，它们的值是相同的。双重求和就意味着对证券 1 与证券 2 报酬率之间的协方差要计算两次。协方差矩阵是一个以对角线为对称轴的对称矩阵，双重求和就是要把各种可能配对组合的所有方差项和协方差项加起来。四种证券，一共就有 16 项方差和协方差——由四个方差和 12 个协方差（六个计算两次的协方差项）组成。

（3）协方差比方差更重要　从以上的论证不难看出，随着证券组合中证券个数的增加，协方差项将远多于方差项，即协方差项比方差项重要。例如，当 $N=20$ 时，方差项有 20 个，但协方差项却有 380 个（20^2-20），当 N 趋于无穷大时，将只有协方差重要，方差项变得微不足道。因此，充分投资组合的风险，只受证券之间协方差的影响，而与各证券本身的方差无关。

4. 投资组合风险的影响因素

为了深入理解投资组合风险的影响因素，我们将式（3-8）代入式（3-7）可得

$$\sigma_p = \sqrt{\sum_{i=1}^{N} \sum_{j=1}^{N} w_i \, w_j \, \rho_{ij} \, \sigma_i \, \sigma_j} \tag{3-9}$$

从式（3-9）可以看出，投资组合的风险除了受到各项资产自身标准差的影响以外，还受到各项资产投资比例、资产之间相关系数的影响。我们先以两种资产构成的投资组合为例来讨论这些因素如何影响组合的风险。

（1）投资比例对两种证券组合投资风险的影响 假设证券 A 的投资报酬率为 18%，标准差是 10%；证券 B 的投资报酬率为 32%，标准差是 17%；证券 A、B 的相关系数 $\rho=0.2$，当我们改变投资比例，计算出证券组合 AB 的期望报酬率与标准差见表 3-5。

表 3-5 证券组合 AB 的期望报酬率与标准差

内 容	证券 A		证券 B		证券组合 AB	
基本信息	期望报酬率	18%	期望报酬率	32%	A、B 的相关系数	0.20
	标准差	10%	标准差	17%		
投 资 方 案	投 资 比 例		投 资 比 例		期望报酬率	标 准 差
1	100%		0		18.00%	10.00%
2	80%		20%		20.80%	9.30%
3	60%		40%		23.60%	9.93%
4	40%		60%		26.40%	11.68%
5	20%		80%		29.20%	14.14%
6	0		100%		32.00%	17.00%

根据表 3-5 的计算结果绘制曲线，如图 3-5 所示。

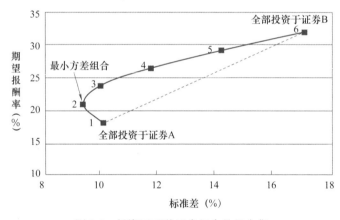

图 3-5 投资于两种证券组合的机会集

图 3-5 中向右弯曲的曲线上面的六个点，分别对应表 3-5 中的六个投资方案，代表在不同投资比例下，证券组合 AB 的期望报酬率和标准差之间的对应关系。图中的曲线称为机会集，它反映出风险与报酬之间的权衡关系。

图 3-5 为我们揭示了一些重要的内容：

1）它提示了分散化效应。图中有一条虚拟的直线，该直线是由全部投资于证券 A 与全部投资于证券 B 所对应的点 1 和点 6 连接而成，它是当两种证券完全正相关（无分散化效应）时的机会集曲线。比较机会集曲线和该虚拟直线的距离可以判断分散化效应的大小。从曲线和直线间的距离，我们可以看出本例的风险分散效果是相当显著的，从第 1 点出发，拿出一部分资金投资于风险较大的证券 B 将会比全部投资于风险小的证券 A 的标准差还要小。这种结果与人们的直觉相反，揭示了风险分散化的内在特征，一种证券的未预期变化往往会被另一种证券的反向未预期变化所抵消。尽管从总体上看，这两种主要证券是同向变化的，风险抵消效应还是存在的，在图中表现为机会集曲线从第1点到第2点有一段弯曲，这一段弯曲也体现了投资组合抵消风险的效应，弯曲越大，风险抵消效应越显著。需要注意的是，机会集曲线向左弯曲并不是仅仅由分散化投资引起的，它还取决于相关系数的大小。

2）它揭示了最小方差组合。曲线最左端的第2点组合被称作最小方差组合，在持有证券的各种组合中，该投资方案的标准差最小。本例中，最小方差组合是80%的资金投资于证券A、20%的资金投资于证券B。离开此点，无论增加或减少对证券B的投资比例，都会导致标准差的上升。

3）它揭示了投资的有效集合。在只有两种证券的情况下，投资者的所有投资机会只能出现在机会集曲线上，而不会出现在该曲线上方或下方。改变投资比例只会改变组合在机会集曲线上的位置。最小方差组合以下的组合（曲线1到2的部分）是无效的。没有人会打算持有预期报酬率比最小方差组合预期报酬率还低的投资组合，它们与最小方差组合相比不但风险大，而且报酬低。在本例中，有效集是2到6之间的那段，即从最小方差组合点到最高预期报酬率组合点的那段曲线。

（2）相关性对两种证券投资组合风险的影响　图3-5只列示了相关系数（ρ）为0.2和1的机会集曲线，如果我们再增加$\rho=-1$和$\rho=0$的两条机会集曲线，就可以得到图3-6。从图3-6可以看出，证券报酬率的相关系数越小，机会集曲线就越弯曲，风险分散化效应也就越强。当$\rho=-1$时，两个证券完全负相关，其风险分散化效应最强，但还是存在一些不可分散的风险，它的最小方差组合是第3点，即60%投资于证券A，40%投资于证券B，有效机会集中的第3到第6点这段曲线所代表的投资组合。当$\rho=0$时，其机会集曲线也向左弯曲，即两个不相关证券构建的投资组合也能分散投资风险，这是多元化带来的好处。证券报酬率之间的相关性越高，风险分散化效应就越弱，完全正相关（$\rho=1$）的投资组合不具有风险分散化效应，其机会集是一条直线。

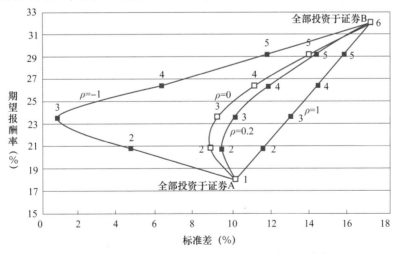

图3-6　不同相关系数情况下两种证券组合的机会集

（三）多种证券组合的风险和报酬

上述对两种证券构成的投资组合风险的分析同样适用于两种以上证券构成的投资组

合。投资于多种证券组合的机会集如图 3-7 所示。

值得注意的是，多种证券组合的机会集不再落在一条曲线上，而是会落在一个平面中，如图 3-7 的阴影部分所示。这个机会集反映了投资者所有的可能投资组合，图中阴影部分中的每一点都与一种可能的投资组合相对应。随着可供投资证券数量增加，所有可能的投资组合数量将呈几何级数上升。

最小方差组合是图 3-7 最左端的点，它具有最小组合标准差。多种证券组合的机会集外缘有一段向后弯曲，这与两种证券组合中的类似现象类似，不同证券报酬率相互抵消，产生风险分散化效应。

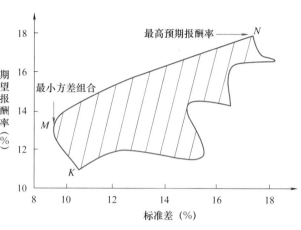

图 3-7 投资于多种证券组合的机会集

在图 3-7 中弧线 MN 部分，称为有效集或有效边界，它位于机会集的顶部，从最小方差组合点起到最高预期报酬率点止。投资者应在有效集上寻找投资组合。有效集以外的投资组合与有效边界上的组合相比，有三种情况：相同的标准差和较低的期望报酬率；相同的期望报酬率和较高的标准差；较低报酬率和较高的标准差。这些投资组合都是无效的。如果投资组合是无效的，可以通过改变投资比例转换到有效边界上的某个组合，以提高期望报酬率而不增加风险，或者降低风险而不降低期望报酬率，或者得到一个既提高期望报酬率又降低风险的组合。

三、资本市场线

资本市场线如图 3-8 所示，从无风险资产的收益率（纵轴的 R_f）开始，做有效边界的切线，切点为 M，该直线被称为资本市场线。资本市场线是由无风险资产和位于有效边界上的组合所形成的投资组合的集合，它描述的是有效组合的期望回报率与风险的权衡关系。

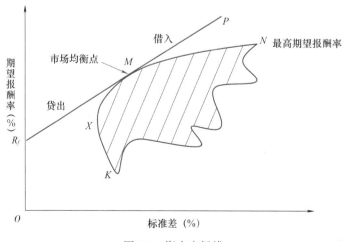

图 3-8 资本市场线

假设存在无风险资产。投资者可以在资本市场上借到钱,将其纳入自己的投资总额,或者可以将多余的钱贷出。无论借入和贷出,利息都是固定的无风险报酬率;R_f代表无风险资产的报酬率,它的标准差是零,即投资报酬率是确定的。

存在无风险资产的情况下,投资者可以通过贷出资金减少自己的风险,当然也会同时降低期望报酬率。厌恶风险的人可以全部将资金贷出,如购买政府债券并持有至到期;偏好风险的人可以借入资金,增加购买风险资产的资本,以使期望报酬率增加。

$$总期望报酬率 = Q \times (风险组合的期望报酬率) + (1-Q) \times (无风险利率) \quad (3\text{-}10)$$

式中 Q——投资总额中投资于风险组合的比例;

$1-Q$——投资于无风险资产的比例。

如果贷出资金,Q 将小于 1;如果借入资金,Q 将大于 1。

$$总标准差 = Q \times 风险组合的标准差 \quad (3\text{-}11)$$

此时不用考虑无风险资产,因为无风险资产的标准差等于零。如果贷出资金,Q 小于 1,投资者承担的风险小于市场平均风险;如果借入资金,Q 大于 1,投资者承担的风险大于市场平均风险。

切点 M 是市场均衡点,它代表唯一最有效的风险资产组合,它是所有证券以各自的总市场价值为权数的加权平均组合,我们将其定义为"市场组合",它也是最佳的风险资产组合。虽然理智的投资者可能选择 XMN 弧线上的任何有效组合(它们在任何给定风险水平下收益最大),但是无风险资产的存在,使投资者可以同时持有无风险资产和市场组合(M),从而位于 MR_f 上的某点。MR_f 上的组合与 XMN 弧线上的组合相比,它的风险小而报酬率与之相同,或者报酬高而风险与之相同,或者报酬高而且风险小。

图中的直线揭示出持有不同比例的无风险资产和市场组合情况下风险与期望报酬的权衡关系。直线的截距表示无风险利率,它可以被视为先行的报酬率,即时间价值。直线的斜率代表风险的市场价格,它告诉我们当标准差增长某一幅度时相应要求的报酬率的增长幅度。直线上任何一点都可以揭示投资于市场组合和无风险资产的比例。在 M 点的左侧,投资者将同时持有无风险资产和风险资产组合;在 M 点的右侧,投资者将仅持有市场组合 M,并且会借入资金以进一步投资于组合 M。

个人的效用偏好与最佳风险资产组合相独立(或称相分离)。投资者个人对风险的态度仅仅影响借入或贷出资金的数量,而不影响最佳风险资产组合。其原因是当存在无风险资产并可按无风险利率自由借贷时,市场组合优于所有其他组合。对于不同风险偏好的投资者来说,只要能以无风险利率自由借贷,他们都会选择市场组合 M,这就是所谓的分离定理。它也可表述为最佳风险资产组合的确定独立于投资者的风险偏好,它取决于各种可能风险组合的期望报酬率与标准差。个人的投资行为分为两个阶段,第一阶段是确定风险投资的有效边界,第二阶段是确定风险投资和无风险投资的比例,只有第二阶段受投资人风险反感程度的影响。分离定理在理财方面非常重要,它表明企业管理层在决策时不必考虑每位股东对风险的态度,证券的价格信息完全可用于确定投资者所要求的报酬率,该报酬率可指导管理层进行有关决策。

四、系统风险与可分散风险

从图 3-6 中我们可以看出,即使两个证券报酬率的相关系数为 0,持有证券组合也能够达到分散风险的效果，即多元化会降低组合的风险。如果在组合中增加持有证券的数量，只要增加的证券与原有证券的相关系数不为 1，是否就能完全消除风险呢？答案是否定的。从图 3-6 中可以看出，两只完全负相关的证券构建的组合，也不能完全抵消风险。这是因为，投资组合的风险是由系统风险和可分散风险构成的，如图 3-9 所示，其中，可分散风险是通过增加组合中资产的种类可以消除的风险，而系统风险则是不能通过增加资产的持有类别加以消除的，即使某投资组合持有整个市场的投资资产，它仍然面临着风险。

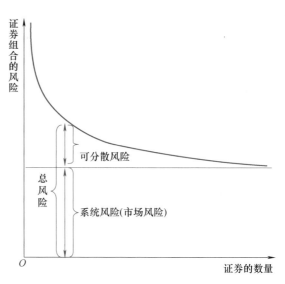

图 3-9　证券组合风险曲线

有一句经典名言："不要把所有的鸡蛋放在一个篮子里。"其内在含义是通过资产的多元化来分散风险。多元化只能降低可分散风险，可分散风险是公司面临的特有风险，通常是由一些随机的、非系统性的因素引起的，如诉讼、罢工、营销失败、生产供应中断、战略管理失效、研发失败等公司独有的事件，这些事件是随机的，它们对投资组合的影响可以通过多元化来消除，即一个公司的不利事件可以被另一个或另几个公司的利好事件所抵消。一些研究表明，在一个投资组合中，持有 40~50 项资产几乎可以分散掉所有的可分散风险，再增加更多的资产也几乎不会降低组合的总体风险。

不能通过增加资产种类而降低的风险就是系统风险，系统风险又叫作市场风险，它是由影响大多数企业的系统性因素导致的，如战争、通货膨胀、经济衰退、高利率和其他宏观因素等，这些因素会影响系统中的所有企业，因而市场风险不能通过多元化来消除。

第三节　资本资产定价模型

▶▶ 一、β 系数

（一）单个证券的 β 系数

上一节我们讨论了当持有单个证券时，它的风险可以通过预期收益的标准差，即 σ 来衡量。然而，当证券在投资组合中时，σ 就不再适用了。如图 3-9 所示，投资组合的风险包括可分散风险和系统风险，而可分散风险可以通过多元化的投资分散掉，充分的投资组合就只剩下市场风险。因此，证券一旦被包括在多元化投资组合中，其风险就不再是单独的风险，而是其对投资组合市场风险的贡献，其风险的高低可以通过证券价格随市场上涨或下跌的程度来衡量。通常我们用 β 系数来度量单个证券的市场风险，其计算公式为

$$\beta_i = \frac{\sigma_i}{\sigma_M} \rho_{iM} \qquad (3-12)$$

式中　β_i——证券 i 的系统风险；

σ_i——证券 i 期望报酬的标准差；

σ_M——市场组合期望报酬的标准差；

ρ_{iM}——证券 i 与市场组合的相关系数。

由式（3-12）可以看出，证券自身的标准差 σ_i 较高会导致其 β 值也较高，因此，高风险的证券将会给组合带来更多的风险；证券与市场组合的相关性越高（ρ_{iM} 值越大），其 β 值也越高，这意味着向投资组合中添加一个与组合相关性较高的证券，其分散风险的效应有限，将给组合带来更多的风险。

对 β 值的计算，理想情况是，我们有足够的信息研究未来证券价格相对于整体市场将如何变动。但对未来我们总是缺乏信息，所以我们经常使用历史数据，并假设证券的历史 β 值提供了一种对未来情况的合理估计。使用历史信息估计 β 值的计算方法有两种⊖：一种是根据定义直接计算，用证券和市场组合的历史收益率依次计算出 σ_i、σ_M 和 ρ_{iM}，最后再用式（3-12）计算出 β_i 值，这种方法的计算过程较为复杂；另一种是使用直线回归法，根据线性回归原理，用同时期资产收益率和市场组合收益率的历史数据，通过线性回归对 β 值进行估计，β 值就是线性回归结果的系数，所以 β 值又称作 β 系数，其基本回归模型为

$$R_{it} = \alpha_i + \beta_i R_{Mt} + \varepsilon_{it} \tag{3-13}$$

式中　R_{it}——证券 i 第 t 年的报酬率；

R_{Mt}——充分组合的市场收益率⊖，反映市场的平均收益率；

α_i——回归方程的常数项；

ε_{it}——回归结果的残差；

β_i——证券 i 的系统风险，它度量了证券 i 的报酬率相对于市场报酬率的波动程度。不同 β 值证券的相对波动性如图 3-10 所示。

β 值是回归方程的斜率，即图中直线的斜率，直线越陡峭，其斜率越大，证券的风险也越高。如图 3-10 所示，我们把 $\beta=1$ 的证券视为平均风险股票，它的价格将与市场同步波动，若市场价格上升（或下降）10%，该证券价格也将上升（或下降）10%；若 $\beta=2$，当市场价格上升（或下降）10%时，该证券价格将上升（或下降）20%，该证券的风险程度也将是市场风险的 2 倍，这属于高风险证券；若 $\beta=0.5$，当市场价格上升（或下降）10%时，该证券价格将上升（或下降）5%，该证券的风险程度则是市场风险的一半，这属于低风险证券。理论上，β 值可以为正值也可以为负值。若 $\beta>0$，说明该证券报酬率的变化与市场的变化方向相同；若 $\beta<0$，说明该证券报酬率的变化与市场的变化方向相反。大多数证券的 β 值区间为 0.5~1.5。

⊖　实践中，我们通常不需要单独计算企业的 β 值，一些证券机构或投资公司会定期提供上市证券的 β 系数。

⊖　充分的投资组合是通过引入足够多的证券或投资资产，将所有的可分散风险完全分散掉，使得投资组合只包含系统风险，此时的组合就被认为是充分的投资组合。一个真正意义上的充分投资组合应该包括所有的资产形式——股票、债券、非上市企业、房地产投资等，要在现实中构建这样一个充分的投资组合是不可能的，通常选用一些有代表性的市场指数来计算 R_M，例如中国股市的上证指数，中国香港的恒生指数，美国的纳斯达克指数、道琼斯指数、标准普尔指数，日本的日经指数等。鉴于选用的市场指数只是真正的市场组合的一小部分，它无法体现充分市场组合真实的报酬率，这会导致同一家企业选用不同的市场指数计算的 β 值会存在差异。除非真正的市场组合为人们所认知和使用，否则，我们在使用 β 系数评估资产价格时都应该谨慎。

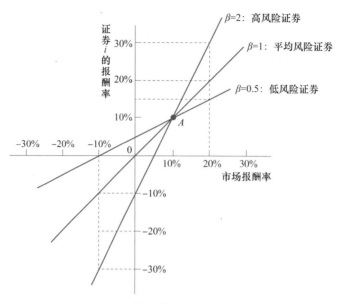

图 3-10 不同 β 值证券的相对波动性

(二) 投资组合的 β 系数

投资组合的 β 系数是单个证券 β 系数的加权平均,权数为各种证券在投资组合中所占的比重,其计算公式为

$$\beta_p = \sum_{j=1}^{n} w_j \beta_j \tag{3-14}$$

式中 β_p——投资组合的 β 系数;

  w_j——投资组合中第 j 种证券投资额占总投资额的比重;

  β_j——第 j 种证券的 β 系数;

  n——构成投资组合的证券总数。

【例 3-6】 某投资者持有 A、B、C 三种股票组成的投资组合,权重分别为 20%、30% 和 50%,三种股票 β 系数分别为 2.5、1.2、0.5,试确定该投资组合的 β 系数。

解析:运用投资组合 β 系数的计算公式得

$$\beta_p = 20\% \times 2.5 + 30\% \times 1.2 + 50\% \times 0.5 = 1.11$$

投资组合的 β 系数显示了投资组合相对于市场的波动程度,度量的是投资组合的市场风险。它受到不同证券投资比重和单个证券 β 系数的影响。β 系数较低的证券所构成的投资组合具有较低的 β 系数,若在投资组合中加入 β 系数较高的证券,投资组合的 β 系数和风险将会增加;若在投资组合中加入 β 系数较低的证券,投资组合的 β 系数和风险也将会下降。由于一种股票的 β 系数度量了它对投资组合风险的贡献,β 系数是该股票风险的适当度量。

值得注意的是,投资组合中的证券 β 系数的变化与其投资收益率的变化并不完全成正比例,所以投资者可通过构建不同的投资组合来满足其对期望收益率要求,同时能将组合的 β 系数控制在其愿意承担的风险程度内。

▶▶ 二、资本资产定价模型

风险与报酬密切相关，高风险，高报酬；低风险，低报酬。投资者只有在期望报酬足以弥补其承担的风险时，才愿意投资于风险资产，此时的报酬率称为必要报酬率，它是投资者投资于风险资产所要求的最低报酬率，也是资产价格均衡时的报酬率。市场是如何决定必要报酬率的呢？1964 年，威廉·夏普（William Sharp）根据投资组合理论提出了资本资产定价模型（Capital Asset Pricing Model，CAPM），对充分组合情况下的风险和必要报酬之间的均衡关系进行了研究，他也因此在 1990 年荣获了诺贝尔经济学奖。

资本资产定价模型是建立在一系列严格的假设基础之上的。这些假设有：

1）所有投资者仅考虑单期持有，他们根据每一个投资组合的期望收益和标准差来确定最佳投资组合。

2）所有投资者可按无风险利率无限制地借入或贷出资金，且卖空任何资产都没有限制。

3）所有投资者对所有资产的期望值报酬率、标准差和相关性都有一致的估计，即投资者具有相似的预期。

4）所有资产都可完全分割，并可完全按市场价格变现。

5）没有交易成本。

6）没有税收。

7）所有投资者都是价格的接受者，即假设单个投资者的买卖行为不会影响股票价格。

8）所有资产的数量都是确定的，并且保持不变。

基于上述假设条件，某项资产的必要报酬率可由下式计算得出：

$$R_i = R_f + \beta_i (R_M - R_f) \tag{3-15}$$

式中 R_i——风险资产 i 的必要报酬率；

β_i——风险资产 i 的 β 系数，代表该项资产的系统风险；

R_f——无风险资产的收益率，通常用一年期国债利率代表无风险收益率[一]；

R_M——充分组合的市场收益率。

$(R_M - R_f)$ 是由于市场组合的风险高于无风险资产，投资者要求的平均风险补偿，又叫作平均风险溢价。该溢价的大小取决于投资者对市场风险的看法和他们对风险的态度，如果投资者认为市场风险很高，并且对风险的厌恶程度较高，那么市场平均风险溢价就会偏高[二]。

【例 3-7】 T 公司股票的 β 系数是 2，市场平均收益率为 12%，一年期国债利率为 5%，该公司股票的必要报酬率为多少？

[一] 通常情况下，使用国债利率作为无风险利率已经成为共识，但关于使用什么期限的国债利率存在一些争议。由于 CAPM 是单期模型，因此有不少人主张采用短期国债利率，如一年期国债利率；也有人认为权益投资属于长期投资，确定它的必要报酬率是为了判断长期投资是否合算，因此应该使用长期国债利率，如五年期国债利率；还有人坚持用中期利率，如三年期国库券利率，这种利率不像短期利率那样容易动波，并且实际中很多资本投资项目都是中期的。要注意使用不同期限的国债利率将带来必要报酬率的变化。

[二] 实际上，市场平均风险溢价的估计是比较困难的，因为对市场未来期望收益率的估计是困难的，一个替代的方案是用历史数据来估计市场风险溢价，但是如果投资者对待风险的态度随着时间的推移发生了改变，那么基于历史数据估计的风险溢价也将具有误导性。

解析：用资本资产定价模型计算可得

$$R_i = 5\% + 2 \times (12\% - 5\%) = 19\%$$

该例中市场平均风险溢价为 $(12\% - 5\%) = 7\%$，这是投资者对市场平均风险要求的必要补偿，投资者购买 T 公司股票要求的风险溢价还与该股票的 β 系数有关，如果 $\beta = 1$，该股票为平均风险股票，它的风险溢价与市场平均风险溢价相同；如果 $\beta > 1$，该股票为高风险股票，它的风险溢价就比市场平均风险溢价高，如本例中 T 公司股票的风险溢价为 $2 \times (12\% - 5\%) = 14\%$；如果 $\beta < 1$，该股票为低风险股票，它的风险溢价就比市场平均风险溢价低。这体现了风险与报酬之间的权衡，即"高风险高回报，低风险低回报"。

资本资产定价模型向我们揭示了风险资产的必要报酬率由两部分组成，一部分是无风险报酬率（即 R_f），另一部分是与自身风险相匹配的风险溢价（即 $\beta_i(R_M - R_f)$）。该模型被广泛地应用于理论和实践中，它主要表达了以下两个重要思想：

1）如果投资者承担额外的风险，他们必然要求额外的回报，一个证券承担的风险越大，投资者对其要求的收益率就越高。众所周知，股票的风险显著大于国库券的风险，如果某个公司的股票投资回报率与国库券的投资回报率相同，那么投资者将不会投资该公司股票，这也是普通股的平均回报率要高于国库券回报率的主要原因。

2）投资者关心的主要是多元化投资不能消除的系统风险，即市场风险，因为特殊风险可以通过多元化投资加以消除。因此，多元化投资是非常重要的，通过明智的多元化投资，可以大大降低投资风险，而不降低他们的预期收益。

▶ 三、证券市场线

资本资产定价模型揭示了证券风险与必要报酬率之间的权衡关系，这种关系也可以用证券市场线（Security Market Line，SML）在图形中进行表示，如图 3-11 所示。

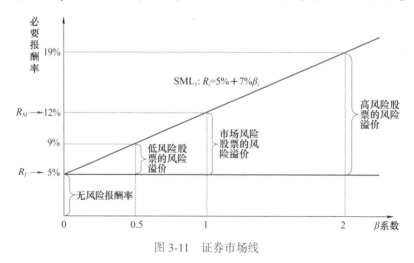

图 3-11　证券市场线

在图 3-11 中，纵轴表示股票的必要报酬率，横轴表示股票的 β 系数，图中的斜线就是 SML，其在纵轴上的截距就是无风险报酬率。SML 显示了与不同 β 系数对应的必要报酬率，β 系数越高，其要求的风险补偿就越高，图中高 β 系数股票的风险溢价显著高于低 β 系数股票的风险溢价，在无风险报酬率不变的情况下，高 β 系数股票的必要报酬率也就越高，这也体现了风险与报酬的权衡关系。

　　SML 的斜率反映了投资者厌恶风险的程度，直线越陡峭，投资者越厌恶风险，在同等风险水平下就会要求更高的风险补偿（如图 3-12 所示）。如果投资者对风险漠不关心，不管风险高低，只要求报酬率，这个就是无风险报酬率，在图中 SML 就是一条平行于横轴的直线。但是实际情况却是，投资者是厌恶风险的，当购买的证券存在风险时，就会要求一定的风险补偿，并且，越是厌恶风险，要求的补偿就越高，这反映在 SML 上即斜率越大。

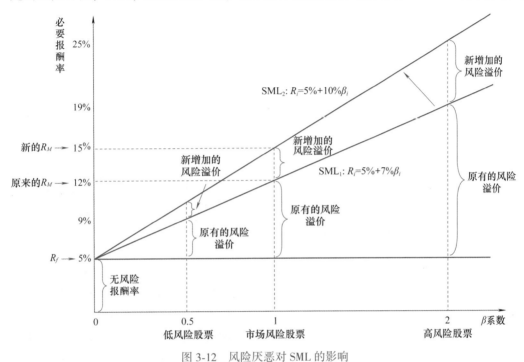

图 3-12　风险厌恶对 SML 的影响

　　在图 3-12 中，由于投资者普遍的风险厌恶增加，使得市场风险溢价从 7% 增加到 10%，这导致 SML 由 SML$_1$ 移动到 SML$_2$ 的位置，SML$_2$ 的斜率比 SML$_1$ 要大，由 SML$_2$ 显示的不同风险股票的必要报酬率也都增加了，并且高风险股票增加的风险溢价更多。这也表明风险厌恶程度的改变对高风险股票的影响更为突出。

　　无风险报酬率是投资于无风险资产所获得的报酬率，通常用一年期国债利率来代替。严格意义上讲，用一年期国债利率来代替无风险报酬率并不准确，国债利率通常是名义利率，长期国债的名义利率范围通常在 2%~4%，平均为 3% 左右。如果存在通货膨胀预期，就需要在名义利率的基础上加上一个风险溢价，以弥补投资者因通货膨胀而造成的购买力下降带来的风险。

　　通货膨胀对 SML 的影响如图 3-13 所示，假设通货膨胀率增加 2%，则实际的无风险报酬率将从原来的 5% 增加到 7%。通货膨胀属于系统风险，通货膨胀率增加将使平均的市场报酬率同等增加，R_M 将从原来的 12% 增加到 14%。在投资者风险厌恶程度不发生改变的情况下，市场平均风险溢价仍然保持原来的水平，为 7%（14%-7% = 7%），这些将导致 SML 由 SML$_1$ 平移动到 SML$_3$ 的位置。这意味着，当市场风险厌恶程度不变时，不同风险股票的必要报酬率将随着通货膨胀率的增加而同等增加。

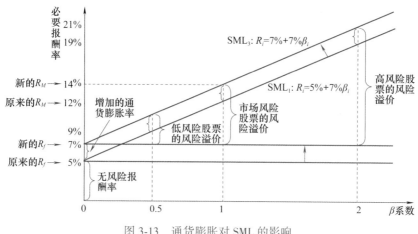

图 3-13　通货膨胀对 SML 的影响

随着时间的推移，不仅 SML 会发生改变，β 系数也在不断变化。企业资产与负债结构的变化或者市场竞争的加剧、行业重大政策的调整等，都有可能导致企业的 β 系数发生改变，β 系数的改变也会导致股票必要报酬率的变化。如图 3-11 所示，当企业的 $\beta = 2$ 时，其必要报酬率为 19%，当它的 β 值从 2 下降到 1 时，其必要报酬率也变为 12%。

四、对资本资产定价模型的评价与发展

CAPM 非常直观地揭示了风险与必要报酬率之间的权衡关系，得到了证券分析师、投资者和企业的广泛应用。但是业界关于资本资产定价模型有效性的争议却一直没有停止过，尤其是 CAPM 衡量的风险仅与市场组合的收益相关，这也意味着具有相同 β 系数的股票应该具有相同的报酬率。作为对 CAPM 的扩展，学者们逐渐放宽 CAPM 的基本假设，从多种角度寻找导致不同股票回报率之间差异的因素，其中最著名的是尤金·法玛（Eugene Fama）和肯尼斯·弗伦奇（Kenneth French）提出的三因素模型，以及另一个有影响力的模型，斯蒂芬·罗斯（Stephen Ross）提出的套利定价理论（Arbitrage Pricing Theory，APT），下面对这两个模型做简单介绍。

（一）三因素模型

法玛和弗伦奇以美国股票市场为例，对不同公司股票回报率产生差异的因素进行了研究，他们发现股票市场的 β 系数不能解释不同股票回报率的差异。他们认为影响资产未来报酬率的因素应该有三个：第一个是股票的 β 系数，用来衡量股票的市场风险；第二个是公司规模，用公司权益的市场价值（MVE）来衡量，他们认为小公司的风险大于大公司，所以小公司比大公司有更高的股票报酬；第三个因素是权益的账面价值除以其市场价值，即账面市值比（B/M）。账面市值比越小，即市场价值越大，表明投资者对股票的未来持乐观态度；相反，账面市值比越大，即股票的账面价值越大，市场价值越小，表明投资者对股票的未来持悲观态度。高账面市值比也预示着企业经营存在问题，其未来可能面临更大的风险，因此，投资者对高账面市值比的股票要求更高的回报率。这三个因素对股票必要报酬率的影响可以用模型表示为

$$R_{it} = R_{ft} + \beta_i (R_{Mt} - R_{ft}) + S_i \mathrm{SMB}_t + H_i \mathrm{HML}_t \tag{3-16}$$

式中 R_{it}——证券 i 在第 t 期的必要报酬率；

    R_{ft}——第 t 期的无风险报酬率；

    R_{Mt}——第 t 期的市场收益率；

    SMB_t——第 t 期的市值因子的模拟组合收益率，即小规模公司组合与大规模公司组合的收益率之差；

    HML_t——第 t 期的账面市值比（B/M）因子的模拟组合收益率，即高账面市值比公司组合与低账面市值比公司组合的收益率之差。

β_i、S_i、H_i 分别为市场风险、公司规模、账面市值比这三个因子的系数，它们也被称作是证券 i 的报酬率对这三个因子的敏感系数。通过回归模型估计可以得到这三个系数，其回归模型为

$$R_{it}-R_{ft}=\alpha_i+\beta_i(R_{Mt}-R_{ft})+S_i SMB_t+H_i HML_t+\varepsilon_i \qquad (3\text{-}17)$$

式中 α_i——回归模型的常数项；

    ε_i——回归模型的残差项。

将式（3-17）的回归系数 β_i、S_i、H_i 代入式（3-16）就能得出证券 i 在第 t 期的必要报酬率的估计值。

在实际运用中，三因素模型遇到的最大的难点在于构建投资组合计算 SMB_t 和 HML_t，其计算量大，过程复杂，必须借助计算机软件才能完成，现代统计软件的发展以及大数据技术的运用都为该模型的应用创造了良好的条件。三因素模型对投资界产生了深远的影响，将股票按市值和账面市值比这样的特征进行划分就是其中的一个例子。股票按照市值大小可划分为小盘股、中盘股和大盘股；按账面市值比可划分为价值型、平衡型和成长型；而衍生的股票指数的编制方式、基金持股风格的划分也是受到该理论的影响。

法玛被认为是"现代金融之父"，他主要研究投资组合管理和资产定价领域，前文讲到的有效市场理论也是由法玛最早在 1970 年提出的，他与弗伦奇于 1992 年提出的三因素模型更是主导了 20 世纪 90 年代以来资本资产定价模型的研究。法玛也因其在金融研究领域的突出贡献，于 2013 年获得了诺贝尔经济学奖。

（二）套利定价模型

在商品市场中，如果两种完全可替代商品的定价不同，就会发生套利。当规格、品质完全相同的两种商品在两个市场的价格不同时，套利者就会从定价低的市场购买商品，然后立即到定价高的市场销售。套利的结果就会使这两种商品在两个市场上价格相同，市场上的套利机会消失，商品价格达到均衡。

在资本市场上，当具有某种风险证券组合的期望收益率与定价不符时，便产生了套利机会，如果存在套利机会，投资者就会不失时机地充分利用这些机会，直至机会消失。

1976 年，斯蒂芬·罗斯（Stephen Ross）利用资本市场不可能持续存在套利机会这一假设，推导出了套利定价理论，从而使资本市场定价理论翻开了新的篇章。套利定价理论仍然是以完全竞争和有效资本市场为前提，分析和探讨风险资产的收益决定过程，但它却不同于 CAPM，该理论认为除市场风险外，风险资产的收益还受到其他多种因素影响，它把这些因素分为 K 个共同因素（系统风险）和一个特殊因素（可分散的非系统风险）。由于不同风险资产对 K 个共同因素的敏感程度不同，所以不同风险资产对应不同的收益率；反之，对共同因素敏感程度相同的风险资产或资产组合在均衡时（即对非系统风险进行剔

除后）将具有相同的预期收益率，不然，套利机会就会出现。

套利定价模型的一般形式为

$$R_i = R_f + \sum_{j=1}^{n} \beta_{ij}(E(R_j) - R_f) \tag{3-18}$$

式中　R_i——证券 i 的必要报酬率；

　　　R_f——无风险资产的收益率；

　　　β_{ij}——证券 i 对第 j 种风险的敏感系数；

　　$E(R_j)$——第 j 种风险的期望报酬率；

　　　n——影响证券报酬率的风险因素的个数。

套利定价模型把资产报酬率放在一个多变量的基础上，它并不试图规定一组特定的决定因素，反而认为资产的期望报酬率取决于一组因素的线性组合。已有的一些研究表明，资产的期望报酬率通常对诸如 GDP、通货膨胀率、经济周期、利率水平等宏观经济因素比较敏感，但具体哪些因素应该包含进去，应该包括几个因素，却没有给出明确的答案。这依赖于投资者或证券分析师个人的经验和判断力。

风险与收益之间的权衡是一个重要的概念，它对企业管理者和投资者都有很重要的意义。自 1964 年夏普提出 CAPM 以来，理论上关于风险资产如何定价的问题的研究就没有停止过。CAPM 只考虑了市场风险对资产报酬率的影响，这与人们对风险的普遍认识相差甚远，从而激发了人们对多因素影响的探究，其中突出的理论有套利定价模型和三因素模型。当然，更多的因素能更好地刻画风险，但是更多的因素也增加了模型估计的难度。CAPM 简单易行，它虽然不能对某一特定资产的必要收益率做出精确度量，但 CAPM 关于风险与收益的理论仍然对投资项目中资本的配置有着重要的指导意义，所以，在实践中 CAPM 仍然是使用最为广泛的模型。

【思考题】

1. 请根据本章对风险与报酬相关内容的介绍，谈一谈你对风险与报酬权衡基本思想的理解。

2. 一般来说，投资组合的风险可以通过增加投资组合中的股票数量减少到零吗？

3. 如果一个公司的 β 系数变为原来的 2 倍，其必要报酬率也会变为原来的 2 倍吗？

4. 某项投资有 50% 的机会获得 20% 的收益率，25% 的机会获得 12% 的收益率，25% 的机会获得 -10% 的收益率，这项投资的期望收益率是多少？

5. 投资组合 WM 包含两只股票：50% 投资于股票 W 和 50% 投资于股票 M。W 股票的标准差为 25%，β 系数为 1.20；M 股票的标准差为 35%，β 系数为 0.80，这两只股票之间的相关系数为 0.4。

（1）投资组合 WM 的标准差是什么？（　　　　）

A. 不到 30%

B. 30%

C. 超过 30%

（2）投资组合 WM 的 β 系数是多少？

（3）如果将 W 股票的投资比例降低为 30%，向该投资组合增加一个标准差为 30%，β 系数为 0.60 的股票 H，该投资组合的风险是增加了还是下降了？

6. 某投资者持有由 A、B、C 三只股票构成的投资组合，它们的 β 系数分别是 1.8、0.9、0.5，三只股票在证券组合中所占的比重分别为 60%、30%、10%，股票市场的平均报酬率为 15%，无风险报酬率为 8%。请问该投资组合的必要报酬率为多少？

第四章

公司财务治理

 【本章导读】

　　华为技术有限公司（简称华为公司）是一家全球领先的信息与通信技术（ICT）解决方案供应商。华为公司成立于1987年，坚持稳健经营、持续创新、开放合作，致力于构建万物互联的智能世界。

　　华为公司近些年的财务状况是稳健和积极的，根据华为公司2023年财务报告相关数据：公司全年实现销售收入7 042亿元人民币，净利润达到870亿元人民币，同比增长率分别达到9.64%和144.4%。这表明华为公司在面临全球经济压力和各种风险挑战的情况下，财务状况依然能够保持强劲的增长势头。

　　华为公司良好的财务业绩背后离不开公司一直以来对财务治理的改革创新，其中，公司的财务数字化和智能化建设颇为亮眼。

　　华为公司的财务数字化和智能化建设始于2003年，由时任财务部门负责人的孟晚舟负责推进。2003年开始，华为公司建立了全球统一的华为财经组织架构、流程、制度和IT平台。2005年起，华为公司在全球建立了五个共享中心，推动华为全球集中支付中心在深圳落成，提升了集团账务的运作效率与监控质量，保障海外业务在迅速扩张中获得核算支撑。2007年—2014年，华为公司在全球推行集成财经服务（IFS）变革，使精细化管理成为华为公司持续成长的基因之一。2014年起，华为公司进行数据变革，建立了完善的数据管理体系，使数据成为公司的战略资产。同一时期，通过财报内控、账实一致、资金管理和税务管理等变革项目，公司的财经组织成为业务的伙伴和价值整合者，支撑公司业务在全球实现高速和稳健的发展。2019年至今，为了匹配公司的战略前瞻和长期发展规划，华为公司构建了财经数字化整体蓝图。通过风险探针、风控模型的建设，实现无接触式风控，同时还建立了敏捷经营管理体系，基于数据和AI算法，实现经营管理及决策智能化，此外还建立了作战指挥一体化平台，主要基于数据透明和实时交互，实现关键财经作业场景的协同作战，立体指挥。

　　华为公司对财务治理的不断探索和发展推动公司成为世界领先的数字化和智能化的财经组织，为其打造了坚实可靠的经营底座，助力公司在新时代下的战略实现。该案例表明公司财务治理对公司实现长期可持续积极发展具有重要意义，本章将对公司财务治理进行系统、全面的介绍。

【学习目标】

通过本章的学习，你应该掌握：
1. 公司治理相关概念和基础理论
2. 公司财务治理内涵特征
3. 公司治理与公司财务治理的关系
4. 公司财务治理结构
5. 公司财务治理机制

公司财务治理是公司治理的核心重要内容。公司财务治理旨在利用一定的财务治理机制和手段，合理地对公司财务方面的责权利进行界定划分、安排配置，以实现有效的财务约束和激励机制，并形成科学的财务决策制度规范。伴随着现代企业制度下公司治理理论和实务的不断创新，公司财务治理也发展出一系列新的概念和特征。本章将从公司治理、公司治理与财务治理、公司治理的基础理论、公司财务治理结构和公司财务治理机制五个方面对公司财务治理进行阐述。

第一节 公司治理

公司治理问题是理论界和实务界重要和持久性的研究话题，一方面，公司作为宏观经济下的重要微观经济单元，其治理效果直接影响着整体经济发展的效益质量；另一方面，公司内外部复杂因素的交织叠加和不断变化促使对其研究和实践应有连续性和深入性。

▶ 一、公司治理的产生背景

公司治理的产生源于现代企业中所有权与经营权的两权分离以及由此所导致的委托代理问题。詹森（Jensen）和梅科林（Meckling）在1976年的研究认为，随着企业规模的不断扩大和资本市场的发展，公司的股东日益分散，而企业的日常经营和管理活动逐渐由专门的高级管理者来负责，在这一背景下，股东与管理者之间的利益冲突体现为公司管理者过多的在职消费、晋升目标下的盈余管理、构建个人商业帝国损害股东利益等逆向选择和道德风险行为。公司高级管理者在满足自身利益时损害了公司和股东的价值利益，由此产生了"代理问题"，进而引发了关于如何有效监督公司高管、保障股东权益的问题，推动了公司治理概念的产生和发展。

公司治理的出现最初主要是为了解决公司股东和高管之间的利益冲突，维护股东的合法权益，同时促进公司的长期稳定发展。公司治理，可以实现权力的合理分配和监督，确保公司的决策科学化、民主化，维护公司各方面的利益。伴随着现代企业的不断改革发展，当前公司的利益相关者不仅包含股东和高级管理者，还包括公司员工、债权人、供应商、政府等多元化主体，因此当今公司治理不仅需要解决股东权益的保护问题，还需要进一步研究如何实现公司治理体系和治理能力的现代化，以满足公司多元化利益相关方的各类利益诉求和实现公司自身的可持续发展。

二、公司治理的特征

公司治理是将有关权力进行准确划分、分配并且形成相应的制衡机制。这里的"有关权力"是以资本权力为核心的权力，而与公司运行相关的各主体及其应具有的相关权力内容，则由合同形式进行确定。各主体所具有的权力之间是相互制约或促进的关系，即当公司某一权力主体出现违背合同的情况时，其他权力主体能够对其进行制衡约束，从而确保公司的正常运转，同时维护和实现各主体的利益目标。

总体而言，公司治理是一个涉及公司管理层、董事会、股东和其他利益相关者之间权力关系、利益安排、约束制衡的综合性制度体系。其目的是确保公司决策的科学化，维护公司各方面的合法利益，提高公司的价值和竞争力。公司治理的特征主要包括以下方面：

其一，公司治理表现了公司的经济关系。公司治理中的股东、债权人、管理者和其他利益相关方之间具有经济关系，这种经济关系是各方财产权力的直接体现。

其二，公司治理表现了公司的权力安排。公司治理的实施主体主要包括股东、董事会和管理层。股东享有剩余财产索取权和对企业的控制权，董事会享有决策权，管理层享有执行权和部分决策权。这些权力相互配合和制衡，构建了公司治理的权力安排。

其三，公司治理表现了公司的利益关系。公司治理的核心目标是对公司内部权力和利益进行合理划分和分配，以实现公司各主体间利益的最大化。这涉及平衡股东、管理层、董事会和其他利益相关方之间的利益关系。

其四，公司治理表现了公司的制度安排。公司治理是一系列规范公司各利益相关方的权力、责任和义务的制度安排。这些制度安排旨在规范公司内部的权力决策和运行机制，确保公司可持续健康发展。

其五，公司治理是动态的治理过程。公司治理不是一个静态的概念，而是一个动态的过程。随着公司内外部环境和利益相关方诉求的不断发展变化，公司治理的具体内容也会发生改变，并且治理过程贯穿公司的全生命周期。

三、公司治理的原则

公司治理在实施和完善过程中，应当遵循以下主要原则，以提高公司的透明度和稳定性，增强投资者信心，促进公司的可持续发展。

其一，公司治理应着力构建诚信、共赢、合规的公司治理文化。股东、管理层、债权人等公司主体间应当以诚相待、合作共赢，治理中应遵守法律法规的要求，履行法律义务，并采取措施预防腐败和洗钱等活动。

其二，公司治理应当保护股东权力。公司治理应保护股东的权力，确保他们能够参与公司的决策过程，并对公司管理层进行监督和评估。

其三，公司治理应当平等对待所有股东。公司应平等对待所有股东，包括中小股东在内的所有股东，应当确保他们享有同等的权利和待遇。

其四，公司治理应当确认利益相关者的合法权益。公司治理不仅应关注股东的利益，还应确认利益相关者的合法权益，并鼓励公司与他们建立积极的合作关系。

其五，公司治理应当确保及时、准确地披露信息。公司应及时、准确地披露所有与公司有关的实质性事项的信息，包括财务状况、经营状况、所有权结构和公司治理状况等。

四、公司治理结构

有效的公司治理必须建立在一定的权力结构形式和一定的制衡机制上。而公司治理结构的基本内容就是相关权力的分配所形成的结构形式和不同主体之间的相关权力的制衡机制两大基础部分，在此基础上形成了三个代表模式。

（一）公司的权力结构形式

公司相关权力的分配所形成的权力结构形式，包括权力机构的设置、权力主体的权力运行模式。权力机构的设置与权力的分配形式直接相关。所谓权力的分配，就是关于资本权力的分配。资本权力的分配过程，就是资本的所有权从投资者手中转移至董事会再转移至经理层的过程。所谓权力机构，就是指保持资本原始归属权或资本原始产权的股东大会，代表股东执掌公司法人财产权的董事会，对董事会执掌法人财产权过程加以监督（即行使监督权）的监事会，以及行使资本的以使用权为核心的相关权能所构成的经营管理权的经理层。在这些权力机构设置的基础上，产生了与之相适应的各权力主体的权力运行模式。股东作为保持资本原始产权的主体，具有对公司大政方针的发言权，而上升为全体股东（或至少是股权半数以上股东）的统一意志的股东主张，就将成为公司的基本意志，公司意志就是公司制定生产经营活动目标和公司选择战略等核心目标的依据，我们将这一权力称为股东对公司的管理权。需要注意的是，公司股东的这种管理权与通常所说的以资本使用权为核心的经营管理权，在内涵和外延上均是完全不同的。股东的这一管理权将具体化地表现为：决定公司的大政方针、是否发行或增加发行股票、是否举债经营以及举债的规模、公司与其他公司是否合并、公司是否解散等问题的决定权。以上一系列权力都应该以大多数公司股东的一致意见为依据。除此之外，股东还将享有收益分配权和对公司的生产经营活动过程和结果的监督权。但是，股东在行使上述权力时，不能以出资为理由干预经理层的经营管理活动。正是这一限制，充分体现了股份制经济中的两权分离特征。由于股东的统一意志是公司管理中最根本的基础，因此股东大会是公司的最高权力机构。

而董事（会）则是股东的代表，他们由股东（大会）统一合法选举并代表股东，掌握公司的法人财产权。这一权力最基础的内容就是代表全体股东同经理人建立委托代理关系。董事会作为最高决策机构，其权力具体包含：对公司包括总经理在内的高管人员的任免权，对公司投资和融资具体方案的决定权，对公司总体经营方案的批准权等。董事（会）同股东的关系不是商业化的委托代理关系。因为，首先董事本身应该是股东（独立董事除外），这就是说作为董事的股东同一般意义的股东拥有一致的责任、权利和义务。其次，董事是在股东信任的基础上被选举出来的，代表股东处理相关事务，而不是股东雇佣董事办理股东相关事宜。严格来看，董事只应该从公司领取津贴，而不需也无权获得工资等的劳动报酬，董事同股东间也没有类似的合同支持董事领取工资。因为董事具有股东身份，所以董事在代表股东时，其实也是在为自己工作，自己代理自己的法律事项是违背法理逻辑的，因而也是不可能的。但是，上述分析的理论基础主要是基于法律形式理念。在经济实践中，存在大股东损害中小股东的事例。所以，大股东同中小股东并不是在经济利益上完全一致的，事实上存在大股东同中小股东的经济利益的对立情况。而董事会基本是由大股东担任，通常只有大股东才能够成为董事，于是上述大股东同中小股东的利益对立情况，通常就体现在董事同股东或中小股东的关系上。基于经济实质重于法律形式的理念和上述分析，我们应该指出，在大股东（董事）和中小股东之间也存在委托代理关系。

股东大会为了尽可能地保证其应有权益不受侵害，通常还将基于资本权力的监督权单独分离出来，并将其交付于为此而建立的一个权力机构（即监事会）。监督权是基于资本相关权能分解后所自然产生的一种附加权力。监事会是专门执掌这一权力的机构。监事会同股东大会的关系也仍然是基于信任而代表股东行使原本属于股东的特定权力。由于监事也同董事一样一般都具有股东的身份，因此监事同股东大会之间也不是商业化的委托代理关系，而是信任代表关系。

以总经理为核心的公司管理层，是公司生产经营活动的具体执行机构。这仍然是一个权力机构，因为这一机构执掌的就是以资本使用权为核心和基础的经营权。管理层所掌握的公司经营权来自董事会的委托授权，因而管理层所掌握的经营权本质是一种代理权。这种代理权存在的基础是委托代理关系，其权力的大小则取决于合同契约的具体规定。

（二）公司的权力制衡机制

公司治理所涉及的对权力的制衡机制反映了公司各利益相关方在利益分配获取方面存在一定的矛盾和失衡问题，因此维护并协调公司各主体间的合法利益需要构建有效的权力制衡机制。

广义的制衡机制，包括外部制衡机制和内部制衡机制。外部制衡机制又包括以市场机制为基础对企业权力结构的制衡和利用代理契约关系对企业权力结构的制衡两个方面内容；而内部制衡机制则通常是指法人治理机制，即在法人内部权力分配基础上所形成的结构机制制衡。制衡机制的具体内容取决于企业相关代理关系的具体内容，因为客观上存在何种形式的代理关系，公司的制衡机制就需对其进行相应治理，因此也就必须构建起相关的制衡机制。公司的代理关系主要可分为公司债权人同公司（股东）的代理关系、公司股东与公司的代理关系等，而股东又可分为对公司具有实质性影响乃至于控制的大股东与对公司并无太大的实质性管理意义的中小股东。这两类股东与公司的关系存在实质性差异，正是因为他们与公司的代理关系不同，制衡机制的实现方式也具有显著差异。

公司债权人同公司（股东）的制衡关系。这一制衡关系属于公司外部的制衡关系，而且主要表现为公司债权人同公司股东的权力制衡关系。产生这一制衡关系的基础，仍然是公司债权人将一定量资本的使用权让渡给了公司这一事实。而在与公司的关联关系上，股东相比债权人更为紧密。这就导致在关于同一对象公司的信息消费权力上，股东同债权人处在严重信息不对称的地位上。而这种不对称通常导致股东，尤其是有重大发言权因而对公司具有重大影响和实质性控制的股东，将关于债务资本的风险转嫁给债权人，从而损害债权人的利益。为了实现有效制衡，对债权人在信息上不对称的不利地位予以弥补，就需要在债务借贷合同中给予债权人特殊的权力以制约公司和公司的股东。这些借贷合同中需要特别约定的具体内容包含：对借款条件有特殊限制的规定，如对借款的用途、借款的担保或抵押条件、借款的信用条件等进行细化规定；债权人借贷合同的特别终止权，通常借款合同要规定借款的相关条款，如借款的使用方向、使用方式等，若发现股东或公司有违背双方约定的意图或行为，则债权人将有权终止借贷合同，收回贷款。这也是公司债权人制衡公司及股东的重要方式。债权人与公司及公司股东的制衡关系，主要是通过签订具有限制条款的合同形式来实现的，属于利用契约关系实现权力结构制衡的典型方式。

公司股东同公司的制衡关系。就形式而言，公司股东同公司的制衡关系主要体现在股东大会与董事会的关系上。股东大会同董事会之间存在特定的信任委托关系。这种关系具体表现为董事受股东委托成为股东的代表并行使对公司的管理权。对这一信任委托关系的治理主要依据履行受托经营管理责任的状况，股东大会可以因此决定是否继续选举董事连任、依据是否出现重大的受托责任失职对董事的起诉等。当然，如果这一信任委托关系一旦成立，股东就不得随意干涉董事正常行使权力，个别股东的意思表达，也必须上升为股东的统一意思表达才能发挥作用。

从持股比例来看，股东可分为大股东和中小股东。大股东通常是指那些拥有公司相当数量或比例股份的股东。这些股东具有对公司的重大影响乃至于实质性的控制。这些大股东通常都是公司的董事。这就意味着这些股东能够较为容易地利用法人治理结构，对公司实施治理。这种治理属于利用公司内部治理，其具体实施形式表现为董事会同公司管理层之间的关系治理。董事会执掌法人财产权，任命并指挥高级管理人员。为了有效地调动高级管理人员的工作积极性并保证高级管理人员不出现违背股东利益的道德风险和逆向选择行为，董事会通常可采用相应的治理方式，如高管激励、解聘高管和接收等。高管激励表现为给予高管人员股票选择权和绩效股两种方式，其中给予股票选择权是指允许高管人员以固定价格购买一定数量的公司股票。股价越是上升，就与固定价格的差距越大，经理人阶层所获得的利益就越大，基于理性经济人逐利假定可知，高管人员就会努力工作促使股票价格上升。所谓给予绩效股是指依据高管人员的工作业绩给予高管人员一定数量的股票作为对其工作的报酬。而衡量经营者绩效的指标主要有每股利润或资本报酬率。通常，为了激励高管人员，将这些指标的某一具体数值确定为目标值，并以目标值来考核高管人员，从而实现激励效果。公司股东和公司高管本来存在目标和利益的差异性，而激励方式究其实质则是将这种目标和利益的差异性缩减调整，使高管目标变得接近于股东目标。而解聘、接收等方式则属于负面的方法。解聘高管是指管理层由于在经营管理过程中做出了严重违背股东合法利益或损害了公司价值的违法违规行为而遭到股东的罢免；接收则是指基于管理层经营不力，严重损害股东利益，公司状况不佳或未能达到目标，公司被其他公司所购买吞并的经济现象。通常公司被接收，意味着公司的经营管理层人员的集体失业。为了避免上述失业风险，高管人员就必须努力工作。

中小股东对公司各方的治理关系与大股东对公司各方的治理关系相比是有实质差异的。由于中小股东并没有大股东对公司的实质性影响和控制权，所以中小股东就不可能使用类似于大股东的方式来实现其对董事会、公司以及管理层的治理。中小股东的治理方式主要表现为"用脚投票"，这种方式是利用市场机制来实现的。当出售公司股票的中小股东不断增加时，会一定程度上负面影响公司股票的价格。公司股票价格的降低说明投资者对该公司的评价降低，反映出不看好该公司当前及未来的经营情况，也表现了对公司高管人员的负面态度。上述情况会对公司管理层形成一定舆论和市值管理压力，促使管理层需要兼顾中小股东的相关利益诉求。

（三）公司治理的代表模式

公司治理的代表模式包括英美模式、德日模式和家族模式。这三种模式各有其特点，适用环境也不同，公司应根据自身情况和所处环境选择适合的公司治理模式。

1. 英美模式

该模式主要基于市场导向，注重股东利益，强调公司的自治和透明度。这种模式的公司治理结构以股东大会和董事会为核心，公司的决策权和监督权主要由股东大会和董事会行使。在实践中，英美模式注重股票市场的激励作用，通过股票的买卖来对经营者进行约束和激励。

2. 德日模式

该模式注重利益相关者的利益，强调公司的长期稳定发展。这种模式的公司治理结构通常包括股东大会、董事会和管理层，但与英美模式不同的是，德日模式更加注重股东之间的合作和协调，而非单纯的利益冲突。此外，德日模式还强调银行在公司治理中的重要角色，银行通过持有公司股份和向公司提供贷款等方式参与公司治理。

3. 家族模式

该模式通常以家族控制和裙带关系为主要特征，强调家族利益和家族控制。这种模式的公司治理结构通常包括股东大会、董事会和家族管理层。在家族模式下，家族成员通常位于公司的高级管理层，并利用裙带关系来控制公司决策。这种模式的优点是能够提高家族成员的工作积极性和忠诚度，但缺点是可能导致公司决策失误和缺乏透明度。

第二节　公司治理与财务治理

财务治理是公司治理的核心内容，公司治理的目标在很大限度上是依赖财务治理来实现的。因为公司的运营本质上是资本的运营，而对资本进行管理和经营的内容则构成财务治理的相关内容。

一、财务治理的概念

财务治理是指通过规范财务信息的生成和呈报机制，调整利益相关者在财务分配体制中应有的权益，为现实的和潜在的投资者提供真实且相关的财务信息，以提高公司治理效率的一系列动态财务相关制度规范。这些财务相关制度规范通过明确公司内部权力机构在财务方面的权责利关系，实施主体间的监督与激励机制，从而实现企业各相关方的利益最大化和企业价值最大化。公司的财务治理展现了一系列综合复杂的财务关系结构体系，包括反映了出资者对被投资公司的投资结构相关关系，反映了资本所有者对管理者委托代理相关关系，也展现了公司内部会计系统对业务系统、会计人员对高管人员的监督与控制关系等。

总的来说，财务治理是一个综合性的概念，涉及多个方面的内容。财务治理本质上是基于财务资本结构等制度安排，对公司财权进行合理配置，在强调股东、债权人、管理层等利益相关者共同治理的前提下，形成有效的财务激励和约束等机制，实现公司财务决策科学化的一系列制度、机制、行为的安排、设计和规范。

二、财务治理的特征

财务治理是公司治理的一项重要工作，它是一个复杂的系统，涉及多个方面的内容和多个参与方的利益。其核心是财权的配置和规范，旨在通过财权的合理分配来建立有效的财务激励与约束机制。财务治理的特征主要包括以下几个。

（一）明确的实施主体和客体

财务治理的实施主体一般是公司的董事会和高管层，他们负责决策和实施企业的财务战略。而其实施客体则是公司的各种财务活动，包括融资、投资、运营和分配等。

（二）财务治理的核心在于财权配置

财务治理通过明确实施主体在财权配置中的能动作用，建立激励与约束机制，从而实现公司财务决策的科学化。这种财权配置不仅包括财务决策权、执行权和监督权，还涉及财务收益权和处置权等。

（三）财务治理的目的是实现公司各方的利益最大化

财务治理旨在协调公司与其利益相关者之间的财务关系，确保各方利益得到均衡和最大化。这涉及如何有效管理和控制公司的财务风险，提高财务绩效，以及保障投资者的权益等。

（四）依赖于一系列治理方式和机制

财务治理的实现需要依赖于一系列治理方式和机制，包括财务决策机制、激励机制、约束机制和监督机制等。这些制度安排旨在规范公司的财务行为，确保公司财务活动的合规性和有效性。

三、公司治理与财务治理的关系

公司治理与财务治理之间具有紧密的关系，表现为二者之间既相互联系又有所区别。

（一）公司治理与财务治理的联系

首先，公司治理与财务治理的产生背景相同。伴随现代企业中所有权与经营权的两权分离现象的出现，股东需要公司建立完善的治理机制体系来有效解决管理层出现的代理问题，由此公司治理及其包含的财务治理得以形成和发展。因此，所有权与经营权的分离引发了代理问题，进而又产生了公司治理与财务治理相关理论规范。

其次，公司治理是财务治理的基础，财务治理是公司治理的发展和深化。财务治理作为一种财务激励与约束的制度安排，在很多方面要根据公司治理的规则和程序来制定相适应的制度规则体系，还要根据公司治理的目标来确定财务治理的目标以及相关财权的划分和分配。

最后，财务治理是公司治理的核心。财务治理作为公司治理的一个重要组成部分，目的就是解决公司各利益相关者之间的利益冲突，公司治理其他方面的治理效果最终要通过财务利益的最终治理调配结果体现出来。

（二）公司治理与财务治理的区别

首先，两种治理的重点不同。公司治理的重点在于产权配置，主要以产权为核心和纽带；而财务治理的重点在于财权配置，主要以财权为核心和纽带。

其次，运行方式不同。公司治理的运行方式主要是通过确定董事会、监事会和管理层的人选，规定各自的权责，形成各方之间的制衡关系；而财务治理的运行方式主要是通过财权在各利益相关者之间的合理配置，形成财务活动管理权限上的权责关系。

再次，激励内容不同。公司治理的激励侧重点除了包括薪酬、期权等薪酬化激励，还包括职位提升，荣誉表彰等非薪酬方面的激励；而财务治理侧重于薪酬、期权等货币化激励。

最后，约束内容不同。公司治理的约束制度偏重运用行政、人事、经济和法律等各方面综合施行；而财务治理的约束制度侧重于以与财务相关的方法手段来进行。

第三节　公司治理的基础理论

▶ 一、产权理论

（一）产权理论基本命题

财产所有权权能的商业化分解，以及因此而形成的各个不同社会主体拥有财产的不同权能的结构形式，形成了关于财产的产权问题。首先，一项财产所有权的各项权能，是可以分解并为各个不同的社会主体所持有的。而且，这种分解的典型形式就是商业化分解。出让方是为了获得特定的其他权益而出让财产所有权的某些权能，这里的其他权益最典型的就是投资增值。而出让的财产所有权权能通常是控制、使用、处置和收益等权能。对于财产所有权权能的受让方而言，受让的权能构成受让方成立的物质基础。当受让方是企业法人时，所受让的财产权能，就构成法人财产权。

财产所有权有关权能分解转让的两种最基本的形式是：主权投资的所有权权能分解转移结构形式（简称主权投资形式）和债权投资的所有权权能分解转移结构形式（简称债权投资形式）。债权投资形式和主权投资形式的共同点是都发生了所有权的权能转移或商业化让渡，不同之处是让渡程度和内容不同。债权投资形式是企业的债权人仅将财产特定时段的使用权让渡给受让人，由于是商业化的让渡，债权人将按照让渡财产量和时间长度计价收费。这种收费形成受让人典型的经营性费用，而对让渡人而言则是其投资收益。显然，让渡人通过放弃（让渡）财产的某些权利而获得了另一些权益。这种事项表现出财产权利经过分散和商业化转移，重新实现了权利和义务的对称或统一。债权投资形式由于仅转让了财产特定时间的使用权，因而也只获得了法定的收益权，却并未获得其他更多的权益。主权投资形式习惯上被称为权益投资。关于主权投资形式的性质，具有如下两种不同认识：

其一是财产权拥有者经过主权投资后，已经完全地让渡了其所有权的全部权能，并换回了对受让主体的三大权利，即管理权、监督权和对受让人收益的分配权。

其二是财产权拥有者经过主权投资后，已将财产所有权中的使用权、收益权等核心权利让渡给受让人，但是关于财产的原始归属权却并未让渡，因而，出资人始终保持着对投资财产的最终归属权，也就是要求权。

不管哪一种观点，其共同点在于，出资人以资本使用权为核心的相关权能，构成了受让人存在的基础，受让人因而可以成为法人，而转移的财产权利构成了法人的法人财产权。从经济学的逻辑看，无论是主权投资的所有权权能分解转移结构形式还是债权投资的所有权权能分解转移结构形式，也具有这样的一个共同点，即作为出资人，无论是受让主体的债权人还是股东，都将自己的财产权利中以使用权为核心的相关权能让渡给了受让人（即法人），无论这一让渡在时间上是有限还是无限，其实都构成了受让人作为法人的经济基础。

法人财产权对于公司企业而言是至关重要的构成要素。公司作为社团法人，除了具有社会要素之外，还必须要具有物质要素（即一定的财产）。而公司中的财产则表现为一定量的资本。毫无疑问，公司所拥有的资本，其实是拥有广义的资本使用权。换言之，构成公司法人财产权的内容，并不要求必须包含资本的原始归属权能。这一命题的基本意义是，一个公司在筹集资本时，获得资本的使用权是必然内容，而获得包括资本原始归属权能在内的资本的完整所有权则是偶然的。获得资本的使用权是资本经营的需要，但是资本经营并不需要资本的原始归属权。正是这一现象，导致在公司中存在典型的同一资本的所有权不同权能的分解、分散和转移，从而使同一资本对象，具有不同的相关主体。换言之，同一资本的不同权能，分别为不同的主体所持有。

（二）公司财务关系的产权透析

在论及公司的经济关系时，我们通常要指出这一范畴的外延内容，一般而言包括公司同股东的关系，公司同债权人的关系，公司同国家的关系，公司同其他市场主体的关系，公司同职工（雇员）的关系。显然，我们这样理解公司的经济关系，主要是基于企业定义，即企业（尤其是公司）是一系列经济关系的系统化组合。

这些经济关系就其实质而言是基于公司资本的关系。但公司在进行资本运作时，其活动的基本内容是筹资与投资。而无论是筹资还是投资，其根本目的是取得资本的使用权。这样就会导致资本所有权各个权能将发生分离和重组，这些资本财产权利的分离重组，表现为从原持有资本财产的主体手中转移到公司法人手中。正是这一转移，使不同的市场主体掌握不同的资本所有权能，从而形成了各个不同主体间的关于同一资本财产的不同权能分别持有的结构形式。当各个不同主体掌着同一资本的不同权能时，这些主体之间就形成了前述的各种经济关系。

这些关系的存在，是代理关系成立的逻辑前提。

▶▶ 二、委托代理理论

委托代理理论是在 20 世纪 60 年代末、70 年代初一些经济学家深入研究企业内部信息不对称和激励问题上发展起来的。詹森和梅克林认为，只要管理当局未能持有一个法人企业 100% 的股份，则委托代理问题就必然产生。显然，企业所有权和经营权的分离，使得委托人和代理人在追求各自利益最大化的过程中必然发生利益冲突，而信息的不对称使得委托方无法控制代理人的行为，于是就产生了委托代理理论。委托代理理论的基本内容是在利益冲突和信息不对称的情况下，通过契约形式，研究委托人与代理人之间的权利、责任、利益关系，核心是如何设计最优契约以激励代理人并降低代理成本。

1. 委托代理关系

詹森和梅克林对委托代理关系做了如下说明：委托代理关系是指一个或多个委托人雇

佣另一个代理人，并授予代理人进行决策的权利，促使其按照约定完成指定的活动。委托代理关系的实质是一种契约关系，在现代经济社会中这种关系主要存在于公司的股东和管理层之间。

委托代理理论的主要观点认为，委托代理关系是随着生产力大发展导致的规模化大生产的出现和市场经济活动中经济关系的愈加复杂化而产生的。委托代理关系产生的首要原因是生产力的发展。生产力的发展使得分工进一步细化，权利的所有者由于知识、能力和精力的限制，不可能行使所有的权利，于是，所有权和经营权相分离的历史前提产生了。同时，专业化的社会分工产生了一种以代替别人进行某种活动为其专业的职业代理人。通常，这些人具有某一方面的专业知识的和精力，于是在这一方面，他们就有能力代理别人做好相关的事。通常这种人被称为专家集团。但在委托代理关系当中，委托人与代理人追求的目标是不一致的：委托人追求的是资本增值和资本收益的最大化，最终表现为企业价值最大化或股东财富最大化；而代理人追求自己的工资津贴收入、奢侈消费和闲暇时间等的最大化，这必然导致两者的利益冲突。在没有有效的制度安排时，代理人的行为很可能最终损害委托人的利益。

詹森和梅科林把委托代理关系的基本内容归纳为如下三个方面：资源的提供者和资源的使用者之间是以资源的筹集和运用为核心的代理关系；资源的提供者之间是基于投资者行为目标和行使权利内容不同而形成的委托代理关系；公司内部的管理层级之间是基于资源经营管理责任的委托代理关系。

2. 委托代理问题

当所有权与经营权分离，委托人和代理人在追求各自利益最大化的过程中由于双方的条件各异、需要有别，行为目标就会必然发生冲突，而且信息的不对称也使委托人很难验明代理人的实际行为是否合理或者面临着验明行为合理性的费用会很高的情况。因此，如何协调好委托代理关系，使委托人和代理人构成的组织能够有效运行，便成为一个独特的组织问题，也就是所谓的"委托代理问题"。代理问题的实质就是由于信息的不对称性和契约的不完备性，委托方不得不对代理人的行为后果承担风险。

委托代理问题集中表现为代理成本。代理成本是委托人的经济目标与代理人的经济目标发生不利于委托人的偏差，这一偏差就是委托人的代理成本。委托代理理论是考察委托人和代理人所面临的目标、风险、利益和动机之间的对弈关系，并提出改善这一关系的合理化建议，使代理人的行动更能体现委托人的意志，降低代理成本。

在实践中，委托人必须通过严密的契约关系来对代理人的行为实施控制，以遏制其谋私行为。而委托人的这种控制，导致委托人必然支付代理成本。代理成本可以分解为三部分：其一，委托人的监督成本，它是指公司股东作为委托人，为了让作为代理人的管理层勤勉尽责，需要耗费时间和精力来实施监督；其二，代理人的担保成本，它是指代理人维护股东利益的尽责成本和赔偿成本；其三，剩余损失，它是指委托人承担的因代理人行使决策权并形成不利于委托人利益的结果而发生的损失，或者说是指委托人在与代理人具有相同的信息和经营条件下行使其效用最大化决策的净损失。研究委托代理关系的目的就是探索有效的激励机制，尽可能降低代理成本。

第四节　公司财务治理结构

一、公司财务治理结构的概念

公司财务治理结构是指为了解决财务治理问题而建立起来的股东大会、董事会、监事会、经理层和职工之间有关财务的责权利关系，以及在此基础上建立起来的一套有效的激励与约束机制。这套制度安排通过合理地配置公司财务的决策权、执行权和监督权，形成有效的财务制衡与激励机制，从而实现公司的财务目标。

具体而言，财务治理结构明确了各利益相关者在公司财务决策、执行和监督中的地位和职责，规范了公司内部的财务行为，确保了公司资产的安全、增值和合理利用。同时，通过有效的激励与约束机制，激发了各利益相关者的积极性和创造性，约束其不良行为，促进公司的长期稳定发展。

公司财务治理结构是公司治理结构的重要组成部分，对于提高公司治理效率、保护投资者利益、促进企业可持续发展具有重要意义。

二、公司财务治理结构中各主体权限

公司财务治理结构中各主体权限包括：出资人的财务权限、董事（会）的财务权限、管理层的财务权限、财务经理的财务权限等对企业资本的特殊治理权限。

（一）出资人的财务权限

依据公司法以特定形式的资本价值投入或组建公司，出资者就将享有特定的法定权利。股东是公司最重要的出资人，股东具有的权限包括：对公司的知情权和发言及表决权；出售或优先购买本公司股票的权利；股东收益权和诉讼公司有关代理人的权利。这些权利都与公司财务活动中的资本权利直接或间接相关，从而可以具体细化为以下重大事项的决策权和监督权：资本投入和已经建立的公司是否增资扩股，公司的合并或分立，公司并购的有关事宜，公司的破产、清算和关闭有关事宜，投资和筹资计划的批准。这些事宜的决策权一般都归于股东（大会）。同时，股东还享有对董事（特别是经理层人员）的业绩考核、选聘董事和监事、对公司有关事项进行审计的权利。这是基于上述资本权利而产生的属于股东监督权的具体内容。

股东行使的这些权利，作为财务治理层次上的意义，可以归结为是一种关于资本的最高决策权和监督权，主要用以保证所投入的资本的安全完整和增长目标的实现。

（二）董事（会）的财务权限

董事会依据股东大会的统一意思表达，具体制订能够落实股东大会决议的全方位战略计划，并指挥经理层人员具体执行。所以董事会在公司财务治理中的核心权利就是关于资本的决策权。

它具体表现为：决定公司的基本经营制度、制定公司的利润分配或弥补亏损方案；决定公司的注册资本增减变化方案；拟定合并、分离、变更公司的形式和解散公司的方案；聘任和解聘公司包括财务经理人员在内的经理层人员；决定公司聘任人员的薪酬；股东大会授权的其他事项。董事会还应该就上述工作职责的履行情况以及执行结果向股东大会做出报告。

（三）管理层的财务权限

管理层的财务权限主要表现为关于资本的执行权。执行权的核心权利内容是：组织实施董事会的战略计划和有关决议，主持日常生产经营活动。具体表现为：制定公司的日常经营管理规章制度、拟订公司内部经营管理机构的职责、制订公司日常经营计划并拟订相应的财务预算和决算方案；提请董事会聘任或解聘副总经理、财务负责人；组织日常经营所需的员工队伍；依据生产经营业绩决定员工的奖励、加薪和职级的升降直至解聘辞退；依据生产经营的需要，提请董事会批准聘任有关的专业顾问以及相应的薪酬；董事会特别授权的事项，如关于公司的重大投资项目和重大融资项目的论证分析、方案拟定、报送审核等。

（四）财务经理的财务权限

财务经理的财务权限集中在执行公司经营计划及对公司资本日常运行过程的控制和力争实现资本运行的预期结果等方面。从权限的表现形式上看，财务经理的财务权限应该包括：资本需要量的预测；对确定的公司所需资本量以何种方式向何种资本供应主体获取；所获取的资本在什么时点投入特定的环境中去；投入运行的资本，应该以什么速度进行周转循环；确定在特定的经营环境中，投入运行的资本应该获得的增值结果，包括增值的绝对量和相对水平，并以此作为标准，通过对资本运动的控制，实现对生产经营活动的控制，并最终实现管理目标。

从权限的管理内容上看，财务经理的财务权限管理内容有：①处理对外的资本关系，主要包括同银行的资本借贷关系和与其他同公司形成商业信用关系企业的关系。对这些关系的处理，在于提高企业的资信度，从而更有利于企业筹集资本。②企业内部的现金管理。现金管理是企业财务经营活动的核心。因为现金的收支支撑着企业的全部经营活动，没有现金的流动，也就没有企业的经营活动。同时，现金流动又涉及企业全部经营活动。因此现金的状况，无论其存量还是流量，都反映着企业全部经营活动情况。③处理利润分配的有关具体事务，这些事务对企业的利润分配政策的制定，对未来企业的筹资和投资都具有重要影响。④负责财务预测、计划和分析。

三、公司财务治理结构的影响因素

（一）资本结构

资本结构包括股权结构和债务结构两个方面。股权结构是影响公司财务治理结构的重要因素。股权的集中或分散程度、股东的性质和持股比例等都会对公司财务决策、监督和激励机制产生影响。例如，股权高度集中的公司可能会出现大股东侵害小股东利益的情况，而股权分散的公司则可能面临财务决策效率低下的问题。债务结构是影响公司财务治理结构的另一重要因素。根据债务契约安排，债权人在一般情况下（公司破产除外）不会参与公司的财务运营，不享有公司财务决策权、财务执行权和剩余索取权。但是，由于现代企业制度中委托代理关系的存在，以及企业财务信息的不对称，债权人作为公司资本的主要提供者，为了保护自己的利益不遭受大股东和经营者的侵害，会逐渐要求加大对公司的财务监控，即分享一部分公司的剩余财务控制权，这主要包括财务监督权。

（二）董事会特征

董事会作为公司治理的核心机构之一，其特征对公司财务治理结构具有重要影响。董事会的规模、独立性、专业性和行为方式等都会影响公司的财务决策和监督机制。例如，独立性强、专业性高的董事会可能更能有效地履行监督职责，保护股东利益。

（三）监事会和审计委员会

监事会和审计委员会作为公司内部监督机制的重要组成部分，其有效性和独立性对公司财务治理结构具有重要影响。监事会和审计委员会的职责是监督公司的财务活动和内部控制，确保其合规性和有效性。如果这些机构无法有效履行职责，就可能导致公司财务治理结构失衡。

（四）管理层激励与约束机制

管理层是公司财务决策的主要执行者，其激励与约束机制对公司财务治理结构具有重要影响。合理有效的激励与约束机制可以激发管理层的积极性和创造性，约束其不良财务行为，促进公司的长期稳定发展。反之，如果激励与约束机制不合理或失效，就可能导致管理层行为偏离公司正确健康发展目标，损害股东等其他利益主体的利益。

（五）外部法制环境

外部法制环境是公司财务治理结构的重要外部影响因素。完善的法律法规和严格的法律执行可以为公司提供良好的治理基础和保障，促进公司规范运作和健康发展。反之，如果法律法规不健全或监管不力，就可能导致公司财务治理结构失衡，引发各种财务问题。

第五节　公司财务治理机制

▶ 一、公司财务治理机制的概念

公司财务治理机制是指在公司财权配置的基本框架下，依据公司财务治理结构，形成一种自动调节公司财务治理活动的经济活动体系。这个机制旨在通过规范财务信息的生成和呈报，调整利益相关者在财务分配体制中应有的权益，为现实和潜在的投资者提供真实、相关的财务信息，以提高公司的治理效率。

公司财务治理机制的主要内容包括财务决策机制、财务激励机制和财务约束机制。财务决策机制位于公司财务治理机制的首要位置，财务激励机制和财务约束机制的健全、有效则是公司财务治理机制的核心，需要通过建立有效的激励与约束相容机制，协调各权利层之间的利益关系，实现公司财务治理的目标。这些机制相互配合，共同作用于公司的财务管理活动，确保公司财务决策的科学化、合理化和规范化。同时，公司财务治理机制还涉及公司内部权利机构在财务方面的权责利关系，以及实施主体间的监督与激励机制，旨在实现利益相关者利益最大化和公司价值最大化。

总体而言，公司财务治理机制是一种综合性的制度安排，旨在规范公司的财务行为，保障利益相关者的权益，提高公司的治理效率和市场竞争力。

二、公司财务决策机制

公司财务决策机制是指在不同层次下，财务管理主体决策权利的形成规范和规定，以及决策权在各财务管理主体之间的分配。它是财务机制的核心，主要任务是通过科学、合理的决策程序，做出最符合财务管理目标实现的决策方案。公司财务决策机制主要包括财务决策逻辑系统、财务决策组织系统和决策者三方面的内容。

（一）财务决策逻辑系统

它是财务决策过程的逻辑顺序。公司在进行财务决策时应首先获取企业经营的资源信息，然后依靠公司内外部专家把资源信息转换为决策信息并设计决策方案，进行定量分析，最后由决策者综合评价并做出最终财务决策。

（二）财务决策组织系统

决策权的分配是财务决策机制的重要组成部分。一般而言，公司战略决策应由企业最高领导机构决定，管理决策则应由中间管理层决定，业务决策应由初级管理层决定。为了发挥各级管理人员的积极性，最高领导层在进行战略决策时，应吸收中间管理层参加；中间管理层在进行管理决策时，应吸收初级管理层参加。

（三）决策者

在财务决策过程中，决策者起着至关重要的作用。他们需要具备专业的财务知识和丰富的决策经验，以确保财务决策的科学性和合理性。

三、公司财务激励机制

公司财务激励机制是一种通过一系列的奖励和惩罚措施，来引导和规范公司内部各层次的财务管理行为，以最大限度地激发其积极性和创造性，从而实现公司财务管理目标的机制。它是公司财务治理机制的重要组成部分，对于提高公司财务绩效、促进公司可持续发展具有重要意义。

（一）激励内容

公司财务激励机制的内容主要包括以下方面：

首先，薪酬激励。通过制定合理的薪酬制度，将公司员工的薪酬与其工作绩效挂钩，以激发其工作积极性和创造性。

其次，股权激励。通过向公司员工授予一定数量的公司股票或股票期权，使其分享公司的收益和风险，从而增强其责任感和归属感。

再次，职务晋升激励。通过设立明确的职务晋升通道和晋升标准，为公司员工提供职业发展空间和晋升机会，以激发其工作热情和进取心。

最后，荣誉激励。通过对优秀员工的出色表现进行表彰和奖励，树立榜样和标杆，以激发其他人员的向上心和进取心。

（二）激励原则

公司财务激励机制的构建应遵循以下原则：

首先，目标明确原则。激励机制的设计应与公司财务管理目标相一致，明确奖励和惩罚的标准，以确保激励机制的有效性。

其次，公平合理原则。激励机制应公平对待公司内部各层次的人员，避免主观偏见和不公平现象的发生，以维护公司内部和谐稳定。

再次，物质与精神激励相结合原则。除了物质奖励外，还应注重精神激励，如晋升、表彰等，以满足公司员工的不同需求，提高其工作满意度和归属感。

最后，短期与长期激励相结合原则。激励机制既要考虑短期内的激励效果，也要关注长期的激励作用，以确保公司财务治理的可持续发展。

四、公司财务约束机制

公司财务约束机制是指通过一系列的制度、规定和措施，对公司内部的财务管理行为进行限制和监督，以确保公司财务活动的合规性、安全性和有效性。它是公司财务治理机制的重要组成部分，旨在防止和纠正公司财务活动中的不良行为，保护利益相关者的权益，维护公司的财务稳定和可持续发展。公司财务约束机制主要包括以下方面的内容。

（一）制度约束

制度约束是指通过建立和完善公司内部财务管理制度，明确各项财务活动的规范和流程，确保公司财务活动的合规性和有效性。这些制度包括投资制度、采购制度、内部审计制度、财务风险管理制度等。

（二）预算约束

预算约束是指通过制定和实施公司财务预算，对公司各项财务活动进行事先规划和控制，防止超预算支出和财务风险的发生。预算约束要求公司各部门严格按照预算执行财务活动，确保公司财务目标的实现。

（三）监督约束

监督约束可以进一步分为内部监督约束和外部监督约束。内部监督约束是指通过建立健全公司内部监督机制，对公司财务活动进行实时监督和检查，发现和纠正财务管理中的问题和不规范行为。内部监督约束包括内部审计、财务监察、风险内部控制等公司相应财务审计部门及其职能履行。

外部监督约束包括市场约束、法律约束和外部审计约束。首先，市场约束是指从公司外部通过有效的市场机制来约束各利益相关者。具体来说，市场约束包括金融资本市场的直接制约与监督，股票市场的约束，经营者市场的压力，被兼并收购的约束等。然后，法律约束是指以法律的形式规定了公司经营者拥有的权利和应该承担的责任，规定公司经营者违法时应受到的惩罚。例如，部分国家法律规定，在公司破产时，除了要依法追究公司经理的渎职行为责任外，还规定原公司经营者在一定时间内不得担任经理、董事等职务。最后，外部审计约束是指对于公司财务报表、招股说明书等重要财务信息文件的对外正式发布都必须事先经过外部独立审计机构的审计核查，并得到相应审计意见，以此来确保公司财务信息的真实有效。

（四）信息披露约束

信息披露约束是指通过规范公司财务信息披露的内容、方式和频率，提高公司财务信息的透明度、及时性和真实性，提高外部利益相关者对公司财务活动的监督和约束能力。信息披露约束要求公司及时、准确、完整地披露财务信息，保障利益相关者的知情权和决策权。

【思考题】

1. 公司治理的产生背景是什么？
2. 财务治理的特征是什么？
3. 公司治理与财务治理具有什么关系？
4. 公司治理的基础理论是什么？
5. 公司财务治理结构受到哪些因素影响？
6. 公司财务治理机制包含几个方面的内容？

第五章

企业并购的理论基础

【本章导读】

中国互联网巨头腾讯公司于2016年6月出资86亿美元从软件银行集团手中收购了芬兰最大的手游开发商Supercell公司84.3%的股份，其估值高达102亿美元，这不仅是当时中国互联网行业海外并购涉及金额最大的一则案例，也是全球范围内最大的游戏行业并购事件。Supercell依靠其具有特色的游戏设计能力和创新理念，开发了多个可玩性较高的游戏，短短几年时间内就发展成为全球顶尖的手游开发公司，日活跃用户数在2016年已高达1亿人。通过此次收购，腾讯公司在全球范围内进一步扩张了游戏业务，使其全球影响力又进一步得到提升，无论是手游玩家人数还是获得效益方面均远远领先于国内其他游戏开发公司，并借此机会将更多腾讯研发和代理的游戏产品投放至国外。

近年来，企业间的并购交易数量越来越多，并购交易在全球范围内普遍存在。那么，为什么这么多的企业会开展企业间并购，企业并购的动机有哪些？企业应该如何开展并购活动？企业并购会给企业带来什么样的效应？这些将是本章要讨论的主要问题。

【学习目标】

通过本章的学习，你应该掌握：
1. 企业并购的概念、形式
2. 企业并购的类型
3. 企业并购的经济学解释
4. 企业并购的一般程序
5. 企业并购的动因

第一节　企业并购的概念

企业并购是指兼并或合并（Merger）与收购或收买（Acquisition）的合称。在西方，两者惯于合称为"Merger and Acquisition"，可缩写为"M&A"，简称"并购"或"购并"。

▶ 一、兼并与合并

企业兼并（Merger）是指具有法人资格的企业以现金、证券或其他形式购买其他企业的产权，使其他企业失去法人资格或改变法人实体的一种行为。例如，A 公司兼并 B 公司，其后 A 公司依然合法存在，B 公司的法定地位则消失。用公式来表示就是：A+B＝A。兼并的方式可以是现金购买、股票转换或者承担债务等。

企业兼并必须是企业的全部或其大部分资产的产权归属发生变动，实行有偿转移，而个别生产要素的流动，仅构成企业资产的买卖。

根据我国《公司法》的规定，公司合并可以采取吸收合并或者新设合并。吸收合并是指一家企业吸收其他企业，被吸收的企业法人主体资格不复存在，吸收合并即为兼并。新设合并是指两个或两个以上的公司合并新设一家新公司，从而实现生产要素优化组合的一种行为。例如，A 公司与 B 公司合并，其后 A、B 公司均不复存在，重新组成 C 公司。用公式来表示就是：A+B＝C。

兼并有广义与狭义之分，狭义兼并与广义兼并的主要区别在于：狭义兼并的结果是被兼并企业丧失法人资格，而兼并企业的法人地位继续存在；广义兼并的结果是被兼并企业的法人地位可能丧失，也可能不丧失，而是被控股，兼并企业的法人地位也不一定不丧失。

二、收购

企业收购（Acquisition）是指某一企业为了获得其他企业的控制权而购买其他企业资产或股份的行为。收购作为企业资本经营的一种形式，其实质是通过购买被收购企业的股权或资产取得控制权。通俗地讲，就是一企业接管另一企业的行为，被接管的企业法人地位并不消失。

收购可以进一步分为资产收购和股权收购。股权收购与资产收购的主要区别在于：股权收购是购买一家企业的股份，收购方将成为被收购方的股东，有权参与企业的管理，有义务承担该企业的债务；而资产收购则是购买其他企业的全部或部分资产，由于在收购目标公司资产时并未收购其股份，收购方无须承担被收购方的债务。

三、企业合并与收购的联系与区别

无论是企业合并还是收购，企业产权的转让是其基本的特征。在现代企业制度下，企业产权的转让，即企业控制权的转移是通过以下两种方式进行的：一是购买企业的资产获得企业的控制权；二是购买企业的股权获得企业的控制权。

企业合并与收购的基本动因是相似的，如扩大企业的市场占有率、扩大企业经营规模以实现规模经济、拓宽企业经营范围以实现分散经营或综合化经营等。总之，两者都是为了增强企业实力而采取的外部扩张策略和途径，都是企业资本经营的基本方式。

另外，两者都是以企业产权为交易对象的，而且这种产权交易活动是一种有偿的交换，而不是一种无偿的调拨，支付的手段既可以是现金，也可以是股票、债券或其他形式的回报。并且，两者都是在市场机制作用下、具有独立法人财产企业的经济行为，是企业对市场竞争的一种能动反应，而不是一种政府行为。当然，合并与收购也有许多区别，以 A 公司收购或者合并 B 公司为例，它们的主要区别见表 5-1。

表 5-1 企业收购与合并的区别

项　目		内　容
收购	资产收购	B 公司解散，A 公司存续
	股权收购	B 公司不解散，作为 A 公司的子公司存续；或 B 公司解散，A 公司存续
合并	吸收合并	A 公司存续，B 公司解散；或 B 公司存续，A 公司解散
	新设合并	A 公司、B 公司都解散，另设一家新公司

四、企业并购

并购有狭义与广义之分。狭义的并购即我国《公司法》上所定义的吸收合并或新设合并；广义的并购除这二者外，还包括通过股权或资产的购买（纯粹以投资为目的而不参与营运的股权购买不包括在内）取得其他企业的控制权。狭义并购与广义并购的区别在于：前者是特定的合并模式，合并后被并购企业原有的法人资格不复存在；而后者则涵盖所有企业取得其他企业控制权的模式，被并购企业不一定需要解散，可能仍保持独立的法人资格继续经营。

尽管兼并、合并和收购存在区别，但在实践中，三者往往交织在一起，很难严格区分开，它们的联系远远超过它们的区别，尤其是三者所涉及的财务问题并无差异。因此，本章不再严格区分"合并"和"收购"，一般情况下统称为"并购"（M&A），泛指在市场机制作用下企业以支付现金、交换股权或承担债务等方式来取得其他企业的股份或资产所有权，从而获得其他企业的控制权的产权交易活动。并且，本章把并购一方称为买方企业或并购企业，把被并购一方称为卖方企业、目标企业或被并购企业。

第二节　企业并购的类型和程序

一、并购的类型

企业并购的形式较多，根据不同的标准，可以划分为不同的类型。不同类型的并购活动，可能导致不同的并购成本，面临不同的法律和政策环境，并购双方所需要完成的工作也不完全相同。因此，企业在实施并购时需要认真分析，选择对自己最有利的类型。

（一）按并购双方的行业关系划分

按并购双方的行业关系划分，并购可以分为横向并购、纵向并购和混合并购。

1. 横向并购

横向并购是指处于同行业，生产或销售相同、相似产品的企业间的并购，横向并购往往是市场上竞争对手间的合并。

横向并购的优点是可以使资本在同一生产、销售领域或部门集中，消除重复建设，提供系列产品，扩大生产规模以达到新技术条件下的最佳经济规模。这种并购的基本条件简单，风险较小，并购双方容易融合，易形成产销的规模经济，是企业并购中的常见方式。

在 19 世纪后期和 20 世纪初期，横向并购是企业并购浪潮中的主要并购形式，但由于优势企业吞并劣势企业组成横向托拉斯[⊖]，在该行业内占有绝对地位，容易破坏竞争，形成高度垄断的局面，许多国家都密切关注并严格限制此类并购的发生。例如，美国的克莱顿法（1914）第七条就特别针对横向并购活动加以规范，禁止任何不合理限制竞争或导致独占的结合。

2015年2月，滴滴打车与快的打车宣布两家公司战略合并，2016年8月，占有中国网约车市场最大订单份额的两大平台——滴滴出行与优步中国宣布合并，至此，滴滴占据了网约车市场的九成份额，引发了社会各界对网约车行业竞争状况的广泛关注。2018年11月，针对滴滴和优步的合并案，国家市场监管总局依据《反垄断法》进行了调查，全面分析评估该交易案对市场竞争和行业发展的影响以及对损害消费者利益的垄断行为。

2. 纵向并购

纵向并购是指生产和经营过程相互衔接、紧密关联、互为上下游关系的企业之间的并购。

纵向并购实质上是处于同一产品链条上不同阶段的企业间的并购，其结果是形成纵向一体化。纵向并购有利于组织专业化生产，实现产销一体化，加强企业对销售和采购的控制，加强生产过程各环节的配合，利用协作化生产加速生产流程，缩短生产周期，节约通用的设备、费用，还可以节省运输、仓储、资源和能源等。虽然纵向并购的企业双方分属于不同的产业部门，但两者之间属于前后生产工序，并购双方往往是原先的原材料供应者和产成品购买者，所以对彼此的生产状况比较熟悉，有利于并购后的相互融合。基于以上优点，纵向并购较少受到各国反垄断法规的限制。

纵向并购主要集中于加工制造业和与此相关的原材料生产企业、运输企业、商业企业等。纵向并购又分为向前纵向并购、向后纵向并购和向前向后双向纵向并购。向前纵向并购，即企业向其产品的前加工方向并购，对产品链前面环节的企业进行并购；向后纵向并购，是指企业对产品链后面环节的企业进行并购，例如生产原材料和零部件的企业并购加工、装配企业，生产企业并购销售商；向前向后双向纵向并购，则是既向前加工方向并购，又向后加工方向并购。

利亚德光电股份有限公司（简称利亚德）是一家专门从事LED应用显示产品的研发、设计、生产、销售及安装的高新技术企业。公司的战略发展目标是成为全球领先的LED应用整体解决方案专家，从2015年开始，公司逐步扩大LED文化传媒业务板块，寻找与其业务协同的优质文化传媒类公司作为投资合作对象，同时纵向并购了励丰文化和金立翔两家企业，实现了公司的外延式发展。并购完成后，利亚德的业务从以LED应用产品为主，丰富为包括LED应用、舞台视效设备以及文化演艺设备研发销售、系统集成与整体解决方案在内的综合业务机构。

3. 混合并购

混合并购是指既非竞争对手又非现实或潜在客户或供应商的企业间的并购，并购的企业处于不同行业，产品属于不同市场。

混合并购可以通过分散投资、多元化经营，达到资源互补、优化组合、开辟新业务、减少经营局限性以及扩大企业知名度等目的。混合并购能够分散企业的投资风险和经营风

⊖ 托拉斯，英文 trust 的音译，垄断组织的高级形式之一。

险，并且这种并购形态因并购企业与目标企业没有直接业务关系，其并购目的往往较为隐晦而不易为人察觉和利用，有可能降低并购成本。与纵向并购类似，混合并购也被认为不易限制竞争或构成垄断，故而不常成为各国反垄断法规控制和打击的对象，从而在企业并购浪潮中占据了相当的地位。

一提起联想集团，大多数人的反应一般是联想是一个电脑制造商，殊不知，在其一系列设立、参股或混合并购金融企业（2010年入主汉口银行、2012年设立正奇控股、2015年设立君创租赁、2018年收购卢森堡国际银行、2020年入主现代财险等）后，金融业务现已经占据其半壁江山，且在2015年—2019年这五年里，金融业务每年为联想创造的利润都高于其传统IT业务。

（二）按并购的出资方式划分

按并购的出资方式划分，并购可以分为现金购买式并购、股权交易式并购、承担债务式并购和综合证券并购。

1. 现金购买式并购

现金购买式并购是指并购企业向目标企业支付一定数量的现金而获得目标企业控制权的一种并购方式。

现金购买式并购包括以下两种形式：

（1）出资购买资产式并购　出资购买资产式并购是指并购企业使用现金购买目标企业的全部或绝大部分资产，以实现并购。以现金购买资产形式的并购，目标企业原有法人地位及纳税户头消失。对于产权关系、债权债务清楚的企业，出资购买资产式并购能做到等价交换、交割清楚，没有后遗症或遗留纠纷。这种并购类型主要适用于非上市公司。

（2）出资购买股票式并购　出资购买股票式并购是指并购企业使用现金、债券等方式购买目标企业一部分股票，以实现控制后者资产及经营权的目标。出资购买股票可以通过一级市场进行，也可以通过二级市场进行。通过资本市场出资购买目标企业股票是一种简便易行的并购方法，但因为受到有关证券法规信息披露原则的制约，如购进目标企业股份达到一定比例，或达到该比例后持股情况有变化都需履行相应的报告及公告义务，在持有目标企业股份达到相当比例时更要向目标企业股东发出公开收购要约，等等。所有这些要求都容易被人利用，哄抬股价，而使并购成本激增。

作为一种单纯的并购行为，目标企业的股东一旦得到了对其所拥有股份的现金支付，就失去了对目标企业的所有权，这是现金购买式并购的一个突出特点。但现金收购存在资本所得税的问题，可能会增加并购企业的成本，因此在采用这一方式时，必须考虑这项收购是否免税。另外，现金收购会对并购企业的资产流动性、资产结构、负债等产生影响，但一般不会影响并购企业的资本结构，所以应该进行综合权衡。

2. 股权交易式并购

股权交易式并购是指并购企业通过增发股票的方式获得目标企业的控制权。其主要特点是：不需支付大量现金，因而不会影响并购企业的现金流，但是增发股票会影响企业的股权结构，原有股东的控制权可能会受到影响。

股权交易式并购主要包括以下两种形式：

（1）以股权交换股权　以股权交换股权是指并购企业向目标企业的股东发行其股票，

以换取目标企业的大部分或全部股票。一般而言，交换的股票数量应至少达到并购企业能控制目标企业的足够表决权数。通过并购，目标企业或者成为并购企业的分公司或子公司，或者解散并入并购企业，目标企业的资产最终都会转移到并购企业的直接控制下。

以股票购买目标企业股票时，要按照一定比例换股。换股比例取决于两个企业的盈利水平、股价水平以及股息率的比较。因为这种方式可以不用大量现金去进行并购交易，所以对于机构投资者较有吸引力。

（2）以股权交换资产　以股权交换资产是指并购企业向目标企业发行自己的股票以交换目标企业的大部分资产。一般情况下，并购企业同意承担目标企业的债务责任，但双方亦可以做出特殊约定，如并购企业有选择地承担目标企业的部分责任。在此类并购中，目标企业应承担两项义务，即同意解散本企业，并把所持有的并购企业股票分配给目标企业股东。这样，并购企业就可以防止其所发行的大量的股份集中在极少数股东手中，对企业现有的控制权结构产生不利影响。并购企业和目标企业之间还要就目标企业的董事及高级职员参加并购企业的管理事宜等达成协议。

采用股权交易式并购虽然可以减少并购企业的现金支出，但会稀释并购企业的股权比例。

3. 承担债务式并购

承担债务式并购是指并购企业以承担目标企业的部分或全部债务为条件，取得目标企业的控制权。采用这种并购方式，可以减少并购企业在并购中的现金支出，但有可能影响并购企业的资本结构。

4. 综合证券并购

综合证券并购是指在并购过程中，并购企业支付的不仅有现金、股票，而且有认股权证、可转换债券等多种形式的证券。这种收购方式具有现金购买式并购和股权交易式并购的特点，并购企业既可以避免支付过多的现金，保持良好的财务状况，又可以防止控制权的转移。

（三）按是否利用并购企业之外的单位的资金支付交易对价划分

按是否利用并购企业之外的单位的资金支付交易对价，并购可划分为杠杆并购和非杠杆并购。

1. 杠杆并购

杠杆并购是指企业除了利用自有资金外，还通过以目标企业的资产和经营收入为担保借入资本取得目标企业的产权，并且以目标企业的资产和经营收入偿还负债的并购方式。通常在杠杆并购的支付中，自有资金占据的比例非常小。

在这种并购中，并购企业不必拥有巨额资金，只需要准备少量现金（用以支付并购过程必需的律师、会计师等费用），以目标企业的资产及营运所得作为融资担保和还贷资金，便可并购任何规模的企业。并购企业利用目标企业资产的经营收入来支付收购价金或作为此种支付的担保。由于此种并购方式在操作原理上类似杠杆，故而得名。20 世纪 60 年代，杠杆并购首先在美国出现，是美国第四次并购浪潮的主要形式，之后流行于欧美。

杠杆并购与其他并购方式相比较，其特点是：①并购企业用以并购的自有资金与完成并购所需的全部资金相比微不足道。②并购企业的绝大部分并购资金是通过借债而来的，贷款方可能是金融机构、信托基金、个人，甚至可能是目标企业的股东。③并购企业用以偿付贷款的款项来自目标企业的资产或现金流量，也就是说目标企业将支付其自身的售价。④资本结构发生变化。使用债务杠杆进行并购的企业，其资本结构中债务资本比重上升。⑤并购交易中涉及人员的变化。在之前的并购交易中，由并购双方经理人员基于各自企业的需求直接达成交易；而杠杆并购涉及除并购交易双方外的第三方。

按照融资的渠道和并购的投资者来看，杠杆并购还可以细分为以下几种类型：

（1）LBO 收购（Leveraged Buy-out，LBO）　这是比较常见的一种杠杆并购，它可以借助"空壳"上市，或是通过"垃圾债券"等方式来融资。前者是指并购企业先投入资金，成立一家在其完全控制之下的空壳公司。而空壳公司以其资本以及未来买下的目标企业的资产及其收益为担保来进行举债。后者是指 20 世纪 80 年代以来西方依靠发行一种高利风险债券，即"垃圾债券"来筹资。由此形成的巨额债务由目标企业的资产及收益来偿还。以目标企业资产及收益作为担保筹资，标志着债务观念的根本转变。只要目标企业的财务能力能承担如此规模的债务，则筹集如此规模的债务并购目标企业就不会有太大清偿风险。这种举债与并购，与企业本身资产多少没有关系，而与目标企业资产及未来收益有关。

（2）管理层收购（Management Buy-outs，MBO）　管理层收购是指目标企业的管理层利用杠杆并购这一工具，通过大量的债务融资，收购本企业的股票，从而获得企业的所有权和控制权，以达到重组本企业并获得预期收益目的的一种并购行为。

管理层收购具有以下几个特点：①收购主体为目标企业的管理层，他们往往对目标企业非常了解，并有很强的经营管理能力，通常他们会设立一家新公司，以新公司完成对目标企业的收购。②通常企业的管理人员以该企业的资产或该企业未来的现金流量作为抵押来筹集资金。因而收购资金的绝大部分为债务融资，只有很少的一部分为管理层的自有资金。③管理层收购通常以继续经营原有业务为前提取得经营权。④收购的后果为管理层完全控制目标企业。通过收购，企业的经营者变成了企业的所有者，实现了所有权与经营权的新的统一。

管理层收购起源于美国。在 1980 年以前，收购并不经常发生，而且牵涉的都是一些小公司。管理层收购在美国 20 世纪 80 年代的第四次并购浪潮中盛行。在这一次并购浪潮中，许多投资银行加入进来，出现了多家专门设计管理层收购的公司，加上"垃圾债券"的广泛运用，把杠杆并购和管理层收购推向了高峰。1980 年—1989 年，美国杠杆并购案达 2 385 起，其中约有一半为各种形式的管理层收购。

随着管理层收购在实践中的发展，其形式也不断变化。除了目标企业的管理者为唯一投资收购者这种管理层收购形式外，实践中又出现了另外两种管理层收购形式：一是由目标企业管理者与外来投资者或并购专家组成投资集团来实施收购，这样使管理层收购更易获得成功；二是管理层收购与员工持股计划（Employee Stock Ownership Plans，ESOP）或员工控股收购（Employee Buy-outs，EBO）相结合，通过向目标企业员工发售股权，进行股权融资，从而免缴税收，降低收购成本。

（3）员工持有股票计划（ESOP）　员工持有股票计划是企业员工出资购买企业股权。从公共政策的观点看，员工持有股票计划能改善效率、提高生产力和收益创造力。员工持有股票计划可实现"人人都有经营所有权"的这一愿景。可以预见员工持有股票计划杠杆收购将成为未来潮流。

2. 非杠杆并购

非杠杆并购是指并购企业不用目标企业自有资金及营运所得来支付或担保支付并购价格的并购方式。但这并不意味着在非杠杆收购中并购企业不用举债即可负担并购所需资金，实践中，几乎所有的并购都是利用贷款完成的，但不同的是借贷数额的多少以及贷款抵押对象。

（四）按并购企业的动机划分

按并购企业的动机划分，并购可以分为善意并购和敌意并购。

1. 善意并购

善意并购是指并购企业与被并购企业双方通过友好协商确定并购诸项事宜的并购。在善意并购中，并购的条件、价格、方式等可以由双方高层管理者协商进行，并经董事会批准。由于双方都有达成并购交易的愿望，因此，这种方式的成功率较高。

具体来说，这种并购方式一般先由并购企业确定目标企业，然后设法与被并购企业的管理当局接洽，商讨并购事宜，如并购企业能提供的条件、愿意出的价格、并购后是否大量裁员等问题，在双方可接受的条件下，签订并购协议，最后经双方董事会批准，股东大会通过，并呈报政府主管部门批准。

善意并购可以避免因目标企业抗拒而带来的支出，有利于降低并购活动的风险与成本，使并购双方能够充分交流和沟通信息。但是，并购企业为了换取目标企业的合作，可能会牺牲自己的部分利益。此外，双方的协商谈判、讨价还价需要较长的时间，可能会降低并购活动的部分价值。

2. 敌意并购

敌意并购又称恶意并购，是指并购企业在并购目标企业时，虽然遭到目标企业的抗拒，仍然强行并购，或者不与目标企业进行协商，突然直接提出公开收购要约的并购行为。并购企业不顾目标企业的意愿而采取非协商性购买的手段，强行并购目标企业。

这种并购方式通常是先通过购买目标企业分散在外的股票等手段对其形成包围之势，使之不得不接受很苛刻的条件把企业出售，这是并购企业遭到目标企业董事会的拒绝后强迫实行的并购。因此，目标企业往往会采取反并购措施，例如，发行新股票以分散股权，或回购已发行的股票等。在这种情况下，并购企业可能会采取一些措施，以实现其并购目的。常见的措施有两种：收购股票和获取委托投票权。

敌意并购的主要手段是股权收购，并购企业在股票市场公开买进一部分目标企业股票作为摸底行动之后，宣布直接从目标企业的股东手中用高于股票市价的接收价格（通常比市价高10%～50%）收购其部分或全部股票。从理论上说，并购企业能够买下目标企业51%的股票，就可以改组目标企业的董事会，从而达到并购的目的。但在现实案例中，由于很多企业的股权比较分散，有时拥有目标企业20%甚至10%的股票，也能达到控制的目的。这种手段的优点是并购时间较短，一般是提出报价若干天后即可进行收购，手续也较简便。

获取委托投票权是指并购企业设法收购或取得目标企业股东的投票委托书。并购企业如果能够获得足够的投票委托书，使其发言权超过目标企业管理当局，就可以设法改组后者的董事会，最终达到并购的目的。然而，在这场被称为"委托投票权战"的激烈斗争中，并购企业需要付出相当大的代价，而且作为目标企业的局外人来争夺投票权常遭目标企业原有股东的拒绝，因此这种方法常常不易达到并购的目的。

敌意并购的优点是并购企业完全处于主动地位，并且并购行动时间短、节奏快，可有效控制并购成本。但敌意并购会招致目标企业的抵抗，甚至设置各种障碍，而且由于无法获知目标企业的实际运营财务状况等重要信息，给企业的估价带来困难。此外，由于敌意并购容易导致股市的不良波动，甚至影响企业发展的正常秩序，各国政府都对敌意并购予以限制。

（五）按企业成长目标策划中的积极性划分

按企业成长目标策划中的积极性划分，并购可以分为积极式并购与机会式并购。

通常人们把企业成长目标分为内部成长目标和外部长成目标。内部成长目标靠企业通过扩大自身的资本积累，吸收外来资金加盟经营而实现；外部成长目标则靠寻求更广阔的市场空间，争取政府的政策优惠和特别许可而实现。企业决定并购某企业是企业内外成长目标相互作用的结果。

企业并购可以采取"积极式"和"机会式"两种不同方式。在企业的整体性策划里，若确定要采取"外部成长"的发展战略，即会采取"积极式"的并购形式，否则一般采取"机会式"的并购形式。

1. 积极式并购

在积极式并购方式下，企业可根据并购的目标，制定明确的并购标准。在此标准下，企业可主动寻找、筛选出几家目标企业，并开始进行个别并购洽谈。

2. 机会式并购

机会式并购是指企业在其整体性策略规划里，没有具体的并购策划，而只是在被动地得知有哪家企业欲出售，或从专业并购中介机构中得到有出售企业的消息后，企业才依据目标企业的状况，结合本企业的策略考虑来进行评估，以决定是否进行企业并购。

（六）按并购交易是否通过证券交易所划分

按并购交易是否通过证券交易所划分，并购可以分为要约收购和协议收购。

1. 要约收购

要约收购是指当并购企业持有目标企业的股份达到一定比例时，并购企业必须依法向该上市公司所有股东发出收购上市公司全部或者部分股份的要约。我国《证券法》规定，通过证券交易所的证券交易，投资者持有或者通过协议、其他安排与他人共同持有一个上市公司已发行的有表决权股份达到百分之三十时，继续进行收购的，应当依法向该上市公司所有股东发出收购上市公司全部或者部分股份的要约。收购要约约定的收购期限不得少于三十日，并不得超过六十日。要约收购直接在股票市场上进行，受市场规则的严格限制，风险较大，但自主性强，速战速决。敌意收购多采取要约收购的方式。

2. 协议收购

协议收购是指并购企业不通过证券交易所，直接私下与目标企业取得联系，通过谈判、协商达成协议，据以实现目标企业股权转移的收购方式。协议收购易取得目标企业的理解与合作，有利于降低收购活动的风险与成本，但谈判过程中的契约成本较高。协议收购一般属于善意收购。目前，我国发生的并购活动多数为协议收购。

此外，按并购是否公开向目标企业全体股东提出，可分为公开并购和非公开并购；按并购行为是否受到法律规范强制，可分为强制并购和自然并购；按并购双方所在的地区来分，可分为同地域并购和跨地域并购；按并购企业是否隶属同一所有制形式来分，可分为同种所有制企业间并购和不同所有制企业间并购；按并购双方所在国家或地区来分，可分为国内并购和跨国并购；按涉及被并购企业的范围，可分为整体并购和部分并购。尽管并购可以做出如此多的类型划分，但在实际操作过程中我们可能只是站在某个特定的角度和方面对并购行为做出判断和决策。

总之，从产业经济运行的角度，把企业并购区分为横向并购、纵向并购及混合并购是最基本的分类。这种分类反映了企业并购的本质。而从其他角度划分的企业并购的其他类型，不论是直接并购、间接并购，还是善意并购、敌意并购，或积极式并购、机会式并购，在并购中是采取产权并购还是股份并购，都不过是企业实施横向并购、纵向并购及混合并购的手段。横向并购、纵向并购及混合并购是市场经济条件下，企业并购历史和现实中表现出来的三种最基本的并购类型。随着并购手段的进步，今后还可能会有更多的并购形式被创造出来。

二、企业并购的一般程序

企业的并购活动涉及许多经济、政策和法律问题，受到诸多法律法规如金融法规、证券法规、公司法、会计法、税法以及不正当竞争法等的约束，在有些国家，还存在反垄断法对并购活动进行制约。因此，企业并购是一个极其复杂的过程。企业并购的程序通常由法律规定，但是许多细节要由并购的各方具体操作。

企业并购大致可以分为五个阶段：准备阶段、谈判阶段、公告阶段、交接阶段、重整阶段。各个阶段并不是依次进行的，在大多数情况下，是相互交叉进行的。从财务的角度来看，并购的程序通常包括以下步骤。

（1）确定目标企业　并购企业根据并购目的寻找合适的目标企业，这一步主要由企业高级管理人员来完成，在这个过程中，企业通常需要聘请金融机构作为财务顾问，协助并购的顺利进行。

（2）评价并购战略　由于并购活动具有相当大的风险，通常战略考虑要优先于财务分析。所以企业必须根据自身的战略目标来评价并购活动。其中主要的内容就是对目标企业进行战略分析，研究并购对企业竞争能力和风险的可能影响。

（3）对目标企业进行估价　对目标企业进行估价就是根据目标企业当前所拥有的资产、负债及其营运状况和市场价值等情况，确定其价值，以此作为出价依据。

（4）制订并购计划　并购计划可以为并购的实际执行过程提供明确的指导和时间表，从而能够和并购的实际完成情况进行比较。并购计划的内容一般包括：①确定并购的出资方式是现金、股票还是综合债券等；②根据并购所需的资金数量和形式制定融资规划；③并购实施进度规划。

（5）实施并购　在并购计划获得股东大会和董事会的通过之后，企业就可以正式实施并购计划。并购的实施过程通常不会一帆风顺，企业需要对可能出现的意外情况进行监控，并视情况采取相应的措施。

（6）整合目标企业　并购成功与否，不仅在于企业能否完成并购，而且在于并购后能否达到并购的战略目标。因此，并购后的管理对整个并购活动也有着重要影响，只有当企业根据战略目标和实际情况，有计划地将目标企业与本企业成功整合之后，才表明并购活动取得了真正的成功。

（7）对并购活动的评价　并购活动的事后评价，可以为企业提供反馈信息，同时为未来的并购决策积累经验。

第三节　企业并购的经济学解释

在悠久的企业并购史中，西方学者从各种角度对并购活动进行了不同层面的分析和探讨，提出了许多假说。其研究的基点在于并购发生的原因和并购所能带来的利益价值（管理上的和效益上的）的大小。可以说，西方并购理论面临着两个基本问题：一是什么力量在推动着企业的兼并与收购；二是企业并购对整个经济以及交易双方而言是利还是弊。但是，直至目前为止，世界上还没有哪一种理论，能够同时分析所有的并购现象，由此也可以看出并购行为的复杂性。

▶ 一、马克思主义经济学角度的分析

马克思在论述资本的流通过程、积累过程，资本主义的起源、演变以及信用制度的作用时不同程度地涉及了企业联合问题，可以用来对并购现象进行解释。譬如，从社会化大生产和资本追逐利润的特性来分析并购的起源；从竞争与资本集中的角度来分析并购的动因；从价值规律和平均利润率作用的角度来分析并购的作用机制；从资本流动性的角度来分析并购的实现条件等，从而把马克思散见于《资本论》各处的有关思想串起来，寻找其中的逻辑必然性。特别是马克思对协作的论述，较好地预示了企业今后的演化方向。马克思指出："协作的发展，会发展出自己的组织方式或者管理方式。"从动态的角度看，协作是必然产生的，它不仅提高了个人生产力，而且创造了一种新的生产力，这种生产力被马克思称为"集体力"，企业的最根本性质就是作为协作的组织方式，作为资源配置的一种组织形式而存在。从静态的角度看，马克思从协作组织演化的角度分析了不同企业之间的联合与兼并，认为它"发展了新的、社会的劳动生产力"，主要有三个方面：一是不同企业之间的联合是协作不断深化的结果；二是企业之间联合的形式从一开始就包括了纵向合并和横向合并两种方式；三是企业之间的联合与兼并打破了企业组织在空间分布上的局限性，使资源的有效配置在更大的范围内、以更快的方式实现。

▶ 二、新古典经济学和产业组织理论对横向并购的解释

从新古典经济学的角度来看，在给定生产函数、投入和产出的竞争市场价格的情况下，企业经营者按利润最大化（即成本最小化）的原则对投入和产出水平做出选择。由于固定成本和变动成本的特性，固定成本在一定时期或规模内保持不变，产量的增加主要是通过变动成本的增加来实现，从而相对降低了单位生产成本；或者，企业并购后固定成本增加，生产能力增加，而传统的变动成本却相对成为常数，譬如生产扩大而管理人员的数目不增，或对市场营销渠道进行某种程度的有效整合，或采取了新的技术等，均可以使平

均成本下降，这就是促进企业进行横向并购的一个重要动因——追求规模经济。

产业组织理论主要从市场结构效应方面说明行业的规模经济。该理论认为，同一行业内的众多生产者应考虑竞争费用和效用的比较。竞争作为一种经济行为，有效益也有成本，如果生产同类产品的众多企业拥挤在同一市场上，面对有限的资源供给和有限的市场需求，付出昂贵的竞争费用是不可避免的。而通过横向并购，在行业内进行企业重组，从而达到行业特定的最优规模，实现行业的规模经济则是可能的。

三、效率理论对并购的解释

效率理论认为，企业并购能够带来潜在的社会效益，提高交易参与者的效率，并通过不同形式的协同效应表现出来。所谓协同效应，是指两个企业组成一个企业之后，其产出比原来两个企业的产出之和还要大的情形，其实际价值得以增加，通常称为"2+2＝5"效应。这一理论包含两个基本的要点：第一，企业并购活动的发生有利于改进管理层的经营业绩；第二，企业并购将导致某种形式的协同效应。

效率理论可细分为以下几个子理论。

1. 管理协同效应理论

管理协同效应理论包括差别效率理论和无效率管理理论。

并购的最一般理论是差别效率理论。差别效率理论认为，并购活动产生的原因在于交易双方的管理效率不一致，效率高的企业将会利用自身过剩的管理资源并购效率低的目标企业，并通过提高目标企业的效率获得收益。通俗讲就是，如果 A 企业的管理效率优于 B 企业，那么在 A 企业并购 B 企业后，B 企业的管理效率将被提高到 A 企业的标准，从而效率由于两公司的合二为一得到了提升。

在差别效率理论中，并购企业具有目标企业所处行业所需的特殊经验并致力于改进目标企业的管理。因此，差别效率理论更适用于解释横向兼并。

无效率管理理论认为，通过企业并购来撤换不称职的管理者将会带来管理效率方面的好处。一方面，无效率管理理论可能仅指由于既有管理层未能充分利用既有资源以达到潜在绩效，相对而言，另一控制集团的介入能使目标企业的管理更有效率；另一方面，无效率管理理论也可能意味着目标企业的管理是绝对无效率的，几乎任一外部经理层都能比既有管理层做得更好。该理论为混合兼并提供了一个理论基础。

无效率管理理论需要有三个假设前提：①目标企业无法替换有效率的管理者，而必须通过代价高昂的并购来更换无效率的管理者；②如果只是为了替换无效率的管理者，目标企业将成为并购企业的子公司而不是合二为一；③当并购完成后，目标企业的管理者需要被替换。虽然在某些并购活动中，可能会有更换能力低下管理者的情况发生，但经验表明，实际并非如此，因而，把无效率的管理者假说作为并购活动的一般性解释是令人难以接受的。

2. 经营协同效应理论

经营协同效应理论认为，由于存在大量不可分的生产要素，如机器设备、人力、经费支出等方面，在行业中存在着规模经济的潜能，所以两个或两个以上企业合并成一个企业时会引起收益增加或成本减少，整体产生经营协同效应。

通过并购实现的经营协同效应主要表现在：①并购可以扩大生产企业的规模，实现规模经济效益；②并购双方的优势互补，消除竞争力量，提高企业的竞争优势，扩大市场份额，增强企业抵御风险的能力。因此横向、纵向甚至混合并购都能实现经营协同效应。例如，A企业擅长营销但不精于研究开发，而B企业正好相反，如果A企业并购了B企业，那么两者的优势互补将产生经营上的协同效应。

但是经营协同效应理论也存在一些问题：①企业管理层的管理能力能否在短时期内迅速提高，并达到管理好比原有企业规模更大企业的水平；②企业管理层的管理才能在相同或相近的产业中很容易扩散和转移；③如何并购对双方都有利的资源，又如何处理并购之后不需要的部分。

3. 财务协同效应理论

财务协同效应理论认为企业并购主要是企业出于财务方面的考虑，并购后企业整体的偿债能力一般比并购前单个企业的偿债能力强，所以，并购可降低资本成本，实现资本在并购各方之间的有效配置，提高财务能力。

通过并购实现的财务协同效应主要体现在以下三个方面：①随着并购之后企业规模的扩大，并购可以提高企业的负债能力。并购不但可以增强融资能力，节约融资成本，而且由于利息费用计入成本，还可以节约所得税支出。②如果并购企业与被并购企业的现金流量不是完全相关的，那么，并购可以降低企业破产的可能性，降低企业破产费用的现值。③如果拥有许多内部现金流量但缺乏投资机会的企业，与具有较少现金但拥有许多投资机会的企业之间并购，可以提高资金的使用效率。

4. 多角化理论

作为一种并购理论，多角化理论与证券组合的多样化理论不同。股东可以在资本市场上将其投资分散于各类产业，从而分散其风险，而企业不能像股东一样在资本市场上分散其风险，只有靠多角化经营才能分散其投资回报的来源和降低来自单一经营的风险。

该理论认为多角化经营（分散经营）能够满足管理者和其他雇员分散风险的需要，能够实现组织资本和声誉资本的保护，还能够在财务和税收方面获得好处等，因而具有一定的价值。例如，企业内部的长期员工由于具有特殊的专业知识，其潜在生产力大概率优于新进的员工，为了将这种人力资本保留在组织内部，企业可以通过多角化经营来增加职员的升职机会和工作的安全感。此外，如果企业原本具有商誉、客户群体或是供应商等无形资产，多角化经营可以充分利用这些资源。

虽然多角化经营未必只能通过并购来实现，还可以通过内部的成长来达成，但时间往往是重要因素，通过并购其他企业可迅速达到多角化扩张的目的，从而获取上述价值，增强企业的应变能力。

5. 价值低估理论

价值低估理论认为，当目标企业的市场价值由于某种原因而未能反映出其真实价值，或潜在价值被低估时，由于并购价值被低估的目标企业可以迅速提高并购企业的发展前景和经营业绩，并购活动将会发生。

企业市值被低估的原因一般有以下几种：①企业的经营管理未能充分发挥应有的潜能；②并购企业拥有外部市场所没有的、有关目标企业真实价值的内部信息；③由于通货膨胀造成资产的市场价值与重置成本的差异，而出现企业价值被低估的现象。

四、交易成本理论对纵向并购的解释

科斯（Coase R. H.）的交易成本理论认为，企业与市场有不同的交易机制，市场机制以价格机制配置资源，企业机制以行政手段配置资源，交易成本的高低决定了市场的存在。利用市场价格机制，进行市场交易是存在交易费用的，包括搜寻价格信息的费用、交易中讨价还价及签约的费用、违约以后的仲裁费用等。将该理论应用于企业并购之中可解释为：并购行为之所以发生，主要原因在于节约交易成本。具体来讲，如果为了一项交易，一个企业并购另一个企业，所引起的内部成本小于通过市场机制进行这项交易的成本时，则并购行为就会发生，否则相反。

企业，特别是纵向一体化企业的出现，正是为了降低市场交易成本，以成本较低的企业内部管理协调代替市场协调。在社会分工体系下，处于相继生产阶段或密切的上、下游生产经营活动的企业间，是通过市场交易合同来联结，还是实行纵向一体化、靠企业内部管理来联结，主要取决于市场交易成本与企业内部组织管理费用的比较。纵向一体化企业的规模被限制在市场交易成本等于内部组织管理费用的那一个点上。

交易成本理论为企业并购提供了一个全新的研究方法，能够很好地为纵向并购和混合并购提供有力的解释，交易成本理论通过对企业并购的解释可以明显地看到企业并购行为的最优边界。但交易成本理论还是有很多局限性，主要表现在以下方面：①企业并购行为并不是企业可以用来减少交易成本的唯一方式（特许经营、外包、合作制等方式也可以用来节约交易成本），交易成本理论仅仅说明了节约交易成本是企业并购行为发生的必要条件而非充分条件。因此，交易成本理论对企业并购的非唯一性解释大大减弱了其理论的解释力度。②交易成本理论解释企业的并购行为使用的是新古典经济学市场出清的分析方法，但实际上，企业并购市场并非是完全竞争市场，有很多因素会使企业并购出现市场失灵。③交易成本理论解释企业并购现象时往往仅考虑交易成本的节约，而没有考虑并购发生以后所带来的效益因素。④交易成本理论解释企业并购现象时采用的静态分析方法也大大减弱了其解释力度。

五、委托代理理论对并购的解释

詹森和梅克林系统阐述了委托代理理论。委托代理问题产生的根本原因是在企业两权分离和股权高度分散的情况下，出现了"内部人控制"现象，管理者进行决策时就有可能偏离股东目标，两者之间就会产生委托代理问题，由此而产生委托代理成本。委托代理成本包括所有者与代理人订立契约的成本，对代理人进行监督和控制的成本以及限定代理人执行最佳决策时所必须付出的额外成本。

委托代理理论对企业并购动机的解释可归纳为以下三点：

（1）并购可以解决委托代理问题　企业的委托代理问题可由适当的组织设计解决，当组织制度方面（如董事会）和市场制度方面（如管理者市场、股票市场）的安排不足以解决委托代理问题时，可以通过外部的市场接管来解决。接管通过要约收购或代理权争夺可以使外部管理者战胜现有的管理者，从而取得对目标企业的决策控制权，降低委托代理成本。

（2）并购的管理主义动机　穆勒用管理主义来解释混合并购问题，假定管理者的报酬

是企业规模的函数，利己的管理者会进行不良企图的合并，其目的仅仅是扩大企业规模和提高自身的报酬，而忽视企业的实际投资收益率。但莱维兰（Levillain）和亨特斯曼（Huntsman）的实证分析表明，管理者的报酬不仅与企业的规模（销售水平）有关，而且与企业投资收益密切相关。因此，穆勒理论的基本前提是值得怀疑的。持反对意见者则认为，并购本身实际就是与管理者无效率和盲目外部投资有关的委托代理问题的一种表现形式。

（3）自大假说　罗尔（Rolle）认为并购企业的管理者在评估并购机会时，往往过于乐观和自大，在对企业的竞价接管过程中，以较高的估价（高于目标企业的内在价值）收购。另一种类似的观点是经理主义理论，将并购行为归结为经理们为了谋求更大的自身价值（如追求自身的社会威望或取得更大的剩余控制权等），而采取的盲目扩张企业的行为。这一切在实际的并购案例中也有现实的反映，特别是在混合并购中表现得极为突出。

▶ 六、范围经济对并购的解释

范围经济，就是企业在经营多种没有直接投入产出关系的产品时，带来的费用的节约和风险的降低。例如，商标等无形资产共享的经济性；研究开发机构共享的经济性；营销网络共享的经济性；分散经营风险的经济性等。或者说如果同时生产几种产品的支出，比分别生产它们要更少，那么，就存在着范围经济性。

范围经济性是指企业由于从事多种产品的生产和经营活动而带来的成本节约、收益递增现象。范围经济性不仅表现为生产经营多种相关或不同产品时产生的收益递增，而且在垂直或纵向一体化情况下，生产处于相继经营阶段的不同产品，也可以归入范围经济的范畴。所以，范围经济包括垂直集中或纵向一体化的经济性与结合产品或生产经营多角化的经济性两个方面。范围经济的数学表达式为

$$C(X_1, X_2) < C(X_1, 0) + C(0, X_2)$$

X_1、X_2 代表两种不同商品；$C(X_1, 0)$ 代表某企业单独生产一种 X_1 产品时成本；$C(0, X_2)$ 代表另一个企业单独生产 X_2 产品时的成本；$C(X_1, X_2)$ 代表把两种产品放在一家企业中生产经营时的成本。把两种或两种以上的产品放在一家企业中生产的成本，比在两家或两家以上的不同的企业分别生产时的成本要低。

形成范围经济的原因有几点：①某些生产要素具有多种经济价值，而这些生产要素又具有不可分性，要充分发挥其作用，就需要综合利用和一体化、系统化的经营；②现代设备和生产线具有多功能的特点，具有多种生产的可能性；③当不同的产品、技术或管理活动之间具有互补性的时候，可以带来成本上的节约，即产生协同效应。

▶ 七、税负利益理论对并购的解释

税负利益理论认为，并购在一定程度上可以降低企业税负，实现税负利益。例如，如果并购双方企业中有一方有较大数额的亏损，则适用高税率的、利润较高的企业可以通过并购有较大亏损的企业，以目标企业的亏损额来抵销其应纳税所得额，从而带来大量的税款节约，减少并购后企业的应纳税款。又如，并购企业可以通过并购获得成长型无股利分配的小企业，然后将其卖掉获得资本利得，从而用较低资本利得税代替较高的普通企业所得税，以达到税收筹划的目的。

八、过渡期我国企业并购的特殊动机理论

相对于发达国家来说，我国的企业并购实践历程较短，所以企业并购理论还不是很成熟。同时，由于在我国经济体制转轨过程中所发生的企业并购，是在特殊的社会经济背景下形成的，因而我国的企业并购及其理论从一开始就带有鲜明的中国特色。它的主要特点有：①企业并购的动力不仅仅局限于企业内部，还可能来自于政府部门，甚至有时政府的动机强于企业本身。特别是在我国并购发展初期，国有企业亏损严重，破产制度因种种原因不能有效实施，许多亏损企业和劣势企业在政府的干预和安排下，被并购到一些效益好的大企业中，这往往并不是并购企业的意愿，而是政府的意图。②并购可以成为一种消除亏损的机制。在传统体制下，国家对于亏损企业的拯救主要是采取行政和经济补贴两种方式，行政方式主要是通过改换亏损企业的领导班子，依赖新的领导班子尽力支撑企业的生存；经济补贴方式则主要是由地方和国家两级财政安排一部分资金来补贴亏损企业，或从税收上给予减免。由于传统方式未能触动企业的制度和机制，收效甚微，从而造成大量亏损企业无效占用社会资源、资源使用效率低下的现象。为了实现资源向高效率部门的转移，提高资源使用效率，政府引入了企业并购机制。③并购是一种对破产的替代机制。大规模的企业破产，特别是大规模的国有企业破产，将造成较大的社会动荡，对于大多数亏损企业，仍然要从改革和稳定的大局出发，给予救助，而不是轻易让其破产。企业并购就可以达到"一石多鸟"的目的：既实现企业重组，又减轻社会动荡，因而成为政府、企业、职工都乐于接受的替代企业破产的重要机制。④强强联合式的企业并购是应对激烈国际竞争的重要战略。⑤在国有资产存量效率低的情况下，并购是国有资产重组、实现资源优化配置、提高存量资产运行效率的一个重要机制。

以上是具有中国特色的企业并购理论。需要指出的是，随着我国市场经济的发展，企业行为也日益走向规范，企业也越来越多地考虑一些有关自身长远发展的战略问题。同发达国家一样，我国的一些优势企业也开始从提高规模效益、扩大市场势力、实现企业低成本扩张等动机出发，实施并购战略。所以可以说，我国的企业并购也将是一种适应日益激烈的竞争需要的企业长远发展机制，发达国家比较成熟的企业并购理论也开始适用于我国。

上述理论都是针对某一种或几种具体的并购动机而言的，都有其各自适用的范围。而企业并购涉及方方面面的利害相关，因此，企业并购理论应该是多层次性的，不可能以一种理论涵盖具体动机不同的各种并购行为。

第四节　企业并购的动因

一、企业并购的外因

激发企业并购的外在因素主要是宏观因素。

（一）产业结构变动

产业结构可以从两个层次来看：一是三大产业结构；二是每个大产业的内部结构。据

美国著名经济学家西蒙·库兹涅茨（Simon Smith Knznots）的研究，产业结构发生大变动的时期恰恰也是企业合并大规模掀起的时期。

产业结构是指产业间的联系及比例关系，通常可用产业部门提供的 GDP 值、劳动力拥有量以及投入产出关系值来反映，但这些指标的背后却是产业部门的资产拥有量、资源配置有效性、生产能力等因素。因此，产业结构变动表面上看是上述指标值的变化，实际上也反映产业部门间此消彼长的实力变化，如资产拥有量的变化、生产能力的变化等。这种实质性变化，主要靠两种方式：一种是通过资本积累、扩大自我投资或自我约束以谋求产业的发展；另一种是通过企业合并等形式，将其他产业部门的资产迅速转移至本产业部门，以谋求发展。由于前一种方式与后一种方式相比有速度慢、风险大、资产难以相互流动、筹资较难等缺点，加上产业部门此消彼长的闲置资产与需要购置的资产并存的状况，自然就激发了企业合并等行为的发生。这也是产业结构剧烈变动时期恰恰是企业合并高潮掀起时期的原因。

（二）经济周期性变化

根据经济周期的长度，可将经济周期分为长波、中波和短波。熊彼特提出，长波可用康德拉季耶夫周期描述，中波可用尤格拉周期描述。短波通常被称为商业周期。无论是长周期还是短周期，经济周期变动都可以划分为两个时期：经济扩张时期和经济收缩时期。经济扩张时期可分为复苏和高涨时期，经济收缩时期可分为衰退与危机时期。

经济周期的变化，必然要激发作为资本集中及投资的一种方式的企业合并。当经济度过危机，呈现复苏时，许多企业有闲置资产，还有许多困难重重、苟延残喘的企业，这客观上给了优势企业吞并困难企业并迅速扩大自己经济实力、抢占市场，从而获得经济高涨时期由于市场繁荣而带来好处的机会。而当经济衰退时，面对大量企业的收缩，优势企业可用廉价条件收购闲置资产，以达到扩大自己实力的目的。于是，企业合并就可能由此而被激发。

（三）激烈的市场竞争

市场竞争的手段主要有两类：一类是价格竞争，另一类是非价格竞争。要在市场竞争中成为强者，企业必须有足够的经济实力。这种经济实力不仅表现在资本的多少之上，还表现在生产技术水平、管理水平、生产效率等一系列因素上。但尽管如此，谁也不能否认拥有雄厚资本的企业在市场竞争中总是处于有利地位的情况。又由于拥有雄厚资本的有效方法是合并其他企业，因此为了应对市场竞争，企业就有必要扩大自身规模，加速资本集中。从这个意义上来说，激烈的市场竞争环境既导致一部分企业由于经营不善要被淘汰，从而提供了被合并的对象，又导致一部分企业愿意合并其他企业这一事实。

▶▶ 二、企业并购的内因

企业并购的内因是指激发企业并购行为发生的企业内部的诸多因素。在不同的时期和不同的市场条件下，企业并购的动机并不一样，有些动机是共有的，有些动机则是出于特定的考虑。

（一）追求利润

追求利润最大化是企业家从事生产经营活动的根本宗旨，由于企业通过并购可以扩大经济规模，增加产品产量，获得更多的利润，因此企业家总是想方设法地利用企业并购的途径获得更大的利益。投资银行家受高额佣金的诱使也在极力促使企业并购的成功。因此，利润最大化的生产动机刺激了企业并购的不断产生和发展。

（二）追求规模经济

规模经济是指随着生产和经营规模的扩大而出现的成本下降、收益递增的现象。企业在管理、生产和分配中存在最佳规模，在此规模下可获得规模效益。

在企业并购的各种具体动因中，追求规模经济是基本动因。不论是从事单一产品生产的企业，还是从事不同产品的、包含多个单一产品生产的企业，企业间的并购、整合，都有利于扩大企业的生产经营规模，并带来规模效益。

1. 横向并购中的规模经济与规模不经济

横向并购是指同一产业中生产同类或存在替代关系的企业之间的并购，具有直接的规模经济效果。但是横向并购的规模经济效果是有条件的，除了应具备企业规模经济内外部支撑条件外，实施并购的企业的产品首先应该具有较高的市场占有率水平，在消费者或需求者中具有较高的知名度，市场需求旺盛，而现有企业的生产能力难以满足市场需求。此时选择合并同类企业，可能会发挥出较好的规模经济效果。在产业内存在过度竞争的情况下，横向并购由优势企业实施，也能发挥消除竞争对手，实现规模化生产经营的效果。与此相反，如果实施并购的企业缺乏实现规模经济应有的基本支撑条件，在产业内并非优势企业，而且面对处于某种垄断优势地位的竞争对手，盲目地实施横向并购，追求规模扩张，只能导致规模不经济。经济规模不等于规模经济。

2. 纵向并购中的规模经济与规模不经济

企业通过纵向并购实现规模经济也必须首先具备企业规模经济的支撑条件，否则，会陷入规模不经济的误区。除此之外，企业通过纵向并购实现规模经济，必须借助于纵向一体化企业的有效管理和联结机制来贯彻。鉴于企业纵向并购有利于降低市场交易成本，以企业内部的管理协调替代部分市场协调，是"另一只看得见的手"，因而有利于支撑最终主导产品的规模经济效果。纵向并购在许多具有上下游关系的企业间一度十分盛行。但是，企业间纵向并购在降低市场交易成本，获得某种形式的规模经济效果的同时，会由于企业规模的扩张，导致内部组织管理的复杂化，内部组织管理成本过度上升，造成规模不经济。企业的纵向一体化不可能无限制发展。如果企业纵向并购后的组织管理成本大于市场交易成本，进行纵向一体化就会陷入规模不经济的误区。企业纵向并购后形成的企业，以有限责任的公司制度为载体，形成以全资、控股、参股等资本形式来联结的企业集团，是克服内部组织管理成本过度上升，同时获得降低市场交易费用及某种形式的规模经济效果的一种有效的制度安排，也是超越纵向并购规模不经济的有效组织形式。

3. 混合并购中的规模经济与规模不经济

要获得混合并购的规模经济效果，构成企业规模经济的各种支撑条件也是必不可缺的。内部支撑条件包括技术与工艺条件、资本规模、企业家能力。外部支撑条件包括市场规模、市场范围、产业及产品差别、资源及运输条件等。除此之外，企业通过混合并购，谋求规模经济，特别是其转化形式的范围经济性，必须以主导产品的规模优势为依托，把并购对象限制在相关生产经验领域之内，以共同利用通用设备以及研究开发机构、品牌、商誉、营销网络等无形资产，获得范围经济效果。如果在主导产品尚未形成规模经济优势的条件下，盲目通过混合并购追求生产经营的多角化，认为经营范围宽就是规模经济，就会陷入规模经济的误区。

（三）追求协同效应

协同效应是指整体价值超过各部分价值之和。企业并购的主要动机是增加并购后企业的价值。假设 A 企业和 B 企业合并组成 C 企业，如果 C 企业的价值超过了 A 企业和 B 企业各自价值的和，那么在并购中就存在着协同效应。这种并购对 A 企业和 B 企业的股东都是有利的。协同效应主要有以下几种表现形式。

1. 管理协同效应

管理协同效应是指管理高效的公司并购管理低效的公司，从而使目标企业达到并购企业的管理效率水平。在这里，并购企业与目标企业经营者谁主动提出并购意向是无关紧要的，目标企业主动要求并购可能是要借助并购企业改进自身的管理效率。

2. 经营协同效应

经营协同效应是指并购行为给企业生产经营活动的效率带来的变化及效率的提高所产生的效益。经营协同效应体现在以下几个方面：

（1）可以取得经验曲线效应　通过并购，并购企业不但可以获得既存目标企业的资产，而且可以利用其特有的经验。在很多行业中，当企业在生产经营中经验越积累越多时，可以观察到一种单位成本不断下降的趋势。成本的下降主要是由于工人的作业方法和操作熟练程度的提高、专用设备和技术的应用、对市场分布和市场规律的逐步了解、生产过程作业成本和管理费用降低等原因。由于经验固有的特点，企业无法通过复制、聘请对方企业雇员、购置新技术或新设备等手段来取得这种经验，这就使拥有经验的企业具有成本上的竞争优势。

（2）达到优势互补　并购能够把企业双方的优势融合在一起，使并购后的新企业能够取旧企业之长，弃旧企业之短。这些优势既包括原来各企业在技术、市场、专利、产品管理等方面的特长，也包括它们优秀的企业文化。

（3）可以节省管理费用、营销费用、研究开发费用及交易费用等费用　并购以后分摊到单位产品（或服务）上的固定资产折旧费用、管理费用、营销费用、科研费用相应减少，这一点在横向并购中追求经营上的规模经济体现得最为充分；另外，并购可以把两个或若干个企业之间的市场交易关系转变为同一企业内部的交易关系，并购后形成的新企业以新的组织实体参与外部市场交易，能大幅度降低企业的交易费用。追求交易费用的节省是纵向并购的根本动因。

3. 财务协同效应

财务协同效应理论认为，并购的动因是出于财务方面的考虑。在具有很多资金但缺乏良好投资机会的企业与具有很多投资机会但又缺少资金的企业之间，选择并购会产生财务协同效应，可以节省筹资成本，提高资本收益。

财务协同效应主要是指并购行为给企业的财务方面带来的种种效益，这种效益的取得不是由效率的提高引起的，而是由税法、会计处理惯例以及证券交易等规定的作用而产生的一种金钱上的效益。主要表现在以下两个方面：

（1）通过并购实现合理避税的目的　税法对个人和企业的财务决策有着重大影响。不同类型的资产收益的税率有很大区别。由于这种区别，企业能够采取某种财务处理方法达到合理避税的目的。例如，当 A 企业并购 B 企业时，如果 A 企业不是用现金购买 B 企业的股票，而是把 B 企业的股票按一定比率换为 A 企业的股票，由于在整个过程中，B 企业的股东既未收到现金，也未实现资本收益，所以这一过程是免税的。通过这种并购方式，在不纳税的情况下，企业实现了资产的流动和转移。资产所有者实现了追加投资和资产多样化的目的。在美国 1963 年—1968 年的并购浪潮中，大约有 85% 的大型并购活动采用这种并购方式。

（2）通过并购产生巨大的预期效应　财务协同效应的另一重要部分是预期效应。预期效应是指由于并购使股票市场对企业股票评价发生改变而对股票价格的影响。预期效应对企业并购有重大影响，它是股票投机的一大基础，而股票投机又刺激了并购的发生。在发达国家的市场经济中，企业进行一切活动的根本目的是增加股东的收益，而股东收益的大小，很大限度上取决于股票价格的高低。证券市场往往把市盈率（P/E）即价格—收益比率作为对企业未来状况的一个估计指标。

一个企业，特别是那些处于并购浪潮中的企业，可以通过不断并购那些市盈率较低、但每股收益较高的企业，使企业的每股收益不断上升，让股价保持一个持续上升的趋势，直到合适的并购对象越来越少，或者为了并购必须同另外的企业进行激烈竞争，造成并购成本不断上升而最终无利可图为止。预期效应的刺激作用在美国 1965 年—1968 年的并购热潮中表现得非常显著，在绝大部分的并购活动中，并购企业的市盈率一般都大大超过被并购企业。

4. 充分利用剩余资金

如果企业的内部投资机会短缺而资金流动又很充裕，剩余资金一般有如下出路：支付额外股息，投资于有价证券，重新购置企业股票，购进其他企业。

如果支付额外股息，企业就必须缴纳因分配收益而产生的税费。有价证券投资是剩余资金的通常出路，但有价证券投资的报酬率一般低于企业股东要求的报酬率。重新购置股票可使剩下的股东获取资本利率。但是，重新购置股票会使企业股票价格临时高于均衡价格，从而使企业不得不支付更多的资金购回企业股票。这不利于仍然持有企业股票的股东。同时，单纯为避免支付额外股息而重新购置股票，会遭到税收部门的反对。利用剩余资金购进其他企业，并不会增加并购企业及其股东的直接税务负担。因此很多资金雄厚的企业都会利用剩余资金去并购那些对自己未来目标和发展有利的企业。

5. 追求企业发展效应

任何企业，要在激烈的市场竞争中生存和发展，其成长路径不外乎两个方面：一是靠企业内部资本积累，实现渐进式的成长；二是实行并借助于企业制度，通过企业并购，迅速壮大资本规模，实现跳跃发展。

马克思指出："假如必须等待积累使单个资本增长到能够修建铁路的程度，那么恐怕直到今天世界上还没有铁路。但是，集中通过股份公司转瞬之间就把这件事完成了。"⊖单个企业内部积累永远是企业成长的基础，但是资本扩张数量和速度决定了仅仅依靠这种手

⊖　出自《资本论》第一卷第二十三章。

段，企业成长必然是缓慢的。所以，施蒂格勒（Stigle）在分析美国企业成长路径时指出："没有一个美国大公司不是通过某种程度、某种形式的兼并收购而成长起来的，几乎没有一家大公司主要是靠内部扩张成长起来的。"

并购之所以能够成为企业外部成长的主要路径，主要是因为：

（1）并购可以减少投资风险和成本，投资见效快　投资建设一家新企业，除投资周期长以外，还需要花费大量的时间、财力去获得稳定的原料来源，寻找合适的销售渠道，开拓新的产品市场，塑造新的产品形象，具有很大的不确定性，增大了投资风险。通过并购形式，并购企业可以直接进入目标企业经营领域，直接利用其生产能力、原料来源、营销网络、工程技术人员及品牌和商誉等无形资产，不仅比新建成本低，而且可以减少投资风险。

（2）并购可以有效地冲破特定产业的进入壁垒　当企业试图以新建形式进入某个生产领域时，客观地存在着影响企业进入的各种因素，如最低资本数量、产品差别、既存企业的规模经济与成本优势、既存企业采取阻止新企业进入的行为等，都构成新企业的进入壁垒。如果选择对特定产业的既存目标企业进行并购，就可以轻而易举地越过各种进入壁垒，进入新的生产经营领域。

（3）并购能向先进行业过渡，获得科学技术上的竞争优势　科学技术在经济发展中起着越来越重要的作用。企业常常为了取得生产技术或产品技术上的优势而进行兼并活动。

6. 追求市场份额效应

企业市场份额的不断扩大，可以使企业获得某种形式的垄断，这种垄断既能带来垄断利润又能保持一定的竞争优势。因此这方面的原因对企业开展并购活动有很强的吸引力。企业并购的三种基本形式都能提高企业的市场实力，但它们的影响方式有所不同。

（1）横向并购的市场份额　首先，横向并购会减少竞争者的数量，改善行业结构。在行业内竞争者数量较多而且处于均势的情况下，由于行业内所有企业竞争激烈，利润水平只能保持最低。并购使行业相对集中，当行业由一家或几家企业控制时，能有效降低竞争的激烈程度，使行业内所有企业恢复并保持较高利润率。

其次，横向并购解决了行业整体生产能力扩大速度和市场扩大速度不一致的问题。在追求规模经济效益和提高市场占有率双重动机的驱使下，企业大量提高生产能力，以扩大生产效率和市场份额。但企业生产能力的扩大往往与市场需求的增长并不协调，从而破坏供求平衡关系，使行业面临生产能力过剩的危机。实行企业并购，使行业内部企业相对集中，既能迅速实现规模经济，又能避免生产能力的盲目增加导致的供求失衡。

再次，横向并购降低了退出行业的壁垒。某些行业（如钢铁、冶金行业）由于其资产具有高度的专业性，并且固定资产占较大比例，从而这些行业中的一些企业在竞争过度的情况下很难退出市场，不得不勉强维持经营，结果导致行业内过剩的生产能力无法有效使用，整个行业平均利润保持在较低水平，甚至亏损经营。通过并购和被并购，行业可以调整其内部结构，淘汰陈旧的生产设备和低效益企业，从而降低过高的退出壁垒成本，达到平衡供求关系、稳定价格的目的。

（2）纵向并购的市场份额　在纵向并购中，企业将关键性的投入产出关系纳入企业控制范围，用行政手段而不是市场手段处理一些业务，以达到提高企业对市场的控制能力。企业主要通过对原料和销售渠道及用户的控制来实现这一目的。纵向并购能明显地提高企业同供应商和买主讨价还价的能力。

（3）混合并购的市场份额　　混合并购对市场份额的影响多数是以隐蔽的方式来实现的。在多数情况下，企业通过混合并购进入的往往是它们原有产品相关的经营领域。在这些领域中，它们使用与主要产品一致的原料、技术、管理规律或销售渠道。这方面规模的扩大，使企业对原有供应商和销售渠道的控制加强了，从而提高了它们对主要产品市场的控制。

7. 经营分散化

为了分散风险，企业投资者一般进行多元化投资和多元化经营，投资分散于不同产业领域，这样可稳定企业盈利水平和股东的收益。

8. 心理满足和成就感

大部分企业的所有权和经营权是分离的。所有者（股东）和经营者（经理）各自关心的东西并不完全相同。股东只对股息感兴趣，因此只关心利润，而经理人员还关心自己的权利、收入、声望和社会地位等。为了使这些需要得到满足，经理们采用的一个重要方法就是通过并购来扩大企业的规模。

【思考题】

1. 企业合并与企业收购的联系与区别有哪些？
2. 企业并购有哪些类型？
3. 企业并购的动因有哪些？

第六章

企业并购的财务管理

 【本章导读】

　　均胜集团有限公司（简称均胜集团）在其发展历程中实施了多达十几次的并购措施，特别是自 2011 年第一次跨国并购德国普瑞开始，后续继续发起了多次跨国并购。2013 年并购德国 Innoventis，2014 年并购德国 IMA Automation，2015 年并购德国 Quin GmbH，2016 年并购德国 TS 德累斯顿、美国 EVANA 和百得利（KSS），2017 年并购挪威 ePower 和奥地利 M&R Automation，2018 年并购日本高田 TAKATA，并购范围涉及五个国家，涵盖功能件、汽车电子、汽车安全与自动化四大领域。通过连续的跨国并购，整合资源，均胜集团从一家名不见经传的年轻企业迅速成长为国内汽车零部件行业的领头羊。

　　一般来说，企业并购交易中涉及的交易金额巨大，那么目标企业的价值是怎么确定的？大额的交易资金可以通过哪些方式来支付？并购交易完成后企业应该如何进行资源整合？如果面临敌意并购，目标企业可以采取什么措施来反抗？这些将是本章要讨论的主要问题。

 【学习目标】

　　通过本章的学习，你应该掌握：

　　1. 目标企业的价值评估方法

　　2. 企业并购交易的支付方式

　　3. 企业并购后续整合的内容和模式

　　4. 目标企业的反并购措施

第一节　目标企业的价值评估方法

　　和所有市场中的交易双方一样，在并购交易中，买方企业希望用较低的价格并购卖方，卖方企业希望用较高的价格卖给买方，因此，需要合理的方法去评估目标企业的价值，为交易双方的价格博弈提供有效参考。并购企业可以通过对目标企业进行综合分析评估其价值，以确定其愿意付出的并购成本；目标企业也需要明确自身的价值，以决定是否接受并购企业提出的条件。因此，对目标企业的估值是决定并购成功与否的关键环节。在并购过程中，对目标企业价值进行评估的方法主要有以下三种：收益法、市场法和资产基础法。

一、收益法

(一) 基本模型

目标企业的价值在很大限度上取决于其未来持续经营的现金流量，特别是目标企业与并购企业整合以后产生的协同效应，常使整合后的现金流量总和大于各个部分的现金流量。收益法就是将预期的收益资本化或折现来确定企业的价值。收益法的基本模型如下：

$$V = \sum_{t=1}^{n} \frac{CF_t}{(1+r)} \tag{6-1}$$

式中　V——企业价值；

　　CF——自由现金流量；

　　r——贴现率；

　　t——预测期。

收益法的适用条件：首先，能合理预测和量化未来的收益来计算自由现金流量；其次，能合理预测和量化承担的风险来确定折现率；最后，能合理预测收益持续的时间来确定收益期。

企业的成长性是影响运用收益法评估企业价值的非常重要的因素，成长性差异会造成企业现金流量的大小和期间分布存在差异，从而影响最终的估值。根据成长性差异，我们可以将式 (6-1) 演化成零成长模型、固定成长模型和多阶段成长模型。

1. 零成长模型

如果企业未来每年自由现金流量保持不变，增长率为 0，则估价模型如下：

$$V_1 = \frac{CF}{r} \tag{6-2}$$

式中　V_1——企业价值；

　　CF——自由现金流量；

　　r——贴现率。

【例 6-1】　假定 A 公司今年的自由现金流量为 100 万元，预期未来的增长率为 0，公司的加权平均资本成本率为 10%，那么目前公司的价值为多少？

解析：公司目前的价值 $V = 100/10\% = 1\ 000$（万元）

2. 固定成长模型

如果企业未来每年自由现金流量按一个固定的增长率稳定增长，则估价模型如下：

$$V_2 = \frac{CF_1}{r-g} \tag{6-3}$$

式中　V_2——企业价值；

　　CF_1——未来第一期的自由现金流量；

　　r——贴现率；

　　g——自由现金流量增长率。

【例 6-2】　假定 B 公司下一年度的自由现金流量为 100 万元，预期自由现金流量每年增长 5%，公司的加权平均资本成本率为 10%，那么该公司的价值为多少？

解析：该公司的价值 $V = \dfrac{100}{10\% - 5\%} = 500$（万元）

3. 多阶段成长模型

现实中，几乎没有企业的现金流量能够保持年年相同，也很少有企业能按一个固定的增长率持续稳定增长下去，更符合现实的情况是，在企业不同的发展阶段，现金流量表现出不同的增长特点。因此，可以把企业未来的现金流量分成两个以上的不同阶段，分别对不同阶段的现金流量进行贴现，然后加总在一起得到企业的价值。由此可以得到估价模型如下：

$$V_3 = V_{31} + V_{32} + \cdots + V_{3n} \tag{6-4}$$

式中 V_3——企业价值；

V_{31}——第一阶段自由现金流量的现值之和；

V_{32}——第二阶段自由现金流量的现值之和；

V_{3n}——第 n 阶段自由现金流量的现值之和。

实践中，比较常见的是两阶段或者三阶段模型，各个阶段现值计算的具体公式视各阶段的自由现金流量的情况而定。

【例6-3】 假定 C 公司的自由现金流量在今后三年内增长率为 10%，然后增长率稳定保持在 5% 的水平，当前公司自由现金流量为 200 万元，在高速增长期内公司加权平均资本成本为 12%，在稳定增长期内公司加权资本成本率为 10%，请估计该公司当前的价值。

解析：$V = \dfrac{200(1+10\%)}{1+12\%} + \dfrac{200(1+10\%)^2}{(1+12\%)^2} + \dfrac{200(1+10\%)^3}{(1+12\%)^3} + \dfrac{200(1+10\%)^3(1+5\%)}{(10\%-5\%)(1+12\%)^3}$

$= 196.43 + 192.92 + 189.48 + 3\ 978.99$

$= 4\ 557.82$（万元）

（二）现金流量的预测

收益法常用的具体方法是现金流量折现法。现金流量折现法又可以分为股权自由现金流量折现模型和企业自由现金流量折现模型。股权自由现金流量和企业自由现金流量的计算公式如下：

股权自由现金流量（FCFE）= 净利润+折旧-资本支出-净营运资本增加+
新增债务-本金偿还-优先股股利 $\tag{6-5}$

企业自由现金流量（FCFF）= 息税前利润×（1-所得税税率）+折旧-
资本支出-净营运资本增加 $\tag{6-6}$

【例6-4】 ABC 公司的利润表简表见表 6-1。公司当前的所得税税率为 25%，2023 年固定资产投资为 500 万元，当年偿还债务所支付的现金为 75 万元，新增债务 50 万元，发放优先股股利 10 万元，2022 年和 2023 年的营运资本分别为 100 万元和 120 万元。请计算该公司 2023 年度股权现金流量（FCFE）和公司自由现金流量（FCFF）。

表 6-1   ABC 公司的利润表简表   单位：万元

项　　目	2022 年	2023 年
销售收入	4 000	4 500
减：经营费用	2 750	3 100

（续）

项　　目	2022 年	2023 年
减：折旧	500	550
息税前利润	750	850
减：利息支出	102	106
利润总额	648	744
减：所得税	162	186
净利润	486	558

解析：FCFE = 558+550−500−（120−100）+50−75−10 = 553（万元）

FCFF = 850×（1−25%）+550−500−（120−100）= 667.5（万元）

在并购决策中，现金流出量是并购企业需要支付的现金，现金流入量是目标企业所创造出的净现金流量。如果目标企业被并购后不再是独立的法人实体，则目标企业创造的现金流量全部计入并购公司；如果仅仅是控股并购，并购后并购企业只持有目标企业部分股权，则并购公司只能按其持股比例确认相应现金流量。如果并购是为取得目标企业的控制权，且重点关注目标企业的整体价值，则可选择企业自由现金流量折现模型；如果只是取得控制权，但主要关注自己作为股东能分得多少收益，则可以选择股权自由现金流量折现模型。企业自由现金流量由债权人和股东共同分享，而股权自由现金流只属于股东。在我国 A 股的并购实践中，通常先采用企业自由现金流量模型计算企业整体价值，然后扣除有息负债价值，得到股东权益价值。

在任何评价过程中，确定可靠的可持续净收益是非常重要的。实际上，比较大的公司一般都有自己的预测技术和系统，可以预测五年期甚至更长期的收益变动趋势。但是对于新兴行业的初创企业，则很难做出比较准确的预测。

（三）贴现率的计算

贴现率是与并购相关的机会成本，主要取决于并购以后企业的整体资本结构和并购决策本身的风险状况。如果选择股权自由现金流量折现模型，则贴现率应该选择目标企业的股权资本成本；如果选择企业自由现金流量折现模型，则贴现率应选择目标企业的加权平均资本成本。

（四）收益期的确定

在并购决策中，预测期限的不同会对结果产生很大影响。收益法的假设前提是企业持续经营，所以企业未来的总收益期是无限期。但是，我们不可能预测出企业在未来无限期中每期的现金流量，因此，我们需要根据实际情况将企业未来无限期划分为不同阶段，至于应该如何划分，并没有统一的标准，具体方法需要根据企业的实际经营发展情况而定。比较常见的方法是将现金流量划分为两个阶段（有些情况下，三个或三个以上阶段更适用）。第一个阶段是一段特定时间，在这个阶段我们可以明确预测出企业各期的现金流量，这个预测期应该足够长，以便体现公司现金流量的所有预期变化，直到企业的现金流量保持一个比较稳定的状态，这个阶段通常可以定为 3~10 年；第二个阶段则是第一个阶段预测期后的所有年份。

（五）收益法中存在的其他问题

收益法是通过估测由于获取目标企业控制权而带来的预期收益现值。在以收益为基础的分析中，收益的高低直接影响对目标企业的评价，然而，各种会计准则因素和项目如非常项目、会计政策变更等都会影响到收益的水平。因此，在分析企业收益水平时，应充分考虑这些因素的影响。

▶ 二、市场法

（一）市场法的基本思路

市场法是将股票市场上与目标企业经营业务、经营规模相似的企业的价值或者是最近类似交易的实际交易价格作为估算目标企业价值参照数的一种方法。具体来说，市场法分为可比企业法和可比交易法：可比企业法是以相似企业为参照物进行价值评估；可比交易法是以类似交易的实际价格为参照物进行价值评估。市场法的基石是替代原则，即"人们为一个事物所支付的价格，不会超过购买同样理想替代品的花费"。基于替代原则，价值的确定依赖于已经在相关市场上支付了类似标的的价格。

在运用市场法时，首先需要选择参照物；然后，根据参照物的股价或者财务数据，构造价值乘数；最后利用价值乘数计算目标企业价值。

（二）市场法运用的前提

市场法是根据证券市场真实反映企业价值的程度来评定企业价值的。因此，并购企业在运用此方法评价目标企业时，首先要认识目标企业所处资本市场的有效状况。

西方财务理论一般将资本市场效率分为三种类型：弱式有效、次强式有效和强式有效。

运用市场法，通常要先假定资本市场至少达到了次强式有效。基于此假设条件，股价反映投资人对目标企业未来现金流量与风险的预期，市场价格等于市场价值。市场法用企业股价或目前市场上企业交易的价格来作为企业比价标准，不但容易计算，且资料可信度较高。

（三）常用的估值指标

在运用市场法对目标企业进行估值时，常用的估值指标有以下几个：

（1）市盈率 市盈率（P/E）是股票的每股价格和每股收益的比值。市盈率指标是我国资本市场最流行的估值指标。

（2）市净率 市净率（P/B）是股票的每股价格和企业每股净资产的比值。市净率指标通常用于金融行业和重资产行业的估值。

（3）市销率 市销率（P/S）是股票的每股价格与企业每股主营业务收入的比值。市销率指标比较适合毛利趋同和行业稳定的企业，如公用事业行业和零售行业。

（4）企业价值倍数 企业价值倍数（EV/EBITDA）是公司价值与扣除利息、所得税、折旧和摊销前的利润的比值。目前，这个指标在国内运用较少，但广泛运用于海外证券市场。

在选择估值指标时，除了考虑选择哪些估值指标外，还应该考虑使用这个指标的时间段。合理的做法应该是使类比企业估值指标的时间段和目标企业估值指标的时间段基本一致。通常的时间段包括最近一个财务年度、最近 12 个月、未来预期的 12 个月或者过往若干年的平均数。同时，要注意市场层面的总体起伏，特别要小心波动性强的时期。

（四）可比企业法

运用可比企业法的关键是选出一组与目标企业业务和财务状况类似的企业，通常选取的是同行业、规模和成长性相似的上市公司。

【例 6-5】 2023 年年初，A 公司拟并购 B 公司，通过调查获得了三家可比公司的市盈率分别为 8、6、7，B 公司 2022 年净利润为 4 000 万元。请估算 B 公司的价值。

解析：B 公司的价值 = 4 000×(8+6+7)/3 = 28 000（万元）

需要注意的是，可比企业的评估价值是基于公开市场的，目标企业的估值是基于并购交易市场的，两个市场的估值逻辑存在差异，因此，为弥补可比企业法的缺点，就出现了可比交易法。

（五）可比交易法

运用可比交易法时首先要注意的就是寻找合适的可比交易。但是在实践中，相比寻找可比企业，选取可比交易的难度更大，更难达到理想中的可比性，适用范围更小。

另外，采用可比交易法还要考虑控制权和流动性的因素。一般来说，由于并购企业在取得控制权后，可能通过实现协同效应来提高收益，因此，并购相同的股份，并购企业取得目标企业的控制权要比未取得控制权支付更多的溢价。在流动性方面，同等条件下，由于上市公司的股权相比非上市公司的股权更容易变现，并购上市公司的成本要高于并购非上市公司，如果在并购非上市公司时，运用可比交易法选取了上市公司的交易价格进行比较得到非上市公司的估值，这个估值就需要打个折扣。

三、资产基础法

1. 资产基础法的评估思路

资产基础法是指通过对目标企业的所有资产分别进行估价，累计求和后得到总资产的价值，以此作为目标企业的评估值。当并购企业的并购动机不是为了目标企业的控制权，而主要是为了获取某些具体的有形资产或无形资产时，或者当目标企业经营失利无法产生无形价值，其价值仅限于具体有形资产总额时，通常使用资产基础法来评估目标企业价值。

2. 运用资产基础法进行估值的前提

运用资产基础法进行估值的前提可以是持续经营也可以是清算。在持续经营的前提下，资产价值应按"在使用中"的价值评估；在清算前提下，资产是在强制性的销售环境中估价的，一般低于正常售价。

3. 资产估价标准

要确定企业资产的价值，关键是要确定合适的资产估价标准。目前国际上通行的资产估价标准有账面价值、市场价值、清算价值、续营价值和公允价值。

（1）账面价值 账面价值是指在会计核算中账面记载的资产价值。这种估价标准不考虑现时资产市场价格的波动，也不考虑资产的收益状况，因而是一种静态的估价标准。这种估价标准只适用于该资产的市场价格变动不大或不必考虑其市场价格变动的情况。

（2）市场价值　与账面价值不同，市场价值是指把资产作为一种商品在市场上公开竞争，在供求关系平衡状态下市场确定的价值。由于它已将价格波动因素考虑在内，所以适用于单项资产的评估计价。

（3）清算价值　清算价值是指在企业出现财务危机而导致破产或歇业清算时，把企业中的实物资产逐个分离而单独出售的资产价值。清算价值是在企业作为一个整体已丧失增值能力情况下采用的一种资产估价方法。当企业的预期收益令人不满意，其清算价值可能超过了以收益资本化为基础估算的价值时，企业的市场价值已不依赖于它的赢利能力，这时以清算价值为基础来评估企业的价值可能更有意义。

（4）续营价值　与清算价值相反，续营价值是指企业资产作为一个整体仍然具有增值能力，在保持其继续经营的条件下，以未来的收益能力为基础来评估企业资产的价值。由于收益能力是众多资产组合运用的情况下产生的，因此续营价值标准更适用于企业整体资产的估价。

（5）公允价值　公允价值是指熟悉市场情况的买卖双方，在公平交易和自愿的情况下所确定的价格。公允价值反映了续营价值和市场价值的基本要求，它把市场环境和企业未来的经营状况同企业资产的当前价值联系起来，因此非常适合在并购时用于评估目标企业的价值。

以上五种资产估价标准各自的侧重点不同，因而也就各有其适用范围。例如，就企业并购而言，如果并购目标企业的目的在于获取其未来收益的潜能，那么公允价值就是一个重要的标准；如果并购目标企业的目的在于获得其某项特殊的资产，那么以清算价值作为标准可能是一种恰当的选择。

【案例分析】

白云山医药拟股权收购广州医药所涉及的广州医药股东权益估值

一、评估事项

国众联资产评估土地房地产估价有限公司接受广州白云山医药集团股份有限公司（以下简称白云山医药）、Alliance BMP Limited 的委托，采用市场法及收益法对白云山医药拟股权收购涉及的广州医药股份有限公司（以下简称广州医药）股东全部权益在 2021 年 12 月 31 日的市场价值进行了评估。

具体评估范围为广州医药于评估基准日的全部资产及负债，其中：广州医药单体报表口径资产总额账面值 1 972 573.42 万元，负债总额账面值 1 525 343.53 万元，所有者权益账面值 447 229.88 万元；合并报表口径资产总额账面值 2 720 611.23 万元，负债总额账面值 2 175 449.42 万元，归属于母公司所有者权益合计 540 556.12 万元，所有者权益合计 545 161.81 万元。

二、评估方法选择

企业价值评估的方法主要有市场法、收益法和资产基础法。

（一）对市场法的应用分析

由于在资本市场上存在较多与被评估单位处于同一或类似行业的上市公司，其经营和财务数据可以通过公开渠道获取，可以建立相应的评价体系，并通过计算获得适当的价值比率或经济指标与被评估单位进行比较分析，故可以使用市场法评估。

（二）对收益法的应用分析

评估人员从企业总体情况、本次评估目的、财务资料和收益法参数的可选取判断四个方面，对本评估项目能否采用收益法做出适用性判断。

1. 总体情况判断

被评估企业总体情况如下：

1）被评估资产是经营性资产，产权明确并保持完好，企业具备持续经营条件。

2）被评估资产是能够用货币衡量其未来收益的资产，表现为企业营业收入能够以货币计量的方式流入，相匹配的成本费用能够以货币计量的方式流出，其他经济利益的流入流出也能够以货币计量，因此企业整体资产的获利能力所带来的预期收益能够用货币衡量。

3）被评估资产承担的风险能够用货币衡量。企业的风险主要有行业风险、经营风险和财务风险，这些风险都能够用货币衡量。

2. 评估目的判断

本次评估目的是为白云山医药拟股权收购提供价值参考，要对股东全部权益的市场公允价值予以客观、真实的反映，不能局限于对各单项资产价值予以简单加总，还要综合体现企业经营规模、行业地位、成熟的管理模式所蕴含的整体价值，即把企业作为一个有机整体，以整体的获利能力来体现股东全部权益的价值。

3. 财务资料判断

企业具有较为完整的财务会计核算资料，企业经营正常、管理完善，会计报表经过审计机构审计认定，企业获利能力是可以合理预期的。

4. 收益法参数的可选取判断

目前国内资本市场已经有了长足的发展，医药流通行业类上市公司也比较多，相关贝塔系数、无风险报酬率、市场风险报酬等资料能够较为方便地取得，采用收益法评估的外部条件较为成熟，同时采用收益法评估也符合国际惯例。

综合以上四方面因素的分析，评估人员认为本次评估项目在理论上和操作上可以采用收益法。

（三）对资产基础法的应用分析

被评估单位的各项资产、负债资料齐备，历史经营财务数据健全，可以根据会计政策、被评估单位经营等情况，对被评估单位资产负债表表内及表外的各项资产、负债进行识别，同时可以在市场上取得类似资产的购建市场价格信息，对于具有收益性的资产可以通过合理的方法对其收益和风险进行匹配，即各项资产的价值可以根据其具体情况选用适当的具体评估方法得出，本次评估满足采用资产基础法进行评估的要求。

由于被评估单位从事医药流通行业，其业务经营运作主要依靠企业的销售渠道、采购渠道、招标主体等，对企业经营产生重大影响的经营资质、团队能力、市场渠道、客户资源、商誉等无形资产难以逐一合理量化，采用资产基础法评估难以体现企业无形资产价值，也无法反映企业整体价值。与资产基础法相比，市场法和收益法更能完整反映企业整体价值，因此，本项目不采用资产基础法。

三、收益法评估过程

（一）评估基本思路

根据本次尽职调查情况以及被评估单位的资产构成和主营业务特点，本次评估以被评估单位的合并报表口径为基础评估其权益资本价值，基本思路如下：

1）对纳入报表范围的资产区分为经营性资产、溢余资产、非经营性资产和负债，并调整为与之对应的报表项目。溢余资产、非经营性资产和负债包括基准日存在的非日常经营所需货币资金、企业非经营性活动产生的往来款等流动资产或负债、非经营性的对外投资、呆滞或闲置设备等非流动资产或负债。

2）对纳入经营性资产相应报表范围的资产和主营业务，按照基准日前后经营状况的变化趋势和业务类型等分别估算预期收益，并折现得到经营性资产的价值。

3）对不纳入经营性资产报表范围，在预期收益估算中未予考虑的溢余资产、非经营性资产和负债，单独评估其价值。

4）由上述各项资产和负债价值的加总，得出被评估单位的企业价值，经扣减付息债务、少数股东权益价值后，得出被评估单位的股东全部权益价值。

（二）应用收益法时的主要参数选取

1. 预期收益指标和实现收益时点

根据被评估单位的具体情况，使用企业自由现金流量作为经营性资产的预期收益指标。预期收益在每个年度内均匀实现，分布在整个期间内，实现时点设定在每年的期中。

2. 预测期

为合理地预测被评估单位未来年度营业收入及收益的变化规律及其趋势，应选择可进行预测的尽可能长的预测期。在被评估单位收入成本结构、财务状况、资本结构、资本性支出、投资收益和风险水平等综合分析的基础上，结合宏观政策、行业周期、管理层对未来业务发展规划和市场发展前景预测、所在行业现状和发展前景，以及其他影响企业进入稳定期的因素合理确定预测期。预测期取自评估基准日起的五个完整收益年度。

3. 预期收益的收益期

由于国家有关法律法规未对被评估单位所处行业的经营期限有所限制，被评估单位的章程、合资合同等文件也未对企业的经营期限做出规定，被评估单位所在行业是持续发展且没有可预见的消亡期，同时，根据被评估单位的主营业务构成、经营现状、拥有的资产特点和资源条件，及其对未来发展潜力和前景的判断，被评估单位具有市场竞争能力和可持续经营能力，在正常情况下，被评估单位将一直持续经营，因此，本次评估设定预期收益的收益期为永续年期。

4. 折现率

由于评估模型采用企业自由现金流折现模型，按照预期收益额与折现率口径统一的原则，折现率 r 选取加权平均资本成本模型（WACC）计算确定。

5. 溢余资产及负债价值确定

溢余资产是指与被评估单位收益无直接关系的，超过被评估单位经营所需的多余资产。

6. 非经营性资产价值确定

非经营性资产是指与被评估单位收益无直接关系的，不产生效益并扣除非经营性负债后的资产。本次非经营性资产和负债是以被评估单位的合并报表口径为基础进行划分的。经分析，被评估单位的非经营性资产主要包括在收益预测中未计入收益的在建工程、基准日报废或闲置的设备以及投资性房地产等资产。投资性房地产、非经营性资产和负债主要采用市场法、成本法等评估方法。

7. 付息债务价值确定

付息债务是指被评估单位需要支付利息的负债。本次付息债务是以被评估单位的合并报表口径为基础进行分析的，付息债务主要采用资产基础法进行评估。

（三）收益法评估结果

收益法评估结果汇总见表 6-2。

表 6-2　收益法评估结果汇总

项　目	预 测 年 期					
	2022 年	2023 年	2024 年	2025 年	2026 年	详细预测期以后年度
企业自由现金流量（万元）	77 762.81	75 189.02	83 880.29	89 580.73	101 284.67	105 651.73
折现率	7.61%	7.61%	7.61%	7.61%	7.61%	7.61%
折现年限	0.50	1.50	2.50	3.50	4.50	
折现系数	0.9640	0.8958	0.8325	0.7736	0.7189	9.4468
企业自由现金流现值（万元）	74 183.91	67 356.05	69 831.67	69 300.71	72 814.50	998 083.33
企业自由现金流现值和（万元）	1 351 570.12					
加（减）：非经营资产负债净值（万元）	61 673.14					
长期股权投资（万元）	880.57					
减：付息债务（万元）	830 281.58					
企业全部股权价值（万元）	583 842.25					
减：少数股东权益（万元）	4 028.51					
归属于母公司的所有者权益价值（万元）	579 813.74					

采用收益法对广州医药的股东全部权益评估值为 579 813.74 万元，评估值较合并口径归属母公司股东所有者权益账面值（540 556.12 万元）增值 39 257.62 万元，增值率为 7.26%，评估值较单体口径账面净资产（447 229.88 万元）增值 132 583.86 万元，增值率为 29.65%。

四、市场法评估过程

（一）评估方法

被评估单位主要为医药流通行业，该行业评估基准日在上海、深圳交易所已上市的上市公司共 28 家，其中可以选取业务结构、经营模式、企业规模、资产配置和使用情况、企业所处经营阶段、成长性、经营风险、财务风险等因素与被评估单位相类似的医药批发业上市公司三家作为可比案例，故本次评估选取上市公司比较法作为评估方法。

1. 上市公司的选择原则

根据准则要求，市场法评估应当选择与被评估单位有可比性的上市公司或者交易案例。本次评估确定可比上市公司的选择原则如下：

1）具有不少于 24 个月的一定时间的上市交易历史。

2）公司生产的产品或提供的服务相同或相似，都受到相同经济因素的影响。

3）公司的经营规模或能力相当，所面临的经营风险相似。

4）公司的经营业绩相似，盈利能力相当。

5）公司的预期增长率，即未来成长性相同或相似。

选取可比上市公司后，利用公开披露的经营和财务数据，通过对可比公司与被评估单位两者采用会计政策不同产生的差异和特殊事项的调整，调整为具有相互可比的基础财务经营数据和报表。

2. 选择并计算可比上市公司的价值比率

根据被评估单位和可比上市公司的实际情况，确定合适的价值比率，并根据调整后具有相互可比的基础财务经营数据和报表分别计算可比上市公司的价值比率。本次评估的是医药流通公司，属于轻资产类公司，该类型公司周期性较弱，折旧摊销等非付现成本比例较小，不适宜采用市净率（P/B）和企业价值倍数（EV/EBITDA）测算。目前公司经营稳定，可采用市盈率（P/E）、市销率（P/S）测算，但由于市销率（P/S）更无法反映销售成本上的差异，具有一定的局限性，往往更偏向于市场空间广阔和处于发展阶段的行业采用，这类行业处于高研发投入或者高资本投入期，费用高，利润并不反映企业的真正经营水平。而医药流通行业属于周期性较弱的成熟行业，企业经营较为稳定，投资者注重的往往是利润和现金流的增长，采用市盈率（P/E）更符合企业真实价值。因此，本次评估最终选取市盈率（P/E）作为市场法评估的价值比率。

3. 价值比率的对比与修正

可比上市公司的价值比率在以下几个方面与被评估单位进行对比修正、调整：

1）营运状况包括盈利能力、营运能力、偿债能力、成长能力等修正。

2）预期增长率修正。

3）其他因素修正。

4. 溢余资产和非经营性资产调整

在比较结果的基础上，与被评估单位的溢余资产和非经营性资产评估结果汇总得到市场法评估结果。

5. 市场法模型

在市场法的评估思路下，根据被评估单位所处行业特点，本次评估采用市盈率（P/E）价值比率对评估对象进行评估。市盈率（P/E）评估公式为

$$P = \frac{\sum_{i=1}^{n} \mathrm{PE}_i A_i B_i C_i D_i F_i}{n} E(1-d) + G \tag{6-7}$$

式中　P——被评估单位的企业价值；

PE_i——第 i 家可比标的公司的价值比率；

A_i——第 i 家可比标的公司资产规模修正系数；

B_i——第 i 家可比标的公司盈利能力修正系数；

C_i——第 i 家可比标的公司营运能力修正系数；

D_i——第 i 家可比标的公司风险控制能力修正系数；

F_i——第 i 家可比标的公司成长能力修正系数；

　　n——可比公司数量；

　　E——被评估单位的基准日账面经营性归母净利润；

　　d——非流动性折扣；

　　G——非经营性资产评估值。

（二）市场法评估结果

　　采用市场法对广州医药的股东全部权益评估值为 551 705.89 万元，评估值较合并口径归属母公司股东所有者权益账面值（540 556.12 万元）增值 11 149.78 万元，增值率为 2.06%；评估值较单体口径账面净资产（447 229.88 万元）增值 104 476.01 万元，增值率为 23.36%。

（三）收益法和市场法评估结果差异分析

　　收益法与市场法评估结论差异额为 28 107.85 万元，差异率为 5.09%。被评估单位从事医药流通行业，其业务经营运作主要依靠公司的销售渠道、采购渠道、招标主体等。

　　1. 销售渠道

　　广州医药经营网络以广东为核心，向纵深发展，并在全国华东、华南、西北、西南区域实施并购拓展，形成以广东为中心辐射全国的经营网络。截至 2021 年 12 月 31 日，广州医药拥有全资与合资子公司 25 家，以广东为主辐射全国，子公司已遍布湖南、湖北、福建、四川、陕西、广西、海南等地区。

　　2. 采购渠道

　　广州医药的采购药品超过 54 000 种，包括西药、中药、器械和其他产品，合作的供应商基本稳定。

　　3. 招标主体

　　随着我国医改的推进，政府对医药用品采购方式进行全面管理，采用招标方式进行改革。由于广州医药多年的良好信誉及服务，在招标采购实施后为广州医药带来业务发展机会。

　　收益法评估以资产的预期收益为价值标准，反映的是资产经营能力的大小，这种获利能力通常受到宏观经济、政府控制、企业经营管理以及资产的有效使用等多种条件的影响。市场法则是将评估对象置于一个完整、现实的市场环境中，获取并分析可比上市公司的经营和财务数据，计算适当的价值比率，综合各对比因素评价资产。市场法从企业经营情况及整体市场的表现来评定企业的价值，而收益法立足于企业本身的获利能力来预测企业的价值，两者是相辅相成的。由于收益法依托对未来收益的预测，受宏观环境、货币政策等不确定因素的影响，预测数据与实际情况可能存在偏差，而市场法基于评估对象于基准日时点在资本市场价格表现，客观性相对更强，本次评估认为市场法结果更能充分体现评估对象在产权交易市场上的市场价值。

　　综上所述，本次评估采用市场法的评估结果作为最终评估结论。评估基准日 2021 年 12 月 31 日广州医药股东全部权益市场价值评估值为 551 705.89 万元，人民币大写金额为：伍拾伍亿壹仟柒佰零伍万捌仟玖佰元整。

　　资料来源：广州白云山医药集团股份有限公司股东全部权益价值资产评估报告［EB/OL］.（2022-08-08）［2023-12-11］.http://static.cninfo.com.cn/finalpage/2022-08-08/1214240734.PDF.

第二节　企业并购的出资方式

任何实施并购的企业都必须在决策时充分考虑采取何种出资方式完成并购。实践中，企业并购的出资方式主要有三种：现金支付、股票支付和综合证券支付。并购方必须充分认识不同出资方式的差别，依据具体的情况做出正确的决策。如果单纯采用一种方式会受到某种条件的限制，则可以考虑采用变通或混合的方式。

▶ 一、出资方式

（一）现金支付

现金支付是并购活动中最普遍采取的一种支付方式，包括一次性支付和延期支付。延期支付包括分期付款、开立应付票据等卖方融资行为。现金支付在实际并购重组的操作中也演变为资产支付、股权支付等形式，如资产置换、以资产换股权等。这里需要说明的是，以拥有的对其他企业的股权作为支付工具（长期投资）仍属于现金支付的范畴，而不属于股票支付的范畴，股票支付方式特指换股、增发新股等方式。

现金支付是企业并购活动中最清楚而又最迅速的一种支付方式，在各种支付方式中占很高的比例。这主要是因为：①现金收购的估价简单易懂；②对卖方比较有利，常常是卖方最愿意接受的一种出资方式，因为通过这种方式出资所得到的金额是确定的，不必承担证券风险，亦不会受到并购后企业的发展前景、利息率以及通货膨胀率变动的影响；③便于收购交易尽快完成，在现金支付的同时就实现了股权的转移，并购方可以立即行使对目标企业的控制。

并购企业在决定是否采用现金出资方式时，通常需要考虑的因素包括并购方的资产流动性、资本结构、货币流动性和融资能力等几个方面。

（1）短期的流动性　由于现金收购要求并购企业在确定的日期支付一定数量的货币，而立即支付大额现金必然会产生企业的现金亏空，因此有无足够的即时付现能力是并购企业选择现金出资方式时首先需要考虑的因素。

（2）中长期的流动性　这主要从较长期的观点看待并购企业现金支付的可能性。由于有些企业很可能在相当长的时间内难以从大量现金流出中恢复过来，因此并购企业必须认真考虑现金回收率以及回收期限。

（3）货币的流动性　在跨国并购中，并购企业还需考虑自己拥有的现金是否为可以直接支付的货币或可自由兑换的货币，以及从目标企业回收的是否为自由兑换的货币，以及目标企业所在国是否实行外汇管制等问题。

（4）融资能力　由于并购中所需要的现金通常超过了并购企业持有的现金数量，因此，并购企业能否通过各种方式迅速筹集现金，也是并购企业在选择现金出资方式时的重要因素。通常，效益比较好，而且能够产生大量现金的企业具有较强的融资能力。不过，在20世纪80年代末，由于"垃圾债券"市场的兴起，一些信用等级较低的企业也能通过发行"垃圾债券"获得大量的现金，用于企业并购。所以，融资能力不仅取决于公司自身的财务状况，而且和资本市场的发展也息息相关。

（二）股票支付

股票支付是指并购企业通过换股或增发新股替换目标企业股票的方式，达到取得目标企业控制权、收购目标企业的一种支付方式。

和现金支付方式相比，股票支付的主要特点是：①并购企业不需要支付大量现金，因而不会影响并购企业的现金状况；②并购完成后，目标企业的股东不会因此失去他们的所有者权益，只是这种所有权由目标企业转移到了并购企业，使他们成为该扩大了的企业的新股东，也就是说，当并购交易完成之后，扩大了的公司的股东由原有并购企业股东和目标企业股东共同组成；③对增发新股而言，增发新股改变了原有的股权结构，导致原有股东权益受到"淡化"，股权淡化的结果是可能使原有股东丧失对企业的控制权。

由于股票支付比现金支付更为复杂，所以在决策过程中需要考虑的因素更多。

（1）并购方的股权结构　由于股票支付的一个突出特点是它对原有股权比例会有重大影响，因而并购企业必须首先确定主要大股东在多大限度上能够接受股权（特别是控制权）的稀释。

（2）每股收益的变化　由于增发新股可能会对每股收益产生不利影响，如目标企业的盈利状况较差或者是支付的价格较高，就会导致并购后企业每股收益的减少。虽然在许多情况下，每股收益的减少只是短期的，但是每股收益的减少仍可能给股价带来不利影响，导致股价下跌。所以，并购企业在采用股票支付方式之前，需要确定是否会发生每股收益和股价下跌的不利情况；如果会发生这种情况，那么在多大限度上是可以被接受的。

（3）每股净资产价值的变动　每股净资产是衡量股东权益的一项重要指标。由于新股的发行会减少每股所拥有的净资产值，所以对股票价格会有不利影响。如果采用股票支付方式会导致每股净资产值的下降，并购企业需要确定这种下降在多大限度上能够被现有的股东接受。

（4）财务杠杆比率　发行新股可能会影响企业的财务杠杆比率，所以并购企业应考虑是否会出现财务杠杆比率升高的情况，以及具体的资产负债的合理水平。

（5）当前股价水平　当前股价水平是并购企业决定采用现金支付或是股票支付的一个主要影响因素。一般来说，在股票市场处于上升过程中，股票的相对价格较高，这时以股票作为出资方式可能更有利于买方，而且增发的新股对卖方也会具有较强的吸引力。否则卖方可能不愿持有，即刻抛空套现，导致并购企业股价进一步下跌，损害原有股东的利益。因此，并购企业应事先考虑本企业股价所处的水平，同时应预测增发新股会对股价波动带来多大程度的影响。

（6）当前的股利政策　新股发行往往与并购企业原有的股利政策有着一定的联系。一般而言，股东都希望得到较高的股利收益，在股利支付率比较高的情况下，并购企业发行利率固定且水平较低的债券将更为有利；反之，如果股利支付率较低，增发新股就比各种形式的借贷更为有利。因此，并购企业在并购活动的实际操作中，要比较股利支付率和借贷利率的高低，以决定采取何种出资方式。

（7）股利或货币的限制　在跨国并购中，并购企业要向其他国家的居民发行本企业的股票以进行并购活动，就必须确定本国在现在和将来都不会做出限制股利或外汇支付的管制；而且外国居民在决定接受股票收购方式之前，通常也需要得到这种确认。

（8）外国股权的限制　有些国家对于本国居民持有外国公司或以外币标价的股权证券实行限制，有的国家则不允许外国公司直接向本国居民发行股票。因此在跨国并购中，采用股票收购方式就会遇到某些法律上的障碍，这是并购企业必须予以注意的。

（9）上市规则的限制　对于上市公司，不论是并购非上市公司还是并购上市公司，都会受到其所在证券交易所上市规则的限制。有时候，在并购交易完成以后，由于买方（上市公司）自身发生了一些变化，很可能要作为新的上市公司重新申请上市。这样一来，并购企业就可能会由于某种原因自此失去了上市资格。所以，作为买方的上市公司在决定采用股票支付方式完成并购交易时，要事先确认是否与其所在证券交易所上市规则的有关条文发生冲突。若有冲突，可考虑请求证券监管部门予以豁免。

（三）综合证券支付

综合证券支付，是指并购企业对目标企业提出收购要约时，其出价方式是现金、股票、普通债券、认股权证、可转换债券等多种形式证券的组合。

1. 债券

如果并购企业将债券作为一种出资方式，那么这种债券必须满足许多条件，一般要求它可以在证券交易所或场外交易市场上流通。与普通股相比，债券通常是一种更便宜的资金来源，所以对目标企业的股东也非常具有吸引力。以债券作为出资方式时，通常是与认股权证或可转换债券结合起来。

2. 认股权证

认股权证是一种由上市公司发出的证明文件，赋予它的持有人一种权利，即持有人有权在指定的有效期限内，按照指定的价格认购由该公司发行的一定数量的新股。值得注意的是：认股权证本身并不是股票，其持有人不能视为股东，因此不能享受正常的股东权益（如分享股息派发、股票权等），当然也就无法参与经营管理。购入认股权证后，持有人获得的是一个购股权利，而不是责任，行使与否在于他本身的决定，不受任何约束。

对并购企业而言，发行认股权证的好处是，可以延期支付股利，从而为企业提供了额外的股本基础。但由于认股权证上认购权的行使，将涉及企业未来控股权的转变，因此，为保障企业现有股东的利益，在发行认股权证时，一般要按照控股比例派送给现有股东。股东可用这种证券行使优先低价认购企业新股的权利，也可以在市场上随意将认股权证出售，购入者则成为认股权证的持有人，获得相同的认购权利。

并购企业在发行认股权证时，必须详细规定认购新股权利的条款，如换股价格、有效期限以及每份认股权证可认购普通股的股数。为保障持有人利益，这些条款在认股权证发出后，一般不能随意更改，任何条款的修订都需经股东大会通过方可生效。

投资者之所以乐于购买认股权证，主要原因是：①投资者对该企业的发展前景看好，因此既投资股票，也投资认股权证；②比起股票价格，认股权证的价格更低，一些看好该公司而无能力购买其股票的投资者只好转而购买其认股权证，而且认购款项可延期支付。

3. 可转换债券

可转换债券向其持有者提供一种选择权，在某一给定时间内可以按某一特定价格将债券换为股票。在发行可转换债券时，并购企业需要事先确定转换为股票的期限、确定的转换股票属于何种类型股票和该种股票每股的发行价（兑换价格）等。

从并购企业的角度来看，采用可转换债券作为支付方式的优点是：①通过发行可转换债券，企业能以比普通债券更低的利率和较宽松的合同条件出售债券；②通过发行可转换债券，并购企业未来可以按照比现行价格更高的价格出售股票。

对目标企业股东而言，采用可转换债券的好处是：①具有债券的安全性和作为股票可使本金增值的有利性相结合的双重性质；②在股票价格较低的时期，可以将它的转换期延迟到预期股票价格上升的时期。

4. 优先股

除了上述的出资方式以外，并购企业还可以发行优先股股票支付并购价款。优先股股东虽在股利方面享有优先权，但不会影响现有的普通股股东对企业的控制权。这是以发行优先股作为出资方式的突出特点。

▶▶ 二、影响支付方式选择的因素

会影响支付方式选择的因素如下：

（1）目标企业的要求　并购资金的支付方式并不是单方面决定的，并购企业在选择支付方式时应该考虑目标企业的要求，协商达成一致意见。

（2）并购企业是否是上市公司　如果并购企业是非上市公司，一般只能用现金来支付并购资金，因为非上市公司发行的证券缺乏流动性，不容易被目标企业接受；而如果并购企业是上市公司，在并购资金的支付方式上就会更具灵活性，因为上市公司融资方式的便利性和资产的流动性都比较强，除现金支付方式外，还可以选择股票、债券等证券或者二者结合的方式来支付并购资金。

（3）并购企业现行股价　如果并购企业认为本企业目前股价被高估，会更倾向于发行股票支付并购资金；如果并购企业认为本企业目前股价被低估，则会更倾向于以现金支付并购资金。

（4）竞争对手出现的可能性　一般来说，目标企业更倾向于接受现金支付，因此，存在竞争者时，现金支付更容易被目标企业接受。现金支付能起到缩短交易时间，阻止竞争对手进入的作用。

（5）其他方面　除上述影响因素外，还有一些其他因素会影响并购企业支付方式的选择，如对控制权的影响、税收因素、企业规模、融资安排、交易成本等。

综上所述，并购企业在收购目标企业时采用综合证券的出资方式，既可以避免支付太多现金，造成本企业的财务状况恶化；又可以防止控股权的转移。正是由于这两大优点，综合证券支付方式在各种出资方式中的比例，近年来呈现出逐年上升的趋势。

第三节　企业并购整合

成功的企业并购不仅仅是完成和并购目标的并购交易，交易完成只是并购的第一步，做好后续的整合，达到"1+1>2"的效果，才是并购成功的标志。要把两家之前完全独立运营的企业整合到一起并非易事，过程中难免遇到摩擦与冲突，如果处理不好，不但达不到预期目标，还可能出现"1+1<2"的反效果。全球并购从锁定目标到交易成功的概率大约为50%，从交割完成到整合获利的概率也大约是50%。也就是说，一件并购案最后真正

成功的概率大约只有 25%。因此，并购不能止步于并购交易结束，并购交易完成后对并购双方的整合也非常重要。

一、并购整合的概念

并购整合是指在并购交易完成后，对交易涉及的两家企业或者多家企业在战略、管理、资产、人力资源、组织结构以及企业文化等方面进行整合，使交易双方融为一体。

二、并购整合的内容

（一）战略整合

企业战略是企业的顶层设计，统领着企业未来的发展方向，一般而言，不同企业的企业战略是不同的，总体战略上的差异必然会引起整合过程中的摩擦，所以对并购企业的整合，首先要重构目标企业的顶层设计，以长期战略发展的视角对目标企业的经营战略进行调整，将其纳入并购后企业整体的战略发展框架。

（二）管理整合

并购交易完成后，需要从管理组织一体化的角度对企业的经营管理制度、财务管理制度、组织结构、人力资源以及企业文化等方面进行融合和协调，有优势的一方可以向另一方输入先进的管理模式和管理思想，提高并购后企业整体的管理水平。

（三）资产整合

并购交易结束后，应该对双方资产进行统一梳理，处置重复、不必要、效率低或者获利能力差的资产，进行资产重新优化配置。

（四）业务整合

并购企业可以通过并购整合的过程，重新梳理企业的业务流程，取二者之长，弃二者之短，构建新秩序，对原有业务流程进行优化。

三、并购整合的类型

1991 年，哈斯帕拉夫（Haspeslagh）和杰姆森（Jemison）根据并购企业与被并购企业对组织自治性要求的高低以及双方企业战略的相互依赖程度这两个维度，将企业并购后的整合模式划分为保持型、共生型和吸收型三类。

2003 年，中村公一对此进行了进一步的分析后认为，当并购企业与被并购企业对自身组织自治性的要求较高，双方企业战略的相互依赖程度较低时，采取保持型整合模式，即在维持双方业务各自的特色和独立性的同时，在企业战略方向、组织管理体系、企业战略性资产的构筑与宏观总体计划的确立等方面交流融合；当并购企业与被并购企业对自身组织自治性的要求较高，双方企业战略的相互依赖程度也较高时，采取共生型整合模式，即在维持双方企业战略、企业文化、组织管理体系独立共存的同时，促进研究开发、生产制造、市场营销等业务方面的融合生长；当并购企业与被并购企业对自身组织自治性的要求较低，双方企业战略的相互依赖程度却较高时，采取吸收型整合模式，即从双方企业文化、战略方向、组织管理体系到业务活动的方方面面进行全面的融合重组，以最大限度地追求相互融合的协同效果。

【案例分析】

吉利并购整合沃尔沃

2010 年，浙江吉利控股集团有限公司以 18 亿美元的价格并购了瑞典的沃尔沃汽车公司（以下简称沃尔沃），并与集团下吉利汽车（以下简称吉利）进行了成功整合。

并购交易完成前，吉利与沃尔沃在企业战略、组织管理、研究开发、生产制造、市场营销、人力资源等方面存在着巨大的差异。同时，沃尔沃员工对吉利这一中国民营汽车制造商并不了解，因此非常担忧并购后技术与生产制造机会转移到吉利，失去沃尔沃的文化特性以及本来的竞争优势。吉利并购沃尔沃后，由于双方企业的业务相关程度较低，被并购企业员工保持自身文化的意愿程度较高，对并购方企业文化感兴趣的程度较低，因此选择了保持型的并购整合模式，吉利从并购沃尔沃的最初就一直强调"沃尔沃是沃尔沃，吉利是吉利"，仅以持股的形式在财务上相关，企业运营发展方面双方互不干涉。

同时，为了吉利与沃尔沃之间合作项目更好的交流沟通，解决企业间调和所带来的摩擦风险与文化冲突问题，明确并完善战略执行方针，最大限度地促进吉利与沃尔沃的技能、知识和资源在双方企业间的有效传播，2010 年 11 月，沃尔沃—吉利对话与合作委员会正式成立。此委员会由四名沃尔沃高管以及四名吉利高管组成，并由时任浙江吉利控股集团有限公司董事长的李书福以独立成员的身份担任该委员会主席。委员会每年在瑞典以及中国召开两次会议，以对话的机制，就双方汽车制造技术、汽车相关零部件采购、新产品的开发及相关技术、对产品潜在客户的市场营销，以及人才培养等领域展开广泛交流，充分交换想法，实现信息共享与进一步协作。通过这样的方式，双方在维持原有事业运营各自的特色和独立性的同时，为吉利与沃尔沃在原有事业的资源、技能以及知识方面的交流学习，以及未来新的事业内容方面合作的可能性提供了实现的渠道与推动其实现的控制力保障。

并购交易完成后，吉利维持了沃尔沃在瑞典的总部与研发中心的机能，保留了原来的管理层与研发、生产员工，同时加大了对沃尔沃欧洲的运营资金投入，促进了沃尔沃原有事业的发展。吉利方面也加大了对沃尔沃的投资，积极地促进沃尔沃在中国市场的发展。2011 年 2 月 25 日，沃尔沃正式宣布并启动中国本土化战略，在成都和大庆建立两个生产基地，并加快上海总部和中国技术中心的建设；同时宣布了沃尔沃中国的全新组织构架，沃尔沃中国的核心领导职位都由瑞典沃尔沃方面派遣专职人员来中国协助发展。

虽然沃尔沃成都工厂与吉利成都工厂相邻，但双方基本没有任何交流，沃尔沃成都工厂的技术支持与组织管理体系的完善完全由沃尔沃欧洲支持。与此同时，吉利也通过在哥德堡设立 CEVT（China Euro Vehicle Technology）研发中心，与沃尔沃共同合作未来技术的开发与生产，促进吉利与沃尔沃企业文化、组织管理体系、人力资源方面的相互学习，促进双方能力的有效传播与融合。在 CEVT 研发中心，中瑞双方的管理、技术人才相互协作，整合沃尔沃和吉利的优势资源，全力打造新一代模块化 CMA（Compact Modular Architecture）平台，以满足未来沃尔沃和吉利的中级车市场需求。同时，在 CEVT 研发中心沃尔沃方的员工也担负起了培养吉利方员工的任务，促进吉利方员工对沃尔沃原有业务领域的组织管理机制、企业文化、人力资源、研发生产销售工作程序的认识与理解；CEVT 研发中心吉利方员工也积极地与沃尔沃方员工交流沟通，以适应新的环境，给他们灌输、移植中方文化，消除沃尔沃与吉利之间的陌生感、危机感以及敌对情绪。同时，吉利积极推进基于 CEVT 研发中心研发的 CMA 模块化架构的吉利与沃尔沃车型的共同生产。吉利分别在张家口与台州设立新的工厂，从而追求吉利与沃尔沃在生产制造方面的规模效应，实现协同价值的最大化。

经过这次并购，双方企业的产品销量与盈利得到了显著提升，产品品质以及品牌性能得到了加强与提高，取得了研发能力与生产能力的完善与增强等方面的成果。

资料来源：蒋瑜洁. 中国企业跨国并购后的整合模式：以吉利集团并购沃尔沃汽车为例 [J]. 经济与管理研究，2017（7）：126-132.

第四节　目标企业的反并购措施

对于并购企业所提出的并购要约，如果目标企业不愿意被并购，通常会采取一些措施来抵御并购，目标企业的抵抗方法和抵抗程度的强弱，将会极大地影响并购企业的成本和并购本身的成败。因此，并购企业也必须认真了解目标企业可能采取的各种反并购措施。目标企业的反并购措施主要包括经济措施和法律措施。

▶ 一、目标企业反并购的经济措施

企业反并购的经济措施有很多，主要包括提高并购企业的并购成本、降低并购企业的并购收益、反噬防御和修改企业章程等。

（一）提高并购企业的并购成本

1. 资产重估

在现行会计制度下，资产通常采用历史成本计价，资产的历史成本可能低于资产的实际价值，通过资产重估，提高账面价值将会提高并购价格，从而抵御并购。

2. 股份回购

目标企业回购本企业股票，既可以减少流通在外的股份数量提高自身持股比例，又可以提高股票价格，增加并购企业的并购成本。另外，可以利用股票回购来消耗企业的现金，甚至通过举债来筹集股票回购所需资金，提高企业的财务风险，降低企业被并购的吸引力。

3. 寻找"白衣骑士"

"白衣骑士"是指当目标企业遭遇恶意并购时，主动找来的愿意善意并购本企业的并购方。在"白衣骑士"介入的情况下，企业的股价通常会上升，恶意并购者的并购成本将会提高，如果其不愿意以更高的价格来并购目标企业，则并购会失败。

4. 金色降落伞

目标企业一旦被并购，其高层管理人员将面临撤职或降职的危险。金色降落伞是一种补偿协议，它规定目标企业在被并购的情况下，高层无论是被迫还是主动离开企业，都可以领到一笔巨额的补偿金，这将增大并购企业的并购成本。但是，在实践中，很多企业的股东反对这种损害股东利益的措施，一方面，他们认为导致企业被并购的原因之一是管理层管理不善，不该为这些失败者发放高额补偿金；另一方面，这种补偿协议也可能会诱使高层管理人员将企业低价卖出。

（二）降低并购企业的并购收益

1. 出售或抵押"皇冠上的珍珠"

从资产价值、盈利能力和发展前景等方面衡量，企业集团内部经营最好的子公司被喻为"皇冠上的珍珠"。目标企业为保全其他子公司，可将"皇冠上的珍珠"出售或抵押出去，从而降低并购企业的预期收益和并购兴趣，以达到反并购的目的。

2. "毒丸计划"

"毒丸计划"是指目标企业在面临恶意并购时，可以发行用于降低并购方预期价值的证券，如债券、可转换优先股、赋予投票权的优先股、认股权证或期权等。发行债券增加负债和财务风险可以降低企业被并购的吸引力；发行可转换为普通股的优先股或赋予投票权的优先股，或者发行赋予以较低价格购买企业股票权利的认股权证或者期权，都可以稀释并购企业股权，降低其股权收益。

3. "焦土战术"

"焦土战术"是指目标企业在受到并购威胁并无力反击时，将企业中引起并购企业兴趣的优质资产出售，使并购企业的意图难以实现；或是购置大量资产，大大提高企业负债，恶化企业财务状况，使并购企业因考虑并购后严峻的负债问题而放弃并购的战术。

不论是出售或抵押"皇冠上的珍珠"还是"毒丸计划"或"焦土战术"，都是两败俱伤的反并购策略，在降低并购企业预期收益和并购兴趣的同时，也会削弱自身实力，都是面临恶意并购，自身能力又有限时的无奈之举，属于反并购策略中不得已而为之的下策。

（三）反噬防御

反噬防御是指目标企业以攻为守，反过来开始购买并购企业的股票，以达到保卫自己的目的。这种策略使目标企业变得更加主动，处于可攻可守的位置，进可以反向并购并购企业，退可以使目标企业拥有并购企业的股票，即便被并购，也能分享收益。但是，这种方式对目标企业的资金实力和融资能力要求较高，同时需要并购企业也满足被并购的条件，在实际中成功运用此策略的案例较少。

（四）修改企业章程

为了降低企业被并购的可能性，目标企业还可以通过修改企业章程，设置一些可以增加并购企业并购难度和成本，降低并购企业预期收益和并购意愿的条款，如董事会轮换制、超级多数条款和公平价格条款等。

1. 董事会轮换制

董事会轮换制可以规定每年只能改选很少比例的董事，如1/4或者1/3等。这样，即使并购企业已经取得了控股权，也难以在短时间内改组被并购企业董事会、委任管理层，实现对被并购企业董事会的控制，这样就可能延误并购整合的有效时机，降低并购企业的并购意愿。

2. 超级多数条款

在企业章程中可以规定，对于企业被并购等重大事项，在股东投票程序中必须取得超级多数比例的赞成票，比如2/3或4/5，甚至更高。同时，还可以规定对这一条款的修改也需要绝对多数股东同意。这样，就会大大增加并购企业的并购成本和难度。

3. 公平价格条款

在企业章程中还可以设置公平价格条款，规定并购企业必须向少数股东支付目标企业股票的"公平价格"。所谓公平价格，通常是以目标企业股票的市盈率作为标准，而市盈率的确定是以企业的历史数据并结合行业标准为基础。这样就增加了并购企业的并购成本。

▶▶ 二、目标企业反并购的法律措施

诉讼策略是目标企业在并购防御中经常使用的法律措施。诉讼的目的通常包括：逼迫并购企业提高价格以免被起诉；延缓并购的时间，以便另寻"白衣骑士"；在心理上重振目标企业管理层的士气。

诉讼策略的第一步往往是目标企业请求法院停止并购行为，其理由通常是反垄断、信息披露不合规不合法等。不论诉讼结果如何，提起诉讼都可以拖延并购交易的时间，这时目标企业就有机会采取有效措施进一步抵制并购。

【案例分析】

万科宝能系之争

万科曾是全球最大的住宅地产商，是中国房地产行业的标杆，但是在其度过30周年的里程碑、坐上"世界最大的住宅地产商"宝座之后，却悄然迎来了危机。从2015年1月开始，宝能系通过旗下的钜盛华、前海人寿等一致行动人，在公开市场上连续增持万科股票，2015年8月26日，宝能系持股15.04%超过原有第一大股东华润，成为万科第一大股东。2015年12月17日，王石表态"不欢迎民营企业宝能系成为万科控股股东"。2016年6月23日，宝能系声明，认为万科已成为"内部人控制"的公司。2016年6月26日，宝能系指责王石在2011年—2014年留学期间，脱离工作岗位仍拿高额薪酬，认为万科董事会无视公司章程和股东利益，提议罢免万科现任董事会、监事会成员，改组万科董事会。2016年6月27日，万科召开2015年度股东大会，宝能系否决万科2015年度董事会、监事会报告。至此，万科管理层团队与宝能系矛盾升级。2016年6月30日，华润声明，不同意宝能系提出的罢免王石、郁亮等董事的提案，表示华润会从万科长远发展的角度考虑未来万科董事会、监事会的改组。

为了反对宝能系的收购，万科管理层联手了安邦保险集团股份有限公司（简称安邦），同时引入了深圳市地铁集团有限公司（简称深圳地铁）。2015年12月7日安邦举牌万科，持股达5%，2015年12月17日安邦持股7.01%，成为万科第三大股东，2015年12月23日万科发布《关于欢迎安邦保险集团成为万科重要股东的声明》，称已与安邦进行沟通，欢迎其成为万科的重要股东，并希望与安邦展开后续合作。2015年12月24日，安邦发表声明，认为万科发展前景广阔，会支持万科长远发展，希望万科管理层继续努力，为广大股东创造更大的价值。2016年6月17日，万科与深圳地铁签署《发行股份购买资产协议》。

2017年1月12日，万科发布公告称深圳地铁与华润集团签订万科股份受让协议，深圳地铁拟受让华润集团所属华润股份有限公司、中润国内贸易有限公司所持有的全部15.31%万科A股股份。不久之后，恒大将合计持有万科14.07%的股份也转让给深圳地

铁。最终，宝能系虽持有了大量股份也未能如愿取得万科的实际控制权。

资料来源：黄金曦，徐丹. 不完全信息下上市公司股权反收购动态博弈：基于万科与宝能系的股权之争 [J]. 财会通讯，2016（11）：86-88.

【思考题】

1. 目标企业价值的收益法、市场法和资产基础法分别适用于哪些情况？
2. 影响并购企业支付方式选择的因素有哪些？
3. 并购完成后，应该如何进行并购整合？
4. 有哪些措施可以用于目标企业反并购？

第七章

企业集团财务管理概述

【本章导读】

A集团是一家总部位于伦敦的国际建筑和工程公司，业务遍及全球。该集团专注于大型基础设施项目，如桥梁、高速公路、隧道和大型建筑物的建设。为了扩展其在发展中国家的业务范围，A集团计划进行一次大规模的资金筹集。

A集团的筹资策略包括三个部分：首先，集团计划在国际市场上发行企业债券；其次，与多家国际银行协商，获得长期贷款；最后，吸引私募股权投资者，以获得额外资金。

在筹资过程中，A集团面临着多种风险。这些包括市场风险、利率风险、汇率风险、政治风险、信用风险以及项目风险。这些风险可能会影响集团的融资条件、成本和项目成功的可能性。

在实际的筹资过程中，A集团遇到了一系列挑战：国际市场的经济波动导致债券需求减少，增加了融资成本；在一些发展中国家，政治不稳定导致项目延迟，增加了财务负担；同时，汇率波动也影响了集团在不同国家的利润。

面对这些挑战，A集团采取了多元化融资策略和有效的风险管理措施，包括使用衍生金融工具对冲汇率和利率风险，在高风险地区采取保守的投资策略，以及加强与投资者的沟通，确保透明度和信任。这些措施帮助集团成功完成了筹资计划。

企业集团的财务管理有什么特点？企业集团如何规避财务管理风险？这是本章要讨论的问题。

【学习目标】

通过本章的学习，你应该掌握：

1. 国内外企业集团的发展历程和成因
2. 企业集团的概念及特征
3. 企业集团的形成原因及组织结构
4. 企业集团财务管理的原则及特点
5. 企业集团财务管理体制及其选择的影响因素
6. 企业集团财务公司的主要功能

第一节　企业集团概述

▶▶ 一、企业集团的起源与发展

企业集团的起源和发展是一个复杂且多样的历史过程，它与全球经济的发展和变化紧密相关。它的发展反映了工业化、市场全球化、技术创新以及社会价值观变迁的趋势。从早期的规模扩张到现代的数字化转型，企业集团在全球经济中的角色持续演变，对经济结构和社会发展产生深远影响。

企业集团的起源可以追溯到很久以前，但其现代形式在 19 世纪晚期至 20 世纪初才逐渐发展起来。企业集团的起源和发展可以分为以下几个主要阶段。

（一）起源阶段（19 世纪末至 20 世纪初）

1. 起源阶段的背景

企业集团起源阶段的背景可追溯到 19 世纪末至 20 世纪初，这一时期是工业革命的高峰和现代企业制度的形成时期。伴随着技术革新和大规模生产的兴起，企业面临着规模扩大和市场拓展的需求。这时，传统的家族式经营和个体经营模式开始转变为更复杂、更高效的公司和集团结构。随着铁路、电报和蒸汽船的发展，市场的地理范围大大扩展，促使企业寻求新的管理和组织方式来应对增长的市场和运营复杂性。此外，金融资本的积累和投资需求推动了企业的规模扩大和组织结构的复杂化。政府对工商业的法律和政策也逐渐适应这种变化，为大型企业的发展提供了法律基础。总的来说，这一时期企业集团的起源标志着从手工作坊向现代企业管理制度的过渡，奠定了后续工业化和全球化进程的基础。

2. 起源阶段的特点

起源阶段的特点是企业结构和管理方式的重大转变。这一时期见证了从家族企业和小规模作坊式生产向大型公司和集团组织的转型。例如，美国的标准石油公司通过垂直和水平整合成为当时最大的石油公司之一，体现了这一时期企业规模和市场控制力的增长。同样，宾夕法尼亚铁路公司在铁路运输领域的发展，展示了企业运营和管理的复杂化。这些企业通过并购、合并、创新管理结构和生产技术，形成了早期的企业集团模式，标志着现代企业管理和组织形式的初步形成。这一时期的企业集团以其规模的扩大、市场的统治力和管理结构的创新，为后续企业发展奠定了基础。

（二）扩张和多元化阶段（20 世纪中期）

1. 扩张和多元化阶段的背景

20 世纪中期，企业集团扩张和多元化阶段的背景是在第二次世界大战后的经济复苏和增长中形成的。这一时期，全球经济的快速发展和消费市场的扩大为企业提供了新的增长机会。技术进步，尤其是在制造业、交通和通信领域，进一步推动了企业的扩张。同时，政策环境也趋于支持，许多国家实施了鼓励企业成长的政策，如税收减免和贸易自由化。此外，资本市场的发展为企业提供了融资渠道，支持它们的扩张和多元化。国际化和全球化的趋势使企业开始拓展国际市场，寻求新的商业机会。在这样的背景下，企业集团不仅在自身领域内扩张，还开始通过多元化进入新的行业和市场，以实现持续增长和风险分散。

2. 扩张和多元化阶段的特点

扩张和多元化阶段的特点主要体现为企业规模的快速增长和业务范围的广泛扩展。例如，通用电气（GE）从最初的电气制造业务扩展到了航空、金融和医疗设备等多个领域，显示了典型的多元化发展模式。同样，IBM 从一个专注于生产打字机和计算机硬件的公司转变为提供包括软件、咨询服务在内的全面技术解决方案供应商。这些企业通过并购、新产品开发和市场扩张策略实现了多元化，不仅增强了其市场地位，也减少了对单一市场或产品线的依赖。此外，企业的管理结构和战略也随之变得更为复杂和多元，以适应不断变化和扩大的业务需求。这一时期的企业集团通过扩张和多元化，形成了今天许多大型跨国企业的基础。

（三）全球化和整合阶段（20 世纪后半叶至 21 世纪初）

1. 全球化和整合阶段的背景

20 世纪后半叶至 21 世纪初，企业集团全球化和整合阶段的背景是在全球经济一体化、技术革命和政策自由化的大背景下形成的。在这一时期，随着互联网和通信技术的突破，企业间的信息流动和全球连通性达到前所未有的水平，极大地促进了跨国商业活动。同时，各国政府逐渐放宽对外资和国际贸易的限制，为企业的跨国扩张提供了更为开放和友好的政策环境。资本市场的全球化也为企业提供了更加丰富和灵活的融资渠道。在这样的环境下，企业集团通过并购、战略联盟和其他合作方式，实现了全球化布局和业务整合，提高了市场竞争力和运营效率。这一阶段的企业集团不仅在规模上实现了显著扩张，也在管理和战略上进行了重大调整，以适应日益全球化的商业环境。

2. 全球化和整合阶段的特点

全球化和整合阶段的特点主要体现在跨国经营和战略整合上。这一时期，一些企业，如可口可乐和麦当劳，通过全球扩张战略将其产品和服务推广到世界各地，成为全球知名的品牌。他们采用本地化策略来适应不同市场的需求，同时保持品牌的全球一致性。此外，企业通过并购和战略联盟，如诺基亚与西门子合并其电信设备业务，加强了企业在全球市场的竞争力。这些企业利用先进的管理模式和技术整合，实现了业务的全球优化和效率提升，同时加强了品牌的国际影响力。这个阶段的企业集团通过全球化和整合，不仅提高了市场份额，也促进了全球经济的融合和发展

（四）数字化和可持续发展阶段（21 世纪初至今）

1. 数字化和可持续发展阶段的背景

企业集团数字化和可持续发展阶段的背景是在 21 世纪初期形成的，这一阶段主要受到全球数字化浪潮和日益增强的可持续发展意识的推动。随着互联网、人工智能、大数据和云计算等数字技术的飞速发展，企业面临着运营方式和商业模式的根本性转变。这些技术不仅优化了企业的生产效率和市场策略，还开创了新的业务领域。同时，全球范围内对环境保护、社会责任和经济可持续性的关注急剧上升，迫使企业集团重新思考其业务实践，朝着更加绿色、环保和社会负责任的方向转变。政府政策、消费者偏好和投资者期望的变化，以及对地球资源和气候变化的担忧，共同推动了企业集团在数字化和可持续发展方面的深化和创新。

2. 数字化和可持续发展阶段的特点

数字化和可持续发展阶段的特点显著，并结合了技术创新与环境责任。企业广泛采用

了数字技术，如云计算、大数据、人工智能，以提高效率和创新业务模式。例如，苹果公司通过其创新的数字产品和服务，如智能手机和在线服务，重塑了消费电子和通信行业。在可持续发展方面，企业开始更加注重减少环境影响和促进社会责任。例如，宜家致力于可持续材料的使用和环保设计，减少对环境的影响，同时提高能源效率和资源循环利用。这些举措不仅提升了企业的品牌形象和市场竞争力，也表明了它们对未来可持续发展的承诺。

二、企业集团的定义

（一）企业集团的概念

企业集团（Corporate Group）一词源于第二次世界大战后的日本，是指以资本（产权关系）为主要纽带，通过持股、控股等方式紧密联系、协调行动的企业群体。它是一种大型企业联合体，是若干个公司联合在一起，相互有着某种直接的或间接经济利益联系的企业组织形式，一般是由众多具有法人资格的企业以资本相互渗透而形成的多层次、多法人的企业联合体。

（二）企业集团的特征

从上面定义中我们可以简单地分析出企业集团的特征。首先，企业集团的本质是通过资本、产品、技术、业务、契约等纽带，逐步形成的以某一企业为核心的企业群。这个企业群能够充分发挥各成员企业的优势、回避劣势，从而产生协同经济效应，使企业集团所获得的经济利益大于各成员企业分散经营所获得的经济利益之和，即获得"1+1>2"的结果，以获取最大的整体经济效益。其次，企业集团具有金字塔式的控制分层的组织结构，按产权关系我们可以将企业集团划分划分为四个层次：第一层次是集团公司，实质是控股公司或母公司性质，在实务中也称核心企业；第二层次是控股层企业，包括全资子公司、控股子公司；第三层次是参股层企业，由母公司持有股份但未达到控股界限的关联公司组织；第四层次是协作型企业，由若干签订长期生产经营合同和托管、承包协议的成员企业组成。最后，企业集团内部各成员公司具有法人资格，为法人企业，具有较大的独立性，有着自身独立的经济利益。企业集团可以是建立在控股、持股基础上的法人集合体。

三、新中国企业集团发展的历程

新中国（即1949年以后的中国，以下简称中国）的企业集团发展历程是一个复杂的话题，涉及众多历史时期、政策变革和经济发展阶段。中国企业集团的形成和发展是中国经济发展史上的一个重要方面，特别是在改革开放后，它的发展可以分为几个主要阶段，这些阶段反映了中国经济政策的演变和市场环境的变化。

（一）企业集团的形成（20世纪50年代至20世纪70年代）

1. 企业集团形成的背景

在20世纪50年代至20世纪70年代，在中华人民共和国对经济体制进行全面社会主义改造驱动下，企业集团初步形成。这一时期的经济特征是国家对重要行业和资源的集中控制与管理。20世纪50年代初，政府开始对私营企业进行社会主义改造，通过"公私合营"等方式，将私营企业转变为国有或集体所有制企业。1953年实施的第一个五年计划标志着计划经济体制的正式确立，重点发展重工业，如钢铁和机械制造。例如，首钢集团的成立反映了这一时期政府在基础工业领域的重点投资。通过这些措施，中国形成了以国有企业为主导的经济结构，为后续的经济发展奠定了基础。这一时期企业集团的形成，深刻反映了当时政治经济背景下的国家战略和发展方向。

2. 企业集团形成的特点

这一阶段，中国国有企业的建立和发展呈现出几个显著特点。首先，这一时期国有企业在经济中占据主导地位，反映了社会主义经济体制下对工业和资源的集中控制。例如，大型国有企业如宝钢集团（现为中国宝武钢铁集团）的成立，体现了政府在重工业领域的投资重点。其次，这一阶段，国有企业主要集中在关键行业和领域，如钢铁、煤炭、石油、机械制造等，代表性企业还包括中国石油天然气集团公司（CNPC）和中国第一重型机械集团公司等。此外，这个时期国有企业的运营和管理受到严格的政府控制和计划经济体系的指导，导致管理效率相对较低和创新能力有限。总体而言，从1950年到1977年，国有企业的发展既反映了当时中国经济政策的特点和限制，也奠定了后续改革开放的基础。

（二）企业集团的发展（20世纪80年代至20世纪90年代初期）

1. 企业集团发展的背景

新中国企业集团在20世纪80年代至20世纪90年代初期的发展背景，主要是改革开放政策的实施和经济体制的逐步市场化。20世纪80年代，中国政府启动了一系列经济改革，旨在从计划经济体制转向更加开放和市场导向的经济模式。这一时期的关键事件包括1984年的经济体制改革，特别是对国有企业的改革，这些改革旨在增强企业的市场适应能力和经营自主权。例如，上海汽车工业集团（上汽集团）在这一时期通过引入合资企业模式，与外国公司合作，提高了其产品的质量和竞争力。此外，20世纪90年代初的"南方谈话"进一步加强了市场经济的理念，为20世纪90年代的经济发展注入了新动力。1992年的中共十四大明确提出建立社会主义市场经济体制的目标，这标志着中国经济改革进入了一个新阶段。在这一时期，许多国有企业开始转型，通过引入现代企业制度，提高管理效率和市场竞争力。总的来说，这一时期中国企业集团的发展背景是经济体制的转型和市场化改革，伴随着政策环境的优化和国内外市场的扩展。

2. 企业集团发展的特点

这一时期的企业集团发展呈现了显著的特点，主要体现在市场化改革和开放政策的深入实施。这一时期，国有企业开始实行多项改革，以提高效率和适应市场经济的要求。例如，宝钢集团作为中国最大的钢铁企业之一，在这一时期进行了重要的技术升级和管理改革，提高了生产效率和国际竞争力。同时，中国企业开始积极寻求与外资企业的合作，以引入先进技术和管理经验。例如，长城汽车通过与外资企业的技术合作，提升了产品质量和设计能力。此外，私营企业在这一时期开始崛起，为中国经济增长注入了新的活力。典型的例子包括华为技术有限公司，它从一个小型的通信设备供应商发展成为国际领先的通信解决方案提供商。综上所述，这一时期中国企业集团的主要特点是通过市场化改革、国际合作和私营企业的兴起，实现技术升级和经营效率的提升。

（三）国有企业改革和股份制改造（20 世纪 80 年代末至 20 世纪 90 年代）

1. 国有企业改革和股份制改造的背景

国有企业改革和股份制改造在中国经济历史上占据了重要地位，主要发生在 20 世纪 80 年代末至 20 世纪 90 年代。改革的背景是为了解决国有企业效率低下、缺乏竞争力的问题，并适应市场经济的需要。1984 年，中国政府开始实施国有企业经营机制改革，旨在增强企业的自主性和市场适应能力。1993 年，中共十四大提出了建立现代企业制度的目标，明确了股份制改造的方向。这一时期的标志性事件之一是 1997 年中共十五大，提出了"抓大放小"，即重点改造大型国有企业，同时放松对小型国有企业的控制。例如，中国石油天然气集团公司（CNPC）和中国移动通信集团公司等大型国企的股份制改造通过引入股份制，提高了这些企业的管理效率和市场竞争力，同时吸引了外部资本和先进管理经验，为中国经济的现代化和全球化奠定了基础。

2. 国有企业改革和股份制改造的特点

国有企业改革和股份制改造在中国经济历史上具有重要意义，主要体现在以下几个方面：首先，这一改革旨在提高国有企业的效率和竞争力，通过引入市场机制和改善管理体制实现。例如，中国石油天然气集团公司的改革就包括了公司治理结构的优化和经营机制的创新。其次，改革期间，许多国有企业通过股份制改造引入私人和外资股东，实现了混合所有制经济。以中国移动为例，通过公开上市和引入外资，中国移动不仅拓宽了自身的融资渠道，也促进了企业管理和技术水平的提升。此外，这些改革还涉及员工激励机制的创新和企业文化的转型。总的来说，国有企业改革和股份制改造不仅是对传统经济体制的一次重大调整，也为中国经济的进一步发展和融入全球市场奠定了坚实基础。

（四）加入世界贸易组织后的扩张阶段（2001 年—2010 年）

1. 加入世界贸易组织后的扩张阶段的背景

中国企业集团在加入世界贸易组织（WTO）后的扩张阶段，主要发生在 2001 年以后。这一阶段的背景是中国正式成为 WTO 成员，标志着中国经济全面融入全球经济体系。加入 WTO 后，中国的贸易壁垒降低，市场对外开放程度大幅提升，为中国企业提供了更广阔的国际市场和更多的发展机遇。例如，中国的电信巨头华为利用这一机遇，通过提供竞争力强的产品和服务，在国际市场上迅速扩张，成为全球领先的通信设备供应商之一。此外，中国的制造业企业，如家电制造商海尔集团，也借助加入 WTO 的契机，通过海外并购和扩大出口实现了全球布局。这一时期，中国企业不仅在规模上扩张，也在技术、品牌和管理上进行了深度的升级，显著提升了在国际市场上的竞争力。

2. 加入世界贸易组织后的扩张阶段的特点

中国企业集团在加入 WTO 后的扩张阶段具有几个显著特点。首先，全球化战略的实施使众多中国企业通过出口增长和海外投资扩大了国际影响力。例如，海尔集团通过收购海外品牌和建设海外工厂，成功将其产品推向全球市场，成为家电行业的国际品牌。其次，这一阶段中国企业在技术创新和品牌建设上取得显著成就，逐渐从"制造"转向"创造"。以华为为例，通过持续的研发投入和技术创新，华为在全球通信设备市场取得领先地位。此外，中国企业在这一时期也加强了国际合作和并购活动，如联想集团收购 IBM 的个人电脑业务，标志着中国企业在全球市场的战略布局和品牌提升。总体来说，加入

WTO 后，中国企业集团的扩张不仅体现在规模上的增长，更在于其在全球市场的竞争力、品牌影响力和技术创新能力的提升。

（五）创新驱动和国际化发展（2011 年至今）

1. 创新驱动和国际化发展的背景

自 2011 年至今，中国企业集团的创新驱动和国际化发展背景主要受两大因素影响：国家层面的创新驱动战略和全球化的深入发展。在这一时期，中国政府大力推动"创新驱动发展战略"，将科技创新作为国家发展的核心。2015 年发布的"中国制造 2025"计划便是一个重要标志，旨在通过技术创新转型升级传统制造业，提升中国企业的国际竞争力。与此同时，全球经济一体化和数字经济的兴起为中国企业提供了新的国际化机遇。具体案例包括像阿里巴巴和腾讯这样的科技巨头，它们不仅在国内市场占据主导地位，还通过海外投资、合作和扩张，实现了全球业务布局。另一个例子是电动汽车制造商比亚迪，通过技术创新在电动汽车和新能源领域取得突破，成为全球知名品牌。总体来看，2011 年至今，中国企业集团的发展特点是借助国家的创新驱动策略和全球市场的机遇，不断提升技术创新能力和国际化水平。

2. 创新驱动和国际化发展的特点

自 2011 年至今，中国企业集团的创新驱动和国际化发展展现了几个显著特点。首先是强调技术创新和研发投入，很多企业集团加大了对科技创新的投资。例如，华为技术有限公司的大量研发投入使其在全球通信设备和智能手机市场取得领先地位。其次是数字化转型，很多传统企业通过数字技术的应用优化了生产流程和服务模式。例如，海尔集团利用物联网技术实现智能家居和智慧生产的创新。最后是积极的国际化战略，中国企业不仅在国内市场扩张，而且在全球范围内进行投资、并购和合作。例如，阿里巴巴集团通过其电子商务平台和云计算服务在国际市场上取得显著影响；比亚迪在电动汽车和新能源领域通过技术创新和全球市场布局成为行业的佼佼者。总的来说，2011 年至今，中国企业集团的创新驱动和国际化发展体现在科技创新能力的提升、数字化转型的深化以及在全球市场上的积极拓展。

四、企业集团的形成原因

企业集团的形成通常是为了应对市场竞争和环境变化，实现资源优化配置和业务拓展。本节从八个角度对企业集团形成的原因进行分析。

（一）规模经济

规模经济是指企业通过扩大生产规模降低单位产品的平均成本。在这个过程中，企业能够更有效地分摊固定成本、利用专业化生产和高效的技术，从而提高生产效率和市场竞争力。

第一，规模经济使企业能够分摊固定成本。随着生产规模的扩大，固定成本（如管理费用、研发投入、基础设施投资等）被分摊到更多的产品或服务上，单位产品的成本相应降低。例如，大型企业集团可以在多个生产单位间共享昂贵的研发设施和管理资源，降低单个生产单位的成本负担。

第二，规模经济促进了专业化生产。在大型企业集团内，专业化分工可以将不同的生产和服务环节分配给最擅长的部门或子公司。这种专业化分工不仅能提高生产效率，还能提升产品和服务的质量。例如，某些部门专注于高技术产品的研发，而其他部门则负责大规模生产，这样可以使整个集团在创新和成本控制方面都能保持优势。

第三，规模经济促使企业采用更高效的技术。大型企业集团由于资金充足，能够投资于先进的生产设备和技术，实现自动化和信息化生产，从而提高生产效率和降低生产成本。例如，通过大规模采购和集中化的物流系统，企业可以降低原材料和运输成本。

第四，规模经济有助于市场力量的集中和增强。大型企业集团通常在市场上拥有更强的议价能力，能够影响供应链中的价格和条件。这不仅有助于降低采购成本，还能让企业在产品定价上拥有更大的自主权。

第五，规模经济为企业提供了更大的风险分散能力。大型企业集团通过多元化经营，可以将风险分散到不同的市场和产品上，减少对单一市场或产品的依赖，从而在面对市场波动时更具韧性。

总的来说，规模经济是企业集团形成的重要驱动力之一。通过规模扩张，企业不仅可以实现成本效益的优化，还能提升市场竞争力，加强风险管理能力，从而在复杂多变的市场环境中占据有利地位。然而，规模经济的实现也伴随着管理复杂性和对市场变化敏感性的增加，因此企业在追求规模扩张时也需要注意平衡和适度。

（二）风险分散

风险分散是指企业通过多元化经营降低对单一市场、产品或资源的依赖，从而减轻特定风险对企业整体影响的策略。这种多元化既可以是业务上的，也可以是地域上的，旨在通过分散投资来降低潜在的不利影响。

第一，业务多元化是企业集团实现风险分散的主要方式。企业通过涉足多个不同的产品或服务领域，可以减少对单一业务线的依赖。这种策略尤其在市场环境不稳定或某一行业周期性波动较大时显得尤为重要。例如，当某一行业受经济衰退影响时，企业可以依靠其他业务的稳定收入来抵消损失。此外，不同业务之间可能存在互补性，使得整个企业集团在资源利用、市场营销等方面更加高效。

第二，地域多元化也是风险分散的重要手段。企业集团通过在不同地区或国家开展业务，可以降低对单一地域市场的依赖，减少地缘政治、经济政策变化等风险的影响。例如，国际化的企业集团可以在一个国家的经济衰退时，依赖其他国家市场的增长来平衡收入。

第三，风险分散还体现在企业集团的资本和财务管理上。通过跨不同行业和地区的投资组合，企业集团可以降低市场波动带来的财务风险。这种多元化的资产组合有助于在某些资产或市场表现不佳时，通过其他资产的稳定收益来补偿损失。

然而，风险分散策略也存在挑战。过度多元化可能导致企业资源分散，管理复杂度增加，从而影响企业的整体效率和效果。因此，实施风险分散策略时，企业需要考虑到业务之间的相关性和协同效应，确保多元化策略与企业的核心竞争力和长远发展战略相符合。

总的来说，风险分散是企业集团形成的重要原因之一。通过业务和地域的多元化，企业集团可以有效降低特定市场或行业风险的影响，提高企业的稳健性和适应性。这不仅有助于企业在不确定的市场环境中保持稳定增长，还能在面对各种外部挑战时显示出更强的韧性和应变能力。但同时，企业也需要注意多元化策略的合理性和可控性，避免资源分散和管理难度过大。

（三）增强市场力量

市场力量是企业在市场上影响价格、供应和需求的能力。企业集团通过整合资源和扩大规模，能够在市场上获得更有利的地位，从而在竞争中占据优势。

第一，企业集团通过并购，可以快速扩大市场份额，增强在特定行业或市场中的影响力。这不仅意味着更大的客户基础和更广泛的市场覆盖，还可能导致更强的议价能力。例如，大型企业集团在与供应商和分销商的谈判中往往能够获得更优惠的价格和条件，因为它们代表了更大的订单量和更稳定的业务合作。

第二，企业集团能够实现资源的优化配置。大型企业集团拥有丰富的资金、技术和人才资源，可以更有效地进行资源配置和管理。这些资源可以用于研发创新产品、改进生产流程、提高服务质量等方面，从而提升企业的核心竞争力。

第三，企业集团在市场营销和品牌建设方面具有优势。企业集团通常拥有更多的资金和渠道来进行市场推广和品牌宣传，可以更有效地提高品牌知名度和客户忠诚度。这种广泛的品牌影响力有助于吸引更多的客户，扩大市场份额。

第四，企业集团还能通过规模效应来降低成本。大规模生产和运营可以带来成本效益，如原材料批量采购的成本优势、生产效率的提高等。这种成本优势使得企业集团能够以更有竞争力的价格提供产品和服务，从而在市场上获得更强的竞争力。

第五，企业集团在应对市场变化和竞争对手时更具灵活性和应变能力。由于资源丰富和规模大，企业集团可以更快地适应市场变化，如快速调整产品线、进入新市场或对抗竞争对手的策略。

综上所述，企业集团通过增强市场力量，在提升议价能力、优化资源配置、扩大市场影响力、降低运营成本和提高市场应变能力等方面，能够在激烈的市场竞争中获得显著优势。然而，企业集团也需要注意维护市场竞争秩序，避免过度集中导致的市场垄断问题。同时，随着规模的扩大，企业集团也面临管理复杂性增加、内部协调困难等挑战，需要有效的管理策略和体系来应对。

（四）资源共享与协同效应

资源共享和协同效应是指不同企业或业务单位在资金、技术、人力资源等方面的有效整合，从而提升整体效率和竞争力。企业集团通过内部资源的优化配置和合理利用，可以实现成本节约、效率提升和价值创造。

第一，资源共享使得企业集团内部的各个成员能够共享关键资源，如研发设施、生产设备、市场渠道、品牌和管理经验等。这种共享不仅降低了单个企业的运营成本，还提高了资源的使用效率。例如，集团内部的不同企业可以共用一套高效的物流系统，减少重复投资和运营费用。

第二，协同效应表现在企业集团内部各个业务单元之间的相互支持和配合。这种内部协作可以在市场开拓、技术研发、品牌建设等方面产生正面的叠加效应。例如，一个企业集团的不同子公司可以共同参与大型项目的投标和实施，通过整合各自的优势资源，提升竞标成功率和项目执行能力。

第三，企业集团在知识和信息共享方面也具有显著优势。集团内部可以形成有效的知识管理体系，使得不同企业和部门之间的信息流通更加顺畅。这种信息共享有助于提高决策的效率和质量，加速新技术的应用和创新。

第四，企业集团还可以实现跨业务的客户和市场协同。例如，集团内的不同企业可以通过共享客户数据和市场分析，识别交叉销售的机会，增加产品和服务的销售量。

第五，资源共享和协同效应还有助于提高企业集团在风险管理和应对市场变化方面的能力。企业集团内的不同业务单元可以共同分担和应对市场风险，通过内部协调实现快速响应市场变动。

总之，资源共享与协同效应是企业集团形成的重要原因之一。通过内部资源的有效整合和协同作用，企业集团不仅能提高运营效率和成本效益，还能在市场竞争中形成综合优势。然而，实现这种内部协同也面临挑战，如需建立有效的沟通协调机制、管理复杂性的增加等，这些都需要企业集团通过有效管理和策略来解决。

（五）政策和税收优惠

政府为了鼓励企业发展、创新和促进区域经济增长，往往会制定各种优惠政策和税收减免措施。这些措施对企业集团极具吸引力，因为它们能够在规模和多元化的基础上更有效地利用这些优惠政策，从而提高自身的竞争能力和盈利能力。

第一，优惠政策可以包括资金补贴、低息贷款、研发支持、市场准入便利等多种形式。这些优惠政策能够显著降低企业的运营成本和市场风险，特别是对于那些在高科技、绿色能源、基础设施建设等政府鼓励发展的领域的企业集团而言。例如，政府可能会为创新型企业提供研发资金支持，以促进技术进步和产业升级。

第二，税收优惠是吸引企业集团形成的另一个重要因素。税收优惠可能包括减免企业所得税、增值税返还、出口退税、特定项目的税收减免等。这些税收优惠措施能够直接降低企业的税负，提高企业的利润空间和资金流动性。对于跨区域经营的企业集团来说，不同地区的税收优惠政策还可以用于优化整个集团的税务规划。

第三，政策和税收优惠还可以帮助企业集团更好地利用市场机遇和扩展业务范围。例如，某些政府可能会制定政策以鼓励企业对外投资或拓展国际市场，企业集团可以利用这些政策支持来加速国际化进程。

然而，政策和税收优惠也存在一定的局限性。这些优惠措施往往是临时的，或者与特定的条件和要求相关。企业在享受这些优惠的同时，需要注意其持续性和稳定性的风险。另外，过分依赖政策优惠可能会影响企业对市场变化的适应能力，因此企业集团在利用这些优惠的同时，也应该注重自身核心竞争力的培养和市场适应性的提高。

总体来说，政策和税收优惠是推动企业集团形成的重要因素之一。这些优惠措施能够为企业集团提供资金支持、降低税负、优化运营环境，从而提升企业整体竞争能力和盈利能力。但企业集团也应该理性对待这些优惠政策，确保在享受政策红利的同时，能够持续、稳定地发展。

（六）技术和创新能力

在当今快速变化的市场环境中，技术进步和创新是企业持续竞争和发展的关键因素。企业集团通过整合不同企业的技术资源和创新能力，能够在这方面获得显著的优势。

第一，企业集团可以通过资源整合，集中资金和人才投入研发和创新中。大型企业集团通常拥有更充足的资金资源，可以承担大规模的研发项目，推动技术突破和产品创新。此外，集团内部可以聚集各领域的顶尖人才，形成跨学科的创新团队，促进知识交流和技术融合。

第二，企业集团在创新方面的合作和协同效应也非常显著。集团内的不同企业可以在研发和创新项目上进行合作，共享研发设施和实验室，协同解决技术难题，加快创新成果的转化。例如，一个企业集团的子公司可能专注于基础研究，而另一个子公司则擅长将研究成果商业化，这样的内部协同可以大大提高创新的效率和效果。

第三，企业集团能够更有效地对创新成果进行保护和利用。企业集团通常有更强的能力来申请和维护专利，保护知识产权，从而确保技术优势不被竞争对手轻易模仿。同时，企业集团可以通过内部的市场和销售渠道，快速推广新技术和产品，实现创新成果的市场化。

第四，企业集团还可以通过多元化经营，将创新应用到不同的业务领域中。这种多元化不仅可以扩大创新成果的应用范围，还可以带来跨领域创新的机会。例如，一个在制造业领域的技术创新，可能被应用到服务业或消费品领域，实现跨界创新。

第五，企业集团在面对市场变化和竞争压力时，可以更灵活地调整其研发和创新策略。集团的规模和资源使其能够快速响应市场需求的变化，调整研发方向，确保技术和产品的持续更新。

综上所述，提升技术和创新能力是企业集团形成的重要原因之一。通过资源整合、合作协同、知识产权保护、多元化应用和灵活调整策略，企业集团可以在技术进步和创新方面获得显著优势，从而在激烈的市场竞争中保持领先地位。然而，企业集团也需要持续投入研发，保持创新活力，以应对技术快速变化和市场竞争的挑战。

（七）资本市场操作

在现代经济体系中，资本市场的作用日益凸显，能够有效地运用资本市场的工具和机制对企业的成长和扩张至关重要。企业集团通过规模和多样化优势，能够在资本市场上进行更为灵活和多元的操作，从而提高整体的财务效率和市场竞争力。

第一，企业集团可以通过资本市场筹集资金。大型企业集团因其规模和信誉通常能更容易地通过公开发行股票或债券来筹集大量资金。这些资金可以用于扩张、研发投入、并购等多种用途，从而加速企业的成长和市场扩张。此外，企业集团在资本市场上的表现还能为其品牌和信誉带来正面影响，增强其在客户和供应商心中的地位。

第二，企业集团能够通过资本市场进行风险管理。通过发行多种金融工具，如可转换债券、期权等，企业集团可以有效分散和管理财务风险。此外，企业集团可以通过资本市场进行资产配置和投资组合管理，实现风险和收益的最优化。

第三，企业集团在资本市场上的操作还包括并购和重组。大型企业集团可以利用资本市场来寻找并购目标，通过并购来快速进入新市场或获取关键技术。同时，企业集团也可以通过资本市场实现业务的剥离和重组，优化业务结构，提高整体的运营效率。

第四，企业集团能够利用资本市场进行国际化运作。通过在海外市场上发行股票或债券，企业集团可以获取国际资本，扩大其在全球的业务范围和影响力。这种国际化的资本运作还有助于企业更好地理解和适应不同市场的需求和风险。

第五，企业集团在资本市场上的操作还有助于提高其整体的财务透明度和管理水平。为了满足资本市场的要求，企业集团需要建立更加规范和透明的财务报告体系，提高管理效率和透明度。

综上所述，资本市场操作是企业集团形成的重要原因之一。通过有效利用资本市场的不同机制，企业集团不仅可以筹集资金、管理风险、实现并购重组，还能推动国际化进程和提高管理水平。然而，企业集团也需注意资本市场的波动风险和遵守相关法规，确保其资本市场操作的安全和合规性。

（八）响应环境变化

在快速变化的商业环境中，企业需要灵活适应市场趋势、技术革新、消费者需求变化以及政策法规的更新。企业集团通过整合多样化的资源和能力，可以更敏捷地应对这些变化，从而保持竞争优势。

第一，企业集团在市场趋势适应方面具有优势。由于覆盖多个业务领域，企业集团能够从更广泛的视角监测市场动态，及时捕捉并响应市场趋势。例如，一个涵盖多个行业的企业集团可以通过其多元化的业务组合，更好地分散市场风险，并利用跨领域的见解来预测和适应市场变化。

第二，企业集团在技术革新上更为灵活。集团内部可以共享研发资源，加速新技术的开发和应用。同时，大型企业集团由于拥有更丰富的资金和人力资源，能够在新兴技术（如人工智能、大数据、可持续能源等）上进行更大规模的投入，从而保持技术领先。

第三，企业集团对消费者需求的变化具有更强的适应能力。集团内部的不同业务单元可以快速分享市场和消费者数据，通过集中的分析和研究，及时调整产品和服务，更好地满足市场需求。例如，在消费偏好发生变化时，企业集团可以迅速调整生产线，推出符合市场需求的新产品。

第四，企业集团在应对政策法规变化方面也表现出灵活性。随着政策环境的不断变化，特别是在全球化的背景下，企业需要应对不同国家和地区的法律法规，而通过利用其广泛的地理分布和多样化的业务结构，跨国企业集团能够更有效地适应这些法律法规的变化。

第五，企业集团在风险管理和资源配置方面具有优势。通过内部的资源和信息共享，企业集团可以更有效地识别和管理风险，同时在全球范围内优化资源配置，以应对外部环境的不确定性。

总体来说，响应环境变化是企业集团形成的重要原因之一。企业集团通过其规模、多元化和资源整合能力，能够更有效地适应市场趋势、技术变革、消费者需求和政策法规的变化。这种灵活性和适应性使得企业集团能够在竞争激烈的商业环境中保持稳健和持续的发展。然而，企业集团也需要注意保持内部的灵活性和创新能力，避免因规模过大而导致反应迟缓。

以上这些因素共同推动了企业集团的形成和发展。从财务管理的角度来看，集团化有助于优化资本结构、提高资产利用效率，但也带来了管理复杂性和内部控制的挑战。

五、企业集团的基本类型

企业集团的类型可以按照不同的指标进行分类，下面简单介绍常见的分类方法。

（一）根据所有权结构进行分类

根据所有权结构的不同，企业集团可以分为上市公司、私人公司、家族企业。其中，上市公司是指其股份在证券交易所公开交易；私人公司是指其股份不在公开市场上交易，通常由私人股东拥有；家族企业是指由同一家族控制和拥有的企业。这种分类有助于理解企业集团的所有权关系和治理结构，对财务管理和会计学专业的研究具有重要意义。

（二）根据行业领域进行分类

根据行业领域的不同，企业集团可以分为制造业集团、金融服务集团、零售业集团、技术公司集团等多种类型。其中，制造业集团主要从事产品制造，如汽车制造、电子设备制造等；金融服务集团包括银行、保险和投资公司；零售业集团经营零售业务，如超市和百货商店；技术公司集团专注于科技和信息技术领域，如软件开发和互联网服务。这些分类有助于了解企业集团在不同行业领域的专业化和经营重点，对于财务管理和会计学专业的学生和研究人员来说，理解这些不同类型的企业集团的特点和挑战至关重要。

（三）根据地理位置进行分类

根据地理位置的不同，企业集团可以分为国际集团和区域性集团。国际集团涉足多个国家和地区，拥有国际化业务和全球供应链，通常面临跨文化、跨国际法律和货币风险等挑战。而区域性集团主要在特定地理区域内运营，其业务和市场重点集中在该地区，通常受到当地政策和市场条件的影响。对于财务管理和会计学专业的研究来说，了解企业集团在不同地理位置运营的类型有助于分析其国际化战略和地区性经营特征。

（四）根据规模和收入进行分类

根据规模和收入的不同，企业集团可以分为大型企业集团和中小型企业集团。大型企业集团通常具有大规模的运营和高额的年收入，它们在市场上拥有显著的份额，具备更多的资源和实力，以支持扩张和多元化的战略。相反，中小型企业集团规模较小，年收入相对较低，通常在特定领域或市场细分中运营。对于财务管理和会计学专业的研究来说，了解这两种类型的企业集团有助于分析它们的财务策略、资源分配和市场竞争策略的差异。

（五）根据业务多元化程度进行分类

根据业务多元化程度的不同，企业集团可以分为垂直一体化集团和跨领域集团。垂直一体化集团在同一产业链上拥有多个环节，从原材料采购到生产和分销都涵盖在内，以实现供应链的整合和控制。而跨领域集团则经营多个不同领域的业务，可能涉及多个产业和市场，以实现业务多元化和风险分散。财务管理和会计学专业的研究可以关注这两种类型企业集团的财务战略、业务组合优化和风险管理策略的不同。

（六）根据会计原则进行分类

根据会计原则的不同，企业集团可以分为按照国际财务报告准则（IFRS）进行会计核算的企业和按照美国通用会计准则（GAAP）进行会计核算的企业。IFRS 是一套国际性的会计准则，通常在全球范围内应用，促进了国际财务报告的一致性和可比性。而 GAAP 则是美国国内的会计准则，适用于美国境内的企业，包括上市公司和私人企业。这两种不同的会计原则可能会导致不同的会计政策和报告要求，对于财务管理和会计学专业的研究来说，了解这些差异对于国际财务分析和报告至关重要。

（七）根据财务结构进行分类

根据财务结构的不同，企业集团可以分为资本密集型企业和负债密集型企业。资本密集型企业主要依赖股本和权益资本来支持其运营和投资，通常拥有相对较低的财务杠杆比率，更加稳健和稳定。负债密集型企业则侧重于债务融资，具有较高的负债比率，以扩张业务或进行投资。财务管理和会计学专业的研究可以关注这两种类型企业集团的财务政策、风险管理和资本结构战略，以了解它们在财务方面的不同特征和表现。

（八）根据财务指标进行分类

根据财务指标的不同，企业集团可以分为多种类型。一种常见的分类方式是根据盈利能力和财务稳定性进行划分，其中包括高盈利、稳健型、成长型和困境型企业集团。高盈利企业集团具有持续稳健的盈利能力，通常在市场上表现出色。稳健型企业集团具有稳定的盈利能力，但增长速度较缓慢。成长型企业集团注重投资和扩张，虽然盈利可能较低，但有潜力迅速增长。困境型企业集团可能面临财务困境，盈利能力不佳。财务管理和会计学专业的研究可以通过分析财务指标，如利润率、偿债能力、现金流等，来对不同类型的企业集团进行分类和比较，以帮助管理者理解它们的财务状况和表现。这种分类方法有助于制定财务战略和风险管理策略。

第二节　企业集团的组织结构和财务管理组织

一、企业集团的基本组织层次

企业集团的基本组织层次是一个复杂而精密的体系，用于管理和协调多个子公司的活动。以下是关于企业集团组织层次的详细分析，包括分层次的依据、各层次的作用和内容。

（一）企业集团基本组织分层次的依据

企业集团基本组织分层次的目的是在管理和决策的层面，实现战略规划、资源分配和协调各级单位的有效运营。这些层次的设立是为了应对集团规模的复杂性和多样性，确保在不同业务领域和地理区域内的子公司之间能够协同合作，实现整体的战略目标。

首先，集团层级作为最顶层，其划分依据是集团的整体战略制定和全局决策需要。集团层级负责确立集团的愿景、使命和核心价值观，制定长期和短期战略计划，并对资本预算和投资方向进行决策。此外，集团层级还负责监督和管理子公司，以确保它们的绩效和合规性符合集团的标准，同时建立风险管理和危机应对策略，以降低不确定性的影响。

其次，子公司层级的划分依据是在集团整体战略的指导下，对不同地理或业务领域的子公司进行管理和运营。这一层级负责制定子公司的战略和业务计划，确保它们与集团战略保持一致，并管理日常运营，包括财务、生产和市场营销。子公司层级还协调跨子公司的合作项目，以实现协同效应，并向集团层级报告子公司的绩效和财务状况。

再次，部门层级的设立是基于业务功能的需要，负责管理特定的业务领域，如销售、生产和研发。这些部门制定年度计划和目标，管理内部工作流程和资源分配，并提供与部门相关的数据和报告，以支持决策制定。部门层级也协助执行集团和子公司的战略计划，确保部门贡献价值。

最后，岗位层级是组织的最底层，执行具体的任务和职责，支持部门和子公司的日常运营。员工在各自的岗位上履行职责，遵守公司政策和程序，提供日常报告和数据，积极参与团队合作，以推动部门和子公司的目标达成。

这些不同层次之间的协同合作和有效沟通是企业集团成功运营的关键要素，确保整体战略的一致性，同时允许各级单位在自己的领域内发挥专长，为集团的持续增长做出贡献。

（二）企业集团基本组织各层次的作用和内容

企业集团的基本组织结构由多个层次组成，每个层次都具有特定的作用和内容，以实现整体协调和战略目标的达成。

1. 集团层级的作用和内容

企业集团的集团层级在整个组织结构中扮演着至关重要的角色，其作用和内容对于确定整个集团的战略方向和决策制定至关重要。

（1）战略制定　集团层级的主要作用之一是制定整个集团的长期战略。集团层级负责定义集团的愿景、使命和核心价值观，以及确立整体战略方向，这包括确定业务扩张策略、市场进入战略以及新业务领域的探索方向。

（2）资本预算和投资决策　集团层级决定集团范围内的资本预算，包括投资和并购决策。这确保了资源的有效分配，以支持战略目标的实现，包括资金的投资和业务扩张。

（3）监督和管理子公司　集团层级负责对子公司的监督和管理，确保它们遵守集团的政策和标准，达到设定的绩效目标。这包括对子公司的财务状况、运营绩效和合规性进行定期审查。

（4）风险管理和危机应对　集团层级负责建立风险管理策略，以降低不确定性对集团的影响，同时负责准备危机应对计划，以应对突发事件和挑战，确保业务的连续性和集团的稳定运行。

集团层级在企业集团中充当着整体战略制定和资源分配的关键角色。它的作用和内容直接影响整个集团的业务发展和成功，确保了整体战略的一致性，同时允许各个子公司在自己的领域内发挥专长，为集团的持续增长做出贡献。

2. 子公司层级的作用和内容

企业集团的子公司层级在整个组织结构中扮演着重要的角色，其作用和内容对于实现集团的战略目标至关重要。

（1）战略制定和实施　子公司层级的主要作用之一是制订和执行子公司的战略计划。这包括确定子公司的市场定位、竞争策略和增长目标。子公司必须根据集团的整体战略，制定适合自身业务的战略，确保与集团的一致性。

（2）日常运营管理　子公司层级负责管理子公司的日常运营，包括财务管理、生产运营、市场推广和人力资源管理等各个方面。子公司必须确保所有运营活动按照集团策略和标准进行，以保持高效和一致性。

（3）市场趋势分析　子公司层级需要密切关注市场趋势和竞争情况，为制定和调整战略提供关键信息。通过对市场的深入分析，子公司可以更好地把握市场机会和挑战，以便适应不断变化的商业环境。

（4）协调和合作　子公司层级负责协调跨子公司的合作项目。这包括资源共享、技术转移和协同创新等方面，以实现协同效应，提高整体绩效。协调与其他子公司的合作对于集团的整体成功至关重要。

（5）报告和绩效管理　子公司层级向集团层级报告子公司的绩效和财务状况。这包括提供准确的财务报告、运营数据以及关于战略目标的进展情况的信息。这种报告确保了透明度和经济责任，有助于集团了解各个子公司的表现并采取适当的措施提高绩效。

子公司层级在企业集团的成功运营中起着关键作用，他们需要在整体战略的指导下，灵活适应不同市场和业务环境，确保子公司的运营顺利、绩效优秀，并为集团的整体增长做出贡献。

3. 部门层级的作用和内容

企业集团的部门层级在整个组织结构中扮演着关键角色，其作用和内容对于各个业务功能的有效管理和协调至关重要。

（1）部门计划和目标　部门层级负责制订部门的年度计划和目标，与子公司战略一致，以确保各个部门都为整体目标贡献价值。

（2）工作流程和资源管理　部门层级负责管理和协调部门内的工作流程和资源分配，以提高效率和效能。

（3）提供数据和报告　部门层级负责提供与部门相关的数据和报告，支持决策制定，如销售趋势、生产效率和研发进展。

（4）战略协助　部门层级协助执行集团和子公司的战略计划，确保部门在战略实施中发挥作用。

部门层级在企业集团的成功运营中发挥着重要作用，他们需要有效地制订部门计划和目标，管理工作流程和资源分配，提供必要的数据和报告，同时协助执行整体战略。部门的协调和协作有助于确保整个组织的各个部分都在正确的方向上工作，以实现集团的战略目标。

4. 岗位层级的作用和内容

企业集团的岗位层级是组织的最底层，员工在各自的岗位上执行具体的任务和职责，支持部门和子公司的日常运营。企业集团的岗位层级在整个组织中起着非常关键的作用，其作用和内容对于确保日常运营的顺利和高效至关重要。

（1）执行任务　岗位层级的主要作用之一是执行特定的工作任务。每个员工在自己的岗位上完成特定的工作，如销售、生产、会计等，以确保日常运营的顺利进行。

（2）合规性和政策遵守　岗位层级遵守企业政策和程序，确保合规性和法规遵守。

（3）提供数据和报告　岗位层级提供日常报告和数据，协助上层管理层的决策制定，如销售报告、生产数据等。

（4）团队合作　岗位层级积极参与团队合作，推动部门和子公司的目标达成，确保协同效应。岗位层级是企业集团的基石，他们在日常运营中执行各种任务，确保工作任务的完成，遵守企业的政策和标准，提供必要的数据和报告，同时积极参与团队合作，推动整体绩效提升。他们的工作为整个组织的成功和高效运营提供了重要的支持。

这些不同层次之间的协同合作和有效沟通是企业集团成功运营的关键要素，确保整体战略的一致性，同时允许各级单位在自己的领域内发挥专长，为集团的持续增长做出贡献。

▶▶ 二、企业集团的基本组织结构模式

企业集团的基本组织结构模式通常包括功能型组织结构、事业部制组织结构、矩阵型组织结构、网络型组织结构、控股式组织结构。每种组织结构模式都有其适用条件和优缺点，企业在选择时需根据自身的业务特点、规模、市场环境等因素综合考虑。在实际运作中，也可以根据需要对这些基本模式进行适当的调整和结合。

（一）功能型组织结构

功能型组织结构模式的起源可以追溯到 20 世纪初，它源于弗雷德里克·泰勒（Frederick Taylor）的科学管理理论和亨利·法约尔（Henri Fayol）的管理职能理论，主张通过专业化的分工提高效率和效果。它是最早被广泛采用的组织结构之一，目的是实现工作的专业化和部门间的明确分工。

1. 功能型组织结构的内容

功能型组织结构（如图 7-1 所示）模式是一种结合了不同组织结构特点的管理方式，旨在兼顾企业的功能管理和业务线的灵活性。在这种模式下，企业不仅设有按职能划分的部门（如财务、人力资源、销售等），同时根据不同的产品线或市场划分为多个业务单元。这种结构的一个典型例子是 IBM 公司。IBM 公司通过设置各种职能部门来管理日常运营，同时按照不同的产品线（如软件、硬件、咨询服务等）组建独立的业务单元。每个业务单元专注于自己的市场和产品，而职能部门则提供必要的支持和资源，保证了企业在保持专业化管理的同时，灵活应对市场的变化。

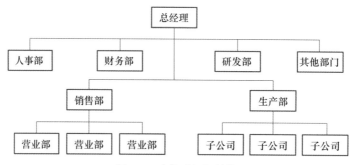

图 7-1　功能型组织结构

这种模式的关键在于实现专业化分工，确保各个职能领域的高效运作。在功能型组织结构中，高层管理者（如 CEO 或总经理）负责制定企业的总体战略和政策，而各职能部门则负责实施这些战略并进行日常的运营管理。例如，财务部负责资金的筹集和管理，人事部负责员工的招聘和培训，销售部负责产品的推广和销售，生产部负责生产管理和质量控制，研发部负责新产品的研发和技术创新。

2. 功能型组织结构的优缺点

功能型组织结构的优点如下：

1）结合了功能型和事业部制的优势，实现了管理的专业化和业务的灵活性。

2）促进了跨职能和跨业务单元的协作，增强了创新能力。

3）有利于资源的有效分配，使企业能够更好地应对复杂多变的市场需求。

然而，它的缺点也不容忽视：

1）管理层面可能出现决策冲突，职能部门和业务单元间的利益可能不一致。

2）组织结构相对复杂，可能导致沟通和协调上的困难。

3）成本相对较高，因为需要维护多个管理层级和部门。

3. 功能型组织结构的适用范围

功能型组织结构特别适用于规模较小、业务相对单一和稳定的企业。这种结构能够确保企业在专业化分工的基础上高效运作，尤其适合那些需要高度专业化管理和操作的行业，如制造业、金融服务业等。

对于那些业务多元化、所处市场快速变化的企业，功能型组织结构可能会显得过于僵硬。在这种情况下，企业可能需要考虑更为灵活的组织结构，如矩阵型或事业部制结构，以适应复杂多变的市场环境。

总体而言，功能型组织结构在特定条件下仍然是一种有效的管理模式。它在保持企业内部运作效率和专业化管理的同时，需要适当地调整和优化，以应对外部环境的变化。企业在选择组织结构时需要考虑自身的业务特点、市场环境和管理需求，以确保结构的有效性和适应性。

（二）事业部制组织结构

事业部制组织结构模式起源于 20 世纪中期，当企业规模和业务多样性迅速增长时，这种模式应运而生。它是对传统功能型结构的一种扩展，旨在提高对市场变化的响应速度和业务的管理效率。

1. 事业部制组织结构的内容

事业部制组织结构（如图 7-2 所示）模式是大型企业集团为应对市场多样性和增强业务灵活性而采用的一种重要管理架构。在这种模式下，企业被划分为多个事业部，每个事业部相对独立，拥有自己的生产、销售、研发和财务等职能部门。这些事业部通常根据产品线、市场领域或地理区域划分。例如，通用汽车公司在 20 世纪中期实施事业部制，将其不同的汽车品牌如雪佛兰、别克等分为独立的事业部，每个事业部负责各自品牌的生产和销售，具有一定的自主权和利润责任。

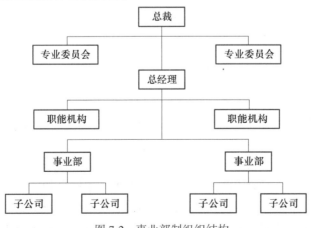

图 7-2　事业部制组织结构

事业部制的核心特点是赋予每个事业部一定程度的自主权，让它们能够灵活地应对各自市场的需求。这意味着每个事业部都有自己的管理团队，负责制定和执行适合其特定市场的策略。在财务管理上，事业部制要求每个事业部负责自己的利润和损失，这种财务独立性强化了事业部的业务责任感和利润导向。

2. 事业部制组织结构的优缺点

事业部制的优点如下：

1）提高了对市场变化的适应能力，因为每个事业部可以独立响应其特定市场的需求。

2）增强了业务责任感和利润驱动，事业部的绩效直接与其经济效益相关联。

3）鼓励创新和内部企业家精神，因为各事业部拥有更大的自主权。

然而，其缺点也显著：

1）可能导致资源的重复和效率低下，因为不同事业部可能在相同的功能上进行投资。

2）可能引起事业部间的内部竞争，影响整体战略协调。

3）集团层面的控制和协调可能变得更加困难。

3. 事业部制组织结构的适用范围

事业部制组织结构特别适合大型、多元化的企业集团。这类企业通常涉及多个产品线或服务领域，需要在维持集团整体战略的同时，对各个市场和产品线进行灵活管理。尤其适用于那些市场需求多样化、业务范围广泛的企业，如跨国企业和多品牌企业。在这种组织结构下，企业能够有效地应对快速变化的市场环境和客户需求。

然而，对于规模较小、业务较为集中的企业，事业部制可能因其管理复杂性和高成本而不太适合。因此，企业在选择事业部制时需要考虑其业务的多样性、市场的变化速度以及内部管理能力。正确实施事业部制需要强有力的集团层面的策略规划和协调，以确保各个事业部之间的协同效应，同时避免资源浪费和内部竞争。

总体来说，事业部制提供了一种平衡集团控制和业务灵活性的有效方式，适合那些想要在多元化市场中快速成长的大型企业集团。

（三）矩阵型组织结构

矩阵型组织结构（Matrix Structure）的起源可以追溯到20世纪60年代，最初在航空航天和建筑行业中出现，用以应对日益复杂的项目管理需求。随着时间的推移，这种组织结构被更多行业采用，特别是那些需要跨职能协作和快速适应市场变化的企业。

1. 矩阵型组织结构的内容

矩阵型组织结构（如图7-3所示）在企业集团中的应用涉及将员工同时归属于特定的职能部门（如财务、人力资源、市场等）和一个或多个项目团队。这种结构的关键特征是双重上司体系：员工既有职能上司（负责专业指导和日常运营），也有项目上司（负责指导项目的完成）。这种结构的目的是兼顾专业知识的深度和项目管理的灵活性。

2. 矩阵型组织结构的优缺点

企业集团采用矩阵型组织结构的显著优点在于它极大地促进了跨部门协作，打破了传统部门间的界限，通过跨职能团队的合作，有效地加强了信息和资源的共享。这不仅有助于创新和复杂问题的解决，还提高了组织的灵活性和适应性，使得企业能够迅速响应市场变化和客户需求。在这种结构下，员工被赋予在不同项目和职能角色中工作的机会，这不仅有助于其技能和经验的全面发展，还为个人职业生涯提供了广阔的成长空间。此外，矩阵结构允许更有效地利用人力和其他资源，因为资源可以根据不同项目的需求进行动态调配，从而优化整体资源配置。

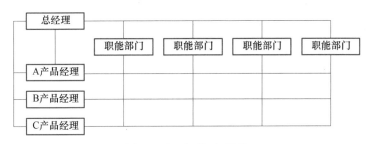

图 7-3　矩阵型组织结构

然而，矩阵型组织结构也存在一系列的挑战和缺点。最主要的问题之一是责任和权利的不清晰，由于员工需要同时向职能经理和项目经理报告，可能导致混乱和效率降低。这种双重管理体系要求高度的沟通和协调能力，管理这种复杂的结构可能需要更多的时间和精力。此外，不同经理之间可能会因为资源分配、优先级设定等问题产生冲突，特别是在目标不一致的情况下，这些潜在的冲突可能导致工作环境紧张。另一个挑战是决策过程的延迟，由于需要协调多方面的意见和需求，可能导致决策变得缓慢和低效。因此，虽然矩阵型组织结构在促进组织灵活性、跨部门合作和员工发展方面具有明显优势，但它也带来了管理复杂性增加、责任不明确、潜在冲突和决策延迟等挑战。对于企业集团来说，采用这种结构需要综合考虑其业务特性、组织文化和管理能力，以确保能够有效利用其优势，同时克服固有的缺点。

3. 矩阵型组织结构的适用范围

矩阵型组织结构特别适用于那些业务多元化、项目驱动，并且需要快速适应市场变化的企业集团。这一结构尤其适合于那些业务线多样、涉及跨部门协作的大型企业，如技术密集型行业（如信息技术、制药、航空航天）、咨询服务行业以及那些经常承接复杂项目的工程企业。对于那些需要快速对市场变化做出反应、项目周期短、技术更新快的企业，矩阵型组织结构提供了高效的资源分配和决策灵活性。最后，对于那些在全球范围内运营、需要在不同地区和文化背景下有效协调和管理的跨国企业，矩阵型组织结构也极为适用。

然而，这种组织结构并不适合所有类型的企业，尤其是那些业务较为单一、市场相对稳定，或者内部沟通和管理能力较弱的企业。在这种情况下，传统的职能型或纯项目型组织结构可能会更为高效。

总体来说，采用矩阵型组织结构需要考虑企业的业务特性、市场环境、组织文化和管理能力，以确保能够在提高效率和灵活性的同时，有效管理内部的复杂性和潜在冲突。然而，它也要求高度的管理技巧和沟通能力，以确保组织的顺利运作。在实施这种结构时，理解其优缺点并根据具体情况进行调整至关重要。

（四）网络型组织结构

网络型组织结构起源于 20 世纪末期，特别是随着全球化和信息技术的迅速发展。这

高级财务管理

一时期，企业集团面临着日益复杂的国际市场环境和不断变化的技术需求，传统的组织结构模式（如功能型、事业部制等）开始显示出局限性。因此，网络型组织结构应运而生，旨在更有效地应对这些挑战。

1. 网络型组织结构的内容

网络型组织结构是一种现代企业管理模式，特别适用于快速变化和高度竞争的市场环境。在这种组织结构中，企业不再是传统的、等级森严的组织，而是变成了一个灵活的网络，这个网络由各种内部和外部单元组成，如供应商、分销商、合作伙伴，甚至是客户。这些单元或节点通过信息技术系统紧密相连，共享资源和信息，共同参与产品的开发、市场的拓展和服务的提供。

如图 7-4 所示，网络型组织结构通常以总裁或 CEO 为核心，周围是多个相对独立的部门和外部实体，如供应商、合作伙伴等。这些部门和实体通过灵活的网络连接在一起，形成一个动态的、互联的结构。这种组织结构具有多方协作和资源共享的特点，突出了组织内部和外部的交互性。

在网络型组织结构中，决策和运作不再局限于固定的组织层级，而是依赖于跨职能、跨部门甚至跨组织的合作。

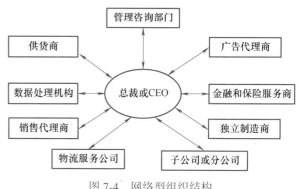

图 7-4 网络型组织结构

这样的组织结构促进了信息的快速流通和知识共享，同时加强了企业对外部变化的响应能力。企业可以根据市场需求和项目需要灵活地调整资源和配置，从而实现高效运作。

2. 网络型组织结构的优缺点

网络型组织结构的优点在于它的高度灵活性和适应性。这种组织结构使企业能够快速适应市场和技术的变化，及时调整业务战略和资源配置。网络型组织结构鼓励创新，因为它通过跨界合作和知识共享，促进了新思想的产生和扩散。同时，通过整合内外部资源，企业能够更有效地利用全球资源，提高运营效率和成本效益。此外，网络型组织结构还能够提高决策的质量和速度，因为它依赖于多元化的观点和专业知识，而不是单一层级的指令和控制。

然而，网络型组织结构并非没有缺陷。其最大的挑战之一是管理的复杂性，特别是在跨多个部门和不同组织的合作中，协调和沟通成了关键挑战。这种组织结构可能导致决策过程的延迟和执行力的下降。另一个重要问题是对外部网络的过度依赖，这可能导致企业核心竞争力的削弱。当外部网络出现波动时，企业可能变得脆弱，难以应对市场的快速变化。此外，文化差异和沟通障碍也可能影响不同背景实体间的合作效率。因此，采用网络型组织结构的企业需要谨慎管理这些网络关系，在确保能够充分利用外部资源的同时，保持企业的核心竞争力和独特文化。

3. 网络型组织结构的适用范围

网络型组织结构特别适用于那些处于快速变化市场环境的企业，尤其是高科技、创新驱动型行业，如软件开发、生物技术和咨询服务。这种组织结构使企业能够快速集成各种资源，以应对快速变化的技术和市场需求。

对于那些需要频繁与外部实体合作、依赖知识共享和创新的企业来说，网络型组织结构提供了有效的管理框架。它同样适合全球化运营的大型企业，这些企业需要在保持核心业务的同时，灵活应对全球市场的动态变化。

总体来说，网络型组织结构适合追求高度灵活性、快速响应市场变化和强化创新能力的现代企业。这种组织结构要求企业具有高效的沟通能力、强大的信息技术支持和良好的合作伙伴关系管理能力，以实现在全球竞争中的优势。

（五）控股式组织结构

控股式组织结构，是指上级企业通过控制下级企业的若干股权以实现对下级企业控制的组织结构。控股式组织结构是一种比事业部制组织结构拥有更大的分权管理极限的组织结构。控股式组织结构有纯粹控股型企业集团和混合控股型企业集团两种基本形式。

1. 纯粹控股型企业集团

纯粹控股型企业集团是指其设立的目的只是利用控股权影响被控企业的股东会和董事会，支配被控企业的生产经营活动，实现其控制意图的纯粹资本投资型的集团。这类集团的控股企业并不从事具体的生产经营活动，其组建动力来源于资本的衍生力与增值要求，是资本运营的典型形态。它的管理主体表面上表现为被控企业，但实质上是所投出的资本，一旦被控企业的资本不能保值增值，则被控企业也就不再成为其资本投入的主体，它会选择将其出卖，抽出资本而转向他方。纯粹控股型企业集团组织结构如图 7-5 所示。

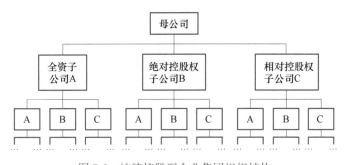

图 7-5　纯粹控股型企业集团组织结构

2. 混合控股型企业集团

混合控股型企业集团是指母公司既控制子公司的股权，又从事具体生产经营活动的集团。这类集团控股企业控制子公司的基本目的主要是通过对被控企业生产经营活动的控制，使本企业的业务得到更好的发展。其组建动力来源于其核心企业的产品，母公司及其附属的核心企业都是实体资产的经营者，它之所以能组建集团，完全是靠其龙头产品的影响力。为了扩大其产品的影响力，通过控股和参股一批企业，来为核心企业的产品生产和营销网络的建立服务。混合控股型企业集团组织结构如图 7-6 所示。

控股式组织结构的优点是：母公司只对子公司的经营

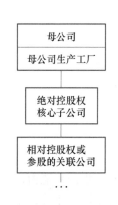

图 7-6　混合控股型企业集团组织结构

风险承担有限责任,母公司具有较大的灵活性,可以通过出售子公司的股权,放弃对子公司的控制,回避财产损失等风险。

控股式组织结构的缺点是:对相对控股式组织结构而言的,母公司对子公司的控制必须通过子公司董事会,控制是间接控制,对子公司资源的运用受到制约,控制权被削弱。另外,子公司的权利大,母公司的指挥往往失灵。

3. 母子型集团说明

母子型集团亦称股权型集团,母子型集团往往有一个大型产业公司作为核心,其核心通常被称为集团公司,亦即集团的母公司或支配公司,是企业集团的核心经济实体。母公司通过对其他企业、公司的控股,掌握集团控制权,建立由子公司、孙公司等层级组成的金字塔式的企业组织结构,处于塔尖的母公司通过派往子公司的董事(监事)贯彻其经营目标;子公司用相同的方法控制孙公司。在这种类型的集团中,各成员单位仍是独立的法人,自主经营。但由于被控股的原因,成员企业的决策受母公司的影响和支配,所有集团成员最终共同实现集团整体的战略目标,如无特别说明,本书所研究的企业集团都为母子型集团。

集团公司是企业集团中居绝对控制地位的控股公司,在企业集团中起主导作用,通过多种联结纽带决策、影响、引导众多企业的经营方向、发展战略、产品类型、市场定位乃至对一个国家、地区、产业的经济发展起到重大影响。企业集团本身并不是法人,但集团公司必须是具有企业法人地位的经济实体,对外代表企业集团。为了保证集团统一的发展战略和总体规划的实现,集团公司必须具有一定的经济实力、相当数量的紧密层企业和投资中心的功能。

在母子型企业集团中,集团成员可分为四个层次,如图 7-7 所示。第一个层次:集团公司,核心企业,法律地位为母公司,公司内部有若干分公司或分厂。第二个层次:子公司,也称核心层、紧密层,与集团公司是母子关系。第三个层次:参股、合伙性质的成员企业,也称半紧密层,在集团统一管理下,与集团公司是参股或合伙关系。第四个层次:契约(合同)型企业,也称松散层,在集团统一管理下,与集团公司是契约、合同关系。

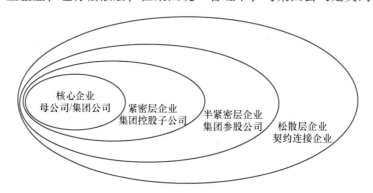

图 7-7 母子型企业集团多层次结构的组织体系

企业集团可能由母公司和很多子公司、孙公司组成,母公司与子公司、孙公司的联系往往都是以资本为纽带。根据母公司在子公司资本中的投入比例不同,子公司可以分为以下四种类型。

（1）全资子公司　全资子公司即子公司的资产100%来源于集团，这类子公司实际上是集团从事具体经营活动的部门，它必须完全贯彻集团的意图。所以，这类型的母子公司关系具有高度的集权性，集团的权限很大，不仅具有一般《公司法》规定的股东权限，而且集团拥有子公司的一切人事、财务、分配和经营管理方面的控制权和监督权，子公司实际上是集团经营的延伸。但是，过度的集权控制会使公司经营者失去积极性。因此，即便是全资子公司也应该处理好集权与分权的关系。否则，面对激烈的竞争和变化多端的外部环境，子公司的适应性和灵活性就显得不足。

（2）控股子公司　控股子公司即集团持股50%以上的子公司，它是集团经营的主要承担者，体现集团的主要业务方向，与全资子公司一起承担企业的主营业务。由于控股子公司是由两个以上的利益主体投资形成的，因此，在处理集团与控股子公司的关系时，还必须兼顾其他股东的权益。一般来说，集团对这种子公司的控制体现在重大投资决策、资产收益分配、资产重大变动、总经理的任免和企业改制等方面。

（3）参股子公司　参股子公司即集团持股20%~50%的子公司，这是集团进行多元化经营经常采取的形式，主要体现集团纵向的产业一体化经营和横向的多元化扩张思路，这类型的子公司同上述子公司比较起来具有更大的经营自主权。同时需要注意的是，在股权较分散的情况下，少量的股权比例就可以实现控股或重大影响。如果是这种情况，企业集团以掌握众多股东中最多股份的方式实现控股，参股子公司其实是相对控股子公司，其功能就类似于控股子公司。

（4）关联子公司　关联子公司即集团持股20%以下的企业，它是集团内松散型的企业群体，体现集团对外延伸的范围，并同其他关联企业一起组成集团多元化经营的一部分。关联子公司与集团的关系不是那么严密，主要按照《公司法》、公司章程和双方的意愿进行合法的协作经营。管理关联子公司的关键是集团应派股东代表出任子公司的董事、监事和其他的管理人员，履行法定的权利和应尽的义务，同时注意处理好与关联子公司控股股东的关系，争取己方的最大利益。

一般而言，母公司可根据各子公司生产产品特点、经营领域以及对母公司或对集团公司的重要程度来决定其投入各子公司的股本比例。显然，那些对母公司或集团有重要影响的子公司可考虑全资控制或控股；而关联程度相对低一些的子公司可考虑相对控股和参股。此外，母公司还需要根据自己的实力来通盘考虑其投入下属公司的整个投资额以及投资的分散程度。

在集团第一层母子公司关系的基础上，子公司同样可以投资于其他企业，从而形成下一个层次的母子公司关系，并以此类推。从集团整体来看就形成了母公司、子公司、孙公司乃至曾孙公司等以资本为纽带的整体。

▶▶ 三、企业集团财务管理的特点

企业集团财务管理具有一些独特的特点，这些特点不仅影响着集团内部的财务决策和操作，也对集团的整体战略发展产生重要影响。企业集团财务管理的特点反映了企业集团在规模、复杂性和运营范围方面的特殊需求。

（一）集中化与分散化相结合

企业集团的财务管理通常需要在集中化与分散化之间找到一个平衡点。集中化管理有

助于统一财务政策，实现规模经济效益，同时便于集团层面的资金调配和风险控制。分散化管理则使得各子公司能够根据自身特点和市场环境做出更加灵活的财务决策。这种结合可以确保企业集团在保持整体协调的同时，能够快速响应各个地区和业务领域的变化。

（二）资金管理的复杂性

在企业集团中，资金管理涉及跨子公司、不同业务部门乃至不同国家和地区的资金调配和融资。集团需要有效管理内部资金流、外部融资以及投资决策，确保资金的高效运用和利润最大化。这不仅要求相关人员具有高度专业的知识，还需要精细的市场分析和风险评估能力。

在企业集团中，资金管理涉及内部资金的分配和外部资金的筹集，这是一个复杂的过程。集团需要考虑不同子公司的资金需求，确保资金流动性，同时有效控制成本和风险。此外，跨国企业集团还需处理多种货币和跨境资金流动的问题。

（三）高度的内部控制和风险管理

企业集团财务管理的一个重要方面是建立和维护强有力的内部控制系统。这包括确保各种财务活动的合规性，以及识别和管理可能对企业造成财务损失的各种风险。随着企业规模的扩大，风险管理变得越来越复杂，集团层面需要制定统一的风险管理政策，并在各个子公司和业务单元中得到有效执行。

企业集团需要强化内部控制，以确保财务信息的准确性和合规性。这涉及建立和执行严格的财务政策、程序和审计机制。同时，风险管理在企业集团财务管理中也占有重要位置，需要识别、评估和控制财务风险，包括市场风险、信用风险和操作风险。

（四）综合的会计与财务报告

对于企业集团来说，确保各个子公司和部门的会计信息准确、统一是一项挑战。企业需要处理和整合来自不同业务单位的会计数据，制作合并财务报表。这不仅涉及会计处理的技术层面，还涉及符合国际会计准则和各国法规的要求。

企业集团财务管理的一个关键方面是会计和财务报告。由于涉及多个子公司和业务部门，因此必须确保所有财务报告的准确性和一致性。这包括合并财务报表的编制、会计准则的遵守以及不同国家财务报告要求的适应。

（五）复杂的税务规划

由于企业集团可能在不同的地区和国家运营，因此有效的税务规划和管理对于优化税收成本、避免双重征税和合规至关重要。这要求企业集团的财务管理部门不仅需要熟悉国内的税法，还需要了解国际税收规则和双边税务协定。

税务规划对于企业集团而言极其重要，尤其是在跨国运营的背景下。企业集团要在优化税负的同时，确保遵守不同国家的税法。这涉及国内外税务筹划、转移定价政策的制定和执行，以及税务合规性的监控。

（六）跨国运营的财务挑战

跨国企业集团在进行财务管理时，还需要处理跨国资金流动和货币兑换的问题。这包括管理不同货币的账户，处理汇率波动的风险，以及应对在不同国家间进行资金调拨时的合规性问题。货币管理策略的制定和执行对于保持企业财务稳定和盈利至关重要。

对于跨国企业集团来说，管理不同国家的运营带来了额外的财务挑战，如汇率波动、跨境资金转移和多元文化背景下的财务决策。这要求财务管理不仅要考虑经济因素，还要考虑政治、法律和文化因素。

（七）战略规划与财务决策相结合

在企业集团中，财务管理与企业战略紧密结合。财务决策应支持企业的长期目标和战略计划。这意味着财务管理不仅是处理日常财务事务，还要参与到战略规划、资本投资决策和企业增长策略的制定中。

以上这些特点共同构成了企业集团财务管理的复杂性和独特性，要求财务管理者不仅要具备专业知识，还要有广阔的视野和灵活的思维。

四、企业集团财务管理的原则

企业集团财务管理的原则是指在企业集团运作中，为了保证资金的合理配置、提高资金使用效率、实现财务目标而遵循的基本规则和指导思想。企业集团财务管理应遵循的原则如下。

（一）资源配置的优化原则

企业集团需要在不同子公司间合理分配资金资源。这意味着要根据每个子公司的业务特点、市场潜力和风险程度来决定资金的分配。该原则的目标是实现资源的最优配置，提升整个集团的盈利能力和竞争力。

（二）风险控制原则

风险管理是财务管理的核心部分。企业集团应通过建立有效的风险评估和控制机制，识别并降低各类财务风险，如市场风险、信用风险、流动性风险等。此外，适当的财务杠杆和债务管理也是控制风险的重要手段。

（三）成本控制原则

有效控制成本、提高资金使用效率是企业集团财务管理的关键。这包括对成本的严格预算管理、成本分析和成本削减。企业集团通过精细化管理，可以降低不必要的开支，提升资金使用效率。

（四）资本结构和融资原则

合理的资本结构和融资策略能够保障企业集团长期稳定发展。这需要企业在自有资金与借款资金之间找到一个合适的平衡点，同时考虑成本、风险和流动性等因素。

（五）收益最大化原则

企业集团财务管理的最终目标是为股东创造价值，实现收益最大化。这需要企业集团通过有效的资产管理、投资决策、成本控制等手段，确保收益最大化。

（六）合规性和透明度原则

在财务管理过程中，企业集团必须遵守相关法律法规和财务报告标准，保证财务活动的合规性。同时，应提高财务报告的透明度，以赢得投资者和市场的信任。

（七）持续发展原则

企业集团的财务管理应支持其长期发展目标，包括可持续增长、环境保护和社会责任。这意味着在追求短期利益的同时，也要考虑长期的发展和责任。

（八）内部控制和审计原则

强化内部控制和审计是保证企业集团财务管理有效性和准确性的关键。这包括建立严格的内部控制体系和定期的财务审计，确保财务信息的准确性和可靠性。

总体来说，企业集团财务管理的原则旨在通过优化资源配置、控制风险、严格成本管理、合理配置资本结构和融资、追求最大收益、保持合规和透明、支持持续发展以及加强内部控制和审计，以实现企业的长期稳定发展和股东价值最大化。

第三节　企业集团财务管理体制

企业集团虽然不是法律主体，却是财务主体和特殊的会计主体。企业集团虽然不是一个独立核算的主体，但是也要编制以公司为中心的合并会计报表。因此，它是一个特殊的会计主体。所以，企业集团在实现财务管理职能时，需要一套与单一企业不同的财务管理体制来支撑。

一、企业集团财务管理体制的概念

企业财务管理体制是明确企业各财务层级财务权限、责任和利益的制度，其核心问题是如何配置财务管理权限，企业财务管理体制决定着企业财务管理的运行机制和实施模式。而企业集团财务管理体制是指企业集团内部为实现财务管理目标和任务，根据法律法规、市场环境和自身特点，所建立的财务管理架构、规则和流程。这一体制涉及集团内部资金管理、财务规划、风险控制、成本控制、收益分配、内部审计等多个方面。

（一）组织架构

企业集团财务管理体制首先表现在其组织架构上。这通常包括集团总部的财务部门和下属各子公司的财务机构。总部财务部门负责集团整体的财务规划和控制，而子公司的财务机构则负责各自的财务运作。这种架构旨在保证财务管理的统一性和各子公司财务活动的协调性。

（二）财务规划和预算

企业集团财务管理体制需要有清晰的财务规划和预算制度，包括长期的财务规划和年度预算编制，以确保资金的合理分配和使用，以及集团战略目标的实现。

（三）资金管理

资金管理是企业集团财务管理体制的核心，包括企业集团内部的资金调拨、融资、投资以及现金流管理。资金管理的目标是优化资金的配置，提高资金使用效率，降低资金成本。

（四）风险控制

风险控制是企业集团财务管理体制的重要组成部分，包括对市场风险、信用风险、汇率风险等的识别、评估和控制，以及制定相应的风险对策。

（五）成本控制和效益分析

成本控制和效益分析是企业集团财务管理体制不可或缺的部分，它涉及成本的计算、分析和控制，以及各种财务决策的效益评估。

（六）内部审计和监督

为了确保财务管理的有效性和合规性，企业集团需要建立严格的内部审计和监督机制，包括定期的财务审计、内部控制系统的评估和完善等。

（七）遵从法律法规

企业集团财务管理体制必须遵守所在国家和地区的相关法律法规，包括税法、公司法和证券法等，以及国际财务报告标准。

总体来说，企业集团财务管理体制是一套综合的管理机制，涉及组织架构、财务规划和预算、资金管理、风险控制、成本控制和效益分析、内部审计和监督、遵从法律法规等多个方面，旨在有效管理集团财务活动，支持集团战略目标的实现。

二、企业集团财务管理体制的一般模式

企业集团财务管理体制一般可以分为三种主要模式：集权型、分权型以及集权与分权相结合型。这些模式反映了集团对财务管理职能的不同控制和分配方式。

（一）集权型财务管理体制

1. 集权型财务管理体制的内容

集权型财务管理体制是企业集团内部采用的一种管理模式，其主要特征是将关键财务决策和资源管理集中在集团总部。在这种模式下，总部掌握资金分配、重大投资决策、风险管理和整体财务规划的决定权。这通常包括实施统一的会计标准、财务报告系统和内部控制机制。集权型财务管理体制适用于追求高度策略一致性、集中资源进行重要投资，并对风险控制和合规性有严格要求的企业。

一个典型的案例是全球性的石油和天然气公司壳牌。壳牌作为一个跨国能源巨头，运用集权型财务管理体制来有效地控制其全球业务的财务活动。通过集团总部的集中管理，壳牌能够在全球范围内统一其财务政策和程序，优化资本分配，同时确保严格的风险管理和合规性，以应对能源行业的复杂性和挑战。

2. 集权型财务管理体制的优缺点

集权型财务管理体制在企业集团中的应用具有明显的优点。首先，这种模式能够确保财务决策的一致性和与集团总体战略的紧密对齐。当重要的财务决策如资本分配、大型投资项目和风险管理策略由总部集中制定时，可以更有效地实现资源的优化配置，确保所有投资决策都支持集团的长期目标和愿景。此外，集权型财务管理体制有助于加强内部控制和合规性。集团总部通过统一的财务政策和标准，可以更好地管理和降低企业运营中的风险，同时确保符合各地区和国际的法律法规要求。

然而，集权型财务管理体制也存在一些缺点。最主要的是它可能导致对市场变化的反应不够灵活。由于决策集中在总部，对于分布在不同地区、面临不同市场环境的子公司来说，这种一刀切的财务政策可能限制了它们根据当地市场条件做出快速反应的能力。此外，集中决策过程可能导致内部沟通和执行的低效。决策过程可能由于层级众多、沟通复杂而变得缓慢，尤其是在需要快速做出财务反应的情况下，这种低效可能会对企业的整体表现产生不利影响。

3. 集权型财务管理体制适用范围

集权型财务管理体制适用于多个特定的业务环境和组织结构。

首先，集权型财务管理体制适用于那些业务相对集中且运营模式较为一致的企业集团。在这种情况下，集团总部可以通过统一的财务政策和程序，有效地实现资源的优化配置和风险的集中管理。例如，那些主要在单一行业中运营或其子公司业务高度相关的企业集团，如能源、金融或制造业集团，往往采用集权型管理来保持对整个企业集团财务活动的严格控制。

其次，这种模式特别适合于那些需要强烈统一标准和严格控制的行业。例如，在金融服务行业和能源行业，由于面临高度的法规要求和市场风险，集团总部通过集中管理可以更有效地监控合规性和风险，确保整个集团的稳定和安全。

最后，集权型财务管理体制也适合于那些处于成熟市场或市场环境相对稳定的企业集团。在这些环境下，市场变化不大，集团总部可以通过集中决策来长期维护和实施企业战略，同时确保全集团层面的财务稳定性和一致性。

然而，值得注意的是，集权型财务管理并不适合所有类型的企业集团。在那些业务多元化程度高、市场环境快速变化或需要高度地方适应性的企业集团中，过于集中的财务管理可能会限制子公司的灵活性和创新能力，导致对市场变化的反应迟缓。

综上所述，集权型财务管理体制适用于业务集中、行业要求统一标准和控制的企业集团，以及那些在相对稳定的市场环境中运作的企业集团。这种体制通过集中决策，有助于实现资源的高效分配、风险的有效控制以及长期战略目标的稳定实施。然而，对于需要快速适应市场变化和鼓励创新的企业，则可能需要更加灵活和去中心化的财务管理体制。

（二）分权型财务管理体制

1. 分权型财务管理体制的内容

分权型财务管理体制是企业集团在内部财务管理上采用的一种模式，其核心特征是赋予子公司较大的财务决策自主权。在这种体制下，各个子公司负责自己的财务规划、预算制定、资金管理以及投资决策。这样的管理模式促进了子公司对当地市场的快速反应，增加了对不同市场环境的适应性，激励了子公司的创新和企业家精神。

一个典型的分权型财务管理体制的例子是强生公司。作为一个全球性的医疗保健巨头，强生公司在世界各地拥有多个业务单位。每个业务单位在遵循集团总体战略和财务指导原则的基础上，都拥有一定程度的财务自主权。这样的财务管理体制允许各个业务单位根据自己的市场和业务需求灵活制定财务策略，从而促进了整个集团在不同市场环境中的有效运营和创新。通过这种分权型的财务管理，强生公司能够在保持全球一致性的同时，适应多样化市场的需求，实现全球业务的协调和效率。

2. 分权型财务管理体制的优缺点

分权型财务管理体制在企业集团中的应用具有显著的优点。首先，这种模式赋予子公司更大的财务决策自主权，使它们能够根据当地市场的特定需求和条件做出快速反应。这种灵活性对于适应多变的市场环境尤为重要，特别是对于那些业务涵盖多个地理区域和不同市场的企业集团。其次，分权型管理模式激励创新，因为它允许子公司在某种程度上自主探索新的业务机会和运营策略。这种自下而上的创新动力是大型企业集团在竞争激烈的市场中保持活力的关键。此外，由于财务决策更接近市场和客户，分权型体制有助于提高决策的质量和相关性。

然而，分权型财务管理体制也存在一定的缺点。最明显的是这种模式可能导致集团内部缺乏一致性，尤其是在财务策略制定和标准化过程中。各个子公司可能会根据自己的偏好和判断制定策略，这可能导致集团整体策略的分散和资源的低效利用。此外，分权型财务管理体制可能增加风险管理的难度。由于缺乏集中的监控和协调，子公司可能在风险评估和管理方面采取不一致的方法，从而增加整个集团面临的财务和运营风险。此外，分权型管理还可能导致内部控制的松弛，因为总部可能难以对分散的子公司实施有效的监督和控制。

3. 分权型财务管理体制的适用范围

分权型财务管理体制在企业集团中的应用具有其特定的适用范围，这主要取决于企业的业务特性、市场环境和组织结构。首先，这种模式特别适合业务多样化且地理分布广泛的企业集团。在这种情况下，各个子公司面临的市场条件和运营挑战可能大相径庭，因此需要更多的自主权来制定和执行与当地市场相适应的财务策略。例如，跨国公司的不同子公司可能需要根据各自所在国家的税法、金融环境和消费者行为来调整其财务管理方式。

其次，分权型财务管理体制也适合那些强调创新和灵活性的企业集团。在快速变化的行业中，如科技、时尚或消费品行业，市场需求和技术趋势可能迅速变化，这要求企业能够快速做出反应以保持竞争力。在这种环境下，分权型管理允许子公司根据自身的特定情况和市场机会，迅速做出决策，推出新产品或调整营销策略。

最后，分权型财务管理体制适用于那些追求高度创新和个性化的企业集团。在这种模式下，子公司能够根据自己的业务特点和市场理解进行财务规划和资源分配，这促进了创新思维的产生和实施，有助于企业集团在多元化的市场中保持竞争优势。

然而，分权型财务管理体制并不适合所有类型的企业集团。对于那些业务相对单一、市场环境稳定，或需要严格统一管理和控制的企业集团，如某些传统制造业或基础设施行业，集权型或集权与分权相结合的财务管理体制可能更为适宜。在这些行业中，统一的财务政策和控制机制对于确保效率、降低成本和遵守法规要求至关重要。

总体而言，分权型财务管理体制适用于业务多元化、市场环境快速变化以及重视创新和地方适应性的企业集团。这种体制赋予子公司更多的财务决策自主权，有助于提高企业集团的市场反应速度、适应性和创新能力。不过，这也要求企业集团层面拥有有效的监控和协调机制，以确保子公司的决策与集团的整体战略目标相符。

（三）集权与分权相结合型财务管理体制

1. 集权与分权相结合型财务管理体制的内容

集权与分权相结合型财务管理体制是一种在企业集团中常见的混合管理模式，它结合了集权型和分权型体制的特点。在这种模式下，集团总部保留对关键财务决策和整体战略方向的控制，如大型投资、资本结构和重大风险管理，而将日常运营的财务管理和决策权限下放给各个子公司。这种体制旨在平衡总部的统一指导和子公司的灵活性，使企业集团能够在保持核心战略一致性的同时，适应不同市场和地区的特定需求。

宝洁公司是一个采用集权与分权相结合型财务管理体制的典型例子。作为一个全球性的消费品企业集团，宝洁公司在全球范围内设有多个业务单位和品牌。公司总部制定和监督关键的财务政策和战略，确保整个集团的财务活动与长期目标一致。与此同时，宝洁公司允许其各个子公司在日常运营中拥有一定程度的财务自主权，以便更好地适应当地市场的需求和动态。这种财务管理模式使得宝洁能够在全球范围内实现有效的资源分配和风险控制，同时保持业务的灵活性和创新能力。

2. 集权与分权相结合型财务管理体制的优缺点

集权与分权相结合型财务管理体制结合了集权型和分权型两种模式的优点，旨在为企业集团提供更灵活、高效的财务管理。首先，这种混合模式允许企业集团在保持核心战略和重要财务决策统一性的同时，给予子公司一定的操作自由度。这意味着集团总部可以控制关键的财务活动，如大型投资、资本分配和风险管理，而日常的财务操作和小型投资决策则由子公司负责。这样的安排有助于确保整体战略的一致性和效率，同时允许子公司根据当地市场的特殊需求和条件做出快速反应。此外，集权与分权相结合型体制还有利于资源的优化配置和促进内部创新的，因为它结合了企业集团的大规模运作优势和子公司的灵活性。

然而，这种混合型财务管理体制也有其局限性和挑战。最明显的问题是可能出现的管理复杂性和沟通障碍。由于决策权分散，总部与子公司之间可能存在策略理解和执行上的差异，导致决策的一致性和效率受到影响。此外，平衡集团总部和子公司之间的权利和责任可能会导致内部冲突，特别是在财务目标和资源分配方面。如果管理不当，这种模式可能导致决策过程中的摩擦和效率低下，影响整个集团的业绩和市场反应能力。因此，实施集权与分权相结合型财务管理体制需要精心设计的内部控制系统和有效的沟通机制，以确保策略的顺利实施和组织目标的达成。

3. 集权与分权相结合型财务管理体制的适用范围

集权与分权相结合型财务管理体制，作为一种平衡集中控制和地方自主权的模式，在企业集团中具有广泛的适用范围。这种模式特别适用于那些业务类型多样化、操作范围广泛且需要在集团统一战略指导和地方市场灵活性之间找到平衡点的企业集团。对于那些在全球或多个地区拥有分布广泛的业务单位的跨国企业，这种模式能够在保持集团总体战略一致性的同时，赋予各子公司足够的灵活性来适应不同地区的市场特点和运营要求。

其次，这种模式也适合那些业务领域涉及技术密集型和创新导向型行业的企业集团。在这些领域，集团总部可能需要保持对关键研发投资和技术战略的控制，而各个子公司则需要在产品开发、市场营销和客户服务等方面拥有一定的自主权，以快速响应市场变化和客户需求。

同时，集权与分权相结合型财务管理体制也适用于那些正在进行业务转型或多元化发展的企业集团。在这种情况下，集团总部的集中控制可以确保转型过程中的战略一致性和资源有效配置，而子公司的财务自主权则有助于其探索新的业务机会和市场策略，促进业务创新和多元化发展。

此外，对于那些面临复杂法规环境和高风险业务挑战的企业集团，这种模式同样适用。集团总部可以通过集中控制来确保整个集团符合法规要求和有效管理风险，而子公司在遵守这些框架的基础上，可以灵活地处理地方市场的具体问题和挑战。

综上所述，集权与分权相结合型财务管理体制通过平衡集中控制和地方自主权，为企业集团提供了一种既能保证整体战略一致性，又能适应多元化市场需求的有效管理方案。这种模式在全球化经营、技术创新、业务转型以及面临复杂法规环境的企业集团中尤为适用，有助于提升整个集团的竞争力和市场适应性。

三、影响企业集团财务管理体制选择的因素

企业集团在选择财务管理体制时，会受到多种因素的影响。这些因素决定了集团应采取更集中还是更分散的管理方式。主要影响因素如下。

（一）业务的多样性和复杂性

业务范围广泛和复杂的企业集团可能更倾向于分权模式，以便子公司能够根据自己特定市场的需求做出快速反应。相反，业务较为集中和统一的企业可能更适合集权模式。

（二）地理分布

跨国或在多个地区运营的企业集团，由于面临不同国家和地区的市场环境、法律法规和文化差异，可能会选择分权模式以提高灵活性。而在单一市场或地区运营的企业集团可能更适合集权管理。

（三）组织结构和规模

大型企业集团或拥有多层管理结构的企业可能采用分权模式，以减轻总部的管理负担，提高决策效率。小型或结构较简单的企业集团可能更倾向于集权模式。

（四）市场环境的动态性

在快速变化的市场环境中，企业可能需要更快地响应市场变化，这时分权模式更为合适。而在相对稳定的市场环境中，集权模式可能更能保证企业集团策略的一致性和效率。

（五）企业文化和管理风格

企业文化和高层管理者的管理风格也会影响这一选择。一些倾向于创新和员工授权的企业文化可能更适合分权模式，而那些强调统一和效率的企业文化可能更适合集权模式。

（六）风险管理和合规要求

对于风险管理和合规性有高度要求的企业集团，集权模式可以更有效地控制风险和确保合规。分权模式虽然提高了灵活性，但可能增加风险管理的复杂性。

（七）技术和信息系统

拥有高效的技术和信息系统可以支持分权模式下的管理和协调。如果企业集团的信息系统不足以支持分散管理，那么集权模式可能更为适合。

（八）历史和传统

企业的历史和传统也会影响这一决策。一些企业可能由于历史上一直采用某种模式，因此倾向于继续沿用。

综合这些因素，企业集团在选择财务管理体制时需要进行全面的考量，以确保选定的模式最符合其业务需求、组织结构和市场环境。

四、企业集团的财务机构及其职责划分

虽然由于企业集团规模、业务性质和文化背景等诸多因素的不同，不同的企业集团财

务机构及其职责划分具有各自不同的特点，但是一般来说，企业集团的财务机构及其职责是按以下模式划分的。

（一）企业集团总部的财务机构

企业集团财务管理总部是企业集团财务系统的综合管理部门，由 CFO 直接领导，总部的财务管理机构一般由会计、财务、审计、资金管理等部门组成，企业集团总部财务管理组织结构的通用模式如图 7-8 所示。

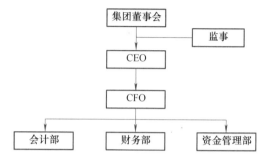

图 7-8　企业集团总部财务管理组织结构的通用模式

1. 企业集团总部会计部门的职责权限

企业集团总部会计部门在财务管理和会计学领域扮演着核心角色，其职责和权限通常包括以下几个方面：

（1）财务报告与记录　负责编制和维护集团的财务报表，包括利润表、资产负债表和现金流量表。这些报表需符合相关的会计准则和法规要求。

（2）预算管理　制定和监控集团的年度预算，包括收入、成本和支出的预算，这些指标涉及对未来财务表现的预测和规划。

（3）内部控制　建立和维护内部控制系统，以确保财务报告的准确性和完整性，防止舞弊和错误。

（4）税务规划与合规　确保集团符合所有税务法规的要求，包括税务申报和支付。同时，进行税务规划以优化税务负担。

（5）审计协调　与外部审计师合作，确保集团的财务报告公正合理地反映了其财务状况。并处理内部审计事项。

（6）资金管理　管理企业集团的现金流和投资，确保有足够的流动性来满足日常运营和长期投资需求。

（7）风险管理　识别、评估并管理财务风险，如市场风险、信用风险和流动性风险。

（8）决策支持　为集团的战略规划和决策提供财务数据支持，包括财务分析和预测。

（9）会计政策与程序　制定和更新会计政策与程序，以确保会计活动的一致性和合规性。

（10）员工培训与发展　对会计部门的员工进行培训和发展，以提升他们的专业技能和知识。

企业集团总部会计部门的具体职责和权限可能会根据组织的规模、行业和具体需求而有所不同。

2. 企业集团总部财务部门的职责权限

企业集团总部财务部门的职责和权限在财务管理和会计学领域是多方面的，通常包括以下几个关键领域：

（1）战略财务规划　制定企业集团的长期财务战略，以支持企业的整体战略目标。这包括资本结构的规划、投资决策和资金筹集。

（2）预算编制与管理　负责制定企业集团的年度预算，监控和分析预算执行情况，以确保财务目标的实现。

（3）财务报告与分析　编制和解释财务报表，为管理层提供决策支持。

（4）资金管理与流动性保障　管理企业集团的现金和资金流动，确保优化现金管理，维持良好的流动性，以支持日常运营和未来的增长。

（5）投资和资产管理　管理企业集团的投资组合，进行资产配置，确保资产的有效利用和最大化回报。

（6）风险管理与内部控制　建立和维护内部控制系统，管理各种财务风险，如市场风险、信用风险、汇率风险等。

（7）税务规划与合规　确保企业集团符合税法和其他财务相关法规的要求，合理规划税务，以降低税务负担。

（8）审计协调　与内部和外部审计团队合作，确保财务报告的准确性和合规性。

（9）债务与融资管理　管理企业集团的债务和融资活动，包括贷款、债券发行和其他融资渠道。

（10）财务决策支持　为高层管理者提供关键的财务信息和建议，支持战略决策和日常运营决策。

（11）会计政策和程序　制定和监督会计政策和程序，确保会计活动的一致性和合规性。

（12）员工培训与发展　提供财务部门员工的培训和职业发展机会，以增强团队的专业能力。

企业集团总部财务部门的具体职责可能会根据组织的规模、行业特性和运营模式有所不同，但以上这些职责通常是其核心任务。

（二）企业集团总部财务管理机构与其他职能机构的职责界定

尽管财务管理机构的职责是企业集团财务工作的运作与实施，但伴随着企业各种管理职能越发交叉与混合，财务管理与会计正向战略、人力资源等领域渗透，如企业薪酬激励系统便是渗透和融合的产物。因此，如何清晰地界定财务管理机构与总部其他职能机构（如人力资源部、战略规划部门等）的职责权限似乎越来越困难。

1. 财务管理机构与人力资源部门的职责协调

财务管理机构与人力资源部门之间的职责协调对于企业的整体运营至关重要。这两个部门虽然关注的领域不同，但它们在许多方面紧密相连，并且相互依赖以实现企业目标。它们之间的主要协调职责如下：

（1）预算和薪酬规划　财务管理机构在制定企业整体预算时，需要与人力资源部门密切合作。人力资源部门根据财务预算指导，制定和调整员工的薪酬政策、福利计划和奖金制度。这一过程需要人力资源部门对市场薪酬水平和内部职位价值有深入了解，同时财务管理机构则需确保薪酬结构与企业的财务状况和长期战略相符合。

（2）成本管理和效率　成本管理是企业财务管理的核心之一，财务管理机构在这方面的重点在于控制成本和提高财务效率。人力资源部门通过有效的人力资本管理来支持这一目标，包括优化招聘过程、员工培训和发展，以及高效的员工绩效管理系统。这不仅涉及降低人力成本，也包括通过提高员工满意度和工作效率来增加企业价值。

（3）财务报告和人力数据分析　财务报告的准备需要人力资源部门提供详细的人员数据，包括员工数量、工资支出、福利成本等。这些数据对于财务管理机构来说至关重要，因为它们直接影响财务报表的准确性。同时，人力资源部门也需要财务管理机构提供的数据来进行人力资本的成本效益分析，以评估人力资源政策和程序的有效性。

（4）合规性和风险管理　合规性是企业运营的重要方面，财务管理机构和人力资源部门在这方面有共同的责任。两部门须确保企业在财务和人力资源管理方面均符合国家法律法规的要求。例如，财务管理机构需要确保企业的财务报告和税务申报符合法律规定，而人力资源部门则需确保员工薪酬和福利政策遵守劳动法规。

（5）战略规划支持　在企业的战略规划过程中，财务管理机构和人力资源部门需要共同评估财务资源和人力资源的可用性。财务管理机构提供的财务数据对于确定战略投资、扩张计划和其他关键决策至关重要。同时，人力资源部门则需要确保有足够的人力支持这些战略计划的实施。

（6）员工培训和发展　员工的培训和发展是企业成功的关键因素。人力资源部门负责规划和执行员工培训和职业发展计划。财务管理机构需要在这一过程中提供必要的培训预算和资源，确保这些活动与企业的财务能力和战略目标相一致。

（7）绩效管理　绩效管理系统是企业管理的重要组成部分。财务管理机构通常负责确定绩效评估的财务指标，而人力资源部门则负责设计和实施绩效管理系统。这包括设定绩效目标、评估员工绩效以及基于绩效的激励和奖励机制。

（8）员工沟通和参与　当企业进行薪酬、福利或退休计划等方面的变更时，财务管理机构和人力资源部门需要协同工作，确保向员工提供清晰、透明的沟通。这有助于建立员工的信任和参与度，从而提高员工的满意度和对变革的接受度。

总之，财务管理机构与人力资源部门之间的协调是确保企业运营高效、合规并实现长期发展目标的关键。通过共同协作，这两个部门可以更有效地支持企业战略，优化资源配置，并提高企业的整体绩效。

2. 财务管理机构与战略管理部门的职责协调

集团公司的财务管理机构和战略管理部门在职责上虽然各有侧重点，但它们之间的协调对于企业的整体成功至关重要。两者之间职责协调的关键方面如下：

（1）战略规划与财务规划的整合　战略管理部门负责制定公司的长远目标和发展方向，包括市场扩展、产品开发、并购等关键领域。财务管理机构在这一过程中扮演着至关重要的角色，提供必要的财务数据和分析，以确保战略规划的财务可行性。这种协调意味着两个部门需要共同评估市场机遇的盈利潜力，理解不同战略选择对企业财务状况的长期影响，并共同制定相应的资本和投资策略。

（2）投资决策的协同　在投资决策方面，战略管理部门负责提出新的投资建议，进行市场和竞争分析，而财务管理机构则评估这些投资项目的财务可行性，包括进行资本预算、预期回报率分析和风险评估。财务管理机构还需就资金来源提供建议，这可能包括内部资金调配、债务融资或股权融资等方式。这种协调确保了投资决策不仅符合市场趋势和企业战略，同时也符合企业的财务健康和风险承受能力。

（3）风险管理与合规　风险管理是企业管理中的一个重要方面，尤其对于财务和战略部门来说。财务管理机构通常负责识别和管理财务风险，包括市场风险、信用风险、利率风险和汇率风险等。战略管理部门在制定企业战略时需要考虑这些风险的影响，并与财务管理机构协作，共同制定风险缓解策略。此外，合规性也是双方需要共同关注的领域，包括确保企业在战略执行过程中遵守财务报告标准、税法、国际贸易规定等。

（4）绩效管理　绩效管理是实现企业战略目标的关键。战略管理部门负责设定企业的长期目标和关键绩效指标（KPI），而财务管理机构则需要根据这些 KPI 来监控和报告企业的财务绩效。财务管理机构的这一职责包括评估各业务单元和项目的财务表现，确保它们符合战略目标，并提供关于绩效改进的建议。此外，财务数据的透明和及时共享对于激励员工和部门朝着共同目标努力也至关重要。

（5）资本结构与融资策略　财务管理机构还负责制定和维护企业的资本结构和融资策略。这与战略管理部门的工作密切相关，因为资本结构的选择会影响企业的风险承受能力和投资能力。例如，如果战略管理部门计划进行大规模扩张，财务管理机构需要确保有足够的资本来支持这一计划，同时要考虑到债务水平和股东的回报要求。

（6）内部沟通与支持　有效的内部沟通对于确保财务管理机构和战略管理部门之间的顺畅协作至关重要。这包括定期的会议、报告和工作流程的共享。例如，财务管理机构可以定期向战略管理部门提供关于财务状况、资金流动和预算执行情况的更新，而战略部门则需要向财务管理机构提供关于市场动态、竞争情况和战略计划进展的信息。

（7）技术和系统的整合　随着技术的发展，财务管理机构和战略管理部门越来越依赖高级的信息系统支持他们的工作。这些系统的整合可以提高数据的准确性和可访问性，同时提高决策效率。例如，使用企业资源规划（ERP）系统可以帮助两个部门共享关键的财务和运营数据。

通过这种紧密的协调，财务管理机构和战略管理部门可以共同推动集团公司实现其长期目标，同时确保财务的健康和可持续性。这种跨部门的合作对于任何寻求长期成功的企业来说都是不可或缺的。

集团管理在很大程度上是由母公司（集团总部）的定位来体现的。可以说，从资产关系的观点分析，母公司对子公司管理的主要内容应是对其资金、财务活动的调控，以达到实现集团战略，并确保投资回报这个终极目标的实现。

3. 我国集团管理总部的财务管理职责

结合发达国家集团公司财务管理的深厚经验和我国特有的实际情况，我国集团管理总部在财务管理方面的职责可以从以下几个关键领域进行细致而全面的阐释：

（1）战略财务规划与财务决策　我国集团管理总部在财务管理上的首要职责是与公司战略紧密结合，提供长期的财务规划和决策支持。这包括对资本结构的优化、投资策略的制定以及并购整合的财务评估等。在拓展市场、投资新项目及企业并购方面，财务管理部门需提供基于深入分析和预测的数据支持，以协助管理层做出明智决策。

（2）财务报告与合规性管理　在财务报告方面，集团管理总部必须确保报告的准确性和透明度，同时符合国内外的会计准则和财务报告规定。此外，监督集团内部的财务合规性也是其重要职责，确保所有业务活动遵守相关的法律法规，包括税务法规和资本市场规则。

（3）预算管理与成本控制　集团管理总部负责有效地制定和监控整个集团的预算，以确保各个业务单元的财务表现与预定目标保持一致。同时，通过有效的成本控制和运营效率的提升，增强集团的盈利能力和现金流管理。

（4）资金管理与融资活动　在资金管理与融资方面，集团管理总部主要负责建立全集团的资金管理体系，全面实施和推进资金管理计划，提升资金管理计划的准确性和合理性，为集团整体运营提供资金保障；积极拓宽融资渠道，降低资金运营成本；优化资金使用流程，防范集团的资金风险和财务风险。

（5）税务规划与管理　在税务管理方面，集团管理总部负责制定有效的税务策略，在降低税收负担的同时确保其符合我国及国际税法的要求。在处理跨境交易中的税务问题时，如转让定价和国际税收规划，需要尤为注意。

（6）内部控制与风险管理　建立和维护有效的内部控制体系，以减少财务错误和欺诈的风险，是集团管理总部的另一个关键职责。此外，识别和管理与财务相关的各种风险，如市场风险、信用风险、汇率风险等，也是确保集团财务稳定性和可持续发展的重要方面。

（7）人力资源与培训　集团管理总部还需关注财务部门的人力资源管理，确保财务团队具备合适的技能和能力。通过持续的培训和专业发展，维持团队的高专业水平和强大的业务能力。

总体来说，我国集团管理总部的财务管理职责在确保具有全球视野的同时，应充分考虑本土市场的特殊需求和挑战。随着我国企业的日益国际化，这种跨文化和多法域的财务管理能力显得尤为重要。

（三）子公司的财务机构设置

子公司的财务机构设置既要有独立性，又要符合上一级财务管理机构有效控制的要求。由于集权与分权形式的不同，子公司的财务机构设置可能有很大差别。

一般来说，如果子公司与母公司设有同样的财务部门，那么这个部门应归属母公司的相应部门进行对口管理。在本公司内行使财务职能的同时，其决策权限由上级部门授予，并要向上级汇总报告本公司的预算以及提交财务报告。

（四）财务中心

如前所述，企业集团是不同于一般企业的外部组织形式，财务控制的重要性和难度同时增加，客观上要求在集团整体和成员企业之间有一个可以统筹全局、协调分部的财务机构。企业集团的财务中心是在集团内部设置的一个专门负责管理、监督和协调整个集团范围内财务活动的部门。这个中心通常负责制定财务策略、监控资金流动、管理风险、执行财务政策和提供有关财务决策的数据支持。财务中心是集团内各子公司和部门之间协调财务事务的核心，有着多重重要作用。

财务中心的设置和企业集团的集权与分权安排密切相关，根据各企业集团对财务权限的分配与实施财务管理条件的不同，财务中心可以分为财务结算中心和财务控制中心两类。

1. 财务结算中心

企业集团的财务结算中心是企业集团内部设立的、主要负责企业集团内部各成员（主要是指企业集团核心层成员，下同）之间和对外的现金收付及往来结算的专门机构，通常设置于财务部门内部。其主要职能如下：

（1）内部结算管理　负责管理和协调集团内部成员单位之间的财务往来，包括优化集团内部资金使用，减少资金占用和降低财务成本。

（2）现金流管理　负责处理集团内部及对外的现金收付事务。重点在于监控和预测集团的现金流动，确保有足够的流动性来支持日常运营和长期投资需求。

（3）资金集中调度　实施集团资金的集中管理，包括集中收款和付款。这样做可以提高资金使用效率，减少对外部融资的需求和相关的财务成本。

（4）风险管理　管理与财务结算相关的风险，特别是汇率和利率风险，包括实施有效的风险管理和对冲策略，以减少市场波动对集团的影响。

（5）财务合规与报告　确保所有结算活动都符合法律法规和内部政策。同时负责准备和提交集团内部和外部的财务报告。

（6）财务规划与分析　提供财务数据分析来辅助集团的战略决策。参与集团预算和财务规划的制定，为长期发展提供指导。

综上所述，财务结算中心在集团的财务管理中扮演着至关重要的角色，它不仅提高了资金管理的效率和效果、发挥了集团资金联合的优势，也为集团的战略决策提供了支持。

2. 财务控制中心

企业集团的财务控制中心是一种较为高级的财务组织形式，它通过集成化、网络化的管理软件和与企业其他资源的整合，形成了一种高效的财务管理机构。财务控制中心的产生是现代企业集团财务中心发展的需要，有两大促进因素：

（1）技术发展和信息化的推动　技术发展和信息化的推动是促进财务控制中心产生的一个重要因素。随着信息技术的快速发展，尤其是互联网、大数据和云计算等技术的广泛应用，企业财务管理方式经历了根本性的变革。这些技术不仅提高了财务数据处理的效率，还增强了数据分析的深度，从而为财务控制中心的建立和发展提供了技术支持。信息化使得财务管理可以更为高效和准确，实现了跨地域的即时数据共享和实时决策制定。

（2）企业规模扩大和管理复杂性增加　企业规模扩大和管理复杂性增加也是促进财务控制中心产生的重要因素。在全球化和市场竞争激烈的背景下，企业规模不断扩大，业务变得更加复杂。这要求企业财务管理不仅要精确高效，还要能够适应快速变化的市场环境。财务控制中心的出现正是为了应对这种复杂性，它通过集成化和系统化的管理，使企业能够更好地控制财务风险，优化资源配置，从而在复杂的市场环境中保持竞争力。

综上所述，这两大因素共同推动了财务控制中心的产生，它不仅代表了财务管理的现代化趋势，也是企业适应和引领市场变化的重要手段。

3. 财务控制中心与财务结算中心的比较

随着信息处理技术的发展，各种管理信息系统中辅助项目核算模块功能日益完善和强大，集团财务专门化的趋势更加明显。例如，制定责任会计制度的主要问题是单轨制与双轨制的选择。单轨制就是将内部责任会计核算与对外财务会计核算融合在一起进行的会计核算体制，即将按国家统一的会计准则或会计制度的要求设置的会计科目与按企业内部责任会计的要求设置的核算科目有机地结合在一起，根据会计准则和会计制度编制对外报告的财务报表，根据内部责任会计要求编制对内报告的业绩报告。双轨制就是将内部责任会计核算与对外财务会计核算分别进行，各自根据不同的管理要求、不同的方法来进行会计资料的归集和数据计算。因此需要设置两套凭证、账簿、报表及核算程序。集团财务软件使双轨制转为单轨制成为可能。

鉴于此，企业集团的财务控制中心是比财务结算中心更高层次的财务中心形式。除了执行财务结算中心的全部职能，企业集团财务控制中心还有如下主要职能：

1）及时掌握企业集团事业部或子公司的资金预算和运作，并根据集团整体情况立即进行协调。

2）掌握企业集团各分部的采购费用、生产成本和销售费用情况，实行即时决策和监控。

3）对企业集团内部物流和人力资源与财务资源的不协调之处进行整合，实现统一管理。

由于企业集团成员的层次分布和地域分布的复杂性，在工业经济时代，企业集团财务控制无法或很难做到。在网络技术日益普及和各种企业集团财务软件出现的背景下，实施上述职能成为企业集团财务控制中心的发展趋势。

（五）财务公司

1. 企业集团财务公司的产生背景

企业集团财务公司的产生是对全球经济环境的变化、企业经营模式的演进以及金融技术进步的综合反应。它标志着企业财务管理向着更加集中、专业化的方向发展，同时反映了企业在全球化背景下对风险控制和资源优化配置的不断追求。

（1）全球化与企业规模扩张　随着20世纪中后期全球化趋势的加速，企业集团面临着日益复杂的经营环境。在这一时期，企业规模的迅速扩大，特别是跨国运营的增加，带来了对跨国资金调配、风险管理和内部资金效率优化等方面的挑战。这种复杂化的背景促使传统财务管理模式逐渐显现出局限性，需要更加专业和集中的财务管理方式。

例如，随着20世纪中后期全球化加速，大型企业如通用电气（以下简称GE）面临跨国经营的复杂性。GE通过建立财务公司GE Capital来应对这一挑战。GE Capital不仅处理了GE的内部资金流和跨国财务操作，还提供广泛的金融服务，如商业贷款和设备租赁。这使得GE能够有效管理其全球业务中的资金需求，同时，GE Capital也成为GE的一个主要利润来源，发挥了财务公司在处理全球化挑战中的重要作用。

（2）资本市场的变革与风险管理需求　全球资本市场的发展为企业提供了丰富的融资和投资机会，同时带来了多样化的风险。为了有效利用这些机会并控制财务风险，企业开始寻求更加集中和高效的财务管理结构。财务公司因此应运而生，它通过集中管理来提升资金使用效率，降低财务成本，加强风险控制。

例如，阿里巴巴集团作为一个电子商务巨头，随着业务的快速扩张，需要进行高效的资金管理。阿里巴巴通过成立蚂蚁金服（现更名为蚂蚁集团）来应对这一需求。蚂蚁集团不仅管理了集团内部的资金流，还拓展了向消费者和小企业提供的金融产品，如支付服务、贷款和保险。蚂蚁集团的成功不仅显示了阿里巴巴在金融市场上的影响力，也体现了信息技术在现代金融服务中的应用。

（3）信息技术革命对财务管理的影响　信息技术，尤其是计算机和互联网的飞速发展，为财务公司的建立和运作提供了坚实的技术基础。这些技术的应用使得处理大量复杂财务数据变得迅速和高效，同时提高了财务透明度和内部控制的水平。现代信息技术使得企业能够实时监控财务状况，并快速做出决策。

例如，作为全球科技巨头之一，苹果公司面临着复杂的国际财务管理挑战。苹果公司通过建立先进的财务管理系统，实现了全球财务数据的实时处理和分析，支持快速决策和有效的资金配置。这一系统不仅提高了财务运作的效率和准确性，还帮助苹果公司有效地管理货币风险，确保了公司财务的稳定和健康。

（4）应对法规环境的变化 在经济全球化深入发展的同时，各国和地区的财务管理法规也在不断完善和变化。这些法规的变化要求企业在全球范围内遵守更加严格的财务管理规定。财务公司的建立帮助企业适应这些法规变化，确保全球业务的合规性。

例如，汇丰银行作为一个国际银行集团在全球各地运营，需要遵守不同国家和地区的金融法规。通过其财务公司，汇丰银行不仅实现了跨国资金的有效管理，还确保了各种金融操作符合当地的法规要求。这强化了汇丰的合规性，减少了法律风险，并保证了其国际业务的稳定运行。

2. 我国企业集团财务公司的概念及设立条件

财务公司兴起于20世纪初，发达国家的财务公司发展已有100多年的历史，全球500强企业中有2/3以上都拥有自己的财务公司。

美国第一家财务公司成立于1878年，但真正法制化和规范化的美国财务公司源于1916年起草颁布然后逐渐推广到全国各州的《统一销售贷款法》。而在我国，依据2022年10月13日公布的《企业集团财务公司管理办法》（以下简称《办法》），"财务公司"这一概念是指以加强企业集团资金集中管理和提高企业集团资金使用效率为目的，依托企业集团、服务企业集团，为企业集团成员单位提供金融服务的非银行金融机构。

该《办法》大幅增加了财务公司设立的资产额、收入额标准，要求申请设立财务公司的企业集团应当具备下列条件：①符合国家政策并拥有核心主业；②具备两年以上企业集团内部财务和资金集中管理经验；③最近一个会计年度末，总资产不低于300亿元人民币或等值的可自由兑换货币，净资产不低于总资产的30%；作为财务公司控股股东的，最近一个会计年度末净资产不低于总资产的40%；④财务状况良好，最近两个会计年度营业收入总额每年不低于200亿元人民币或等值的可自由兑换货币，税前利润总额每年不低于10亿元人民币或等值的可自由兑换货币；作为财务公司控股股东的，还应满足最近三个会计年度连续盈利；⑤现金流量稳定并具有较大规模，最近两个会计年度末的货币资金余额不低于50亿元人民币或等值的可自由兑换货币；⑥权益性投资余额原则上不得超过本企业净资产的50%（含本次投资金额）；作为财务公司控股股东的，权益性投资余额原则上不得超过本企业净资产的40%（含本次投资金额）；国务院规定的投资公司和控股公司除外；⑦正常经营的成员单位数量不低于50家，确需通过财务公司提供资金集中管理和服务；⑧母公司具有良好的公司治理结构或有效的组织管理方式，无不当关联交易；⑨母公司有良好的社会声誉、诚信记录和纳税记录，最近两年内无重大违法违规行为；⑩母公司最近一个会计年度末的实收资本不低于50亿元人民币或等值的可自由兑换货币；⑪母公司入股资金为自有资金，不得以委托资金、债务资金等非自有资金入股；⑫银保监会[⊖]规

⊖ 2023年3月，中共中央、国务院印发了《党和国家机构改革方案》，在银保监会的基础上组建国家金融监督管理总局，不再保留原机构。

章规定的其他审慎性条件。

符合一定条件的财务公司可以设立分支机构；允许外国投资者在我国境内独资设立的从事直接投资的公司设立财务公司，并可为所投资的企业提供财务支持。

3. 我国企业集团财务公司的特点

企业集团财务公司与银行相比，具有以下下面三个显著特点：

（1）财务公司通常拥有较高的资金比率差异　财务公司与银行在自由资金比率方面的主要差异在于财务公司通常拥有较高的自由资金比率，因为它们主要服务于母公司和子公司，资金流动性需求较为集中和可预测。相比之下，银行面对更广泛的公众客户，需要保持较高的流动性以应对客户的存取款需求和市场波动，因此自由资金比率受到更多外部因素的影响。

（2）财务公司通常客户数量有限　在客户群方面，财务公司通常专注于服务于母公司和集团内部子公司，客户数量有限，关系更加紧密和稳定，便于提供高度定制化的服务。而银行服务的客户群体更加广泛，包括个人、企业和政府机构等，需要应对多样化的客户需求，客户关系管理更为复杂。

（3）财务公司的资金流动性相对可控　财务公司在资金流动性管理上较为集中，主要侧重于内部资金的高效利用和风险控制，资金流动性需求相对可控。而银行的资金流动性受到多种因素影响，包括市场利率变化、客户存取款行为和信贷市场状况，因此需要灵活地调整其资产和负债结构，以维持良好的资金流动性和市场适应能力。

4. 我国集团企业财务公司的业务范围

根据《企业集团财务公司管理办法》，我国财务公司的业务范围可以根据其性质被分为负债类业务、资产类业务、中间业务、外汇业务四大类，具体内容如下：

（1）负债类业务　包括接受集团内外的存款、发行债务证券、借款等活动，主要涉及财务公司资金的获取。

（2）资产类业务　涉及对外提供的贷款和投资活动，如向集团内部单位或外部企业提供贷款，或在金融市场上进行证券、股票等投资。

（3）中间业务　包括提供各种非信贷类的金融服务，如财务咨询、资产管理、市场调研、风险管理等服务。

（4）外汇业务　财务公司可以进行外汇交易，包括买卖外汇、外汇借贷、外汇风险管理等，帮助企业集团管理与国际交易和投资相关的外汇风险。

这四大类业务共同构成了我国财务公司的核心业务范围，使其能够全面支持企业集团的财务管理和运营需求。

【思考题】

1. 企业集团形成的原因是什么？它有哪些特征？
2. 企业集团财务管理的特征有哪些？
3. 企业集团的财务管理体制有哪些类型？每个类型的优缺点是什么？每个类型适用的范围有哪些？
4. 企业集团财务管理体制的选择有哪些影响因素？
5. 企业集团财务公司与财务结算中心在哪些方面相似？

【案例题】

四川路桥建设集团股份有限公司的财务数字化转型：价值嵌入与路径选择

一、公司概况

（一）公司简介

四川路桥建设集团股份有限公司（简称四川路桥）成立于 1999 年 12 月。公司起源于 20 世纪 50 年代修建川藏公路的 18 军筑路工程队及西南公路局桥工处，是"两路"精神的重要缔造者。经过几代路桥人的接续奋斗，公司已从单纯的施工企业发展成为具有国际竞争力的大型工程综合运营商，主营业务涵盖工程建设、矿业及新材料、清洁能源等产业的投资、开发、建设和运营，市场范围遍及全国 29 个省市自治区和 20 余个海外国家及地区。公司下辖直属企业 15 家，所属企业 100 余家，在职员工 1.7 万余人，拥有五个施工总承包特级资质企业，公司资产总额超 2 000 亿元，年营业收入超 1 350 亿元。

近年来，公司建设了以土耳其 1915 恰纳卡莱大桥、浙江舟山西堠门大桥、挪威哈罗格兰德大桥、雅康高速泸定大渡河大桥、巴陕高速米仓山隧道为代表的一系列品牌工程，形成了以深水大跨径及高山峡谷桥梁、复杂地质长大隧道、高速公路路面施工为代表的核心竞争力，屡获国际古斯塔夫·林德撒尔奖、菲迪克奖、国家科技进步奖、鲁班奖、詹天佑奖、李春奖等重量级奖项，所属公司——四川公路桥梁建设集团有限公司连续入围 ENR 国际承包商 250 强，是中国重要的对外工程投资承包商之一。

公司大力抢抓"双碳"战略机遇，围绕新能源产业积极布局战略性矿产资源，开展锂电材料生产以及清洁能源开发业务，以产业的绿色低碳转型为抓手，打造企业可持续高质量发展的全新增长极。

（二）公司战略

1. 公司的战略使命

秉承"产业报国、发展交通、造福人民"的发展理念，进一步弘扬"攻坚克难、甘于奉献、勇于胜利"的新时代路桥精神，续写"百年路桥"新的辉煌篇章，打造国内领先、世界一流的交通基础设施领域龙头企业。

2. 数字化战略

基于"1+N+1+1"数字化转型总体架构，以数字化推动优化要素资源配置，实现创新发展和高效率发展。其中：

第一个"1"代表核心的数字化平台，这是整个转型过程的基石。它可能包括云计算、大数据分析、人工智能等技术，以支持公司的运营和决策制定。

"N"代表一系列的应用程序或解决方案，这些应用或解决方案针对公司的不同业务领域。这些应用程序可能包括项目管理工具、供应链管理系统、客户关系管理软件等。

第二个"1"代表整个组织的数字化文化或数字化思维方式的转变。这涉及改变员工的工作方式、培训和教育，以及调整管理和业务流程以适应更加数字化的环境。

最后一个"1"代表持续的创新和改进。这意味着在数字化转型的基础上不断探索新技术、新方法和新业务模式，确保公司能够适应不断变化的市场环境。

3. 财务数字化变革——财务共享+业财融合

财务共享是财务共享服务中心（Finance Shared Services Centre，FSSC），是指将分散的、重复的财务基本业务，从企业集团成员单位抽离出来，集中到一个新的财务组织统一处理，这个新的财务组织即财务共享服务中心，通过互联网络为分布在不同地区的集团成员单位提供标准化、流程化、高效率、低成本的共享服务，为企业创造价值。

业财融合，也称为"业务与财务的融合"，是指在企业内部将业务运营（如销售、市场、生产）与财务管理（如预算、财务规划、资金管理）紧密结合的一种管理策略。这种融合旨在通过跨部门协作，提高企业的整体运营效率和财务表现。业财融合不仅是一种财务管理的变革，也是对企业文化和运营方式的全面革新。通过实施业财融合，企业能够更好地适应市场变化，提高竞争力。

在财务数字化的背景下，四川路桥抢先开始财务共享服务中心的建设，系统地建设完整的财务核算与管控软件体系，构建业财资税一体化的财务共享服务平台，实现各业务数据向财务系统的全自动推送。并强化资金集中管理，降低资金运营成本，优化财务结构，提升财务智能化管理效率与水平，逐步完成"降成本、提质效、强管控、促转型、创价值"的战略目标，建成一流财务管理体系，推动公司转型发展。

2022年8月，四川路桥财务共享服务中心的"智能化业财融合财务共享管控系统"荣获首届全国交通企业智慧建设创新实践优秀案例，这个系统框架如图7-9所示。

二、四川路桥数字化转型过程分析

在数字化战略下，企业集团数字化转型势必会带来企业集团内部资源重组和配置效率提升，从而推动企业集团整体价值创造。由于不同类型的企业集团面临的战略目标、功能使命、关键资源、管控模式、价值逻辑均不相同，必然要求企业集团财务管理模式、价值目标、价值主张、价值共享呈现不同内涵。作为企业集团资源配置的核心职能，企业集团财务数字化转型如何适配企业集团数字化战略进而实现上述目标是企业集团高质量发展的关键所在。

（一）数据资料来源

1. 企业文件

主要包括企业战略规划、"十四五"规划、咨询报告、领导文章、新闻报道、获奖材料和项目资料、公司文件（2020年度年报、2021年度报告、财务共享服务中心简介、智慧交通案例征文）等，有助于掌握四川路桥财务数字化转型的完整过程和重要细节。

2. 档案记录

主要包括政策文件、政策解读、研究报告、四川路桥集团财务共享中心成果总结等，从中确定四川路桥集团战略定位和财务数字化转型的外部环境、发展历程等信息。

3. 现场记录

通过访谈和咨询集团董事长、集团财务总监、集团数字科技部负责人、财务共享中心负责人关于"集团战略、发展历程、核心主业、组织架构、数字化规划、数字化系统架构、财务数字化规划、财务信息系统建设、财务数据资源"等内容，现场参观公司展厅、财务共享中心，这有助于对四川路桥财务数字化转型的技术与管理实践产生感性认知，在真实情境、访谈资料与理论抽象之间建立逻辑联系。

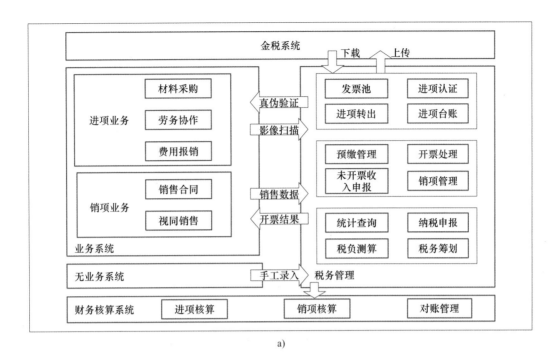

a)

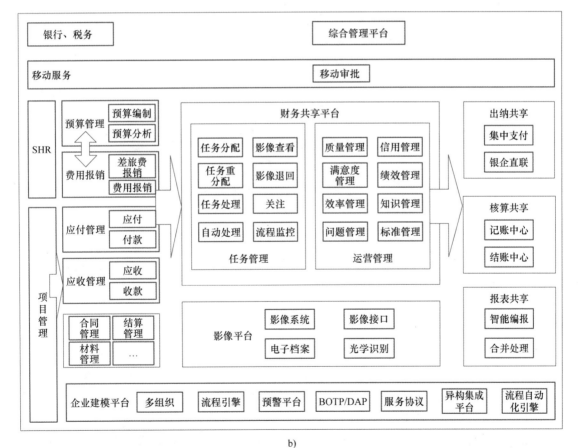

b)

图 7-9 四川路桥财务共享服务中心的"智能化业财融合财务共享管控系统"

（二）数据分析

对于案例数据进行录音、图片、文本和资料分类整理，并依据 Glaser and Straus（1967）提出的经典扎根理论开展编码。研究团队严格采取"背对背"数据编码，针对案例资料和编码结果进行反复研讨，最终进行概念化、范畴化和逻辑化，通过集体回溯、审定、讨论并达成一致意见，期间咨询领域专家以获得专家意见和认同。

通过数据编码分析，四川路桥获得 326 个节点的编码支持。同时，本案例采用归纳式数据分析策略，在对案例数据内容进行扎根编码的基础上，根据相关理论和文献进行特征缩写形成一阶概念，进而再抽象成二阶主题，进一步聚合形成维度，构建具有理论价值的数据结构。四川路桥调研数据分析见表 7-1。

表 7-1　四川路桥调研数据分析

核心维度	二阶主题	一阶概念	典型证据
战略运营	创新驱动	智能升级	四川路桥的数字化转型目标大概可分为三点，一是深化创新驱动，二是以数字化推动优化要素资源配置，三是加强数据治理。通过数据驱动对业务产生的深刻影响，促进更高效的发展，充分发挥数据作为新生产要素的关键作用；通过数据驱动智能转型升级，催生新产业、新业态和新模式，实现创新发展。通过前期的优化升级、后期的产业变革，创造新的价值体系，找到增量发展的新模式、新路径
		高效发展	
		创新发展	
		优化资源配置	
	价值创造	价值主张	数字化转型的根本任务其实是价值的重构，在创新时代，一个企业的价值主张、获取和创造的技能体系和逻辑没有变，那就谈不上转型，只能说是优化。数字化转型的核心路径是能力建设，数字化发展底层的支撑是资源，资源现在已经必须共建共享，四川路桥强调实现的数字化转型，其实是聚焦能力，如数据治理能力、智能创新能力、科技研发能力、产业布局能力、行业价值能力
		价值能力建设	

三、价值嵌入：数字化战略下企业集团财务数字化转型的价值导向

我们从四川路桥的战略使命出发，分析四川路桥的数字化战略如何重构集团价值创造，进而分析四川路桥的财务数字化转型如何嵌入四川路桥的价值地图，从而支撑四川路桥的数字化转型。

（一）四川路桥的战略使命

战略使命是企业集团发展的战略安排，不仅决定了企业集团的战略定位与发展目标，更进一步决定了企业集团的功能使命，从而为企业集团的数字化战略制定提供依据。企业集团的数字化转型涉及战略转型、商业模式等核心领域，典型实践包括重新思考企业价值和战略、探索新的商业和管理模式、不断调整组织、提升客户体验、产品服务智能化以及创业思维和业务灵活性等。与传统信息化的区别在于，数字化更着眼于战略转型、业绩增长和价值创造。因此，"战略使命—数字化战略—价值重构"形成了三个层次的数字战略体系。四川路桥定位为地方国有资产运营集团，战略使命是打造国内领先、世界一流的交通基础设施领域龙头企业、续写"百年路桥"。

（二）四川路桥的数字化战略

在财务数字化背景下，四川路桥抢先开始财务共享服务中心的建设，系统建设完成完整的财务核算与管控软件体系，构建业财资税一体化的财务共享服务平台，实现各业务数

据向财务系统的全自动推送。同时强化资金集中管理，降低了资金运营成本优化财务结构，提升了财务智能化管理效率与水平，逐步完成"降成本、提质效、强管控、促转型、创价值"的战略目标，建成一流财务管理体系，推动公司转型发展。这个系统建设的亮点主要有以下几点。

1. 智能化的业财融合

财务共享系统和 PCWP 工程管理系统、OA 协同办公系统、HR 人力资源系统及其他业务系统的全方位对接互联，实现项目的全生命周期、全数字化闭环管理，从项目投标、标后预算、实际成本、采购管理、结算支付、绩效考核覆盖全过程，提高了项目管理水平，有效控制了项目的履约、成本、税务、资金风险，实现深度业、财、税、资一体化的智能财务共享系统，使项目管理更加标准化。

2. 安全增效的司库管理

以"司库"模式下资金结算中心搭建路桥资金管理模式，以内部银行的运行方式开展内部资金运行管理。自 2016 年资金结算中心创建以来，四川路桥除利用沉淀资金减少银行大额银行贷款节约利息支出，用沉淀资金归还借款已超 10 亿。与银行签订协定存款协议，提高资金收益，目前资金结算中心带来的超额银行利息收益已累计超过 8 500 万元，创造了巨额收益。

3. 高效创新的税务系统

开发完成"四川路桥增值税扁平化管理系统"，实现与金税系统的互联互通，按内部税务局的运行模式管理全集团税务，全税种的信息化管理。实现了增值税业务全封闭、全自动化处理，降低了税务风险、提高了工作效率、厘清了内部责任关系，并荣获国务院国资委国有企业财务创新管理二等奖。

4. 非生产性开支预算全程管理

通过共享系统数据支撑，实现了非生产性开支预算从事前规划预测、事中执行控制、事后考核评价的全程管理，使业务流程得到过程控制，满足了内部管理合规性要求。

面向未来，四川路桥财务共享服务中心还在不断优化中，正在探索采用对接商旅平台实现差旅费一体化报销，智能化审单和质量检测。四川路桥财务共享中心的服务方式将从管控转向数字赋能。

(三) 四川路桥财务数字化转型与价值嵌入机制

四川路桥的价值地图如图 7-10 所示。四川路桥作为工程施工平台企业，主营主业比较清晰，集团负责承接全国以及世界各地的路桥施工项目，子公司负责具体工程项目的实施。四川路桥的价值地图主要体现工程施工价值创造核心逻辑，包括商机管理、投标管理、收入合同、产值业绩、项目完工和项目竣工。在数字化战略下，四川路桥要实现工程项目管理集约、统一、标准、高效的数字化转型，以项目产值、业绩、效益增长实现企业价值创造。从四川路桥的价值地图来看，它在价值创造过程中面临知识转移成本和委托代理成本都比较高的问题。四川路桥财务负责人指出：传统财务模式下子公司项目财务权限非常大，采购、施工、劳务、费用等都由项目负责人说了算，容易造成资产流失且运营效益不高。因此，为确保各分公司和子公司提升运营效率、控制运营成本，四川路桥需要将工程建设、施工技法等各类知识及时转移到各工程项目公司，同时统一管理控制各项目公司的财务资源，以实现产值、控制成本、达到预期。因此，四川路桥财务数字化转型主要面临财务管理集约化、财务服务效率提升、从管理中要效益、从项目中创造价值的核心诉求，实现"百年路桥"的价值品牌。四川路桥董事长认为，作为传统劳动密集型的施工企业，过去 ERP 时代所获得的数据都来自事后，而非实时数据。现在智能制造正在重新定义数据源，反过来又会推动企业进行管理创新。财务数字化转型正在倒逼企业管理的重构，用实际行动推进产业数字化发展，聚焦管理技术创新，防范重大风险，加快数字化发展。

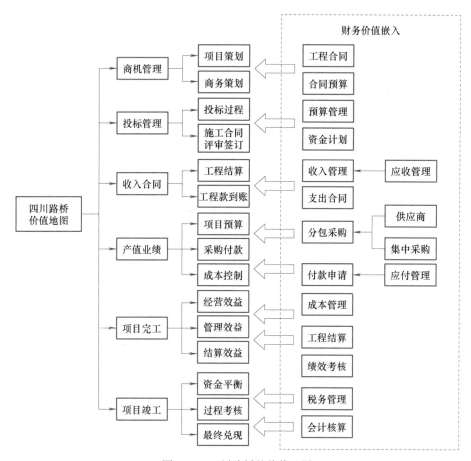

图 7-10 四川路桥的价值地图

四、数字化战略下四川路桥数字化转型路径分析

数字化战略推动企业集团价值重构，企业集团财务数字化转型需要寻求适合的数字化转型路径，实现财务深度嵌入价值创造，推动企业集团财务管理转型升级。由于企业集团并不存在普适性的数字化战略，企业财务数字化转型必然不存在普适性的转型路径。但是"成功的企业是一样的，失败的企业各有各的不幸"，企业集团需要依据"系统决定成败"的理念推动财务数字化转型。企业集团财务数字化转型应先行满足关键的基础条件，再根据自身特点巩固和强化财务价值，选择满足个性化目标的转型步骤和转型路径。因此，企业集团财务数字化转型是一个复杂的系统性工程，它不仅是先进数字技术的应用，也不完全是提高工作效率和提升管理水平的考量，而是对企业集团利益相关者价值创造与分配的

精心考虑和妥善安排。

(一) 四川路桥财务数字化转型的基础逻辑

1. 基础资源数字化：数据中台

企业集团的优势在于统筹调配资源，降低分、子公司运营的内外部成本和缓解融资约束。从企业集团投入资源要素来看，基础资源包括人力、土地、资金、设备、资本、技术、数据等各类资源。在基础资源数字化背景下，集团内部调动资金资源、资产资源、设备资源、技术资源、数据资源等，可有效降低运营成本和缓解融资约束。四川路桥以面向施工行业的人、机、料、法、环等生产要素来统一进行基础资源数字化，根据不同的施工分子公司承接的施工项目要求，在分、子公司之间灵活调动必要的基础资源，直接提升分、子公司的经营效率，促进集团内部基础资源的流通流动，从而盘活资源、提高效率和降低成本。

2. 财务流程数字化：财务中台

根据波特的价值链模型，财务流程属于辅助流程，价值创造属于业务流程。但是从企业集团视角，企业集团作为机关部门，本身不直接创造价值，因此财务流程是企业集团实施战略并落实到分、子公司价值创造过程的重要抓手。从资金管理、资产管理、费用报销、应收应付、会计核算再到报表编制等，财务流程数字化是企业集团财务数字化转型的重要内容。四川路桥通过建立财务共享中心，以70人的编制服务1 400个核算组织和13 000名员工，2021年完成超70类共享业务、超100万个共享任务、超100万张会计凭证，成本节约超4 000万元。

3. 财务管控数字化：业财融合

财务管控数字化是企业集团财务数字化转型的重要方向，核心在于监督和控制，关键在于资源配置。四川路桥依托业、财、税、资一体化的财务共享，嵌入项目全生命周期数字化管理，从项目投标、标后预算、实际成本、采购管理、进度管理到竣工验收、绩效考核实施全过程财务管控，实现无合同无结算、无结算无发票、无发票无支付的严密管控逻辑。

(二) 四川路桥财务数字化转型的路径

四川路桥财务数字化转型路径见表7-2，主要在于资产运营使命、服务导向性变革与财务集约强化。在资产运营使命导向下，四川路桥的战略目标是依托先进设备等有形资产和先进工法等无形资产获取基础设施建设项目。集团2021年的年报显示，"十四五"期间四川路桥紧密围绕主营主业、产业协同战略布局，以"突出主业、转型升级、改革创新、防范风险、提质增效"为主线，积极参与基础设施建设，探索"交通+"，产业协同等发展模式，形成"1+3"的业务发展布局 (基础设施+能源、资源、现代服务)。作为"百年路桥"品牌，四川路桥主业清晰，子公司以建设工程项目为核心业务，公司之间设施设备、生产物料等资产共享共用需求旺盛。在传统财务模式下，子公司项目财务权限较大，集团对于子公司财务容易失控，导致子公司资产运营效率低、项目经营效益不高、资金流失严重。因此，四川路桥的知识转移成本和委托代理成本都很高，必须通过财务集约化管理加强管控，同时通过业财融合和财务服务支持子公司业务发展，以最大化资产效率提升运营集团整体价值。

表 7-2　四川路桥财务数字化转型路径

集团企业	集团类型	战略财务	专业财务	运营财务	转型路径	关键数据
路桥集团	运营集团	战略运营+商机管理+资源配置	业财融合+成本管理+绩效评价	费用报销+资金结算+会计核算+数据服务	财务集约数字化	服务 1 400 个财务组织和13 000 名员工；节约成本超 4 000 万元

资料来源：1. 周卫华，刘薇 . 企业集团财务数字化转型：价值嵌入与路径选择——基于三家企业集团的典型案例研究 ［J］. 经济管理，2023（7）：94-111.

2. 喜报！四川路桥财务共享服务中心案例荣获首届全国交通企业智慧建设创新实践优秀案例 ［EB/OL］.（2022-08-30）［2023-12-11］.https://www.scrbc.com.cn/srbc_news/show-4519.html.

思考：

（1）在数字化战略框架下，四川路桥财务数字化转型的基本逻辑和目标导向是什么？

（2）集团应如何选择适合的财务数字化转型路径？

第八章

企业集团财务决策

 【本章导读】

中钢集团成立于 1993 年 5 月，是一家国资委旗下的中央国有企业，主要从事冶金矿产资源开发与加工，冶金原料、产品贸易与物流，相关工程技术服务与设备制造等业务，曾多次进入"中国企业 500 强"和"世界企业 500 强"。截至 2013 年 12 月 31 日，中钢集团的总资产达到了 1100 亿元。

但在 2014 年 9 月 22 日，"中钢集团百亿元贷款全面逾期"的消息在网络上风传，此后消息愈演愈烈，传闻称其逾期贷款涉及九家银行，并指国务院国资委可能注资 200 亿元。这一消息立即引起了市场和媒体对中钢集团债务危机的广泛关注。

次日，中钢集团回应表示"公司确有个别资金回笼未按期到账，在宏观经济下行的环境下，钢铁行业低迷，公司资金紧张，但经营仍处于平稳正常状态"。工商银行和民生银行也陆续否认传闻。工商银行相关负责人称"中钢集团及其下属公司在工行的融资余额占中钢集团全部金融机构融资余额的比重不足 1.3%，目前工行相关融资均未违约"。民生银行也表示"只有个别分行对中钢集团旗下经营良好的当地子公司有少量授信，目前，这些子公司经营正常，还款付息正常，相关贷款未产生逾期或不良"。

尽管中钢集团和相关银行纷纷辟谣，但市场对其高负债风险并非杞人忧天。中诚信国际评级报告显示，中钢集团总负债已从 2007 年的 657.76 亿元增加到了 2013 年的 1 033.52 亿元，资产负债率已从 2007 年的 89.33% 提高到了 2013 年的 93.87%，一直居高不下。通过 Wind 数据库的财务数据发现，根据申银万国行业分类，2013 年 12 月 31 日，钢铁类上市公司的平均资产负债率为 64.95%，其中资产负债率最低的仅为 22.25%，最高的为 85.12%。而国资委旗下的另外三家央企上市公司宝钢股份、鞍钢股份、武钢股份的资产负债率分别为 47.03%、49.29%、60.78%，均低于中钢集团的资产负债率。尽管中钢集团整体并未上市，与钢铁类上市公司的内外部环境可能有所不同，但中钢集团 93.87% 的资产负债率不得不令人担忧。

事实也正是如此。2014 年 6 月 24 日，中诚信国际在"10 中钢债"⊖的评级报告中表示："中钢集团资产负债率很高，经营持续亏损且面临很大的流动性风险，下属子公司除中钢股份有限公司外，其余主要子公司也面临很大的经营和偿债压力，从中钢集团合并报表口径来看，无法为中钢股份有限公司本期债券提供有力担保。"

中钢集团的案例反映出集团财务决策的重要性，本章将对企业集团的财务决策进行系统全面的介绍。

⊖ 2010 年 10 月 20 日，中钢股份有限公司发行 20 亿元公司债，中钢集团作为其担保人。

【学习目标】

通过本章的学习，你应该掌握：
1. 外部资本市场与内部资本市场
2. 内部资本市场与资本配置效率
3. 企业集团筹资决策
4. 企业集团投资决策
5. 企业集团的内部转移定价
6. 企业集团收益分配决策

第一节　资本配置市场

外部资本市场为企业集团提供了必要的资金和市场反馈，而内部资本市场则使企业能够根据自身战略和市场了解，更有效地分配和使用这些资源。两者的互动对企业集团的长期成功和竞争力至关重要。

▶ 一、外部资本市场

（一）外部资本市场的概念

我国的外部资本市场可以从广义和狭义两个角度来理解。

1. 广义的外部资本市场

广义的外部资本市场是指整个金融市场体系，其中不仅包括股票和债券市场，还包括货币市场、衍生品市场等。这一概念更为全面，涵盖了企业和个人可以接触到的所有类型的金融工具和交易平台。在这个意义上，我国的外部资本市场包括：

1）股票市场：如上海股票交易所和深圳股票交易所。
2）债券市场：包括政府债券、公司债券等。
3）货币市场：短期融资市场，包括国库券等。
4）衍生品市场：期货、期权等金融衍生产品的交易市场。
5）银行间市场：金融机构之间进行的交易市场。

2. 狭义的外部资本市场

狭义的外部资本市场通常仅指那些直接用于长期融资的市场，主要包括股票市场和债券市场。这种定义更加专注于企业和政府通过公开市场筹集资本的方式。因此，狭义的外部资本市场主要涉及：

1）企业股权资本的筹资，即企业通过发行股票来筹集股权资本。
2）企业与政府的债务资金筹集，即企业和政府通过发行债券来筹集债务资金。

狭义的外部资本市场主要关注长期资金的融通，而不包括短期资金的流动性管理和衍生品等复杂金融工具的交易。通过这种方式，狭义的外部资本市场成了一个关键的平台，使企业和政府能够有效地从公开市场获取资本，支持其长期发展和战略目标。

在我国，无论是广义还是狭义的外部资本市场，都受到国家政策和监管的显著影响，包括对投资额度的限制、对资本流动性的控制、审批程序以及对市场行为的监管等，这些政策和监管旨在促进市场的稳定和发展，同时保护投资者利益。随着我国金融市场的逐步开放和国际化，外部资本市场的作用和影响正在持续扩大。

本书讨论的是广义的外部资本市场。

（二）外部资本市场的影响因素

我国的外部资本市场受到多种因素的影响，这些因素既包括全球经济和政治环境的变化，也包括国内的政策、法律和市场动态。下面主要介绍我国外部资本市场的主要影响因素：

（1）全球经济环境　全球经济增长、国际贸易环境、全球利率水平等都对我国的外部资本市场产生重大影响。例如，全球经济放缓可能会减少国际市场对我国产品的需求，影响出口导向型企业的表现，从而影响股市和货币价值。

（2）政府政策和法律法规　我国政府的政策决定、监管框架、税收政策和法律法规对资本市场具有直接影响。例如，政府对外资的开放政策、资本流动的限制或放宽、对某些行业的特别支持等，都会影响市场情绪和资本流向。

（3）汇率政策　人民币汇率政策和汇率波动对外部资本市场尤其重要，因为它们直接影响外国投资者的投资回报和风险。

（4）国内经济状况　国内的经济增长率、通货膨胀率、消费者和企业信心等宏观经济指标会对资本市场产生影响。这些指标反映了一国经济的整体健康状况，对投资者信心有着直接影响。

（5）市场参与者的行为　机构投资者、外国投资者和零售投资者的行为也会影响市场动态。例如，外国投资者的参与度增加可能提高市场流动性和效率，但同时也可能增加市场波动性。

（6）技术创新和金融产品发展　金融科技的发展，如数字货币、区块链技术等，以及新金融产品和服务的推出，也会对资本市场的运作方式和效率产生影响。

（7）国际政治和贸易关系　与其他国家的政治关系和贸易纠纷，会影响市场情绪，可能导致资本流入或流出。

（8）社会政治稳定性与政策连续性　社会政治稳定性和政策连续性对投资者信心至关重要。政治不稳定或政策的频繁变动可能会增加市场的不确定性，影响外部资本市场。

这些因素相互作用，共同塑造了我国的外部资本市场环境。理解这些因素对于预测市场趋势和制定投资策略非常重要。

二、内部资本市场

（一）内部资本市场的概念

最早提出内部资本市场概念的是 Alchian（1969）和 Williamson（1970）。Alchian（1969）在描述通用汽车公司的管理时，提出通用公司内部的投资资金市场是高度竞争性的，并以高速度出清市场来运营，使得借贷双方的信息有效程度远比一般外部市场高。

Williamson（1970）认为，企业为了整体利益最大化将内部各个经营单位的资金集中起来统一配置，具有不同投资机会的成员单位围绕内部资金进行争夺的市场称为"内部资本市场"。

Williamson（1975）认为，企业通过兼并形成内部资本市场，可以降低企业与外部资本市场之间由于严重的信息不对称造成的高昂的置换成本。

本书所界定的"内部资本市场"，是相对于外部资本市场而言的、存在于企业集团内部的、非正式的"资本市场"，它能够为企业集团母公司与子公司之间、子公司与子公司之间，以及集团内公司与其他关联企业之间提供资金融通、资产配置等服务。

（二）内部资本市场的功能

企业集团的内部资本市场具有一系列特定的功能，这些功能在集团内部的不同公司或业务单位之间实现资本和资源的有效配置。企业集团内部资本市场的主要功能如下：

（1）资本分配与优化　企业集团可以通过内部资本市场对资金进行有效分配，确保资金流向最有潜力和最需要的业务单位。这种分配基于业务单元的绩效、潜在收益和战略重要性。

【案例8-1】　阿里巴巴2020年通过其内部资本市场将大量资金重新分配到了云计算和数字媒体部门，这反映了公司对高增长领域的重视。这种战略性的资本分配帮助公司加速了数字转型，增强了市场竞争力。

（2）降低融资成本　利用内部资本市场，集团可以减少对外部融资的依赖，从而降低融资成本。集团内部的资金转移通常不涉及高额的交易成本和利息支出。

【案例8-2】　GE通用电气于2018年利用内部资本市场进行资金调配，减少了对外部市场的借贷。这一策略特别在市场利率上升时显得重要，帮助公司节约了显著的财务成本，并为其全球业务提供了更稳定的资金支持。

（3）风险管理与分散　企业集团通过内部资本市场可以更有效地管理和分散风险。资金可以在不同的业务单位和项目之间流动，减少对任一单一市场或行业的依赖。

【案例8-3】　伯克希尔·哈撒韦公司于2019年通过多元化投资策略在其内部资本市场中有效分散了风险。公司投资了多个行业，包括保险、铁路和能源，从而在全球经济波动中保持了财务稳定。

（4）提高资金使用效率　内部资本市场促使各业务单元提高资金使用效率，因为它们需要证明自己是值得投资的。这种机制促进了整个集团的财务健康和运营效率。

【案例8-4】　谷歌于2021年集中资金投入人工智能和自动驾驶汽车等创新领域。这种高效的资金分配策略加速了公司在这些技术前沿领域的发展，并优化了整体的资金使用效率。

（5）促进战略一致性　企业集团通过内部资本市场的运作，可以确保资金分配与集团的整体战略目标和长期规划保持一致。

【案例8-5】　三星集团于2020年通过其内部资本市场加大了对半导体和智能手机市场的投资，以强化其在这些领域的全球市场地位。这种资金分配与公司的长期发展战略紧密相连。

（6）激励机制　内部资本市场的存在为集团内各业务单元设置了性能基准，促进了竞争和创新，激励各个部门提高其运营和财务表现。

【案例8-6】　强生公司于2019年通过其内部资本市场的运作，激励各业务部门提高绩效和创新能力。公司通过资金分配机制鼓励各部门提升效率，从而提高了整个集团的业务表现。

（7）快速响应市场变化 企业集团可以通过内部资本市场迅速调整资源分配，以应对市场变化和抓住新的商业机会。

【案例8-7】 亚马逊于2021年迅速将资源和资金从传统电子商务领域转移到云计算和人工智能领域，以响应市场的快速变化。这种资金调配策略使公司能够及时把握新兴技术的商业机会。

（8）利用集团的规模优势 内部资本市场使集团能够充分利用其规模优势，通过内部交易降低成本和提高效率。

【案例8-8】 联想集团于2020年通过其内部资本市场在个人电脑、智能手机和数据中心业务间有效地进行资金流动和资源共享。这种策略帮助公司利用其规模优势，支持跨部门的业务发展和创新。

总之，企业集团的内部资本市场是其财务管理的核心部分，对于促进资源的有效配置、提高整体竞争力和实现长期发展目标起着关键作用。

（三）内部资本市场的影响因素

企业集团内部资本市场的效率和运作受多种因素的影响，这些因素可以从组织结构、管理策略和内部控制、财务状况、外部市场环境、法律法规和政策环境、技术和信息系统等多个角度进行分析。

1. 组织结构

企业集团的组织结构对其内部资本市场的运作会产生重要影响。高度多元化的企业集团可能面临更复杂的资本管理挑战，因为需要在不同的业务部门之间平衡资金分配。此外，管理层级和决策流程的复杂性也会影响资本分配的效率和及时性。组织结构的透明度和灵活性对于确保资金能够快速且有效地流向最需要的地方至关重要。

2. 管理策略和内部控制

管理策略和内部控制机制在企业集团的内部资本市场中扮演着关键角色。这包括资本分配策略的制定、资金分配的标准和程序，以及业务单位的绩效评估机制。良好的内部控制和明确的管理策略有助于确保资金被有效地用于增长和盈利潜力最大的部门，同时提升整个企业集团的财务健康和长期可持续性。

3. 财务状况

企业集团的整体财务状况直接影响其内部资本市场的功能。盈利能力、现金流状况和资产负债表的健康程度决定了可用于分配的资金量。此外，资本成本包括内部资金的借贷成本和股本成本，对资本分配决策产生重大影响。一个财务稳健的企业集团更有能力在其内部资本市场中有效地配置资源。

4. 外部市场环境

外部市场环境，包括宏观经济条件、利率水平、汇率波动以及行业竞争状况等，对企业集团的内部资本市场产生显著影响。这些因素会影响企业集团的资金需求、投资优先级以及资金分配策略。例如，一个高度竞争的市场环境可能要求更快速和灵活的资金分配以保持竞争力。

5. 法律法规和政策环境

法律法规和政策环境对企业集团内部资本市场的运作具有深远影响。不同地区的法律法规，尤其是那些涉及资本流动和内部交易的规定，会对资金的分配和使用产生限制或促进作用。此外，税收政策，特别是与内部交易和资本利得相关的税务问题，也会对资本流动和分配决策产生影响。

6. 技术和信息系统

在数字化时代，信息技术和管理信息系统在企业集团内部资本市场的运作中发挥着越来越重要的作用。高效的信息系统可以提高资本分配的透明度和效率，确保资金流向可以被快速且准确地追踪和管理。同时，强大的数据分析能力能够帮助企业集团更准确地评估投资回报和风险，从而做出更明智的资本分配决策。

综合这些因素，我们可以看出，企业集团内部资本市场的高效运作需要一个综合的管理策略，也受到外部环境和内部资源配置的多重影响。

（四）内部资本市场的运作方式

企业集团的内部资本市场运作方式涉及多个层面，从资本筹集到分配，再到监控和调整，形成一个复杂的财务管理体系。其主要运作方式如下：

（1）资本筹集　企业集团内部资本市场首先涉及资本的筹集。资本筹集通常通过两种方式进行：一是利用企业集团内部的留存收益，即将各业务部门的利润重新投入集团内部；二是企业集团总部层面的外部融资，如通过发行股票、债券或其他金融工具在外部市场筹集资金，然后将筹集来的资金分配给企业集团内部的不同业务单位。

【案例8-9】　苹果公司于2020年通过发行债券及利用其庞大的现金储备进行资本筹集，这为其后续的技术研发和全球扩张提供了资金支持。苹果公司的这一策略不仅利用了内部资金，同时有效地利用了外部融资，展示了资本筹集的多元化策略。

（2）资本分配　企业集团内部的资本分配通常基于绩效和战略导向。资本根据各业务单元的历史绩效、未来潜力以及符合企业集团整体战略规划的程度进行分配。这意味着，高绩效和高增长潜力的业务单位可能获得更多的资金，以支持其发展和扩张。

【案例8-10】　亚马逊在2021年对其内部资本进行了战略性分配，将更多的资金投入云计算和人工智能领域。这一资本分配策略基于其业务的绩效和未来增长潜力，从而奠定了公司在这些快速发展领域的市场地位。

（3）内部利率机制　企业集团内部资本市场可能设立内部转移价格，即对内部资金流动设置一个"内部利率"。这种机制旨在模拟市场条件下的资本成本，帮助更准确地评估内部资金的使用效率。同时，通过比较成本和预期收益来评估内部资本的使用效率。

【案例8-11】　伯克希尔·哈撒韦公司于2019年内部实施了一种内部利率机制，以决定不同业务部门之间的资金流动。这种机制考虑了各业务部门的成本和预期收益，有效地优化了集团内部的资本使用效率。

（4）监控和绩效评估　企业集团会持续监控资金的使用情况，确保资金的使用符合预定的目标和预算。此外，定期对各业务单位的财务绩效进行评估，有助于调整未来的资本分配策略，确保资源被有效利用。

【案例8-12】　谷歌在2020年实施了一套严格的内部资本监控和绩效评估体系，确保资金被投入最有价值的项目。通过这种方式，谷歌优化了其资源分配，以支持公司长期的创新和增长策略。

（5）资本重分配和调整 企业集团需要根据市场变化和业务需求灵活地调整资本分配。这包括增加对某些业务单位的投资，或者对表现不佳的部门实施资本削减或退出策略。这种灵活的资本重分配机制有助于集团迅速应对新的市场机遇和挑战。

【案例8-13】 GE通用电气于2018年对其内部资本进行了重大调整，减少了对某些传统业务的投资，同时增加了对可再生能源和数字技术的投资。这一策略反映了GE通用电气对市场趋势和内部业务绩效的快速响应。

（6）交叉补贴 交叉补贴是企业集团内部资本市场中的一个重要机制，它允许企业集团将资金从盈利能力较高的部门转移到需要额外支持的部门。这种资源的重新配置有助于平衡集团内部的业务发展，支持企业集团整体的战略目标。

【案例8-14】 联想集团在2019年通过内部资本市场实施了交叉补贴策略，将其个人电脑业务的部分收益转投到快速增长的数据中心业务。这种策略帮助联想平衡了不同业务间的发展，并支持了集团的整体战略目标。

（7）资本内部市场与外部市场的互动 企业集团内部资本市场的运作不仅依赖于内部资源，也受外部市场条件的影响。企业集团需要综合考虑内外部市场的条件，如利率水平、市场风险等，以实现资源的最优配置，保持财务健康和市场竞争力。

【案例8-15】 沃尔玛在2020年通过内部资本市场与外部资本市场的有效互动来优化其资源配置。公司不仅利用外部债务市场筹集资金，还通过内部资本市场确保这些资金被有效分配到了全球各个业务部门，从而增强了公司的全球竞争力。

企业集团内部资本市场的有效运作对于资源的最优配置、风险管理，以及长期战略目标的实现至关重要。通过精细化的财务管理和灵活的策略调整，企业集团能够在复杂多变的市场环境中保持竞争力和持续增长。

三、我国外部资本市场的开放与内部资本市场的构建

我国外部资本市场的开放和集团企业内部资本市场的构建之间存在着密切的联系，两者相互影响、互相促进。

（一）外部资本市场开放

我国外部资本市场的开放是一个复杂的、多维度的过程，涉及不同层面的改革和调整。

（1）引入外资和市场准入放宽 我国资本市场自2014年实施沪港通，紧接着在2016年推出深港通，大幅度放宽了对外资的市场准入。这些举措不仅为外国投资者提供了直接投资我国股市的渠道，同时增强了内地与香港市场间的互联互通性，加强了资本市场的开放和国际化。

（2）跨境资本流动的便利化 21世纪10年代初，我国开始逐步放松对资本账户的控制，推进人民币的可兑换，特别是在跨境交易中。通过简化跨境资本流动的程序和规则，我国为国内外投资者提供了更多便利，从而促进了资本市场的进一步开放和发展。

【案例8-16】 2015年10月8日推出的跨境银行支付系统（CIPS），使得人民币跨境

交易更加便捷，对于我国企业如华为、阿里巴巴这样的跨国公司尤为重要，它们可以更有效地处理国际交易，降低交易成本，提升国际业务的效率。

（3）监管体系和市场基础设施的完善　中国证监会持续强化监管框架，提高市场透明度，加强对违规行为的监管。通过不断完善法律法规，提升上市公司治理标准，我国努力构建一个更加规范、高效的资本市场，增强投资者的信心和市场的吸引力。

【案例8-17】　以京东方A为例，作为一家上市公司，它遵循更严格的信息披露和公司治理规范，以提高公司透明度，增强投资者信心，从而提升其市场价值和吸引力。

（4）产品和服务的创新　近年来，我国积极推动金融衍生品市场的发展，引入了股指期货、国债期货和股票期权等多种衍生产品。这些新产品的引入丰富了市场结构，为投资者提供了更多样化的投资和风险管理工具，增强了市场的深度和复杂性。

【案例8-18】　我国于2010年4月16日推出了股指期货——沪深300股指期货，为投资者提供了对冲风险的新工具。这对于期货公司和基金管理公司等机构投资者意义重大，它们能够通过这些工具更好地管理市场波动风险。

（5）国际合作和交流

自20世纪80年代起，我国加入世界银行和国际货币基金组织，积极参与国际金融治理。通过与国际金融机构的合作和逐步融入国际金融标准，提升了自身的金融监管体系的国际化水平，增强了国际投资者对我国市场的信心。

（6）促进上市公司国际化

自21世纪开始，越来越多的我国企业选择在海外市场上市，这不仅为企业带来了更广阔的国际融资渠道，也提高了它们的国际知名度，促进了我国资本市场的国际化进程。

【案例8-19】　2014年9月19日，阿里巴巴在纽约证券交易所上市，成为当时全球最大的IPO。这不仅为阿里巴巴本身带来了显著的国际影响力，也是我国企业国际化的重要里程碑。

我国外部资本市场的开放是一个长期且渐进的过程，需要在保持市场稳定的同时不断推进改革。这些改革和开放举措旨在提高我国资本市场的透明度、效率和国际竞争力，同时为我国企业提供更广阔的融资渠道和为全球投资者提供更多的投资机会。

（二）我国外部资本市场开放的经济后果

1. 外部资本市场开放对微观企业的影响

我国外部资本市场的开放对微观企业，即个别企业，产生了深远的影响。这些影响主要体现在以下几个方面：

（1）扩大融资渠道　我国外部资本市场的开放使得微观企业获得了更广泛的融资途径。企业不再仅依赖传统的银行贷款，而是可以通过股票和债券发行等方式直接向国内外市场筹集资金。这种多样化的融资渠道特别有利于初创企业和高科技公司，为它们提供了更多的成长和扩张机会。

【案例8-20】　京东集团于2014年在美国纳斯达克成功上市。此次IPO筹集了大量资金，不仅减少了京东集团对传统银行贷款的依赖，还为其电子商务平台和物流网络的扩展提供了资金支持。

（2）提升市场竞争力　开放的资本市场促使我国企业提升管理水平和财务透明度，以满足国际投资者的要求。这种对接国际标准的过程不仅提高了企业的运营效率，还增强了品牌效益。企业在国际资本市场中的活跃参与，有助于提升其全球竞争力。

【案例 8-21】　比亚迪在 2020 年吸引了伯克希尔·哈撒韦公司的投资。这一国际投资不仅增强了比亚迪的财务实力，也提升了其在全球电动车市场的品牌影响力和竞争力。

（3）增加市场风险敞口　随着外部资本市场的开放，企业更易受到全球经济波动的影响。汇率变化、国际贸易政策等因素可能对企业运营产生直接影响。因此，企业需要加强对外部市场风险的管理，以应对更加复杂和不可预测的国际金融环境。

【案例 8-22】　格力电器在 2018 年面临美元兑人民币汇率波动的挑战，这对其进口原材料成本和出口竞争力产生了影响。格力电器不得不加强对汇率变动的风险管理，以减少外部市场波动对企业财务的影响。

（4）促进技术和管理创新　外部资本市场的开放为企业带来了国际管理经验和先进技术。企业为了吸引外资，往往需要引入和实施国际管理实践。同时，外部资本市场的开放促使企业加大对新技术的投资和研发，加快创新步伐，以保持在激烈市场竞争中的优势。

【案例 8-23】　华为在 2019 年加大了对 5G 技术的研发投资，部分原因是为了适应和满足国际市场的需求。同时，华为还引入了国际先进的管理实践，以提高其全球运营的效率和效果。

（5）加速国际化进程　资本市场的开放为企业提供了更多接触和进入国际市场的机会，加速了它们的国际化进程。企业可以通过跨境并购、国际合作伙伴关系以及在海外市场的直接投资，扩大其全球业务范围和市场影响力。

【案例 8-24】　蒙牛乳业在 2019 年收购了澳大利亚的乳制品公司贝拉米。这一跨境并购不仅扩大了蒙牛在国际市场上的业务范围，也加速了其全球化战略的实施。

总的来说，我国外部资本市场的开放对微观企业产生了多方面的影响，这些影响不仅改变了企业的融资方式和竞争环境，还促进了企业管理水平的提升和国际化进程的加速。同时，企业也面临着更加复杂的市场环境和风险管理挑战。

2. 外部资本市场开放对股市的影响

我国外部资本市场的开放对国内股市产生了显著影响，这些影响主要表现如下：

（1）增加市场流动性　开放的资本市场吸引了大量外国投资者进入我国股市，增加了市场的流动性。更多的资金流入意味着更高的交易活跃度和更好的价格发现机制。尤其是在沪港通、深港通等机制下，股市的互联互通为两地市场带来了更多的资本流动和投资机会。

（2）提高市场效率　随着更多国际投资者的参与，我国股市逐渐与国际市场接轨，提高了市场效率。外资的参与通常伴随着更专业的投资策略和更成熟的市场行为，这有助于我国股市减少非理性投资行为，提升整体市场效率。例如，国际指数提供商 MSCI 在 2018 年 6 月 1 日将中国 A 股纳入其新兴市场指数。这一事件吸引了更多国际专业投资者进入我国股市，带来了更成熟的投资理念和策略，从而提高了市场的整体效率和投资者行为的理性化。

（3）促进市场监管和透明度　为吸引外资，我国股市加强了监管力度，提高了市场透明度和信息披露质量。这包括加强对上市公司财务报告的监管、打击非法市场操纵行为等，从而提升了投资者对市场的信心。

（4）增强市场国际化程度　我国股市逐渐成为全球投资者不可忽视的投资目的地。这不仅体现在外资持股比例的提升上，还体现在我国股市对国际资本流动的敏感度增强。市场的国际化也促使我国股市更加关注和响应全球经济和政治事件。

（5）加速市场创新　为适应国际投资者的需求和提升市场吸引力，我国股市推动了多项金融创新，如引入更多的投资产品（如ETFs、衍生品等）和服务。这些创新不仅丰富了市场结构，也提供了更多样化的投资策略给国内外投资者。例如，2020年，我国在创业板实施了注册制改革，旨在提高市场效率并鼓励创新。这项改革简化了上市流程，吸引了更多高科技和创新型企业上市，丰富了市场的投资选择和结构。

综上所述，我国外部资本市场的开放对国内股市产生了深远的影响，不仅提高了市场的流动性和效率，还促进了市场监管的完善、市场结构的创新和国际化的进程。这些变化为我国股市的长期健康发展奠定了坚实的基础

总体来看，我国外部资本市场的开放对微观企业和股市均带来了积极的影响，促进了企业的成长和市场的成熟，同时带来了新的挑战，如企业需要更加关注国际市场动态和外部风险管理。

（三）内部资本市场的构建

企业集团内部资本市场的构建是指在大型企业集团内部建立和维护一个有效的资本分配和管理机制。这个过程包括资金的收集、管理、分配和使用，旨在优化集团内部资源的配置，提高资本使用效率，支持企业战略目标的实现。构建企业集团内部资本市场的关键步骤和要素如下：

（1）确立内部资本分配准则　企业集团在构建内部资本市场时，首先需要制定明确的资本分配准则。这包括根据各业务部门或子公司的绩效和未来增长潜力来分配资本，并确保这种分配符合集团的整体战略目标。

【案例8-25】 宝钢集团在2020年调整其业务结构时，优先将资金投入表现优异的新材料和高效能技术研发部门。这种以绩效和战略一致性为导向的资本分配，提高了集团的整体竞争力和市场适应能力。

（2）建立集中与分散相结合的决策结构　有效的内部资本市场要求在集中式决策和分散式管理之间找到合适的平衡点。集团总部可以负责制定整体的财务战略和大型投资决策，而各子公司或部门负责日常的资本运用和小型投资决策。这种结构既保证了资本分配的效率，又维持了对市场变化的敏感性和灵活性。

【案例8-26】 华为在2019年采用了集中与分散相结合的决策结构，使得总部能够掌控关键战略方向，而各业务单位则能够灵活地管理日常运营。这种决策结构确保了华为在能够快速响应市场变化的同时，保持全局战略的一致性。

（3）实施有效的财务监控和风险管理　在内部资本市场中，实施有效的财务监控和风险管理机制是至关重要的。这包括确保所有的资本流动和投资决策都高度透明，并通过全面的风险评估程序来识别和缓解潜在的投资风险。例如，中国平安在2018年加强了其财务监控和风险管理体系，尤其是对保险和金融服务部门的投资进行了全面审查，确保投资决策与公司的风险承受能力相符合。

（4）发展高效的信息管理系统　建立一个强大的信息管理系统对于内部资本市场的有效运作至关重要。这个系统应该能够支持及时、准确的数据收集和分析，帮助决策者基于

最新和最全面的信息做出明智的投资决策。

【案例 8-27】　腾讯于 2021 年进一步优化了其信息管理系统，使管理层可以快速获取关键业务指标和市场数据，从而提高决策的效率和准确性。

（5）建立激励与绩效相结合的机制　为了鼓励高效和负责任的资本使用，企业集团应设计一个与业务部门绩效挂钩的激励机制。这种机制可以通过奖励那些实现高效资本利用和达成业务目标的部门，激励整个集团内部追求更高的财务效率和更佳的业务成果。

【案例 8-28】　阿里巴巴在 2017 年实施了与业绩挂钩的激励机制，通过奖励那些达成和超越财务目标的部门，激发了整个集团内部对于资源的有效利用和创新的追求。

（6）强化企业文化和内部沟通　在构建内部资本市场的过程中，强化支持协作和开放沟通的企业文化非常关键。这种文化鼓励跨部门之间的合作，确保资本分配的决策考虑集团整体的最佳利益，同时促进不同业务单元间的信息共享和资源优化。

【案例 8-29】　海尔集团在 2019 年强调了内部协作和沟通的重要性，推广了一种鼓励跨部门合作和创新的企业文化，促进了资源的高效配置。

（7）持续优化与调整　企业集团的内部资本市场构建是一个动态的过程，需要根据市场变化和内部业务发展的需要进行持续的评估和调整。这包括定期审视资本分配策略的有效性，根据业务单元的绩效和市场机会来优化资源配置。

【案例 8-30】　格力电器在 2020 年根据市场趋势和内部业务发展需求，调整了其资本分配策略。公司加大了对智能家居和新能源技术的投资，以适应快速变化的市场环境和技术进步。

在企业集团中，内部资本市场的有效构建对于保持竞争力、实现业务增长和提高整体效率至关重要。这不仅涉及财务管理的优化，也需要在组织结构、决策机制和企业文化等方面进行综合考虑和调整。

（四）内外部资本市场的转换

内部资本市场具有资本集聚及配置、分散风险、监督激励、降低代理冲突、提高资金使用效率、缓解信息不对称和外部融资约束等功能。外部资本市场具有清算交割、资本集聚及配置、激励、分散风险、监督和外部治理等功能。功能上的相似性与差异性使内外部资本市场呈现出替代和互补的关系。首先，内外部资本市场均具有资金筹集分配、激励、风险分散以及公司治理的功能，这些功能上的相似性使得内外部资本市场可以相互替代。当内外部资本市场配置效率对比发生变化时，替代活动就会发生。具体而言，在内部资本市场资金配置效率一定的情况下，内部资本市场将随着外部资本市场配置效率的提升而缩小，随着外部资本市场配置效率的降低而扩大，反之亦然。其次，外部资本市场存在代理和信息不对称问题，而内部资本市场却在降低代理冲突、缓解信息不对称和融资约束等方面具有较大优势。因此，内外部资本市场之间存在互补关系。最后，从动态的视角看，内外部资本市场经常发生相互之间的转换（如图 8-1 所示），因此两者既可能是此长彼消的替代关系，也可能是相辅相成的互补关系。这种转换关系主要体现在以下几个方面：

（1）从外部资本市场到内部资本市场的转换　我国外部资本市场的开放为企业集团提供了更多样化的融资渠道，如通过股票和债券发行筹集资金。这些外部筹集的资金被引入企业内部资本市场后，需要根据企业的战略目标进行有效分配和管理。同时，遵循国际标准的要求也会对企业内部的资本管理产生影响，提高其财务透明度和治理水平。此外，企业集团还需要在内部资本市场中管理由外部市场引入的各种风险，如汇率和利率风险。

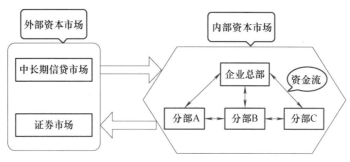

图 8-1　内外部市场关系

【案例 8-31】　阿里巴巴于 2014 年在美国纽约证券交易所成功上市，筹集了约 250 亿美元的资金。这些资金被转移到其内部资本市场，用于多元化发展，扩展电子商务、云计算和娱乐业务领域。

（2）从内部资本市场到外部资本市场的转换　企业集团的内部资本市场不仅负责管理内部的资金流动，还可以将资金用于外部的投资和扩张。例如，通过在海外市场的投资或并购来拓宽业务范围。内部资本市场的高效运作有助于提升企业整体的运营效率和盈利能力，从而增强其在外部资本市场的吸引力和竞争力。此外，企业内部资本市场的决策效率和财务表现也会对外部市场投资者的看法产生重要影响。

【案例 8-32】　腾讯控股通过其内部资本市场积累的资金，在 2011 年开始对海外市场进行投资，包括对美国游戏公司 Riot Games 的投资。这种内部资本的外部投资不仅促进了腾讯的国际化进程，也增强了其在全球市场上的竞争力。

（3）相互作用和互补关系　外部资本市场的开放为企业提供资金来源和投资机会，而内部资本市场则确保这些资源被有效利用。两者之间形成了互补关系，共同支持企业的发展。在这个过程中，企业需要不断适应外部市场的变化，调整其内部资本市场的策略和结构，以最大化资源的利用效率和投资回报。

【案例 8-33】　中国平安在 2018 年积极利用外部资本市场融资，同时通过其强大的内部资本市场进行有效管理和分配。外部融资支持了中国平安在科技、健康保险和金融服务领域的扩展，而内部资本市场的有效运作则确保了这些投资的有效性和战略一致性。

综上所述，我国外部资本市场的开放与企业集团内部资本市场之间存在着复杂的相互作用关系。企业需要在这两个市场之间进行有效的资本和信息转换，以实现资源的最优配置和企业战略目标。

第二节　企业集团的融资管理

▶▶ 一、企业集团融资管理的重点

在企业集团的运营管理中，融资管理扮演着至关重要的角色，它涉及对资金来源的综

合规划、组织、控制与监督。融资管理的核心任务包括明确企业的资金需求，选择适宜的融资途径，有效管理融资成本及相关风险，并优化整体资本结构。通过这一系列的活动，企业集团确保了其战略目标的顺利实现，同时维护了财务健康和稳定性。融资管理的重点主要有以下几个方面：

（1）确定融资需求　企业集团在进行融资管理时首先需评估和确定其融资需求。这一过程包括根据企业的战略规划、预期的扩张计划、并购机会或研发投入等方面来精确估计所需资金的规模和时间安排。此外，通过进行详尽的现金流预测，企业能够预见不同时间点的资金需求，从而确保在必要时刻有足够的资金可供使用。

【案例 8-34】　格力电器于 2019 年为支持其业务扩展和技术升级，进行了详尽的资金需求评估。公司预测了未来几年的现金流需求，计划将资金用于研发新产品和市场扩张。这一过程帮助格力电器确保有足够的资金支持其战略目标的实现。

（2）选择融资方式　在选择融资方式时，企业集团会考虑多种融资渠道，包括但不限于银行贷款、债券发行、股权融资和租赁融资等。在决策过程中，重点评估不同融资方式的成本和条件，如利率水平、融资期限、偿还要求和可能导致的股权稀释效应，以确定最符合企业利益的融资方案。

【案例 8-35】　在 2020 年，面对房地产市场的变化，万科多元化了其融资渠道，包括发行债券和获取银行贷款。万科综合考虑了各种融资方式的成本和条件，以确保在最优化成本的同时满足其资金需求。

（3）管理融资成本和风险　有效的融资成本和风险管理是企业集团融资管理的关键部分。这包括采取措施控制融资成本，如通过谈判条件和比较不同融资渠道来降低利率和其他费用。同时，企业还需识别和管理与融资活动相关的风险，如利率变动风险、信用风险和汇率风险，采用适当的对冲策略来减轻这些风险的影响。

【案例 8-36】　在 2018 年，中国平安面对复杂的市场环境，采取了一系列措施来管理其融资成本和风险。公司通过多种金融工具来对冲利率和汇率风险，并谨慎选择融资条件以最小化成本。

（4）优化资本结构　企业集团在融资管理过程中还需要不断优化其资本结构，即找到债务和股权的最佳组合。这样做可以降低资本成本，减少财务风险，同时保持一定的灵活性以应对市场的变化和未来的投资机会。资本结构的优化需要综合考虑市场状况、企业财务状况和战略目标等多种因素。

【案例 8-37】　在 2019 年，阿里巴巴调整了其资本结构，平衡了债务和股权的比例。公司通过市场分析和内部财务评估，确定了最适合其发展战略的资本结构，以求在降低财务风险同时保持增长动力。

（5）保障合规性和维护关系　在融资管理过程中，企业集团还必须确保所有融资活动符合相关法律法规和金融监管标准，保障财务活动的合规性。此外，维护与银行、投资者和债权人等关键金融伙伴的良好关系也是融资管理的重要部分，这有助于在未来融资活动中获得更有利的条款和条件。

【案例 8-38】　在 2021 年，腾讯控股在其融资活动中，严格遵守了金融监管要求，并维护了与金融机构的良好关系。通过与主要银行和投资者保持良好沟通，腾讯控股得以在未来的融资活动中获得更优惠的条件和支持。

企业集团的融资管理是一个复杂的决策过程，需要平衡融资成本、风险和企业的长期发展目标。有效的融资管理不仅可以确保企业有足够的资金支持其运营和成长，还可以提高整体财务健康程度和市场竞争力。

▶▶ 二、企业集团母子公司债务筹资安排分析

在企业集团的财务管理体系中，母子公司之间的债务筹资安排扮演着关键角色。该过程涉及精心策划和协调资金的筹集与分配，旨在整合集团的财务资源，以实现资本成本的最优化和风险管理的最大化。筹资安排不仅关注确定债务融资的规模和时机，还包括在集团内部不同实体间有效地配置财务资源。通过这种方式，企业集团能够在维护整体财务稳定性的同时，支撑各子公司的战略发展需求。

（1）债务筹资的集中与分散　在企业集团内部，债务筹资的集中与分散策略是对资本的有效配置和管理的重要考虑。在集中筹资模式下，母公司作为主要的融资实体，依托集团整体的信用和规模优势，在资本市场上筹集资金，随后将这些资金按需分配给子公司。这种方法通常可以获得更优惠的融资成本。相反，在分散筹资模式下，子公司各自独立于母公司在市场上筹集所需资金，更适用于那些具备较强独立运营能力和市场信誉的子公司。这种方法虽然可能提高融资成本，但能提升各子公司的独立性和灵活性。

【案例 8-39】　在 2018 年，中国石油天然气集团公司采取了集中筹资的策略，通过母公司在国际市场上发行债券筹集了大量资金。这一筹资行为利用了集团的整体信用评级，获得了相对较低的融资成本。随后，集团内部通过内部借贷机制将资金分配给各个子公司，用于资本支出和项目投资，有效降低了整体融资成本，同时提升了资金的使用效率。

（2）母公司担保与无担保借款　企业集团在进行债务融资时，母公司担保与无担保借款的选择关乎整个集团的财务风险结构。当母公司为子公司筹集的债务提供担保时，通常能够帮助子公司获得更低的借款成本和更好的融资条件，但这同时增加了母公司的财务风险。无担保借款则使子公司独立于母公司进行市场融资，尽管可能面临较高的融资成本，但这种方式有助于分散集团层面的财务风险。

【案例 8-40】　在 2020 年，京东集团的子公司京东数科计划进行扩张。为此，京东集团选择为子公司提供担保，帮助其以更优惠的条件在市场上筹集资金。这一策略不仅降低了子公司的借款成本，也加快了其业务扩张的步伐。然而，这也意味着母公司京东集团需要承担更高的财务风险。

（3）内部借贷安排　企业集团内部借贷安排是一种有效的资金管理策略，其中一部分公司（通常是母公司或特定的子公司）扮演内部银行的角色，为其他子公司提供所需资金。这种安排能够在集团内部优化资金分配，减少外部融资需求，同时可以在集团内实现资金成本的内部节约。此外，内部借贷机制还为集团提供了更高的资金使用灵活性和效率。

【案例 8-41】　华为在 2019 年利用其内部借贷机制，将资金从现金流充裕的子公司转移到需要大量资金进行研发和市场扩张的子公司。这种内部资本的流动使得整个集团能够更加灵活地响应市场变化和商业机会，同时降低了外部融资的需求和成本。

（4）考虑税收效应　在企业集团的债务筹资安排中，税收效应是优化财务成本的一个关键因素。不同国家或地区的税收政策对于债务融资的影响差异较大，因此在筹资安排时

需要考虑税收的减免或优惠政策，以降低整体的财务成本。通过有效的税收筹划，企业集团能够在全球范围内实现税负的最优化。

【案例 8-42】　宝钢集团在 2021 年的融资安排中充分考虑了不同国家的税收政策。集团通过在税收优惠更明显的地区发行债券，有效降低了整体的税负。这种策略不仅优化了集团的全球税务布局，还在一定程度上减轻了融资成本。

（5）资本结构和财务健康　企业集团在进行债务筹资时，需要综合考虑整个企业集团的资本结构和财务健康。合理的资本结构可以帮助企业在保持财务稳定的同时，降低资本成本和提高财务效率。因此，企业集团在筹资决策中应评估债务和股权的合理比例，以及不同融资方式对企业集团财务稳定性的影响，确保长期的财务健康和持续的业务增长。

【案例 8-43】　在 2020 年，腾讯控股面对市场变化和业务扩张的需求，对其资本结构进行了调整。公司通过发行债券和利用现有现金储备，达到了债务和股权资本的平衡。这一决策在保持财务稳定性的同时，使公司保持了一定的财务灵活性，以便迅速把握市场机遇。

三、企业集团母子公司股权筹资安排分析

在企业集团的财务管理架构中，母子公司之间的股权筹资安排扮演着至关重要的角色。这一筹资过程涉及精心设计的战略，用以集成集团的资本资源并最大化资本效率，同时支持集团及其各个子公司的战略发展。股权筹资安排不仅涵盖了确定资金筹集的规模和途径，还包括了对集团内部资金的高效分配和使用。这些策略旨在平衡子公司的独立性与母公司的整体控制，同时考虑市场时机、定价策略及对集团资本结构的影响。通过这些综合性的考量，企业集团能够在维护财务稳定的同时，促进其业务的持续增长和扩张。

（1）独立股权发行与集团股权发行　在企业集团的股权筹资策略中，独立股权发行和集团股权发行的选择对集团的资本结构和子公司的自主性具有深远影响。独立股权发行允许子公司根据自己的业务模式和市场定位，在公开市场上独立筹集资金，这样不仅有助于子公司的资本自主性和灵活运营，也可能为母公司提供间接的财务利益。与此相对，集团股权发行则由母公司统一进行，利用集团整体的品牌和信誉在资本市场上获得更优质的融资条件，随后将资金根据战略需要分配给子公司。这种筹资方式更加集中，有助于集团内部资金的统一调配和风险管理。

【案例 8-44】　腾讯音乐娱乐集团在 2018 年进行了独立股权发行，于美国纽约证券交易所上市。此次独立股权发行不仅强化了腾讯音乐作为一个独立业务实体的市场地位，还为其提供了扩大业务和技术创新的资金。腾讯集团作为母公司，在此过程中虽然减少了对子公司的直接控制，但通过股权投资保持了对重要战略决策的影响力。

（2）股权筹资的目的和用途　股权筹资在企业集团中的应用通常针对特定的战略目的和用途。这包括支持集团的战略扩张，如进入新的市场领域、开发新产品或服务、并购整合等。此外，股权筹资也常被用于优化集团的资本结构，减轻负债压力，增强财务稳定性和灵活性。这种筹资方式有助于平衡集团的长期财务需求和即时的资本投入，确保企业可持续发展。

【案例 8-45】　在 2019 年，格力电器为加速其全球化战略和产品创新，启动了一系列

股权筹资活动。这些资金主要用于开拓国际市场、研发新型智能家电产品和增强其制造能力。格力电器通过这些股权筹资活动，成功地优化了其资本结构，降低了对外部债务的依赖，同时为未来的发展奠定了坚实的资本基础。

（3）考虑市场时机和条件　股权筹资的成功在很大程度上取决于对市场时机和条件的准确把握。这包括评估市场的接受程度、投资者对行业和公司的看法、当前的市场估值水平等因素。定价策略也是关键，要确保既吸引投资者，又能最大化筹资额。企业集团需要考虑市场波动和经济周期对筹资活动的影响，以及可能影响投资者情绪的宏观经济和政治因素。

【案例8-46】　小米集团在2018年进行了股权公开发行并在香港上市。小米选择在市场条件相对有利的时机进行首次公开募股（简称IPO），以较高的估值吸引了大量投资者。这次股权发行不仅为小米集团提供了资金以支持其全球扩张和技术研发，也展示了公司对市场时机和投资者心理的深刻理解。

（4）子公司独立性与集团控制权　在进行股权筹资时，企业集团还必须权衡子公司的独立性和保持集团控制权的需要。通过股权融资，子公司可以获得额外的资本以支持其运营和发展，但这可能会导致母公司在子公司中的控制力度降低。因此，集团需要在扩大子公司自主性和维护集团整体利益之间找到平衡点。这要求企业集团在筹资决策中考虑长期的战略目标和短期的财务需求。

【案例8-47】　阿里巴巴集团旗下的蚂蚁集团原计划在2020年进行独立IPO，这一筹划被视为增强子公司独立性和扩大集团整体价值的举措。尽管由于监管原因，该IPO最终未能如期进行，但这个案例展示了企业集团在平衡子公司独立性和维持母公司控制权方面的策略。蚂蚁集团的独立上市旨在释放其在金融科技领域的潜力，同时阿里巴巴集团通过保持对蚂蚁集团的重要股份，确保了在关键战略决策上的影响力。

通过这些理论和案例，我们可以看到，企业集团在进行股权筹资安排时，需要综合考虑市场时机、筹资目的、子公司的独立性与母公司的控制权等因素。每一次股权筹资的决策和实施，都是权衡这些复杂因素后的结果，目的是集团及其子公司的长期发展和价值最大化。

四、分拆上市

（一）分拆上市的概念

分拆上市是公司所有权重组的一种形式，既不同于资产剥离，也不同于公司分立。

资产剥离通常是指母公司把一部分资产出售给其他企业，并丧失对这部分资产的所有权和控制权。资产剥离并不能形成有股权联系的两家公司。

公司分立是指母公司通过将其在子公司中所拥有的股份按比例分配给现有母公司的股东，从而在法律上和组织上将子公司的经营从母公司的经营中分离出去，这时便有两家独立的（最初的）、股份比例相同的公司存在，而在此之前只有一家公司。在公司分立时，分立公司的股票不向原股东之外的投资者出售。此时，不存在股权变动和筹集资本问题。

分拆上市是指企业集团将其旗下的某个部门或子公司作为独立的实体进行公开股票发

行和上市。通过这种方式，原本属于大型企业集团的一部分业务被转化为一个独立的上市公司。分拆上市常见于那些业务多元化的大型企业集团，特别是当集团内部的某个业务单元在市场或运营上具有显著的独立性时。广义的分拆上市是指已上市公司或者尚未上市的企业集团将部分业务从母公司独立出来单独上市；狭义的分拆上市是指已上市公司将其部分业务或者某个子公司独立出来，另行招股上市。本书主要讨论狭义的分拆上市。

分拆上市基本上与国外资本市场股权剥离（Equity Carve-out）的概念一致。在国外，股权剥离是一种财务和企业战略行为，是指母公司通过公开发行其持有的子公司部分股份，并使子公司成为独立上市公司的过程。在此过程中，母公司通常会保留对子公司的控制权或重要股份。这种做法旨在提高子公司的市场可见度和独立性，同时为母公司提供资金，且有可能提升整个企业集团的市场估值。通过股权剥离，子公司作为独立实体进行运营，有助于提升其业务专注度和管理效率。

（二）分拆上市对企业集团融资的影响

分拆上市对企业集团融资的影响显著，主要体现在以下几个方面：

（1）增加融资渠道 分拆上市作为企业集团融资战略的一部分，可显著影响其资金筹集方式。通过分拆上市，企业集团能够为其子公司提供直接从资本市场筹集资金的新途径。这种方式特别适用于那些具备独立运营能力的子公司，其能够独立于母公司获得资金，从而为整个集团拓宽融资的渠道。

（2）降低融资成本 分拆上市的子公司作为独立的上市实体，通常能以更优惠的条件获得资金。这种筹资方式有助于降低企业集团整体的融资成本，提高资金使用的效率。

（3）提升集团价值 分拆上市有助于提升被低估子公司的市场估值，从而增加整个集团的市值。这种方法通过揭示子公司的潜在价值，增强投资者对企业集团整体价值的认识。

（4）风险分散 分拆上市允许企业集团将部分业务和财务风险转移到独立运营的子公司，从而降低母公司的整体风险。这种分散风险的策略有助于提升企业集团的财务稳定性。

总体来看，分拆上市是一种有效的企业集团融资策略，可以提高资金筹集的灵活性和效率，同时优化集团的财务和风险管理。

（三）我国对分拆上市的具体规定

根据证监会于2022年1月5日公布的《上市公司分拆规则（试行）》，该规则的主要内容如下：

（1）分拆条件 上市公司股票在境内上市满三年，连续三年盈利，近三年净利润不低于6亿元人民币，拟分拆子公司的净利润和净资产不超过母公司的一定比例。

（2）禁止分拆情形 如资金被控股股东占用，上市公司或控股股东近三年受到行政处罚等。

（3）分拆信息披露要求 需充分说明分拆目的、对投资者的影响、风险及对策等。

（4）分拆程序 需董事会决议及股东大会批准。

（5）中介机构要求 分拆需聘请独立财务顾问等进行核查。

此规则旨在规范上市公司分拆子公司的独立上市行为，保护上市公司和投资者权益。

五、整体上市

（一）整体上市的概念

整体上市是一个企业上市的财务和法律概念，它是指一家公司将其所有业务、资产和负债作为一个整体在股票市场上进行公开发行和上市。这意味着公司以其整体的经营状况和财务表现向公众投资者发行股票，并在证券交易所进行交易。整体上市不仅包括公司的主要运营业务，还包括所有的财务记录和资产负债表。与仅将部分资产或子公司上市的情形不同，整体上市提供了一个完整的公司视角给潜在的投资者。

整体上市不同于分拆上市、IPO（首次公开募股）、反向收购。

IPO 通常是指一家公司首次将其部分股份公开发行并上市，但不一定涉及全部业务或资产。

反向收购是指私有公司通过收购已上市公司的方式实现间接上市，而非通过传统的公开发行股票方式。

整体上市涉及公司的全部运营，而上述概念通常只涉及部分股份或特定业务的上市。

（二）整体上市对企业集团融资的影响

整体上市对企业集团融资具有显著影响，主要体现在以下方面：

（1）增加资金来源　整体上市为企业集团提供了从公众投资者处直接筹集资金的机会。这一过程通过股票市场进行，使企业能够利用公开市场的力量来增加其融资渠道，从而拓宽资金来源。

（2）提高资本效率　企业集团通过整体上市可以以市场评估的合理价值筹集资金，从而提高资本的使用效率。这种方式使得企业获得的资金更加符合其实际价值和市场地位。

（3）提升品牌和信誉　整体上市有助于提升企业集团的品牌价值和市场认可度。上市公司通常会受到更多的关注和信任，这有助于增强其在市场上的竞争力和影响力。

（4）加强财务透明度和监督　整体上市要求企业遵守更为严格的财务披露和监管规则，这提升了企业在管理和运营方面的透明度，有助于提高企业的整体治理水平。

（三）我国对整体上市的具体规定

我国企业集团整体上市的规定涉及多个文件和管理办法，包括但不限于以下几个重要文件：

（1）《首次公开发行股票并上市管理办法》　这是我国证监会发布的一项重要规定，涉及股票的发行和上市的整体流程和要求。

（2）《上市公司治理准则》　这个文件由中国证监会在 2018 年发布，为上市公司治理提供了基本准则和指导原则。

（3）《上市公司证券发行管理办法》　这是另一项关键的管理办法，涉及证券的发行和上市公司的相关要求。

（4）《关于规范上市公司与企业集团财务公司业务往来的通知》　这个文件特别关注上市公司与其企业集团中财务公司之间的业务往来，旨在规范这些交易。

（5）《上市公司信息披露管理办法》　这是我国证监会在 2021 年发布的一项重要文件，主要涉及上市公司信息披露的管理。

这些文件和管理办法共同构成了我国企业集团整体上市的法规框架，为企业提供了上市流程、信息披露、公司治理等多方面的指导。企业集团在考虑整体上市时，需要遵循这些规定，并确保符合所有相关要求。

（四）整体上市的动机

整体上市动机，即企业集团进行整体上市的主观愿望和要求，是引导企业集团并购行为和并购活动朝着既定方向与预期目标行进的原动力。由于动机本身的复杂性和抽象性，动机的识别对于研究整体上市格外重要。

本书主要站在公司经营的视角，根据整体上市对公司主营业务的影响，通过查阅相关披露信息，将整体上市动机分为三类：完善上下游产业链、剥离不良资产和注入优质资产、巩固和扩展主营业务。

（1）完善上下游产业链　整体上市通常被认为对完善上市公司产业链有积极作用，国家也颁布了一系列政策法规鼓励大型国企整体上市，许多企业也纷纷将原分拆上市时剥离的资产注入其控制的上市公司。

【案例 8-48】　华为的产业链整合在智能网联汽车解决方案方面的应用是一个完善上下游产业链的知名案例。这个过程始于华为认识到智能汽车领域的潜力，并决定投入资源进行创新和发展。随后，华为开始与上下游产业链进行广泛合作，涵盖智能驾驶、智能座舱、智能网联及计算与通信架构等多个方面。这种合作不仅包括与车企、软硬件供应商的合作，还涉及高校的人才培养项目以及与各地政府合作参与智能网联示范区的建设。

特别是在 2020 年，华为深入参与了智能网联汽车领域的多个项目。不仅加速了汽车产业的智能化和电动化进程，而且通过这种协同创新，大大提高了整个产业链的创新能力和竞争力。此外，华为还投入了巨大的研发资源，如 2020 年的研发费用支出占全年收入的 15.9%，显示了公司对于技术创新的重视。

通过这种全面的产业链整合和创新合作，华为不仅在智能网联汽车领域取得了重大进展，也推动了整个产业的快速发展。这个案例展示了华为如何通过整体上市和随后的资本运作，有效地整合和优化产业链，从而提升企业的市场地位和行业竞争力。

（2）剥离不良资产和注入优质资产　在整体上市过程中，一些企业通常会进行资产置换，剥离原有不良资产，同时注入新的优质资产，通过资产置换，转变经营方向，实现企业战略重新布局和调整，给企业注入新的活力。

【案例 8-49】　我国国有控股上市公司在国企改革中的行动，展示了整体上市的动机中剥离不良资产和注入优质资产的实践。这些公司在改革过程中积极聚焦主责主业，通过注入优质资产和分拆上市来发展实体经济。例如，2020 年—2021 年，国资系统共有 38 户企业在主板上市，51 户企业在创业板、科创板、北交所上市，直接融资达到 2 574 亿元人民币。此外，国有控股上市公司也在盘活或退出低效无效上市平台方面进行了分类施策。这些改革行动不仅增强了国有控股上市公司的价值创造能力，还提高了它们的合规经营水平和市场竞争力。

通过整体上市，企业可以有效地改善自身的资产质量，通过剥离低效或无效的资产和注入有竞争力的优质资产，提升公司的整体经营效率和市场价值。

（3）巩固和扩展主营业务　整体上市过程中，有一部分企业注入的是一些同业资产，目的主要是减少同业竞争，巩固和扩展主营业务，发挥规模效应。

【案例 8-50】 中国高科集团股份有限公司（简称中国高科）的业务发展策略展示了企业通过整体上市巩固和扩展主营业务的动机。在 2022 年上半年，中国高科发布的半年度报告显示，公司实现了营业收入 5 953.49 万元，净利润 851.21 万元，表现出稳健经营和持续盈利的能力，中国高科主要通过其控股子公司广西英腾教育科技股份有限公司运营医学领域的职业教育业务，并在 2022 年开始涉足国际教育领域。公司在教育板块的业务拓展有助于提升其市场竞争力和占有率。此外，中国高科还在探索新产业和新业务拓展以及资产优化等方面聚力，以期在未来进一步提升核心竞争力和整体资产优化。

通过这一案例，可以看出中国高科通过整体上市，不仅巩固了其在教育领域的主营业务，还成功扩展到新的业务领域如国际教育，增强了公司的市场竞争力和盈利能力。这种策略是许多企业在进行整体上市时考虑的重要动机之一。

（五）整体上市应注意的问题

当我国企业集团考虑整体上市时，应当注意的重要问题如下：

（1）遵守法规 在企业集团整体上市的过程中，首先应确保所有操作均符合证监会及其他相关政府机构的法规要求。这包括但不限于遵守《首次公开发行股票并上市管理办法》《上市公司治理准则》《上市公司证券发行管理办法》等相关法规。

（2）优化公司治理结构 上市前，企业集团需要对其公司治理结构进行全面审视和优化。根据《上市公司治理准则》，上市公司应建立有效的治理框架，确保决策过程的合理性和透明性。

（3）信息披露与透明度 按照《上市公司信息披露管理办法》，企业必须保证对外信息披露的准确性和及时性。这涉及公司财务状况、运营活动以及任何可能影响投资者决策的重大信息。

（4）财务合规性 企业集团在整体上市过程中需确保其财务报告的完整性和合规性，特别是在与集团内部财务公司的业务往来方面需遵循《关于规范上市公司与企业集团财务公司业务往来的通知》中的规定。

（5）市场适应性与业务稳定性 在上市过程中，企业还应评估其业务模式的市场适应性和长期稳定性，确保能在面临市场变化时保持竞争力和可持续发展。

（6）内部控制与风险管理 企业应建立健全的内部控制和风险管理体系，以应对可能的市场风险和内部管理挑战。

（7）适应监管环境的变化 鉴于监管政策和市场环境可能发生变化，企业应持续关注并适应相关法规的更新和修订。

（8）股东权益保护 企业在整体上市过程中需确保所有股东的权益得到公平和充分的保护，特别是在处理股东大会表决权和利益冲突时。

通过关注这些关键问题，企业集团可以更有效地准备和实施整体上市计划，同时确保遵守相关法规，保护股东和投资者的利益。

六、多元化经营战略与内部资本市场配置效率

（一）多元化经营战略

多元化经营战略是指企业在原有经营产业的基础上，发展多种基本经济用途不同的产

业的发展战略，与专业化经营战略相反，其主张企业应多方拓展经营领域，寻求新型经济增长点。多元化经营战略主要源于 20 世纪 60 年代由美国开始的企业兼并联合浪潮，众多企业通过兼并联合走上多元化经营道路，多元化经营战略在分散企业外部经营风险、降低交易成本、提高企业整体的运营效率方面具有显著促进作用。

多元化经营战略主要包括相关多元化和非相关多元化。相关多元化是指企业在相关产业领域内经营多项业务，即企业开展与现有业务在生产销售方面具有协同性和价值匹配关系的新业务，新业务与企业的现有业务同处企业总体战略中，它们在总体技术、销售渠道、营销方向、产品等方面具有相同的或者相似的特点。根据现有业务与新业务间关联内容的差异，相关多元化又可以分为同心多元化与水平多元化两种类型。非相关多元化则是企业进入与现有经营业务不相关的新业务，在与现有技术、市场、产品等不相关领域中找寻发展良机，即寻求其他行业投资，把业务拓展到其他行业中去，新产品、新业务与企业的现有业务、技术、市场并无关系，也不存在产业协同效应，是向技术和市场完全不同的产业项目发展，这往往是实力强大的大型企业集团所采用的一种发展战略。

（二）多元化程度与内部资本市场配置效率

由于发达国家企业集团从"多元化"到"归核化"的转变，学者们开始关注多元化经营对于内部资本市场配置效率的影响，发现多元化程度对内部资本市场的配置效率影响是一个复杂的问题，它既有积极的影响也有消极的影响。

1. 多元化程度与内部资本市场配置效率的积极影响

（1）缓解融资约束，扩大融资规模 企业集团总部可以对内部资本市场配置效率闲散资金进行整合，在集团内投资机会较好的项目难以获得资金时进行应对，高效的资本配置使得企业拥有稳定的现金流和更好的融资信誉，进而获得更多的融资机会。

（2）减少融资成本 相较于外部资本市场，多元化的企业能够通过内部资本市场配置效率获得项目融资的成本优势，对信息不对称和代理问题带来的一系列外部资本市场融资风险进行规避，降低融资成本。

（3）提高资源配置效率 一方面，多元化经营产生的协同性使得资源在集团内部实现优化配置存在可行性；另一方面，子公司可借助企业集团总部资金支持，积极发展新的高潜力业务，同时得益于总部监控，有效规避一些低效投资问题和恶意收购行为。

2. 多元化程度与内部资本市场配置效率的消极影响

（1）资源配置不当 管理层可能由于缺乏相关领域的专业知识或信息不对称，导致资本和资源分配不到最有价值的项目上。

（2）管理复杂性增加 多元化经营增加了管理的复杂性，可能导致效率降低，决策过程缓慢。

（3）内部利益冲突 同业务单位之间可能会出现利益冲突，特别是在资源有限时。

（4）代理问题 管理层可能更关注扩张而不是价值创造，从而损害股东利益。

虽然多元化经营对企业内部资本市场配置效率运行存在一定的积极影响，但过度多元化很可能导致内部资本市场配置效率处于较低水平。多元化经营容易由于资源分散影响主营业务发展，导致拥有内部资本市场的多元化企业面临代理、内部信息不对称以及投资效率等问题，降低内部资本市场配置效率。

3. 多元化程度对内部资本市场配置效率产生消极影响的根本原因

（1）组织规模过大造成信息成本增加　过度多元化会在一定程度上削弱内部资本市场信息的传递优势，当信息严重不对称时，管理人员极易出现投资不合理行为，导致内部资本市场配置效率下降，必然直接影响企业收益水平。此外，过度多元化反倒使内部资本市场交易成本增长，规模经济降低，影响企业发展。当新部门不断增加时，会出现多个规模相对较小的资本市场，滋生寻租行为，内部资本市场地位会遭受一定的挑战，其在资金配置方面的优势也会大幅削弱。

（2）分部效率差异较为明显，造成投资扭曲　多元化企业内部资本市场的资金往往是由总部集中配置的。只有在总部能够实时获取更为真实准确的分部收益数据并据以做出判断时，才能实现资金的有效配置。多元化程度过高，跨行业跨部门信息传递效率降低会对内部资本市场的高效运行造成一定消极影响。同时，分部为获得更多资源而产生寻租行为反过来直接影响总部获取信息的准确性，最终影响整个内部资本市场的运作效率。当多元化程度过高时，分部因行业差别可能会在盈利水平及效率方面存在很大不同，且会出现较为严重的信息不对称问题，此时总部提供的交叉补贴会导致投资扭曲，进而影响内部资源配置效果。

（3）代理链条过长导致代理问题加重　企业集团多元化程度提升的同时，涉足行业也增多，股东监督总部的难度在代理链条逐渐延长的情况下进一步加深，风险随之提高，最终制约内部资本市场平稳快速发展。当代理问题出现在高层与各部门经理之间时，尽管内部资本市场在信息方面具备显著优势，但伴随着企业涉足行业增多，高层监管的难度必然会有所提升，进而直接影响内部资本市场配置效率及其功能发挥，制约企业发展。

第三节　企业集团的投资管理

▶ 一、投资决策的流程

投资是企业集团财务管理的另一个重要问题，它是企业长期成功和持续增长的关键因素。企业集团的投资决策流程一般包括以下几个主要步骤：

（1）目标设定和需求分析　在这一阶段，企业需要明确投资的具体目标，这可能包括市场扩张、新产品开发、技术升级等。同时进行需求分析，以了解市场情况和企业的内部需求，包括市场容量、目标顾客群、技术需求等。

（2）初步市场调研　企业应初步收集有关潜在投资项目的信息，如行业发展趋势、潜在市场的大小、竞争对手分析以及相关法规政策。此步骤的目的是评估投资机会的可行性和盈利潜力。

（3）制定投资方案　基于市场调研的结果，制定一个详细的投资方案。这个方案应详细说明项目概述、预期收益、风险评估和所需资源（包括财务、人力等）。

（4）财务分析和评估　进行深入的财务分析，包括成本估算、收入预测、现金流量分析和投资回报率的计算。这一步骤旨在评估项目的经济可行性。

（5）风险评估　对投资项目可能面临的各种风险进行全面评估，包括经济、政治、市场、技术和环境风险等。评估的目的是确定项目的风险水平并制定相应的风险管理策略。

（6）制定决策　基于前面的分析和提案，企业的高层管理者或董事会进行深入讨论，最终做出投资决策。这一阶段可能涉及多轮讨论和调整以达成共识。

（7）实施计划的制订和执行　一旦投资决策被批准，企业将制订一个详细的实施计划，包括时间表、资源分配、项目团队组建等，并开始执行。

（8）监督和控制　在项目实施过程中，企业需要进行持续的监督和控制，以确保项目按照计划进行，并及时调整以应对挑战或变化。

（9）评估效果和反馈　完成投资项目后，进行效果评估，包括财务表现、市场反应等。根据评估结果，收集反馈信息，以便后续改进。

（10）后续管理和调整　根据投资项目的实际运行情况和市场变化，进行必要的管理调整和策略优化，以提高投资效益。

每个步骤都是投资决策过程中不可或缺的一环，确保企业可以在复杂多变的商业环境中做出明智的决策。

二、单个企业投资管理与企业集团投资管理的异同

在探讨单个企业的投资管理与企业集团的投资管理时，我们可以从以下几个角度来分析它们的相同点和不同点。

（一）相同点

（1）目标一致性　无论是单个企业还是企业集团，他们在投资管理中追求的核心目标均是最大化投资回报和提升企业价值。这意味着在进行投资决策时，无论规模大小，企业都会追求那些能够带来最佳长期收益的机会，并在此过程中权衡风险与回报.

（2）风险评估　风险管理是投资决策的关键组成部分。单个企业和企业集团都必须对潜在的投资机会进行彻底的风险评估，以确保投资的安全性和可行性。这包括市场风险、信用风险、操作风险等多方面的考虑。

（3）财务分析　财务分析是投资管理的基石。不论是单一企业还是企业集团，都依赖于对财务报表的深入分析，如收益预测、现金流量分析和成本效益分析等，以便做出明智的投资决策。

（二）不同点

（1）资源调配　在资源调配方面，企业集团由于其规模和多元化的特点，面临着更加复杂的挑战。企业集团需要在多个子公司或业务单位之间优化资源配置，以实现整体的战略目标。相比之下，单个企业的资源调配则更为直接和集中，通常只关注其核心业务领域。

（2）决策过程　在企业集团中，由于涉及多个业务单元和利益相关者，投资决策过程通常更为复杂，需要协调不同部门和层级的意见。而单个企业的决策过程通常更加迅速和集中，决策链条较短。

（3）分散风险　企业集团由于其业务的多样性，通常能够在不同市场和行业中分散其投资，从而有效降低风险。单个企业则可能因专注于特定的市场或产品，而面临更高的集中风险。

（4）市场机会的识别和利用　规模较大的企业集团通常拥有更强的市场洞察力和资

源，能够更有效地识别和利用市场机会。相反，单个企业可能由于资源有限，而在市场机会的获取和利用上存在劣势。

（5）内部资本市场　在企业集团中，内部资本市场的存在允许资金在企业集团内部各个单元之间更有效地流动和配置。这种内部资源的调配有助于优化整个企业集团的资本结构和投资效率。相比之下，单个企业通常依赖外部资本市场进行资金的筹集和配置，其内部资源调配的灵活性和效率可能不及大型企业集团。

综上可以看出，单个企业的投资管理与企业集团的投资管理在目标一致性、风险评估和财务分析等基本方面具有共通性。然而，在资源调配的复杂性、决策过程、风险分散能力、市场机会的识别和利用，以及对内部与外部资本市场的依赖程度上，两者存在显著的差异。这些差异源于它们在规模、结构和市场定位方面的不同，对于理解和实践有效的投资管理策略具有重要意义。

▶ 三、企业集团对外投资管理的特点

财务公司是企业集团资金集中管理与投融资管理的重要平台；有价证券投资业务是财务公司依托企业集团，利用集团闲置资金投向证券市场，赚取与风险均衡匹配的投资收益，提高资金总体配置效率的有效手段。

财务公司对投资组合的风险管理要求与证券公司、基金公司或其他资产管理机构不同，其核心理念是以稳健为前提的资产保值和增值，上述管控思路使得财务公司的投资组合具有以下特点：

（1）要求投资组合风险总体可控　财务公司由于其服务于企业集团的特殊性，能够通过证监会的核准获得投资业务许可开展有价证券投资业务。用于投资的资金来源为所属集团及成员单位的货币资金，绝大多数货币资金主要用于满足集团的生产经营需要，其生产经营属性远大于其他属性。基于资金的来源和用途，财务公司对投资组合的安全性有很高的要求，最基本的体现即为投资组合的总体风险需要始终处于可控状态。

（2）不过分追求收益　财务公司的功能定位主要是集团的资金归集和管理平台，其存在的根本意义是在内部合理地协调资本，有效降低集团总体的外部融资成本。与其他金融机构追求盈利的定位不同，财务公司的总体定位是"依托集团、服务集团"，即在有效保证资金安全、利用效率和满足生产经营流动性的基础上建立投资组合，总体并不过分强调收益。

（3）对投资组合风险管理策略的敏感性要求较高　由于财务公司对资金安全性极度看重，在投资组合总体风险可控的基础上，对组合风险变化反应的灵敏度也十分重要，即要求选择的风险衡量和管理策略能够有效地反映出风险变化情况，在发生风险事件或内外部条件变化时能够及时而非迟钝或滞后地表现出风险变动情况。

综合以上财务公司投资组合的特点，通过建立以风险为横坐标、收益为纵坐标的风险矩阵（如图8-2所示）进行投资组合风险分析可以得出以下结论：财务公司的投资组合应落在图中的AOB区域，即低风险—低中高收益区域和中风险—中高收益区域。因此，财务公司投资组合应尽可能回避高风险区域，基本不配置或极少配置高风险资产，同时在低风险区域追求尽可能高的收益。上述特点表明，相对于一般金融机构，财务公司更加偏好低风险资产，对投资组合风险的管控将更加严格；同时意味着财务公司在使用投资组合风

险管理策略时应更具选择性和针对性。

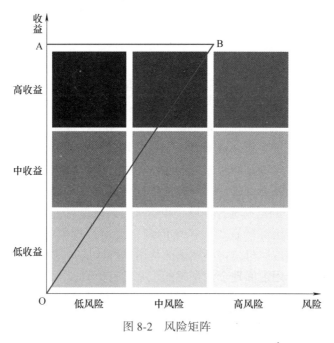

图 8-2　风险矩阵

四、企业集团投资的现金流量计算

（一）关于初始现金流量

一个投资项目的初始投资额，通常是按投资在厂房、机器设备等项目上花费的实际支出加需要垫支的营运资金来确定的，国内投资项目和国际投资项目都是如此。但对国际投资项目而言，在确定初始现金流量时，有时会遇到一些特殊问题。例如，A 国 X 公司准备在 B 国建一投资项目 Y，需投资 100 万元，但 X 公司原在 B 国的 50 万元资金被冻结，不能换成自由外汇汇回母公司，现在因为投资于 Y 项目，使被冻结的资金可以利用，则这 50 万元应作为原始投资额的减项予以扣除，这样会使现金流出量减少。

（二）关于营业现金流量

在确定国外投资项目的营业现金流量时，要充分考虑东道国的政治、经济政策对企业营业现金流量的影响。例如，在东道国放松银根、通货膨胀率将要上升的情况下，要充分考虑可能产生的通货膨胀对现金流量的影响。

（三）关于终结现金流量

从理论上讲，国外投资项目都会有一定的终结现金流量。确定终结现金流量的方法主要有以下两个：

（1）清算价值法　该方法主要适用于投资项目的寿命终了，不能再继续营业的项目。把有关的固定资产清理变卖，垫支的营运资金收回，就能确定终结现金流量。

（2）收益现值法　该方法主要适用于经营期限终了，但项目还能继续使用的投资项目。在采用这种方法时，应根据尚可使用的年限、每年产生的净现金流量和适当的贴现率，把投资项目继续使用的收益转化为项目终了时的现值，以此现值作为终结现金流量。但在国际投资中，有的投资项目所在国的政策可能规定，投资项目经过一定年限即转为所在国所有，则项目的终结现金流量为零。

（四）关于汇回母公司的现金流量

如果以母公司作为评价主体，所采用的现金流量必须是汇回母公司的现金流量。关于汇回母公司的现金流量，有如下一些问题需要说明：

（1）投资项目现金流量中可汇回额的确定问题　国际投资项目在生产经营中形成的净现金流量（税后利润加折旧）能不能全部成为母公司的现金流量，要看投资项目所在国政府有没有限制性条款。有些国家的法律对汇回母公司的现金流量有各种限制，国际投资项目产生的现金流量不能全部视为母公司的现金流量，只能按可汇回的数额进行计算。

（2）现金流量换算中的汇率选择问题　投资项目的现金流量是不断产生的，一般来说也是不断汇回母公司的。国际投资项目产生的现金流量按投资项目所在国的货币进行计量，汇回母公司时，必须按照母公司所在国的货币进行计量，这就有一个选择汇率进行折算的问题。一般而言，选用汇回现金流量时的汇率进行折算。

（3）关于纳税调整问题　一般而言，国际投资项目汇回的现金流量中，有一部分已经纳税（以股利形式汇回的税后利润），为了避免企业出现双重纳税的情况，一般在国外已纳税的现金流量汇回母公司时可享受一定的纳税减免，当然具体减免的数额会因各国税法的不同而不同。即使在一国内部，不同地区的税率也是有差异的，如在经济特区或者高新技术开发区建立的子公司，享受的优惠税率往往与母公司的税率也不一致。在确定母公司现金流量时，必须考虑这一问题。

（4）关于母公司原出口额丧失的调整问题　如果母公司在对某国进行投资之前，对该国有一定的出口，可以赚取一定的利润，在该国设立新的投资项目后，原来母公司的出口就为新项目所取代。在这种情况下，要以投资项目汇回的现金流量扣除因丧失出口而减少的利润额后的净额作为母公司的现金流入。

▶ 五、企业集团投资的决策实例

为了说明国际企业集团投资决策中的一些具体问题，我们以某跨国企业集团为例进行分析。

【例8-1】　一家总部设在A国的跨国公司将在B国进行一项投资。项目分析小组收集到如下资料：

1）A国一家跨国公司准备在B国建立一家独资子公司，生产和销售B国市场上急需的电子设备。该项目的固定资产需投资12 000万B元，另需垫支营运资金3 000万B元。采用直线法计提折旧，项目使用寿命为五年，五年后固定资产残值预计为2 000万B元。五年中每年的销售收入为8 000万B元，付现成本第一年为3 000万B元，以后随着设备陈旧，将逐年增加修理费400万B元。

2）B国企业所得税税率为30%，A国企业所得税税率为34%。如果B国子公司把税后利润汇回A国，则在B国缴纳的所得税可以抵减A国的所得税。

3）B国投资项目产生的税后净利可全部汇回A国，但折旧不能汇回，只能留在B国补充有关的资金需求。A国母公司每年可从B国子公司获得1 500万B元的特许费及原材料销售利润。

4）A 国母公司和 B 国子公司的资本成本均为 10%。

5）投资项目在第五年年底出售给当地投资者继续经营，估计售价为 9 000 万 B 元。

6）在投资项目开始时，汇率为 800B 元：1A 元。预计 B 元相对 A 元将以 3%的速度贬值。各年年末的预计汇率详见表 8-1。

表 8-1 各年年末的预计汇率

年 数	计 算 过 程	汇率（B 元/A 元）
0		800.00
1	800×(1+3%)	824.00
2	800×(1+3%)²	848.72
3	800×(1+3%)³	874.18
4	800×(1+3%)⁴	900.41
5	800×(1+3%)⁵	927.42

要求：根据以上资料分别以 B 国子公司和 A 国母公司为主体评价投资方案是否可行。

（1）以 B 国子公司为主体进行评价

第一，计算该投资项目的营业现金流量，详见表 8-2。

表 8-2 投资项目的营业现金流量 　　　　　　　　（单位：万 B 元）

项 目	年 数				
	1	2	3	4	5
销售收入（1）	8 000	8 000	8 000	8 000	8 000
付现成本（2）	3 000	3 400	3 800	4 200	4 600
折旧（3）	2 000	2 000	2 000	2 000	2 000
税前净利润（4）=（1）-（2）-（3）	3 000	2 600	2 200	1 800	1 400
所得税（5）=（4）×30%	900	780	660	540	420
税后净利润（6）=（4）-（5）	2 100	1 820	1 540	1 260	980
营业现金流量（7）=（1）-（2）-（5）=（3）+（6）	4 100	3 820	3 540	3 260	2 980

第二，计算该项目的全部现金流量，详见表 8-3。

表 8-3 投资项目现金流量计算表 　　　　　　　　（单位：万 B 元）

项 目	年 数					
	0	1	2	3	4	5
固定资产投资	-12 000					
营运资金垫支	-3 000					
营业现金流量		4 100	3 820	3 540	3 260	2 980
终结现金流量						9 000
现金流量合计	-15 000	4 100	3 820	3 540	3 260	11 980

第三，计算该项目的净现值，详见表8-4。

表8-4　投资项目净现值计算表　　　　　　　　　（单位：万B元）

年　数	各年的净值 （1）	现值系数（PVIF$_{10\%,n}$） （2）	现值 （3）=（1）×（2）
1	4 100	0.909	3 727
2	3 820	0.826	3 155
3	3 540	0.751	2 659
4	3 260	0.683	2 227
5	11 980	0.621	7 440
未来报酬的总现值			19 208
减：初始投资			15 000
净现值			4 208

第四，以子公司为主体做出评价。该投资项目净现值为4 208万B元，是一个比较好的投资项目，可以进行投资。

（2）以A国母公司为主体进行评价　第一，计算收到子公司汇回股利的现金流量。子公司汇回的股利可视为母公司的投资收益，应按A国税法纳税，但已在B国纳税的部分可以抵减A国所得税。因此，要在考虑两国所得税的情况下对股利产生的现金流量进行调整，详见表8-5。

表8-5　股利现金流量所得税调整表

项　　目	年　　数				
	1	2	3	4	5
汇回股利（1）	2 100	1 820	1 540	1 260	980
汇回股利折算成税前利润（2）	3 000	2 600	2 200	1 800	1 400
B国所得税（3）	900	780	660	540	420
（以上单位为万B元）					
汇率（4）	824	848.72	874.18	900.40	927.42
（以下单位为万A元）					
汇回股利(5)=（1）/（4）	2.55	2.14	1.76	1.40	1.06
汇回股利折算成税前利润(6)=（2）/（4）	3.64	3.06	2.52	2.00	1.51
A国所得税(7)=（6）×34%	1.24	1.04	0.86	0.68	0.51
B国所得税(8)=（3）/（4）	1.09	0.92	0.76	0.60	0.45
向A国实际缴纳所得税(9)=（7）-（8）	0.15	0.12	0.10	0.08	0.06
税后股利(10)=（5）-（9）	2.40	2.02	1.66	1.32	1.00

第二，计算因增加特许费及原材料销售利润所产生的现金流量，详见表8-6。

表 8-6　特许费及原材料销售所产生的现金流量

项　目	年　数				
	1	2	3	4	5
特许费收入及原材料销售利润（万 B 元）	1 500	1 500	1 500	1 500	1 500
汇率	824	848.72	874.18	900.40	927.42
特许费收入及原材料销售利润（万 A 元）	1.82	1.77	1.72	1.67	1.62
所得税（税率为34%）（万 A 元）	0.62	0.60	0.58	0.57	0.55
税后现金流量（万 A 元）	1.20	1.17	1.14	1.10	1.07

第三，计算 A 国母公司的现金流量。为此，要先把初始现金流量和终结现金流量换算为 A 元。初始现金流量为 15 000 万 B 元，折算为 A 元为 18.75 万 A 元（15 000/800）。终结现金流量为 9 000 万 B 元，折算成 A 元为 9.70 万 A 元。下面通过表 8-7 计算 A 国母公司的现金流量。

表 8-7　项目现金流量表　　　　（单位：万 A 元）

项　目	年　数					
	0	1	2	3	4	5
初始现金流量	−18.75					
营业现金流量						
税后股利		2.40	2.02	1.66	1.32	1.00
特许费收入及原材料销售利润（税后）		1.20	1.17	1.14	1.10	1.07
终结现金流量						9.70
现金流量合计	−18.75	3.60	3.19	2.80	2.42	11.77

第四，计算该项目的净现值，详见表 8-8。

表 8-8　项目净现值计算表　　　　（单位：万 A 元）

年　数	各年的净值（1）	现值系数（$PVIF_{10\%,n}$）（2）	现值（3）＝（1）×（2）
1	3.60	0.909	3.27
2	3.19	0.826	2.64
3	2.80	0.751	2.10
4	2.42	0.683	1.65
5	11.77	0.621	7.31
未来报酬的总现值			16.97
减：初始投资			18.75
净现值			−1.78

第五，以母公司为主体做出评价。从母公司的角度来看，该投资方案的净现值为 −1.78 万 A 元，说明投资项目效益不好，故不能进行投资。

这一示例说明，采用的评价主体不一样，得出的结论也可能不一样。究竟是否应该进行投资，取决于财务经理对待评价主体的态度。如果财务经理认为应以国外进行投资的子公司为评价主体，则此项目可行；反之，如果财务经理认为应以 A 国母公司为评价主体，则此项目不可行。

第四节　企业集团的内部转移价格管理

转移价格（Transfer Pricing）是指跨国公司内部，即母公司与子公司、子公司之间或关联企业之间在内部交易中所采用的定价方法。这种定价通常涉及商品、服务或知识产权的交易。转移价格是跨国公司进行全球税务规划和利润分配的重要工具，但也是国际税收领域中最具争议的问题之一。

一、转移价格的发展历程

转移价格的发展历程主要可划分为三个阶段：起初作为 20 世纪初大型企业内部管理和成本分配的工具，随后在 20 世纪中后期随着跨国公司的兴起而演变为税务规划和利润转移的关键手段，最终在 21 世纪初期在全球化和数字化的推动下转变为国际税收合规和监管的焦点。

（一）起源与早期应用（20 世纪初至 20 世纪 60 年代）

在这个阶段，转移价格的概念主要出现在大型企业中，被用作内部管理和成本分配的工具。它的核心目的是提升内部管理效率和优化资源配置，而与税务规划和利润转移的关系不大。这一时期的转移价格更多地关注于企业运营效率和内部控制。

（二）扩展与监管阶段（20 世纪 60 年代至 20 世纪 90 年代）

随着跨国公司的兴起和国际贸易的扩张，转移价格开始被广泛应用于税务规划和利润转移，引起了税务当局的高度关注。这一时期，国际社会和各国政府开始意识到转移价格对税基侵蚀的影响，并逐渐实施了相关的法规和监管措施。经济合作发展组织（OECD）在 1995 年发布的《转移定价指南》成为全球转移价格实践的重要参考标准．

（三）全球化与合规挑战阶段（21 世纪初至今）

在 21 世纪初，全球化和数字化的加速发展使得转移价格问题更加复杂多变。在这一时期，转移价格不仅是跨国公司税务规划的重要部分，也成为国际税收合规的关键领域。各国政府和国际组织（如 OECD）加强了对转移价格的监管，以防止税基侵蚀和保障税收公平。

转移价格已从最初的内部成本分配和控制工具演变成为复杂多变的国际税务规划和合规领域的核心。其发展历程深刻地反映了全球经济环境的动态变迁以及国际税收规则的不断进化。如今，转移价格已成为跨国企业管理的关键枢纽和国际税收策略的基石，对全球商业运作和财务决策具有不可忽视的影响力。

二、实行内部转移价格的动机

内部转移价格的实施主要是为了加强企业的管理控制。通过为企业内部各个部门或子公司间的交易设置特定的价格，企业能够更加有效地监督和控制成本，从而实现资源的优化配置。这种做法有助于提高企业整体的运营效率，确保企业资源得到合理利用，并最终促进企业目标的实现。实行内部转移价格的主要动机如下：

（1）强化管理控制　内部转移价格在强化企业管理控制方面扮演着关键角色。通过为内部交易设定特定的价格，企业能够实现对各部门或子公司成本和收益的有效监控。这一机制不仅促进了资源的合理分配，还有助于提高整体运营效率，确保企业资源得到最优化利用。

【案例 8-51】　2012 年，英国政府对星巴克进行了税务审查。审查发现，通过将利润转移到其他国家的子公司（利用内部转移价格），星巴克显著降低了其在英国的税务负担。这一策略涉及管理控制方面，即通过内部转移价格调整公司各地区间的利润分配。

（2）成本分配与归因　实行内部转移价格机制对于成本的合理分配与归因至关重要。在多部门或多项目的组织架构中，内部转移价格有助于确保相关成本和收入被适当地分配给各个责任中心。这种方法确保了成本和收益的准确记录，从而提高了财务报告的准确性和透明度。

【案例 8-52】　2016 年，欧盟委员会对亚马逊在卢森堡的税务安排进行了调查。调查显示，亚马逊通过内部转移价格机制，将利润转移至卢森堡子公司，这种做法涉及成本分配和利润归因，目的是减少在其他国家的税务负担。

（3）绩效评估　内部转移价格是评估不同业务单元绩效的有效工具。它允许企业通过比较各部门的成本和收入（包括内部交易的成本）来衡量每个部门的财务表现。这种做法为更准确的业绩评估提供了基础，有助于识别效率低下的领域并采取相应的改进措施。

【案例 8-53】　21 世纪初，GE 通用电气被报道使用内部转移价格来优化其各个部门和子公司的绩效评估。这种做法帮助 GE 通用电气在全球范围内合理分配成本和收入，从而准确评估不同业务单元的财务表现。

（4）税收筹划　对于跨国公司而言，内部转移价格是一项关键的税务规划要素。它通过在不同司法管辖区之间调整利润分配，帮助公司合法地降低整体税负。然而，这一策略需谨慎执行，以确保遵守各国税法和避免与税务当局的潜在冲突。

【案例 8-54】　从 21 世纪 00 年代中期开始，谷歌被曝利用名为"Double Irish, Dutch Sandwich"的策略优化税务负担，这涉及在爱尔兰、荷兰和百慕大之间通过内部转移价格将利润转移，从而降低全球税负。这一策略在 21 世纪 10 年代早期受到广泛关注和批评。

（5）减轻市场波动风险　内部转移价格机制可以帮助企业减轻市场价格波动的风险。特别是在涉及原材料或基本服务的内部交易中，通过固定的转移价格，企业能够在一定程度上避免外部市场波动对运营成本的直接影响，从而保持财务稳定性与预测性。

【案例 8-55】　在油价频繁波动的 21 世纪 00 年代（如 2008 年全球金融危机期间），埃克森美孚等大型石油公司使用内部转移价格机制来管理不同地区业务的原油成本。这种做法帮助该公司在全球范围内维持稳定的运营成本，减少了市场价格波动的影响。

（6）优化激励机制　恰当的内部转移价格机制可作为一种激励措施，促进部门间的高效合作和公平竞争。通过确保内部交易价格的公正合理，企业可以激发各部门提升效率、降低成本的动力，进而提高整个组织的业绩和市场竞争力。

【案例 8-56】　A 集团公司实施了一项内部转移价格策略，旨在激励其全球各地区办事处之间的合作和竞争。公司设定了内部服务的转移价格，使得各地区办事处为从其他地区获得的服务付费。这种策略激励各地区办事处提高自身效率和服务质量，因为他们可以通过提供高质量的服务给其他地区来增加自己的收入。同时，这也促使各办事处在寻求内部服务时考虑成本效益，从而整体提高公司的利润率。

总的来说，实行内部转移价格是企业内部管理和外部税务规划的重要策略，旨在提高企业的运营效率、财务透明度和整体盈利能力。然而，这也需要在确保合规和维持内部公平性之间找到恰当的平衡。

▶▶ 三、转移价格的影响因素

企业是否及如何实施转移价格，除了有以上所述的基本动机，还要受到企业管理战略和管理过程等方面特征的影响。

（一）管理战略的特征

管理战略的特征决定了实施转移价格的必要性。例如，相较于采取横向多元化战略的集团企业而言，采取纵向一体化战略的集团企业更有必要实施转移价格。这是因为当采取纵向一体化战略时，各子公司或其他利润中心都是同一产业链上的其中一个环节，其利益都建立在集团整个产业链的整体利润的基础之上，因此，集团内部成员企业之间的交易及定价就不应该简单地取决于交易双方的意愿，而是要考虑内部交易及定价对集团整体战略实施和集团整体利益的影响。那么，这种战略下的转移价格就不可能是完全市场化的协商价格，或多或少带有集团总部的强制性。

（二）管理过程的特征

管理过程的特征决定了实施转移价格的可能性与可行性。管理过程的特征可以从主体因素和客体因素两个方面来看。影响转移价格的主体因素主要包括企业的集权或分权程度、分部组织形式、集团高级管理层的能力和权威。

（1）主体因素　企业越是集权，分部的权利就越小，转移价格主要是集团高级管理层的决策，分部管理者参与的程度越低，转移价格的强制性就越强。分部的组织形式是否为法人，也会对转移价格产生重大影响。如果分部是独立的法人，其自主权就相对较大，从而集团内部交易及定价的自主性就较强、集团总部的强制性就较弱。相反，如果分部为非法人机构，则集团总部交易及定价的强制性往往较强。当然，如果企业集团想要实施高强制性的转移价格，则集团高级管理层就必须具有高度的权威性和足够强的管理与协调能力，否则，就很难平衡各分部之间的利益关系。

（2）客体因素　客体因素对转移价格的影响主要是由客体的性质决定的，包括客体的形式和中间产品的外部市场状况等。一般来讲，产品的转移价格更多地依据市场价格，而劳务、资金和无形资产的转移价格则更多地依据成本。中间产品的外部市场状况对转移价格的影响也很显著。当中间产品完全没有外部市场，从而没有市场价格可供参考时，转移价格就只能以成本为基础；相反，当中间产品存在外部市场时，就可能参考市场价格进行转移定价。在特殊情况下，如果企业分部是某一中间产品的唯一"买方"或唯一"卖方"，则转移价格往往会更有利于这一方。

（三）各分部心理和行为

转移价格也要考虑其对各分部心理和行为可能产生的影响。转移价格会影响各分部的财务业绩，因而对分部不利的转移价格就会招致分部的抵制。如果集团强制性地实施对某些分部不利的转移价格，不仅会导致这些分部行为消极，而且会引致分部之间的利益冲突，以及由此导致的集团内部各成员企业之间协调性的下降。

（四）集团外部的各种制约因素

转移价格的制定和实施，除了需要考虑集团内部的影响因素，还需要考虑来自集团外部的各种制约因素。其中最为重要的有以下两个方面：一是税务部门的反避税行动。企业存在通过转移价格实现避税的动机，而政府的税务部门可以对企业转移价格的合理性展开调查，并对明显偏离市场价格标准的转移价格行为予以制裁。二是资本市场监管机构对小股东利益保护的举措。出于保护小股东利益的考虑，资本市场监管机构往往要求企业表明其转移价格的公允性；否则，就会被裁定为非公允的关联交易，企业也会因此受到相应的处罚。

四、转移定价制度

转移定价制度并不存在统一的模式。在实践中，根据各利益主体参与程度的不同，基本上有两种做法，即集团总部直接干预的转移定价制度和各分部自主协商的转移定价制度。

（一）直接干预的转移定价制度

直接干预的转移定价制度是指集团总部根据集团整体战略的需要，直接规定上游子公司的产品生产计划，并按总部规定的转移价格将产品"销售"给下游子公司。

1. 直接干预转移定价制度的特点

（1）集中化的决策过程 直接干预转移定价制度的特点之一是决策过程的集中化。在这种制度下，转移价格的确定不是由各个子公司独立决定，而是由集团总部或指定的核心管理团队统一制定。这种集中化的决策方式确保了转移定价的统一性和一致性，使集团能够更有效地执行其全球战略计划和税务规划，同时减少了不同子公司间在转移定价上的潜在分歧和冲突。

（2）统一的税务合规策略 直接干预的转移定价制度强调统一的税务合规策略。通过集中决策，集团能够确保所有关联交易都遵循适当的税法和国际税收准则，从而减少税务争议和合规风险。这种做法有助于集团在全球范围内实现税务优化，同时避免因不当转移定价而引发的法律责任。

（3）高效的资源分配和成本控制 在直接干预的转移定价制度中，高效的资源分配和成本控制成为其核心特点。集团总部通过统一定价机制，可以更加合理地分配内部资源，优化成本结构，从而提高整个集团的经济效益和运营效率。这种方式特别适用于那些具有复杂供应链和多元化业务的大型企业集团。

（4）需要复杂的内部管理和监控 直接干预的转移定价制度要求企业具备复杂的内部管理和监控能力。集团需要建立有效的内部控制系统，以确保转移价格的制定和实施符合既定的政策和程序。此外，这种制度也需要企业进行持续的市场分析和成本审计，以保持定价的适时调整和产品的市场竞争力。

2. 直接干预转移定价制度的优点

（1）税务合规与全球策略一致性 直接干预转移定价制度的一个显著优点是它有助于

确保税务合规性，并与集团的全球策略保持一致。通过集中化的定价决策，集团能够统一执行税务策略，确保所有关联交易遵循国际税法和各国税收规则。这样的做法不仅减少了税务争议和风险，而且有助于在全球范围内实现税务优化，提高集团整体税务效率。

（2）集中管理和资源优化　直接干预的转移定价制度通过集中管理，能够更有效地进行资源配置和成本控制。这种定价制度使集团总部可以优化内部资源的分配，确保每个业务单位或子公司在集团的整体战略中发挥最佳效能。此外，集中化的决策过程有助于实现成本节约，提高集团内部的运营效率。

3. 直接干预转移定价制度的缺点

（1）决策过程的复杂性　直接干预的转移定价制度可能使决策过程变得更加复杂。集团总部需要考虑多个子公司在不同市场中的运营情况，这要求集团总部进行详细的市场分析、成本评估和风险管理。这种复杂性不仅增加了管理的难度，还可能导致决策过程缓慢。

（2）内部利益冲突的风险　由于转移定价由集团总部直接控制，可能导致子公司之间的内部利益冲突。不同子公司可能会对集团总部制定的定价策略有不同的看法，尤其是当这些策略影响各自的业绩和利润时。这种情况可能导致内部的矛盾和不满，影响集团内部的和谐与合作。

（3）降低子公司灵活性　由于转移定价的决策和控制集中于集团总部，子公司在定价方面的灵活性可能受到限制。这可能导致子公司难以快速适应当地市场的变化或特殊情况，从而影响其市场反应速度和竞争力。

（4）管理和监督的负担　直接干预的转移定价制度要求企业建立强大的内部监督和控制机制。这不仅增加了行政管理的复杂性和成本，还需要企业具备高度的专业知识和技能，以确保转移定价制度的合理性、市场竞争力和税务合规性。

总的来说，直接干预的转移定价制度在确保税务合规性和集中化管理方面具有优势，但同时带来了决策复杂性、内部利益冲突、降低子公司灵活性和管理负担等挑战。企业在选择和实施这种制度时需要平衡这些优缺点，确保制度既符合集团战略，又能有效应对操作中的挑战。因此，如果转移价格问题不经常发生，则直接干预的转移定价制度具有更大的优越性；如果转移价格问题经常发生，则直接干预的代价太高，采用这种制度就不太合适。

（二）自主协商的转移定价制度

自主协商的转移定价制度是一种涉及跨国企业集团内部交易价格的管理机制。在这种制度下，相关的关联企业（如母公司和子公司）将基于某些共同的原则和标准，自主协商确定内部交易的价格。这种做法在跨国企业中较为常见，尤其是在处理不同国家间的内部交易时。

1. 自主协商转移定价制度的特点

（1）灵活性和适应性　自主协商的转移定价制度特别强调其灵活性和适应性。这种制度允许关联企业根据各自的运营情况和市场动态，灵活地协商和设定内部交易的价格。它使企业能够迅速适应市场变化、供需关系以及产业发展趋势，从而优化集团内部的资源配置和利润分配。

（2）内部协调与合作　在自主协商的转移定价制度中，内部协调与合作起着至关重要的作用。企业内部各个部门或子公司需要紧密合作，以确保确定的价格既公平合理，又能满足集团内部的整体战略目标。这种协商过程促进了各个业务单元之间的沟通与理解，有助于实现更有效的集团内部管理和决策。

（3）符合独立交易原则　尽管转移价格是在关联企业间自主协商确定的，但它仍需符合独立交易原则。这意味着交易价格应与非关联第三方在相同或类似情况下的市场价格一致。这一原则确保了转移定价的公正性和市场一致性，有助于避免潜在的税务风险和合规问题。

（4）税务合规性要求　自主协商的转移定价制度要求企业在设定价格时考虑税务合规性。企业必须确保其转移价格符合各国税法和国际税收准则，避免因不当定价导致的税务争议和法律责任。这要求企业进行细致的市场分析和合规性评估，确保其定价策略的合法性和透明度。

（5）管理和记录的复杂性　在实施自主协商的转移定价制度时，企业面临管理和记录的复杂性。为确保符合税务规定和审计要求，企业需要维护详尽的交易记录、定价依据和相关文档。这包括交易的性质、成本和利润分析、市场比较数据等。这种详细的记录不仅有助于在税务审计中证明其定价的合理性，也是评估内部转移定价效果和进行未来策略调整的重要基础。因此，企业在采用自主协商的转移定价制度时，需要投入相应的管理资源和注意力，以保证流程的透明性、准确性和合规性。

2. 自主协商转移定价制度的优点

（1）灵活性和适应市场变化　自主协商的转移定价制度最显著的优势在于其灵活性，它能够快速适应市场变化和公司内部需求的变动。这种制度允许关联企业根据实际的运营环境、市场条件和战略目标来调整内部交易的价格，从而有效地优化资源配置和应对外部市场的波动。

（2）提高集团内部管理效率　通过自主协商确定转移价格，企业可以更有效地管理其内部资源和资金流。这种定价机制促进了不同业务单位之间的协调合作，有助于提高整个集团的运营效率和财务表现。

（3）加强税务合规性　采用自主协商的转移定价制度，当遵循独立交易原则和相关税务规定时，可以加强企业的税务合规性。企业通过合理的转移定价，可确保其国际交易符合全球税务规范，减少税务争议和合规风险。

3. 自主协商转移定价制度的缺点

（1）面临复杂的税务合规挑战　尽管自主协商的转移定价制度可提高税务合规性，但也面临复杂的税务规则和广泛的合规要求。企业需要投入大量资源来确保其转移价格的合理性，以避免潜在的税务风险和审计问题。

（2）可能发生内部利益冲突　在自主协商的过程中，不同部门或子公司间可能会出现利益冲突，特别是当涉及利润分配和成本分摊时，可能导致内部协商过程复杂且耗时，有时甚至会影响集团内部的整体协作和谐。

（3）管理和记录的负担　实施自主协商的转移定价制度需要企业进行详细的记录和管理，以证明其价格的公正性和合规性。这不仅增加了管理负担，也需要相应的财务和法律专业知识，尤其是在跨国企业中，这种负担可能更为显著。

因此，尽管这种转移定价制度有助于调动各分部经理参与管理的积极性，使转移定价制度得到真正的贯彻与实施。然而，这种制度也有其明显的不足之处：一是自主协商过程往往会耗费大量的管理精力，特别是在转移价格制定基础、相关费用的确定等问题上，很难形成一致意见；二是最终形成的转移价格在很大程度上依赖于各分部经理的协商能力，可能使转移价格偏离其战略目标，不利于实现集团企业整体利益最大化。

五、转移定价的方法

无论采取什么样的转移定价制度，具体的转移定价方法不外乎以下三种，即以成本为基础的转移定价方法、以市价为基础的转移定价方法和双重定价法。

（一）以成本为基础的转移定价方法

以成本为基础的转移定价方法的具体形式又包括完全成本法、标准成本加成法和边际成本法三种。

1. 完全成本法

完全成本法，是指集团公司内部交易的转移价格以提供产品的子公司的全部成本为依据加以确定。采用完全成本法的最大优点是概念明确，易于实施。同时，它可以满足各子公司存在和发展的基本需要。但是，完全成本法存在以下明显的问题：①完全成本法无法根据各子公司的利润、投资收益率或其他效益指标来衡量其业绩，这和子公司作为利润中心的宗旨是相违背的。②完全成本法将使处于不同生产环节的子公司业绩衡量相互依赖，容易引发子公司之间的相互推诿和摩擦。③在完全成本法下，由于上游子公司的成本总是能够得到补偿，因此可能造成上游子公司放松对产品成本的管理和控制。从集团的角度来看，完全成本法很可能违背目标一致原则，导致次优决策。

2. 标准成本加成法

标准成本加成法，是指所采用的成本应当是标准成本，而不是实际完全成本。以标准成本为基础确定转移价格，有利于鼓励上游子公司控制生产经营成本，改善经营业绩。采用标准成本加成法的主要问题在于如何估计必要的利润或加成率。加成率水平的高低，将直接影响各子公司的经济利益。特别是当上游子公司提供的产品或服务并不对外销售时，加成率的确定就没有十分客观的依据。

3. 边际成本法

边际成本法，是指以边际成本为基础制定转移价格。边际成本法最大的优点是可以促使上游子公司的生产能力在短期内发挥最大作用。它的缺点是在转移价格中不考虑固定成本，这从短期来看是可行的，但是从长期来看，只有全部成本得到补偿之后，企业集团或者子公司才有利润可言。在实践中，如果采取边际成本法，则有可能导致上游子公司成本补偿不足，进而影响其积极性。为此，集团需要在对上游子公司进行业绩评价的同时进行业绩水平的调整计算，或者调整业绩评价的标准，以促使该类公司得到公正的评价和奖励。

一般认为，以成本为基础确定转移价格主要基于适用于以下两种情况：①在企业集团外部没有同样的产品，因此就不存在可以竞争的市场价格；②如果采用市价，容易使各子公司经理产生较大的利益冲突。

（二）以市价为基础的转移定价方法

如果企业集团采用市场价格作为转移价格的基础，通常必须遵循下列原则：①如果上游子公司愿意对内供应，且其要求的价格与市价相同，则下游子公司有内部购买的义务；

②如果上游子公司要求的价格高于市场价格，则下游子公司有选择在市场采购的权利；③如果上游子公司选择对外供应，则应当有不对内供应的权利；④企业集团内部应设置一个仲裁部门，当子公司之间因为转移价格而发生争执时，可以实施仲裁，明确责任。

通常认为，市价是转移定价的上限。在实践中，在市价基础上打一折扣被认为是规定转移价格比较合理的做法，其主要理由是内部交易可以节省交易费用。

如果企业集团的中间产品或劳务市场是有竞争性的，且子公司的相互依赖又微不足道，则中间产品或劳务市场中的实际价格就是最理想的转移价格，因为它一般可导致最优决策。因此，以市价为基础的转移定价方法主要被实行高度分权化管理的企业集团所采用。

（三）双重定价法

鉴于以成本为基础和以市价为基础制定转移价格各有不足，如果企业集团认为没有最优的单一转移价格，则可以考虑采用双重定价法这种折中做法。在双重定价法下，集团总部通常根据不同的子公司制定不同的转移价格。例如，上游子公司的转出价格可以采用市场价格，而下游子公司的转入价格则可以采取标准成本。采用双重定价法既可以解决下游子公司被动承受上游子公司生产低效的难题，又可以使上游子公司感受到市场竞争的压力。但是，在使用双重定价法时，如果上游子公司高价出售，下游子公司低价购买，就可能导致上下游子公司都忽视成本控制，因此，这种转移定价方法可能使所有子公司的积极性得到充分调动，但未必能带来集团整体利益的最大化。

第五节　企业集团的收益分配管理

分配是企业集团财务管理中又一个重要问题，科学的收益分配制度能够合理调节各方面的利益关系，保证企业集团顺利发展。

一、企业集团收益分配管理的概念

企业集团收益分配管理是指在企业集团范畴内对所获得的收益进行合理、有效的配置与分配的管理过程。这一概念在现代企业经营管理中占据重要地位，涉及对集团内各成员公司或部门财务收益的评估、分配策略的制定以及执行过程的监控。

企业集团收益分配管理的目的在于优化资源配置，增强集团整体的市场竞争力，同时确保各成员单位的合理利益和可持续发展。

二、企业集团收益分配管理的重点

（一）"反向"分配

由于企业集团组织结构的复杂性，对企业集团财务分配的研究不得不从单纯的成果分配层次拓宽到利益分配层次，管理的重点并不是单体企业范围内的企业对所有者、债权人乃至经营者与职工的具体分配，而是一种"反向"的分配，即母公司（或集团核心企业）站在集团成员企业外部，对各事业部和子公司利益的协调。

这是为什么呢？在单体企业中，财务分配的方向是从企业法人到企业所有者。在企业集团中，子公司的所有者是母公司，它是实际控制或施加重大影响的一方。在单体企业推行现代企业制度、经营者与所有者分离的情况下，在企业集团尤其是产业型企业集团中要求母公司这个所有者更好地控制子公司，才能发挥企业集团的功能，符合企业集团形成的初衷。因此，在企业集团中，全资子公司和控股子公司对所有者分配管理的实际意义大大降低，因为此项分配几乎完全是由母公司决定的。于是，企业集团分配管理的重心也就发生了上述变化，即从经营成果的分配问题转化为集团中利益协调与激励机制问题。

（二）新的利润分配格局

企业集团的形成引起了分配关系的相应变化，部分否定了按生产资料分配经济收益的形式，导致出现新的利润分配格局。这主要是由于集团内部不同的所有制成员企业之间进行了资金、人力资源、技术和经营管理的联合。于是，便产生了按资本、生产技术、经营管理等要素投入的状况参与利润分配的新格局。分配的这种变化反过来成为企业集团内部所有制结构和组织形式变化的催化剂。总之，企业集团的收益分配又是对集团股东和成员企业的资本投资、专业协作的评价与报答，是企业集团资金和其他联结纽带的必然延伸。

（三）收益分配的内容

在上文所述管理思想的指导下，企业集团收益分配的内容是集团母公司对集团内部发生的合作和交易事项中，会影响各成员最终利益的因素进行的控制和规划，如内部转移价格的确定、总部管理费用的分摊、子公司利润的"上缴"与母公司盈余的"发放"（具体方式不同于总公司与分公司的直接上缴与发放）等。

（四）收益分配的基本原则

企业集团的收益分配涉及比单体企业更多的利益主体和更复杂的利益关系，因此需要一套由全体集团成员遵照法律规章和相关协议制定并共同实施的科学系统、公平合理的分配制度。企业集团收益分配管理的基本原则是，既要平等互利、协调发展，又要打破"大锅饭"局面，真正起到激励作用。

▶ 三、企业集团内部的收益分配方法

如前所述，企业集团收益分配管理的重心从经营成果的分配问题转化为集团中利益协调与激励机制的问题。

从经营成果分配的角度来看，以母子公司体制为基础的股份制企业集团内部，以及企业集团中以股份联合的核心层、紧密层和半紧密层之间，应该按照相应的股份比例对经营成果进行股息形式的分配和红利形式的分成，即母公司按照在子公司股本中的比例享有子公司分配的现金股利和股票股利。这是现代企业集团利润分配的主要发展方向。需要注意的是：①中间层级的公司收到的下级子公司的股利正是对子公司投资的回报，属于其经营成果的一部分，相应地要向上一层级的母公司进行分配。②在很多情况下，子公司的利润都以资本公积、未分配利润等形式留在公司中，作为以后发展的资金来源，但这往往是控股母公司在子公司董事会上的决策。在这种情况下，母公司仍可将这部分子公司的经营成果视为自己获得的投资收益，这与合并会计报表中对控股子公司采用权益法是一致的。

根据企业集团的规模与层次、成员企业的性质和地位，集团内部分配还可以有多种方法，具体如下：

（1）完全内部价格法 该方法是指完全以内部价格进行集团内部交易，盈亏自负，不

进行各企业间的利润分割。该方法通常适用于集团核心层或紧密层与其他层次间的利益分配，或是某些需要按市场方式交易以激励成员企业降低成本、提高生产效率的领域。一般情况下，这种内部价格直接以市场价格为基础制定。

（2）一次分配法　该方法是指企业集团以体现平均先进的劳动耗费的标准成本为基础，加上分解的目标利润，确定各成员企业配套零部件的内部协作价格。由于这种内部协作价格包括分解的目标利润，因而利润是在成员企业出售零部件时一次实现的。

（3）二次分配法　首先，企业集团内部各成员企业共同协商确定主要产品的目标成本，并以此为基础确定零部件和半成品的目标成本，作为集团内部各成员企业之间的内部转移价格。各成员企业的实际成本与内部结算价格形成的盈亏差额由各成员企业自己承担，由此激励成员企业提高生产效率，降低生产成本。

其次，以最终产品的销售收入减去产品目标成本的余额或者盈利作为分配基金，按一定的标准在各成员企业之间进行二次分配。集团成员通过二次分配来获得集团整体盈利中自身相应的部分。

二次分配的标准是考虑集团成员差异化的关键之处，这一标准可以是：①各成员企业的目标成本占最终产品目标成本的比例。②各成员企业产品目标成本中劳动力成本占最终产品目标成本中劳动力成本的比例。③先按一定利率补偿各成员企业投入的资本（即①中所指的成本），然后按②的标准进行分配等。在企业集团内部，应根据生产流程、资金占用和人工投入等因素的不同，本着公平和互利的原则确定标准。

二次分配法可以在不同的紧密层与非紧密层企业中灵活使用，将内部价格与事后的利润分配较好地结合起来，是企业集团进行企业间利益分配的一种较好的选择。

（4）级差效益分配法　级差效益分配法的基础是将产品生产的技术难度、劳动强度、原材料和劳动力价格方面形成的差异归为级差效益Ⅰ，将经营管理水平、技术更新改造等方面形成的收入差异归为级差效益Ⅱ。

级差效益Ⅰ按内部转移价格进行调整，弥补短期内这些不可以人为改变的因素在集团内部成员企业间产生的收入差距，缓和物化劳动利润率和活劳动利润率的矛盾，真正发挥集团内联合互助的效应；级差效益Ⅱ形成的利润则全部归各企业所有，激励成员企业改善经营管理，提高生产效率，降低消耗，提高产品质量。

一种较好的选择是，在紧密层企业建立以利润分割为中心，以内部转移价格和承担核心层部分费用为补充的利益分配体系；在非紧密层企业则建立以内部结算价格和承担核心层部分费用为中心，以利润分割为补充的利益分配体系。

以纯粹的控股公司模式运作的资产经营公司可以考虑将下属企业按照股本结构上缴的利润大部分留在下属企业，但这并不是说资产经营公司可以放松对利润分配的调控。在具体操作上需把握两点：第一，要行使审查批准下属企业利润分配方案的法定权利；第二，按照利润上缴与以资本效益为核心的激励和约束机制要结合起来，形成下属企业尽力向资产经营公司缴纳利润的机制。

为加强股利分配中的财务控制，企业集团需按照以下程序进行操作：①确认利润分享者。企业的职工作为人力资源的提供者，他们的积极性、创造性、管理才能的发挥对企业的健康发展至关重要，在激烈的竞争环境中，来自人力资源的创新能力尤为重要，他们应当成为利润分享者。如果是全资子公司，则子公司的税后利润除盈余公积外，全部收归母公司，母公司可通过再投入留利给子公司。②确定利润分配的金额和方式。公司留利和应付利润应当与公司发展规划相协调，对母、子公司分别做出资金规划，综合考虑市场风险和集团抵御风险的能力，确定税后留存收益水平和应付利润额。集团总部作为子公司的股东，为实现集团产业调整、战略调整等目标，可以将某些子公司的利润全部抽回，注入需要的产业或另一些子公司，增加对它们的投资力度，为其注入活力、动力，鼓励其发展。③对于掌握企业集团命运的重要管理人员，为避免其行为的短期效应，使其收入与企业命运相联系，可以在业绩评级的基础上实行年薪制，或给予股票期权。

【思考题】

1. 企业集团内外部资本市场的功能有哪些？
2. 企业集团融资管理的重点有哪些？
3. 企业集团内部转移价格的影响因素有哪些？
4. 制定企业集团内部转移价格的方法有哪些？
5. 企业集团的财务分配在分配对象和分配层次上有哪些变化？

【案例题】

影响内部资本市场效率的"分"与"合"——以横店集团为例

一、公司介绍及多元化发展过程

（一）公司介绍

横店集团 1975 年建于浙江省东阳市横店镇，已形成了以电气电子、医药健康、影视文旅和现代服务四大板块产品研发生产和销售与服务为主的多元化发展格局。截至 2019 年年底，旗下共有下属子公司 60 多家，生产型企业 200 余家，2019 年现代服务板块南华期货股份有限公司（以下简称南华期货）上市，至此横店集团共有上市子公司六家，其余五家分别为：电气电子板块的英洛华科技股份有限公司（以下简称英洛华）、横店集团东磁股份有限公司（以下简称横店东磁）、横店集团得邦照明股份有限公司（以下简称得邦照明）；医药健康板块的普洛药业股份有限公司（以下简称普洛药业）；影视文旅板块的横店影视股份有限公司（以下简称横店影视）。母公司横店集团控股有限公司（以下简称横店控股）直接控制六家公司，横店控股背后的终极控制人则为创始人徐文荣及其家族占据主导地位的横店社团经济企业联合会、横店经济发展促进会及东阳市影视旅游促进会（以下简称横店三会）。2001 年 8 月，创始人长子徐永安出任横店控股总裁，2007 年 1 月正式成为二代"掌门人"，通过与中影、华纳的合作大力推动集团影视文化产业进入发展高峰期，且其重视资本战略，收购多家公司并在 2017 年极力促成得邦照明和横店影视的上市。在创始人和二代掌门人的权利交接完成后，集团内并未出现家族企业常见的对一代创始人过度依赖的状况，这也是选其为案例研究企业的原因之一。

因并未整体上市，其余子公司相关资料获取受限，考虑研究可行性，本案例将横店集团定义为横店控股及五家上市公司构成的狭义集团（剔除"南华期货"定义集团内部资本市场，方便研究进行）。图 8-3 所示股权结构为本案例所研究的内部资本市场成员框架。

一般大型企业集团的金字塔层级表现多为三层甚至四层，而横店集团金字塔顶层为横店控股，下属子公司金字塔层级表现均为两层，显示出的内部股权结构较为集中，此为资金优化配置条件之一。

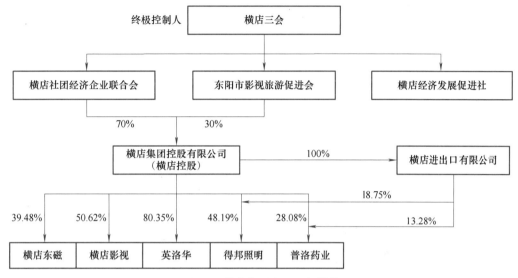

图 8-3　横店集团主要股权结构

1. 普洛药业股份有限公司

2001 年，横店集团收购 1997 年成立并在同年于深圳证券交易所上市的"青岛东方"，成为其第一大股东，普洛药业成功借壳上市。时至今日，普洛药业已成为集研究、开发、原料药中间体生产、合同研发生产服务（CDMO）提供、制剂为一体的大型综合性制药企业，旗下拥有多家制剂和原料药中间体生产工厂，并且拥有自己的销售和进出口贸易公司。普洛药业是现今横店集团业务布局医药健康板块的重要组成部分。

2. 英洛华科技股份有限公司

英洛华科技股份有限公司，由其前身太原双塔刚玉股份有限公司更名而来，1997 年成立，同年在深圳证券交易所上市。英洛华经营范围包括稀土永磁材料与制品、电机系列及物流与消防智能装备，相关产品广泛应用于日常生产生活所需，如稀土永磁材料的相关产品应用于风电、汽车、家用电器及医疗等领域，电机系列产品则应用于轨道交通、清洁环保、家具保暖等常见领域。

3. 横店集团东磁股份有限公司

横店东磁是集团内首家 IPO 上市公司，2006 年于深交所上市。公司成立于 1980 年，并于 1999 年完成股改。作为高新技术民营企业，横店东磁旗下三大产业（磁性材料、新能源和器件）共同发展，生产产品覆盖了 60 多大类上万种规格，包括磁瓦、喇叭磁钢、微波炉磁钢、太阳能电池片及电池组件等，广泛应用于日常生产生活所需，且产销范围涉及世界 60 多个国家和地区，信誉极好，常年稳获美国库柏、韩国三星等世界知名企业授予的"优秀供应商"称号。

4. 横店集团得邦照明股份有限公司

得邦照明是一家成立于 1996 年的综合性高新技术民营企业，2017 年在上交所上市。

发展至今，已成为我国照明行业的龙头企业，专注于通用照明，集研发、生产、销售、服务于一体，并将产品链逐步延伸至化工新材料和车载照明领域，发展目标是成为我国车载照明行业一流企业。得邦照明现主营五大系列产品（光源、室内灯具、专业灯具等）的研发、生产和销售，还包括照明工程设计安装，以及智慧照明相关产品开发，产品主要流入飞利浦、松下等知名企业及其他国内外进口商和大型商业超市。

5. 横店影视股份有限公司

横店影视由横店集团于2008年全资组建，2009年1月正式开始运作，是一家民营院线及影院投资公司，2017年于上海证券交易所进行公开发行上市。横店影视的经营范围以院线发行、电影放映为主，电影相关的其他衍生业务为辅，并在全国设有近200家五星级影城，覆盖全国28个省市自治区，无论其业务范围还是服务质量，均处于行业领先地位。公司目前跻身全国院线八强，并以进军全国院线全国前五强乃至前三甲为目标，立志成为全国乃至世界院线行业的强势品牌。

（二）横店集团的多元化过程

横店集团起家于其创始人徐文荣在中国横店创办的"横店丝厂"。自1978年起，集团紧抓市场短缺机会，先后在丝厂基础上创办了织、印染及化纤纺织厂等。1980年起，横店集团主动分析市场以抢占先机，在传统轻纺产业基础上进行突破，发展了新型磁性材料，并为之后集团进入电子元件制造业打下了相应基础。1989年起，集团进入医药化工行业，起步阶段生产中间体及原料药等产品，为集团日后进入规模生产阶段、拓展成品药研发生产领域打下了基础。1995年，集团通过创建文化村、娱乐村等文娱设施开始涉足影视文化产业，由此形成集团日后文化旅游产业发展的雏形。1996年，集团正式涉足影视文化产业，通过建立影视拍摄基地，形成并带动了集团以影视为龙头的新型影视文化产业的发展。1999年起，横店集团接连通过收购南华期货、控股西藏证券、参股浙商银行等一系列资本运作，将集团产业链延伸至银行和证券业。

二、横店集团内部资本市场的构建

（一）实施集团多元化发展战略

多年来，横店集团始终坚持多元化发展战略，历经前后三次创业，形成了现如今四大版块业务研发、生产、销售与服务为主的多元化发展格局，技术前沿、服务优质，业务遍及世界150多个国家及地区。横店集团多元化发展战略是其构建内部资本市场、提高内部资源配置效率过程中的重要一环。

（二）成立专业化投资管理总部

横店控股成立于1999年，成立后即着手对横店集团及其下属子公司进行公司制改造。横店三会中的横店社团经济企业联合会和东阳市影视旅游促进会以7：3的比例直接控股横店控股。公司主营业务为投资管理和经营，业务范围涵盖电子电气、医药化工、影视娱乐以及新型综合服务等多个行业，企业集团的多元化经营范围之广可见一斑。自1999年以来，为支持集团内各成长性分部的良性发展，横店控股数次通过债券发行、银行贷款等方式向分部提供发展所需的持续性资金支持。截至2019年报告期期末，公司既不存在到期未清偿的大额债务，也不存在未履行的生效判决，经营状况良好。从股权结构来看，横店控股位处金字塔顶，故本案例将其定义为集团总部，即横店集团母公司。

（三）兼并重组多家上市公司

二代掌门人徐永安自 2001 年出任横店控股总裁以来一直积极活跃在资本市场上，同年 8 月，集团麾下上海光泰通过前后两次协议收购了青岛供销社所持的青岛东方法人股共 3 229.8 万股（占总股本的 22.16%）；恒通投资不遑多让，收购青岛东方法人股 1 580 万股（占总股本的 10.84%）；同时段，作为"统帅"的横店控股则通过股权转让协议获得青岛东方 7% 的股权。横店控股携两员"大将"累计持有青岛东方 40% 的股权，一跃成为其第一大控股股东。集团内第一家上市子公司普洛药业顺势而为，借壳成功。2003 年，几乎相同的资本运作手段再次出现，集团一举将太原刚玉（英洛华的前身）纳入麾下。这一举措也为 2006 年横店东磁 IPO 铺好了门路。一系列资本运作的成功使徐永安"越战越勇"。2017 年，得邦照明、横店影视先后在沪市挂牌上市。横店集团在短短 10 多年内"招兵买马"，旗下上市子公司达到六家，"横店系"以其庞大的资产规模雄踞资本市场一方。在集团多元化发展以及集团内部业务往来两方面，集团内控股上市子公司起到了非常关键的作用，甚至还为集团的外部融资拓宽了渠道。外源性的资金注入使横店集团如虎添翼，不仅扩大了集团整体的资金规模，也为集团内部投资机会的资本支出创造了必要条件。

三、多元化战略下横店集团内部资本市场运作方式

本案例对横店集团内部资本在系族内流动情况的梳理，依万良勇和魏明海（2006）所划分的内部资本市场配置方式进行，据此，横店集团内部资本市场（Internal Capital Market, ICM）运作主要体现在以下四个方面。

（一）集团内部借贷

内部借贷作为最常见的内部资本市场运作方式之一，能够根据集团内不同单位之间的需求，使资金在集团内部流通起来，以解决资金短缺问题，实现资源合理配置。母公司横店控股投资管理综合体作用在集团内部借贷中得以凸显。其主要作用有：第一，筛选内部投资机会，进行资金筹集工作；第二，在集团整体战略部署过程中进行维稳工作。普洛药业财务数据具有新型医药行业的典型特征：研发投入多且资金回收期长，2015 年—2019 年，横店控股和普洛药业间的资金拆借最为频繁（见表 8-9）。

表 8-9　普洛药业 2015 年—2019 年集团内资金拆借情况

拆　出　方	拆　入　方	时　　间	金额（万元）
横店控股	普洛药业	2015 年	3 000.00
横店控股	普洛药业	2015 年	123.35
横店控股	普洛药业	2016 年	82.61
横店控股	普洛药业	2018 年	21.89
横店控股	普洛药业	2019 年	958.68

（二）集团内部产品或服务交易

系族企业各成员间产品和服务往来的交易价格相对较低，穿梭于系族企业各成员间的信息流，使企业间了解增加、信息透明度有所提高、沟通成本减少，因而内部资本的配置更加有效。结合研究期内的财务数据发现，多元化战略指引下的横店集团产业链趋于完备，关联交易较为活跃。以销售商品和接受劳务为主要形式的关联交易所形成的资金流，赋能旗下子公司的业务开展。横店集团 2015 年—2019 年部分内部产品或服务往来情况见

表8-10。横店东磁主营的磁性材料、新能源及器件等多个产业群与英洛华主营的稀土永磁材料及制品、电机系列产品和消防智能装备可谓"琴瑟和鸣",财务数据显示二者间商品交易频繁,金额巨大。近年来,英洛华凭借材料方面所累积的先发优势,加大了其在医械及康复理疗等方面的投资,这与普洛药业可谓相辅相成。此外,新增"生力军"也显现出了自己的活力。2017年上市的得邦照明和横店影视在影视城产业链的搭载下,频繁发生关联往来,一定程度上奠定了两家企业的财务基础。(得邦照明和横店影视上市时间为2017年,对这两家公司关联方交易统计年限为2016年—2019年)。

表8-10 横店集团2015年—2019年部分内部产品或服务往来情况(单位:万元)

公 司	时 间	交 易 类 别	交 易 对 象	金 额
普洛药业	2015 年	销售商品	英洛华国际贸易有限公司	694.44
	2016 年	销售商品	英洛华国际贸易有限公司	1 391.87
	2017 年	销售商品	英洛华国际贸易有限公司	2 940.43
	2018 年	销售商品	英洛华国际贸易有限公司	1 935.90
	2016 年	接受劳务	横店影视城有限公司	143.46
	2017 年	接受劳务	横店影视城有限公司	174.83
	2018 年	采购商品	横店影视城有限公司	144.35
	2019 年	采购商品	横店影视城有限公司	61.44
英洛华	2016 年	采购商品	横店东磁	55.89
	2016 年	提供劳务	横店东磁	1 172.49
	2016 年	销售商品	横店东磁	353.24
	2017 年	采购商品	横店东磁	143.80
	2017 年	销售商品	横店东磁	6 341.54
	2018 年	采购商品	横店东磁	453.87
	2018 年	销售商品	横店东磁	17 105.57
	2019 年	销售商品	横店东磁	29 738.14
	2015 年	销售商品	横店进出口有限公司	4 362.21
横店东磁	2016 年	提供劳务	横店控股	80.94
	2015 年	接受劳务	横店影视	285.30
	2016 年	接受劳务	横店影视	281.91
	2015 年	接受劳务	横店影视城有限公司	197.75
	2018 年	销售商品	英洛华进出口有限公司	50.64
得邦照明	2017 年	销售商品	英洛华	71.08
	2018 年	销售商品	英洛华	61.26
	2017 年	提供劳务	横店影视城有限公司	246.08
	2017 年	接受劳务	横店影视城有限公司	225.23
	2018 年	采购商品	横店影视城有限公司	202.75
	2018 年	提供劳务	横店影视城有限公司	634.38

（续）

公　司	时　间	交　易　类　别	交　易　对　象	金　额
横店影视	2016 年	销售商品	得邦照明	101.30
	2016 年	销售商品	横店东磁	281.91
	2019 年	销售商品	横店控股	123.10
	2016 年	接受劳务、采购商品	横店影视城有限公司	115.56
	2016 年	销售商品、提供劳务	横店影视城有限公司	152.77
	2017 年	接受劳务	横店影视城有限公司	149.35
	2017 年	销售商品、提供劳务	横店影视城有限公司	287.02
	2018 年	接受劳务	横店影视城有限公司	68.84
	2018 年	提供劳务	横店影视城有限公司	322.57
	2019 年	销售商品	横店影视城有限公司	88.68
	2016 年	销售商品	普洛药业	122.11
	2016 年	销售商品	英洛华	63.39

注：此表仅列示了金额 50 万元以上的产品、服务往来情况。

（三）集团内部担保

在担保行为中，被担保企业的信誉度将得以增加，这使得其在贷款，尤其是大额贷款的审批环节更易通过。《中华人民共和国公司法》规定，经董事会或股东大会决议通过方可向其他企业投资或为他人提供担保。构建起 ICM 的企业集团母子公司的密切联动，相关控股股东、管理层身份重叠交错，在前述低沟通成本基础上，担保协议的建立显得更加容易。由统计年报数据可知，横店集团担保业务中，成员企业间的担保居多，尤以母公司横店控股对其下属子公司的担保最为突出。2014 年—2019 年横店集团内部担保情况统计见表 8-11。研究期内担保业务遍布横店控股与其下辖子公司之间，且其金额在财务报表层面具备重要性。如前述，这些大额担保使得子公司的信誉度得到一定程度的增加，进而在集团整体层面提高了债务融资的通过率。

表 8-11　2014 年—2019 年横店集团内部担保情况统计

担　保　方	被担保方	时间	担保金额（万元）	担　保　方	被担保方	时间	担保金额（万元）
横店控股	横店东磁	2014 年	3 000.00	横店控股	横店东磁	2018 年	300.00
横店控股	横店东磁	2014 年	3 071.25	横店控股	横店东磁	2019 年	8 000.00
横店控股	横店东磁	2015 年	1 719.44	横店控股	横店东磁	2019 年	7 800.00
横店控股	横店东磁	2015 年	2 380.30	横店控股	横店东磁	2019 年	2 100.00
横店控股	横店东磁	2017 年	5 938.30	横店控股	横店东磁	2019 年	2 545.40
横店控股	横店东磁	2017 年	2 777.00	横店控股	横店东磁	2019 年	1 535.00
横店控股	横店东磁	2017 年	3 000.00	横店控股	横店东磁	2019 年	1 000.00
横店控股	横店东磁	2017 年	2 880.00	横店控股	横店东磁	2019 年	9 700.00
横店控股	横店东磁	2017 年	6 572.00	横店控股	太原刚玉	2014 年	6 000.00
横店控股	横店东磁	2017 年	1 707.90	横店控股	太原刚玉	2014 年	4 000.00

（续）

担 保 方	被担保方	时间	担保金额（万元）	担 保 方	被担保方	时间	担保金额（万元）
横店控股	英洛华	2015 年	3 000.00	横店控股	英洛华	2018 年	9 000.00
横店控股	英洛华	2015 年	2 100.00	横店控股	普洛药业	2014 年	3 850.00
横店控股	英洛华	2015 年	500.00	横店控股	普洛药业	2014 年	5 000.00
横店控股	英洛华	2015 年	3 000.00	横店控股	普洛药业	2014 年	3 000.00
横店控股	英洛华	2015 年	5 000.00	横店控股	普洛药业	2018 年	2 500.00
横店控股	英洛华	2015 年	1 500.00	横店控股	普洛药业	2018 年	3 000.00
横店控股	英洛华	2015 年	1 000.00	横店控股	得邦照明	2017 年	13 918.74
横店控股	英洛华	2016 年	2 000.00	横店控股	得邦照明	2019 年	7 100.39
横店控股	英洛华	2016 年	4 000.00	横店控股	横店影视	2014 年	10 000.00
横店控股	英洛华	2016 年	6 000.00	横店控股	横店影视	2014 年	575.00
横店控股	英洛华	2016 年	3 000.00	横店控股	横店影视	2014 年	3 000.00
横店控股	英洛华	2016 年	4 500.00	横店控股	横店影视	2014 年	1 000.00
横店控股	英洛华	2017 年	8 000.00				

除母公司横店控股对其下属公司担保给予信誉度之外，成员公司之间的担保行为亦如是。普洛药业和得邦照明的担保就是典例，具体情况见表 8-12。频繁发生在成员企业间的内部担保行为反映出活跃运行的集团内部资本市场。进一步深挖公开信息可知，横店集团内部的担保方并未出现明显地承担连带责任的现象。这种零"拖油瓶"的记录反映出集团整体在信用风险方面出色的内部控制。

表 8-12 2014 年—2019 年横店集团上市公司为控股子公司担保情况统计

担 保 方	被担保方	时 间	担保金额（万元）
普洛药业	山东普洛得邦医药有限公司	2019 年	4 000.00
普洛药业	山东汉兴医药科技有限公司	2019 年	3 000.00
普洛药业	安徽普洛康裕制药有限公司	2019 年	10 000.00
得邦照明	东阳得邦照明有限公司	2019 年	11.25
得邦照明	浙江横店得邦进出口有限公司	2019 年	3 000.00
得邦照明	浙江横店得邦进出口有限公司	2019 年	12 000.00
得邦照明	瑞金市得邦照明有限公司	2019 年	9 250.00

（四）集团内上市子公司募集资金用途变更

集团内上市子公司募集资金用途变更情况见表 8-13。

表 8-13 集团内上市子公司募集资金用途变更情况

上市公司	时间	变 更 前	变 更 情 况
普洛药业	2003 年	青岛海泊河东广场三项目	横店医化项目（经营不佳，普洛得邦化学 2008 年将其吸收合并）

（续）

上市公司	时间	变 更 前	变 更 情 况
普洛药业	2007 年	年产 500t 麻黄碱系列原料及制剂车间工程项目	新区 250t 金刚烷胺项目（原项目可行性发生变化）
横店东磁	2009 年	激光打印机显影技术再造项目	年产 100MW[①] 晶体硅太阳能电池项目（新项目效益受诸多因素影响远低于招股书承诺的年平均收益率）

① 兆瓦，1MW = 1 000kW。

对于尚未整体上市的企业来说，集团内控股子公司数量的增多能够显著增强集团层面的外源融资能力。换言之，控股公司数量对集团外源融资能力具有重要性。除 IPO 外，子公司还可通过多轮公募或私募方式获取外源融资。ICM 此时的功能类似"调节阀"，将外部资金进行引流与再配置。一个运行良好的 ICM 应对市场高度敏感，反应机制高度灵活，ICM 低成本的信息获取优势以及便利快捷的资本调整优势在决策层的合理运作下得到淋漓尽致的发挥；反过来说，外部资金再配置情况、募集资金用途变更情况以及项目最终进展情况都是 ICM 运行状况的直接体现。据财报信息可知，受证监会监管规定影响，近年集团募集资金用途变更事项减少，但普洛药业和横店东磁都曾出现过上述事项。募集资金用途变更作为可行资本运作方式之一，使横店集团迅速地对未来现金流量有减少或存在减少迹象的项目进行调整，进而在一定程度上促使 ICM 提升配置效率。

综上所述，横店集团 ICM 切实存在且高度活跃。横店集团在其战略历程中一直将多元化发展奉为圭臬，并由原来的单一纺织业扩展到如今四大产业并驾齐驱的大型民营企业集团。通过一系列并购、重组和子公司上市行为，横店集团虽未整体上市，但早已"决胜千里之外"。截至目前，已经上市的六家子公司不仅为集团整体拓宽了外源融资渠道，也为 ICM 的完善提供了扎实的基础。而横店控股的组建，为集团 ICM 的建立和运行提供了良好的抓手。通过债券发行、银行贷款等途径获取的大量资金流赋能了集团内部的资金拆借与担保事项。同时，集团涉足的庞杂产业链使得其产生了类似投资组合的风险分散效应，一定程度上增强了集团整体对抗外部市场风险的能力。

资料来源：张炬. 公司财务管理案例 ［M］. 北京：中国社会科学出版社，2022.

思考：

（1）对横店集团及其上市子公司的多元化程度进行分析。

（2）对横店集团及其上市子公司内部资本配置效率进行分析。

（3）分析横店集团及其下属上市公司多元化程度变动对内部资本市场配置效率的影响。

第九章

中小企业财务管理

 【本章导读】

    中小企业是极具活力的创新主体，在我国经济社会发展中具有重要地位和影响力。长期以来，中小企业融资难、融资贵问题一直是社会各界关注的一个焦点，而中小企业融资也是中小企业财务管理的一项重要内容。实现中小企业财务管理水平的提升，首当其冲就需要处理好中小企业融资渠道和方式的改革优化问题。北京证券交易所（简称北交所）于2021年9月3日注册成立，是经国务院批准设立的我国第一家公司制证券交易所，受中国证监会监督管理。北交所牢牢坚持服务创新型中小企业的市场定位，尊重创新型中小企业发展规律和成长阶段，为广大中小企业提供了更优质高效的上市融资管理服务。

    截至2023年年末，北交所上市公司数量达239家，总市值4 496亿元。其中，中小企业占比超八成，民营企业占比近九成，国家级专精特新"小巨人"企业占比近五成。全面落实注册制要求，北交所建立了协同高效的审核注册机制，发行上市审核预期明、时间短，公司在北交所挂牌上市从受理到注册平均用时145天，最短用时仅72天，同时上市公司公开发行融资平均2.07亿元，单次融资金额从0.4亿元到17亿元不等，北交所的审核注册机制支持了中小企业合理融资需求。

    许多中小企业借助北交所平台获得了更高效的资金支持，助推了企业快速发展壮大。例如，北京恒合信业技术股份有限公司（简称恒合股份）是北交所宣布设立后首家通过证监会核准的企业，也是首批81家上市公司之一。恒合股份主要从事油气回收综合治理和在线监测，通过上市获得近1.5亿元融资，这让公司加大创新研发的想法变为现实，上市融资后，公司的测试中心和研发中心迅速建立起来，相关设备、人员迅速到位。又例如，惠州市锦好医疗科技股份有限公司通过上市成功募集到2.1亿元资金，一方面支持公司募投的智慧医疗产品生产基地建设项目和智能助听器设计研究中心项目落地，另一方面也补充了资金实力，增强了企业海外业务的风险抵御能力。2022年上半年，该公司研发投入达到665.13万元，同比增长22.59%，研发投入占比达到7.21%，创公司近年来新高，这都极大地助推了公司实现高质量发展转型的战略目标。

    北交所及其相关上市公司的融资管理案例表明，中小企业要想实现高质量可持续发展，就必须提升包括融资管理在内的企业财务管理综合水平，因此深入学习和研究中小企业财务管理具有重要的现实和理论意义。本章将对中小企业财务管理进行系统全面的介绍。

【学习目标】

通过本章的学习，你应该掌握：
1. 中小企业及其财务管理的相关概念特征
2. 中小企业融资管理
3. 中小企业投资管理
4. 中小企业绩效评价

中小企业是经济社会和产业结构的重要组成部分，是新的经济增长点，是最活跃的生产力，对我国经济发展、社会稳定起着举足轻重的促进作用。虽然中小企业经营灵活、勇于创新，但由于其组织结构简单，资金、技术、人才、管理等实力较弱，受环境变化影响大等因素，使中小企业在财务管理方面存在着与自身发展和市场经济均不适应的情况。本章将从中小企业财务管理概述、中小企业融资管理、中小企业投资管理和中小企业绩效评价四个方面对中小企业财务管理进行阐述。

第一节　中小企业财务管理概述

一、中小企业概述

（一）中小企业的界定

中小企业是相对于大企业的一个概念，对中小企业的界定没有一成不变的标准。但无论标准如何变化，其概念都体现在质和量两个方面。质主要体现在企业的组织形式、行业中的地位、市场定位等，而量主要体现在企业的营业收入、资产总额、职工人数等方面。由于质的界定在实际运用中不利于操作，而量的界定具有直观性，比较容易获得和把握，实际运用较为广泛。所以，对于中小企业，我们可以从质和量两方面将其理解为营业收入或资产总额较小、职工人数较少、管理组织简单、职工分工有限的企业。关于中小企业的划分标准从历史上看是动态的、多样的。

首先，从国际上看，不同国家因其发展阶段、水平的不同，其界定的标准也不尽相同。在美国，对中小企业的界定和划分是以法律形式来规定的，在采取量的规定的同时辅之以质的规定。根据美国小企业管理局的规定，在质上，凡是独立所有和经营，并在行业中不占据垄断或支配地位的企业都可被认为中小企业；在量上，按行业对雇员人数、销售额等指标进行了规定。美国小企业管理局划分中小企业的标准，使得美国近99%的工商企业都属于中小企业范畴。英国对中小企业的划分标准是由带有半官方性质的英国皇家委员会制定的，采用了质与量的规定相结合的方式。在质的界定标准上规定，只要满足市场份额小、所有者依据个人判断进行经营及所有经营者独立于外部支配这三个条件之一者皆可划分为中小企业；在量上，对不同的行业设置了不同的划分标准，凡是制造业雇员人数在200人以下，建筑业和矿业雇员在20人以下，零售业年销售收入在18.5万英镑以下，批发业年销售收入在73万英镑以下者皆可被划分为中小企业。欧盟委员会在1996年颁布了企业规模的统一划分标准，并建议欧盟各国采用。这一新标准将欧盟内企业划分为五类：

第一类为自我雇佣者；第二类为微型企业，其雇员人数不超过九人；第三类为小企业，雇员人数在 10~49 人；第四类为中型企业，雇员人数在 50~249 人；第五类为大型企业，雇员人数在 250 人以上。欧盟委员会这一利用雇员人数作为划分企业规模的标准，避免了各国经济发展水平不同而使某些指标不能反映各国中小企业的共同点的缺点，因而受到欧盟各国的普遍认可。而韩国没有从质的方面对中小企业进行界定，仅从雇员人数这个量的指标进行界定：雇员人数在 300 人以下的制造业、矿业和运输业企业，雇员人数在 200 人以下的建筑业企业，雇员人数在 20 人以下的商业以及其他服务性行业企业皆为中小企业。韩国对中小企业的界定仅仅从雇员人数这个量的指标进行界定，虽简洁直观，但是缺乏灵活性。

其次，从一个国家的发展过程来看，在不同的历史时期和不同的发展阶段，对中小企业的界定也有差异。我国对中小企业的界定前后经过了六次较大调整，第一次是在建国初期，根据企业职工人数来划分企业类型：3 000 人以上为大企业，500~3 000 人为中型企业，500 人以下为小企业。第二次是 1962 年，将固定资产价值作为划分标准。第三次是 1978 年，国家计委下发《关于基本建设项目的大中型划分标准的规定》，该规定将划分企业规模的职工人数标准改为"年综合生产能力"标准。第四次是 1988 年，重新颁布了《大中小型工业企业划分标准》，将企业分为特大型、大型、中型和小型等四类，对于产品比较单一的企业，一般按照生产能力进行划分；对于产品和设备比较复杂的企业，主要涉及机械、电子、化工等行业，则按固定资产价值进行划分。1992 年，国家经贸委又重新发布《大中小型工业企业划分标准》，并将该标准作为全国划分工业企业规模的统一标准，而不论企业属于哪个部门和行业。1999 年，我国对《大中小型工业企业划分标准》再次进行了修改。该标准虽然保留了划分企业规模的四种类型，但不再使用旧标准中各行各业分别使用的行业标准，而是统一按照销售收入、资产总额和营业收入作为划分依据。结合我国的实际情况，年销售收入和资产总额均在 5 亿元以上的为大企业，年销售收入和资产总额在 5 000 万元以上的都为中型企业；其余均归属于小企业。该标准中的企业范围仅包括工业企业，而不涉及非工业领域的企业，这部分企业则由相关部门另行制定。第五次对中小企业标准的制定是在 2003 年 2 月 19 日，国家经贸委、国家计委、财政部、国家统计局共同研究制定了《中小企业标准暂行规定》，明确了中小企业标准的上限，即为大企业标准的下限。该标准按照五大行业（包括工业、建筑业、邮政业、交通运输业、批发零售业），按职工人数、销售额、资产总额等指标进行划分。第六次对中小企业划型标准的修订是在 2011 年 6 月 18 日，为贯彻落实《中华人民共和国中小企业促进法》和《国务院关于进一步促进中小企业发展的若干意见》（国发〔2009〕36 号），工业和信息化部、国家统计局、发展改革委、财政部研究制定了《中小企业划型标准规定》。这次标准修订的一个重要原因，是原来在 2003 年 2 月发布的标准已不适应经济和企业发展的需要，也不能准确反映中小企业真实状况和对经济的贡献，主要体现为：其一是对各类行业在指标上采取"一刀切"。原标准对各类行业同时采用职工人数、销售收入和资产三个指标进行划分，存在"一刀切"问题，不能真实反映不同行业的特点和状况。其二是标准门槛有待调整。2003 年的原标准随着科技进步和劳动生产率的提高，部分标准门槛已与现实状况不符，如在对中型企业划型标准中，销售收入标准上限偏低，人数标准偏高。其三是标准涵盖的行业不全。原标准对工业、建筑业、批发和零售业、交通运输和邮政业、住宿和餐饮业等行业进行了划分，未包括房地产业、租赁和商务服务业、信息传输业、软件和信息技术服务业等行业。其四是缺乏微型企业标准。原标准只有中型和小型，没有微型企业。修订后的中小企业划型标准，不仅解决了原来标准存在的上述问题，而且对研究和实施中小企业政策，加强分类指导和推动中小企业发展具有重要意义。这些意义体现在：一是有利于中小企业分类管理、政策实施和宏观决策。新标准覆盖面广、划分细致，充分考虑了各个行业的特点，有利于建立中小企业分类统计制度和信息管理，真实反映中小企业经济运行状况。二是有利于加大对小型、微型企业的扶持力度。小型和微型企业经济基础相对薄弱、科研能力总体偏低，但它们是企业中比例最大的群体，也是弱势群体。新标准划出了微型企业标准，有利于明确重点，出台更有针对性的优惠政策以增强政策的针对性和时效性。三是有利于处理好提供劳动生产率和解决就业的问题。大型、中型企业劳动生产率较高，小型和微型企业是劳动力就业的主体，通过修订划型标准，有利于在兼顾劳动生产率的同时解决劳动力就业问题。四是便于与国际接轨。美国和欧盟等国家和地区均有微型企业划分，新标准明确微型企业有利于与国际接轨。

再次，从行业的差别来看，不同行业的划分标准也存在较大的差异。2011年6月颁布的《中小企业划型标准规定》按照行业对中小企业的划分给出了新的标准，其划分标准如下：

（1）农、林、牧、渔业　营业收入20 000万元以下的为中小微型企业。其中，营业收入500万元及以上的为中型企业，营业收入50万元及以上的为小型企业，营业收入50万元以下的为微型企业。

（2）工业　从业人员1 000人以下或营业收入40 000万元以下的为中小微型企业。其中，从业人员300人及以上，且营业收入2 000万元及以上的为中型企业；从业人员20人及以上，且营业收入300万元及以上的为小型企业；从业人员20人以下或营业收入300万元以下的为微型企业。

（3）建筑业　营业收入80 000万元以下或资产总额80 000万元以下的为中小微型企业。其中，营业收入6 000万元及以上，且资产总额5 000万元及以上的为中型企业；营业收入300万元及以上，且资产总额300万元及以上的为小型企业；营业收入300万元以下或资产总额300万元以下的为微型企业。

（4）批发业　从业人员200人以下或营业收入40 000万元以下的为中小微型企业。其中，从业人员20人及以上，且营业收入5 000万元及以上的为中型企业；从业人员5人及以上，且营业收入1 000万元及以上的为小型企业；从业人员5人以下或营业收入1 000万元以下的为微型企业。

（5）零售业　从业人员300人以下或营业收入20 000万元以下的为中小微型企业。其中，从业人员50人及以上，且营业收入500万元及以上的为中型企业；从业人员10人及以上，且营业收入100万元及以上的为小型企业；从业人员10人以下或营业收入100万元以下的为微型企业。

（6）交通运输业　从业人员1 000人以下或营业收入30 000万元以下的为中小微型企业。其中，从业人员300人及以上，且营业收入3 000万元及以上的为中型企业；从业人员20人及以上，且营业收入200万元及以上的为小型企业；从业人员20人以下或营业收入200万元以下的为微型企业。

（7）仓储业　从业人员 200 人以下或营业收入 30 000 万元以下的为中小微型企业。其中，从业人员 100 人及以上，且营业收入 1 000 万元及以上的为中型企业；从业人员 20 人及以上，且营业收入 100 万元及以上的为小型企业；从业人员 20 人以下或营业收入 100 万元以下的为微型企业。

（8）邮政业　从业人员 1 000 人以下或营业收入 30 000 万元以下的为中小微型企业。其中，从业人员 300 人及以上，且营业收入 2 000 万元及以上的为中型企业；从业人员 20 人及以上，且营业收入 100 万元及以上的为小型企业；从业人员 20 人以下或营业收入 100 万元以下的为微型企业。

（9）住宿业　从业人员 300 人以下或营业收入 10 000 万元以下的为中小微型企业。其中，从业人员 100 人及以上，且营业收入 2 000 万元及以上的为中型企业；从业人员 10 人及以上，且营业收入 100 万元及以上的为小型企业；从业人员 10 人以下或营业收入 100 万元以下的为微型企业。

（10）餐饮业　从业人员 300 人以下或营业收入 10 000 万元以下的为中小微型企业。其中，从业人员 100 人及以上，且营业收入 2 000 万元及以上的为中型企业；从业人员 10 人及以上，且营业收入 100 万元及以上的为小型企业；从业人员 10 人以下或营业收入 100 万元以下的为微型企业。

（11）信息传输业　从业人员 2 000 人以下或营业收入 100 000 万元以下的为中小微型企业。其中，从业人员 100 人及以上，且营业收入 1 000 万元及以上的为中型企业；从业人员 10 人及以上，且营业收入 100 万元及以上的为小型企业；从业人员 10 人以下或营业收入 100 万元以下的为微型企业。

（12）软件和信息技术服务业　从业人员 300 人以下或营业收入 10 000 万元以下的为中小微型企业。其中，从业人员 100 人及以上，且营业收入 1 000 万元及以上的为中型企业；从业人员 10 人及以上，且营业收入 50 万元及以上的为小型企业；从业人员 10 人以下或营业收入 50 万元以下的为微型企业。

（13）房地产开发经营　营业收入 200 000 万元以下或资产总额 10 000 万元以下的为中小微型企业。其中，营业收入 1 000 万元及以上，且资产总额 5 000 万元及以上的为中型企业；营业收入 100 万元及以上，且资产总额 2 000 万元及以上的为小型企业；营业收入 100 万元以下或资产总额 2 000 万元以下的为微型企业。

（14）物业管理　从业人员 1 000 人以下或营业收入 5 000 万元以下的为中小微型企业。其中，从业人员 300 人及以上，且营业收入 1 000 万元及以上的为中型企业；从业人员 100 人及以上，且营业收入 500 万元及以上的为小型企业；从业人员 100 人以下或营业收入 500 万元以下的为微型企业。

（15）租赁和商务服务业　从业人员 300 人以下或资产总额 120 000 万元以下的为中小微型企业。其中，从业人员 100 人及以上，且资产总额 8 000 万元及以上的为中型企业；从业人员 10 人及以上，且资产总额 100 万元及以上的为小型企业；从业人员 10 人以下或资产总额 100 万元以下的为微型企业。

（16）其他未列明行业　从业人员 300 人以下的为中小微型企业。其中，从业人员 100 人及以上的为中型企业；从业人员 10 人及以上的为小型企业；从业人员 10 人以下的为微型企业。

《中小企业划型标准规定》相较于原来的划分标准规定，存在以下特点：①增加了微型企业标准。新标准的这一细分，不仅有利于对中小企业的分类统计管理，也有利于使我国标准的类型更加完善，与世界主要国家对微型企业标准界定大体一致。②新标准的行业覆盖面广，基本涵盖国民经济主要行业，涉及 84 个行业大类，362 个行业中类和 859 个行业小类。③指标选取注重灵活性。新标准注意结合行业特点，具有很强的灵活性。如建筑业职工人数受项目或季节影响，人员变动起伏较大，新标准取消了原标准采用的职工人数指标，采用能够反映行业实际营业收入和资产总额的指标。此外，新标准指标由原标准的销售收入按现行财务要求统一为营业收入，同时由原来的三个指标减少到两个或一个指标，有利于标准出台后的实施，有利于对企业规模的认定，实际操作性更强。④为促进个体工商户的发展，发挥其在解决社会就业中的重要作用，新标准将个体工商户纳入标准范围，参照相关认定规定来执行。

（二）我国中小企业的特点和发展现状

我国的中小企业数量庞大，充满活力，在我国社会主义市场经济发展中具有重要地位和影响力，也是我国发展经济、加强创新、改善民生、促进就业的中坚力量。

1. 我国中小企业的特点

同大型企业相比，我国的中小企业在发展过程中呈现以下方面的特点：

（1）企业对外部市场的适应性强，灵活度高　这主要源于我国中小企业具有较少的员工数量、较少的管理层级和较简单的组织架构，使企业在面对外部市场变化时能及时快速调整企业经营战略。

（2）企业具有较大的创新发展潜力　以专精特新为代表的一大批创新型中小企业正呈现出强劲的创新活力，逐步成为我国创新的重要力量。

（3）企业抵御风险能力较弱　中小企业在资金筹集、管理方式和人才招聘等方面相较于大型企业还存在一些困难和问题，这导致企业在经营发展中面临更多的"人财物"资源约束，进而削弱了企业抵御风险的能力。

（4）企业管理的规章制度不完善　中小企业往往还处于企业发展的初期，企业经营发展过程中各项规章制度的建立和实施还不完善，距离企业治理现代化目标还有一定差距。

2. 我国中小企业的发展现状

首先，从企业数量角度看，中小企业数量规模快速壮大。根据工业和信息化部等政府机构的统计数据，截至 2022 年年末，我国中小企业的企业数量已超过 5 200 万户，2022年平均每天新增企业数量达到 2.38 万户。中小企业快速发展壮大，已经成为数量最大、最具活力的企业主体，成为我国经济社会发展的生力军。[注]

然后，从企业质量角度看，大批优质创新型中小企业层出不穷。我国政府出台了一系列相关支持政策，培育了近 9 000 家专精特新"小巨人"企业，带动地方政府积极培育 8万余家省级专精特新中小企业。其中，"小巨人"企业作为专精特新企业的代表，平均研发投入占比达 8.9%，平均研发人员占比达 28%，累计参与制修订国家标准 6 000 余项，获得授权发明专利数 14 万余项。近些年，先后有 70 余家专精特新"小巨人"企业荣获国

㊀　我国中微小企业已超 5 200 万户［EB/OL］．（2023-06-21）［2023-12-11］．https://www.miit.gov.cn/gyhxxhb/jgsj/zxqyj/fwzxqyzxd/zpzttj/art_32ff290ea9c540eb923fcdce35e8f598.html.

家科学技术奖，1 500余家专精特新"小巨人"企业承担了国家科学技术重大项目。中小企业加快转型专精特新的战略目标，展现出蓬勃的创新发展潜力，有效助推我国创新强国建设。

最后，从企业贡献角度看，中小企业有力推动了我国的经济社会发展。我国中小企业行业分布广泛，在产业链、供应链各环节与大企业相互融通、在产学研领域相互协同，助力我国形成完整高效的产业生态体系，增强了我国产业链和供应链的稳定性和竞争力。中小企业为我国大量劳动人口提供了就业机会，也满足了我国广大人民群众对服务和物质产品的需求。

▶ 二、中小企业财务特征

中小企业在外部环境适应能力、创新能力、抗风险能力和管理制度等方面同大企业相比具有独特性，在财务管理方面，中小企业也具有以下特征。

（一）企业初始资本规模小

中小企业建立初期所投入的初始资本规模往往较小，后期在企业经营中受限，企业抵御风险的能力会相应较弱，这对企业发展速度、可持续经营的稳定性等方面造成一定的负面影响。

（二）企业融资能力低

中小企业融资能力低，往往存在融资难和融资贵的问题。企业在融资过程中会面临各种内外部环境因素的影响和制约，这导致企业在融资成本和融资方式方面都存在困难。从企业内源融资角度分析，中小企业在内源融资方面占比较低，大约只有企业融资总额的三分之一。这主要受两方面因素的影响，一方面中小企业不重视资本积累，企业控股股东或大股东出于私利动机，会在短期内攫取企业大量经营利润；另一方面，中小企业固定资产每期折旧计提数额较少，削弱了企业固定资产更新换代的能力。从企业外源融资角度分析，中小企业外源融资仍然以银行信贷融资为主要方式，融资方式单一且门槛较高、审批手续较复杂，降低了中小企业信贷融资的时效性和可及性。当前我国资本市场不断改革完善，伴随着北交所、科创板等新兴融资平台和相关融资政策的不断改革创新，中小企业融资难的问题得到了一定程度的缓解，但相较于大型企业而言，中小企业融资能力低的问题依然存在，后续还需不断完善解决。

（三）投资周期短，投资效益不足

中小企业因具有较少的员工数量、较少的管理层级和较简单的组织架构，在面临投资决策时候能够更迅速地制定和实施投资决策，投资决策效率较高，但同时由于企业原始资本金较少，企业投资所需资金的筹集方式和数额受到约束，中小企业投资倾向于周期较短、规模较小的投资项目，而这类小型短期投资项目为企业带来的投资效益也会相应较低。

（四）企业财务管理水平低

受制于财务人员财务专业技能不足、企业财务规章制度不完善、企业风险抵御能力较弱等多方面因素，中小企业总体的财务管理水平较低。主要表现为以下方面：其一，企业应收款项管控不够。对于存在较大坏账风险的应收账款催收不力、制定的赊销政策不完善，导致企业资金运行效率低下，对企业经营所需的必要现金流造成了负面影响。其二，企业成本管理不足。中小企业没有或较少采取有效的成本管理措施，导致企业生产经营相关成本费用没有有效降低，影响了企业盈利能力的提升。其三，现金收支管理不严。部分中小企业存在大量现金，造成现金存放的风险升高以及资金收益下降。此外，部分企业没有建立完善的现金收支登记制度，导致出现"白条抵库"等问题。其四，对存货等资产管理不善，造成资金呆滞，资金周转低效。其五，对实物资产重视程度不足，部分中小企业高管对于实物资产日常和期末盘点审核力度不够，造成企业经常出现资产盘亏问题，影响了企业正常生产经营过程中对于必需资产的需求，也会挤占企业资金用于重购盘亏的实物资产，造成资源浪费和低效。

第二节 中小企业融资管理

▶▶ 一、中小企业融资的概念和特点

融资是企业为了满足生产经营、投资活动，资本结构管理以及其他需要，经过科学的预测和决策，通过一定的融资方式和渠道，筹集和获取所需资金的一种财务行为。

中小企业在我国经济中占有十分重要的地位，对促进经济社会发展起到十分关键的作用。但对于中小企业而言，企业融资活动却存在不少困难，中小企业的融资难和融资贵等已经成为制约中小企业发展的主要问题。由于中小企业自身的特质和企业所处外部环境的影响，中小企业在融资方面具有以下特点。

（一）融资难度大

对于中小企业而言，企业直接融资较为困难。相较于大型企业可以较为便捷地利用资本市场进行直接融资以满足企业生产经营的相关需求，中小企业利用资本市场进行直接融资具有较大障碍。这主要是由于中小企业在发行股票获取资金和发行债券进行融资时面临更加严格的融资批准标准和条件。

中小企业在向银行申请信贷融资时面临更高的信用风险。中小企业往往更难从银行获取充足的信贷资金支持，这主要受制于中小企业自身较少的资产数量、较快的产品市场变化、较小的经营生产规模、较大的员工流动性、较低的技术水平、不稳定的经营业绩、不固定的经营场所、较弱的风险防范能力，以及在公司治理方面缺乏规范透明的治理方法和标准。

银行信贷成本更高。中小企业对银行信贷有额度小、次数多、周期短的要求。银行信贷的审批流程（包含贷款方调查、资信水平评估、贷款额度投放、贷后资金监督等）却不能因此而减少，由于银行信贷审批的固定成本基本不变但信贷规模相对减少，比较而言，银行信贷交易的单位交易成本逐步上升，因此银行对中小企业逐渐失去放贷的激励。此外，对于现行的国有商业银行贷款审批体制而言，基层银行授信权限小，授信额度不足，审批流程复杂，相应的风险激励措施也不健全，对中小企业授信放贷的动机也不强烈。

（二）融资成本高

相较于大型企业而言，中小企业进行融资活动时，会面临更高的融资成本，其主要原

因有以下三个方面。

首先，中小企业面临更高的银行信贷成本。中小企业申请的信贷资金额度较小、周期较短，信贷评估时会由于其更高的生产经营风险面临更高的信贷利率，这导致银行信贷成本更高。

然后，中小企业通过担保抵押等方式获得信贷资金推高了融资成本。中小企业向银行申请融资时难度更大，因此会通过担保抵押的方式降低获取银行信贷资金的难度，但这也推高了中小企业因为担保抵押相关支出而产生的额外更高的融资成本。

最后，中小企业融资还会涉及其他高融资成本的方式。例如，通过民间借贷、典当等相较于银行信贷更高的方式融资，这一定程度上对企业正常的融资和生产经营活动的健康可持续发展具有负面影响。

(三) 融资风险高

中小企业的融资风险主要是指中小企业难以按期支付企业债务本金和利息的相关风险。与大型企业相比，中小企业具有更高的融资风险，主要有如下三个方面的原因。

首先，由于中小企业较难筹集到充足的长期经营生产所需资金，因此会更多地利用短期资金来满足企业的短期资金需求，甚至会出现"短债长投"等高风险投资方式。融资次数多、信贷利率高等因素导致了中小企业会面临更高的融资风险。

然后，中小企业资金周转能力较差。在面临资金周转困难时，相较于大企业拥有更多的资源和渠道，中小企业面临更大的融资约束，这会影响中小企业正常的生产经营所需的资金需求，为了解决资金周转问题，往往需要付出更高的融资成本，这也带来了企业融资偿还等方面更大的风险。

最后，中小企业的融资成本相较于大型企业更高，这使得企业偿债压力更大，造成中小企业承受到期不能支付信贷本金和相关利息的违约风险。

二、中小企业融资的动机

企业融资最本质的目的是满足企业正常生产经营的需要，具体到每一次的企业融资行为，往往会受到特定的融资动机的影响。总体而言，中小企业主要有以下方面的融资动机。

(一) 创立性融资动机

中小企业的创立性融资动机是指企业为取得资本金并形成开展生产经营活动的基本条件而产生的融资动机。中小企业最初创立之时，往往要按照企业生产经营规模预计长期资本需求量和流动资金需求量、购建设备厂房等，安排基本流动资金，从而形成企业的可持续生产经营能力。这要求中小企业筹集相关股权资金，不足的资金部分则需要通过信贷融资方式获取。

(二) 支付性融资动机

中小企业的支付性融资动机是指企业为了满足生产经营活动的正常波动而形成的支付需要所产生的融资动机。中小企业由于季节性、临时性的生产经营活动，往往会产生超过维持正常生产经营活动的资金需求，如大额的原料购买支出、年终员工工资奖金的一次性大额支出等。这些因素导致中小企业除了考虑正常的生产经营活动支出外，还需要利用临时的融资活动来满足额外的业务正常波动而产生的资金需求。

（三）扩张性融资动机

中小企业的扩张性融资动机是指企业由于生产经营规模的扩大或者对外投资需求的满足而形成的融资动机。中小企业在发展壮大的过程中，需要不断扩大生产经营规模、加大对外投资力度等发展举措，这就产生了大量的融资需求。中小企业扩张性融资行为需要服从企业投资计划与投资决策的相关安排，克服资金低效利用和投资时机延误等问题。

（四）调整性融资动机

中小企业的调整性融资动机是指企业由于调整资本结构而产生的融资动机。企业调整资本结构的目的在于降财务成本、控财务风险、增企业价值。中小企业的调整性融资动机主要来自于两个方面：一方面是为了资本结构的优化升级。企业通过动态平衡股权资本和债务资本的结构比例来实现企业最优资本结构。另一方面是为了偿还到期债务而对债务结构进行内部调整。例如，企业短期流动负债占比较大，增加了企业近期偿债压力，这时企业可通过融入长期债务来偿还部分短期负债。

（五）混合性融资动机

中小企业的混合性融资动机是指企业融资不仅为了解决日常生产经营和投资活动的资金需求，还达到了对于企业资本结构调整的目的。混合性融资动机既包含了调整性融资动机，还包含了扩张性融资动机。例如，在中小企业对外投资扩张的过程中，其资金通过长期信贷融资和债券融资等方式获得，这不仅解决了企业投资所需的资金需求，还显著改变了企业的资本结构。

三、中小企业融资的内容

中小企业融资活动是企业资金流转运动的初始点，融资活动需要解决中小企业的融资动机、融资数量、融资方式和渠道、融资成本和风险的协调等问题，主要包含以下内容。

（一）科学合理地确定资金需求量

中小企业的成长发展是一个连续的过程，中小企业所具有的融资需求和所需的融资方式会受到其所处企业生命周期不同阶段的影响。中小企业应当根据其主要产品的生命周期、所处行业的生命周期和企业财务状况的变化（如营业收入、成本费用、现金流量、资产状况等）来判断企业所处的生命周期阶段。

中小企业为了形成生产经营能力、保证生产经营的正常运行，必须保持一定的资金数量。企业有日常资金需求的原因主要有两个：其一为满足企业正常经营运转的需求；其二为满足投资发展的资金需求。在生命周期的不同阶段，中小企业的资金需求量也不尽相同。当中小企业创立时，要按照计划的生产经营规模、流动资金需求量和预计长期资本需求量等来确定资金需求量；当中小企业正常生产经营时，要依据年度经营发展规划和企业资金周转水平来确定维持企业日常经营发展所需的资金量；当中小企业处在快速成长阶段时，要依据企业对外投资扩张规模所需资金确定额外的专项发展配套资金。

（二）科学合理地选择融资渠道和方式

中小企业在确定了融资数量后，需要进一步选择相对应的融资渠道和方式，综合考虑所选择的融资渠道和方式所带来的融资成本、融资期限以及对融资企业的干预与控制程度等各方面因素的影响。

中小企业融资渠道是指企业筹集资金的通道和来源，主要包括外部融资和内部融资。外部融资包含股权融资和债务融资，内部融资主要利用企业内部留存利润来满足资金需要。对于上述融资渠道的资金，中小企业可利用不同融资方式来获取，可以分为直接融资和间接融资。直接融资表示企业通过发行股票、债券或同相关投资者直接签订协议等方式直接获取相关资金；间接融资表示企业与银行等金融机构通过信贷方式间接获取资金。

不同的融资渠道和方式的融资成本和融资期限是不同的。企业融资的期限包括付息的时间和还本的时间。决定企业融资期限的因素主要是投资以及生产经营活动的规划和还债率，不同使用方向的资金有不同的期限要求。总体而言，银行信贷融资具有速度快、灵活性强等优势，但能否取得银行贷款取决于企业的还贷能力和资产状况，而股权融资所需时间较长，且较易受外界股票市场的影响，导致企业股票上市融资前景的不稳定。

另外，中小企业在发展过程中还存在融资活动规模不经济的问题，这就导致其融资成本相对较高。因此，中小企业应仔细对这些影响因素给企业造成的利弊进行权衡分析，科学合理地确定融资渠道和方式。

（三）降低融资成本，防控融资风险

融资成本是中小企业筹集和利用资金时所付出的相应代价，包含融资费用与用资费用。融资费用包括资金融入阶段所产生的借款手续费、股票债券发行费用等支出；用资费用包括信贷利息、股利费用等支出。

不同融资方式融入的资金所产生的融资费用也不尽相同。债务融资成本一般比股权融资成本低，即使企业都是债务融资的资金，但不同债务所规定的不同使用期限、使用范围等因素也会使各债务融资的成本具有差异。中小企业融资活动所产生的融资成本，需要通过使用融入资金所取得的收益来清偿，因此中小企业在进行融资决策时需要综合考虑偿还相应负债的各项成本费用和财务风险。科学合理地采用更低融资成本的融资方式。

中小企业的融资风险则主要是指企业无法如期清偿融资而产生本金和利息的风险。融资风险会进一步引发企业破产风险，中小企业在选择融资方式时需要关注融资风险并采取有力措施进行防控，合理确定内部自有资金与外部融入资金之间的比例，在发挥财务杠杆积极效果的同时防控好中小企业的融资风险。

▶▶ 四、中小企业融资的基本原则

中小企业融资活动必须在严格遵守国家法律法规的基础上，分析影响融资的各种因素，权衡资金的数量、性质、风险与成本，进而科学确定融资方式，提高融资效率。具体来说，应遵循以下几个基本原则。

（一）合法原则

合法原则是指中小企业必须遵循国家相关法律和法规，依法履行法律法规和投资合同约定的责任，合法合规筹资，依法进行信息披露，维护企业各方的合法权益。

（二）规模适当原则

规模适当原则是指中小企业融入的资金规模要与企业实际资金需求量匹配一致，不仅

要避免因筹资不足而影响企业正常生产经营活动，还要防止融资过量而造成的资金闲置问题。

（三）取得及时原则

取得及时原则是指中小企业需要合理安排资金筹集到位的时间，使融入资金与使用资金在时间上能够很好衔接。不仅要避免过早筹资形成的资金投放前的闲置，还要防止取得资金的时间滞后，错过了资金的最佳使用时间。

（四）来源经济原则

来源经济原则是指中小企业针对不同资本成本的融资方式，应当在考虑融资难易程度的基础上，选择更加经济、可行的资金来源渠道和方式，从而有效降低企业融资成本。

（五）结构合理原则

结构合理原则是指中小企业要综合考虑和处理好股权融资和债务融资之间的关系、内源融资和外源融资之间的关系、长期资本与短期资本之间的关系，从而合理安排资本结构，保持健康的偿债能力，降低企业财务风险。

▶ 五、中小企业的融资方式

中小企业的融资方式是指企业筹措资金所运用的具体形式，受到企业状况、融资市场、法律环境和经济体制等企业内外部环境的影响。对于中小企业而言，企业除了依靠自身留存收益满足内源融资需求外，往往还需要进行外源融资。外源融资是指利用企业外部资金来进行融资，又可以进一步划分为间接融资和直接融资。

间接融资是指资金盈余者通过存款等形式，将资金首先提供给银行等金融中介机构，然后由这些机构再以银行信贷等形式将资金提供给资金短缺者使用的资金融通行为；而直接融资是指资金盈余者与短缺者直接进行协商或者在金融市场上由前者购买后者发行的有价证券，从而资金盈余者将资金的使用权转让给资金短缺者的资金融通行为。当前我国中小企业仍然是以包括银行贷款在内的间接融资为主要融资方式。

以下针对中小企业的各类主要融资方式进行具体介绍。

（一）间接融资

1. 信用贷款

信用贷款是指企业根据自身信用与金融机构签订借款合同，并从银行或非银行金融机构取得资金的融资方式。由于相比大企业，中小企业往往存在信用不足的缺陷，因而其获得信用贷款的能力有限。对于该类贷款，由于没有财产抵押，银行一般会收取较高的贷款利息并附加一定的限制条件。

2. 抵押贷款

抵押贷款是指以借款方或第三方的财产作为抵押物而获得的贷款。抵押物可以是不动产，也可以是货物提单、股票、有价证券等。

3. 担保贷款

担保贷款是指由借款方或第三方依法提供担保而获得贷款。担保包括保证责任、财产抵押、财产质押。当前我国已发展了一批为中小企业提供专门担保的担保公司。

4. 贴现贷款

企业将未到期的票据交给银行，银行扣除贴现利息后，将票面余额支付给企业的一种金融业务。银行通过这种方式间接地向票据承兑企业发放贷款。

(二) 直接融资

1. 债券融资

中小企业可在资本市场上发行债券来融资。企业债券是指依照法定程序发行，约定在一定期限还本付息的有价证券。债券融资的特点包含单次筹资数额较大、相较于银行贷款而言其筹资使用的灵活度和自主性较大、筹资费用和利息导致的发行成本较高、有助于债券发行主体自身社会声誉的提升等。

我国中小企业进行债券融资比较困难，因为国家对发行债券的企业有严格的条件限制，大部分中小企业很难满足相应条件。此外，部分中小企业的自身信用水平较低，也增加了其在资本市场直接发行债券的难度。

2. 股票融资

公开发行股票是筹措所需资金的可行办法，股票融资没有固定的到期日和利息费用负担，不存在必须偿还本金的财务风险。但其中也存在费用昂贵、手续烦琐、分散企业的控制权等问题。在我国，中小企业已经涉足股票融资。有的通过股份制改造、发行股票直接上市融资，有的通过收购股权、控股上市公司，达到买"壳"或借"壳"上市融资的目的。但能争取到这些机会的只是极少数规模较大、技术或产品比较成熟的中小企业，一般的中小企业很难进行股票融资。

伴随着我国资本市场的不断改革发展，我国中小企业利用发行股票进行股权融资的难度已经有了明显的改善，这主要得益于我国构建并完善了针对不同类型企业的多层次资本市场体系。针对中小企业而言，当前其进行股权融资的资本市场主要包括上海证券交易所的科创板市场、深圳证券交易所的创业板市场和北京证券交易所等。这些多样化的资本市场可以给中小企业提供更方便的融资渠道，为风险资本营造一个正常的退出机制。同时，这也是我国调整产业结构、推进经济改革的重要手段。

上海证券交易所的科创板市场成立于 2019 年，主要支持高科技企业发展；深圳证券交易所的创业板市场又称二板市场，是与主板市场不同的一类证券市场，专为暂时无法在主板市场上市的创业型中小企业提供融资途径和成长空间的证券交易市场。

北京证券交易所于 2021 年 9 月 3 日注册成立，是经国务院批准设立的我国第一家公司制证券交易所，受证监会监督管理。深化新三板改革，设立北京证券交易所，是打造服务创新型中小企业、落实国家创新驱动发展战略的必然要求。北京证券交易所的发展目标主要包含三大方面：首先，构建一套契合创新型中小企业特点的涵盖发行上市、交易、退市、持续监管、投资者适当性管理等内容的基础制度安排，补足多层次资本市场发展普惠金融的短板；其次，畅通北京证券交易所在多层次资本市场的纽带作用，形成相互补充、相互促进的中小企业直接融资成长路径；最后，培育一批专精特新中小企业，形成创新创业热情高涨、合格投资者踊跃参与、中介机构归位尽责的良性市场生态。

与上海证券交易所和深圳证券交易所的主板市场相比，科创板、创业板和北交所等新兴资本市场主要具有以下特点：

（1）前瞻性市场　上述新兴资本市场对企业历史业绩要求不严，过去的表现不是融资的决定性因素，关键是企业是否有发展前景和创新成长空间，是否有较好的战略计划与明确的战略目标，是否能满足国家急需紧缺的发展需要。

（2）宽松的上市条件　上述新兴资本市场主要面向创新型中小企业，因此其上市的规模与盈利条件都不高，甚至对企业盈利能力不做较高要求。

（3）较低的股票发行费用　上述新兴资本市场的股票发行费用远低于主板市场，这也增加了对广大中小企业的吸引力，使其成为中小企业融资市场的优势所在。

（4）较大的市场风险　上述新兴资本市场主要是服务于中小企业，与主板市场上市公司相比，具有资本规模小、发展不确定性强、缺乏业绩支撑等特点，技术风险、市场风险、经营风险均较大，投资失败率很高。由于上市公司的资质普遍低于主板市场，故市场的整体风险也明显大于主板市场。

（5）成功的做市商制度　做市商是指承担股票买进和卖出义务的交易商。做市商制度有利于帮助在新兴资本市场上市的中小型企业提高知名度；提升上市股票的流通性，使二板市场具有较高的透明度。

3. 衍生工具融资

衍生工具融资，包括兼具股权和债务性质的混合融资和其他衍生工具融资。我国企业目前最常见的混合融资方式是可转换债券和优先股，最常见的其他衍生工具融资是认股权证。

（1）可转换债券　它是指债券持有人可按照发行时约定的价格将债券转换成公司的普通股票的债券。如果债券持有人不想转换，则可以继续持有债券，直到偿还满时收取本金和利息，或者在流通市场出售变现。如果债券持有人看好发债公司股票增值潜力，在宽限期之后可以行使转换权，按照预定转换价格将债券转换成为股票，发债公司不得拒绝。该债券利率一般低于普通公司的债券利率，企业发行可转换债券可以降低筹资成本。可转换债券持有人还享有在一定条件下将债券回售给发行人的权利，发行人在一定条件下拥有强制赎回债券的权利。

可转换债券的优点：可转换债券筹资功能灵活，能够使持有人在一定期限内，按照事先规定的价格或者转换比例，自由地选择是否转换为公司普通股；可降低企业的筹资成本，可转换债券的利率低于同一条件下普通债券的利率，而当其转为普通股时，企业不支付额外筹资费用；可转换债券融资效率高，由于其发行时规定的转换价一般大于当时企业股价，当之后发生债券转股权时，相当于在可转换债券发行时就用大于当时股价的价格发行了新的股票，提高了企业融资效率。但可转换债券也同样存在着一定的财务风险，若企业在转换期间内股价处于下跌趋势中，持有可转换债券的投资者会选择不转换股票，这会导致企业面临可转债到期时集中、大额的偿付压力，提高了企业的财务风险。

（2）优先股　优先股是指股份公司发行的具有优先权利、相对优先于普通股的股票种类。在利润分配和剩余财产清偿分配的权利上，优先股股东优先于普通股股东，但是优先股股东在参与公司决策管理上存在权利制约。

优先股的主要特征包括：首先，优先股的股息收益一般是事先约定的，也是相对固定的。所以优先股的股息一般不会根据公司经营情况而增减，而且通常也不能参与公司的分红，但优先股可以先于普通股获得股息。对公司来说，由于股息固定，它不影响公司的利润分配。其次，优先股的权利范围小。优先股股东一般没有选举权和被选举权，对股份公司的重大经营无投票权，仅在召开会议讨论与优先股股东利益有关的事项时，优先股东具有表决权。最后，优先股的优先权利是相对于普通股股东而言，主要体现在年度利润分配和剩余财产清偿分配方面。

（3）认股权证　认股权证是由股份公司发行的可认购其股票的一种买入期权。它赋予持有者在一定期限内以事先约定的价格购买发行公司一定股份的权利。对于融资公司来说，认股权证的发行是一种特殊的融资方式。认股权证本身含有期权条款，其持有者在认购股份之前，对发行公司既不拥有债权也不拥有股权，而只是拥有股票认购权。

认股权证的优点：首先，认股权证是一种融资促进工具，它能推动企业在规定的期限内完成股票发行计划，实现成功融资。然后，认股权证有助于改善上市公司的治理效果。采用认股权证进行融资，融资的实现是缓期分批实现的，上市公司及其大股东的利益和投资者是否在到期之前执行认股权证密切相关，因此，在认股权证有效期间，上市公司管理层及其大股东私利攫取行为都可能降低公司股价，从而降低投资者执行认股权证的可能性。因此，认股权证可以在一定程度上有效缓解上市公司的委托代理问题。最后，认股权证有利于推进发行企业的股权激励机制。认股权证是常用的企业员工激励工具，通过给予高级管理者和重要员工一定的认股权证，可以把他们的利益与企业价值成长紧密联系在一起，建立一个高管和员工通过提升企业价值再实现自身财富增值的激励机制。

（三）融资工具的创新多元发展

随着我国经济社会的不断发展，中小企业的融资工具也日渐丰富，在融资方式和渠道上表现出多样化的发展趋势。

1. 私募股权投资

私募股权投资（PE）是指通过私募基金对非上市公司进行的权益性投资。在交易实施过程中，私募基金会附带考虑将来的退出机制，即通过公司首次公开发行股票、收并购或管理层回购等方式退出获利。

私募股权投资最主要的特点是权益性、高风险性、高收益性、长期性和专业性。权益性是指该投资是一种权益性资本，是通过购买股权进行的一种长期投资，而不是借贷资金。高风险性是与其投资对象相联系的，私募股权投资的对象是刚刚起步或还没有起步的中小企业，它看重的是投资对象潜在的技术能力和市场潜力，因此具有很大的不确定性即风险性。与高风险相联系的是高收益，私募股权投资之所以愿意投资高风险中小企业，关键是其利润所带来的补偿甚至超额回报。私募股权投资的长期性是指从投资到从企业成功上市中获利的周期较长，一般需要数年时间，而且在此期间还需要不断增资。最后，专业性是指私募股权投资机构不仅向创业者提供资金，往往还参与或指导企业的经营，利用丰富的经验和过硬的技术在企业中发挥其积极指导作用。

2. 产业投资基金

产业投资基金是指向具有高增长潜力的未上市企业进行股权或准股权投资，并参与被投资企业的经营管理，以期所投资企业发育成熟后通过股权转让实现资本增值。中小企业中有大量具有高增长潜力和强创新能力的企业，这些中小企业是产业投资基金投资的重要方向。

产业投资基金进行投资时会首先选择拟投资对象；其次，进行尽职调查；当目标企业符合投资要求后，产业投资基金会进行交易构造，投资后会参与企业的经营管理活动；最后，在达到预期目的后，选择通过适当的方式从所投资企业退出，完成基金的资本增值。

3. 股权众筹融资

股权众筹融资是指公司通过出让一定比例的股份，让普通投资者出资入股公司，以获得未来收益的一种基于互联网渠道进行融资的模式。股权众筹融资必须通过股权众筹融资中介机构平台进行。作为融资方的中小企业在进行股权众筹融资后应通过相关中介机构平台完整、准确地披露企业的生产经营状况、财务资金使用、商业模式等重要信息。

4. 融资租赁

融资租赁是指出租人根据承租人对租赁物件的特定要求和对供货人的选择，出资向供货人购买租赁物件，并租给承租人使用，承租人则分期向出租人支付租金。在租赁期内，租赁物件的所有权归出租人所有，承租人拥有租赁物件的使用权。租期届满，租金支付完毕并且承租人根据融资租赁合同的规定履行完全部义务后，对租赁物的归属没有约定的或者约定不明的，可以协议补充；不能达成补充协议的，按照合同有关条款或者交易习惯确定；仍然不能确定的，租赁物件所有权归出租人所有。

融资租赁是集融资与融物、贸易与技术更新于一体的新型金融产业。由于其具有融资与融物相结合的特点，出现问题时租赁公司可以回收、处理租赁物，因而在办理融资时对企业资信和担保的要求不高，所以非常适合中小企业融资。

5. 供应链融资

供应链融资是将供应链核心企业与其上下游配套企业作为一个整体，根据供应链中相关企业的交易关系和行业特点制定基于货权和现金流控制的"一揽子"金融解决方案的一项企业融资方式。中小企业往往为大型核心企业提供原料、初级制成品供给、产成品运输销售等配套服务，依附于供应链上的大型核心企业。供应链融资可以解决供应链上下游中小企业融资难、担保难等财务问题，而且通过打通上下游融资瓶颈，还可以降低其供应链融资成本，提高核心企业及配套中小企业的整体竞争力。

第三节　中小企业投资管理

中小企业投资管理是指中小企业为短期和长期发展所进行的增加资金总量、扩大经营规模的管理活动。中小企业投资管理的基本要求是建立严密的管理秩序，充分论证投资在技术上的可行性和经济上的合理性，在收益和风险同时存在的条件下，力求做好预测和决策，以减少风险，提高效益。

一、中小企业投资管理的意义

中小企业的投资项目风险往往较大，在投资过程中可能出现投资不足或过度投资的问题和风险，因此必须对中小企业的投资进行科学管理。中小企业投资管理的意义主要体现在以下方面。

（一）推动国民经济发展

中小企业作为国民经济中的重要组成部分，其健康发展对推动我国国民经济的发展具有重要意义。根据第四次全国经济普查相关数据，我国中小企业法人单位占全部规模企业法人单位的99.8%，拥有资产占77.1%，营业收入占68.2%。中小企业的投资活动能够促进地方经济的振兴，缓解区域发展不平衡的问题，有助于实现共同富裕的目标，从而促进我国国民经济的平稳健康发展。

（二）提供大量就业机会

正确的投资管理活动可以激发企业的发展活力，扩大企业的规模和业务领域，从而间接创造更多就业岗位，为社会提供大量就业机会。根据第四次全国经济普查相关数据，我国中小企业吸纳就业占全部企业就业人数的79.4%。这对于解决社会问题、促进社会和谐稳定具有积极作用。

（三）促进中小企业健康发展

投资活动是中小企业经营中的重要环节，也是企业扩大规模和增加利润的重要方式。通过投资管理，企业可以对资源进行优化配置，控制投资风险，使企业的投资活动取得效益，达到预期的目标。这种规范化的投资管理可以帮助企业实现成本的效益最大化，从而促进企业的健康发展。

（四）促进企业管理规范化

中小企业在进行投资管理时，需要对企业其他经营活动进行规范和管理，以实现投资效益的最大化。这种规范化、科学化的管理方式有助于企业制定相应的规章制度，创新管理方法，完善管理制度，促进企业的制度化和规范化管理。

▶ 二、中小企业投资管理的问题

中小企业投资管理主要存在以下几方面的问题。

（一）投资管理方式不科学

中小企业的管理者往往不是职业经理人，如一些中小型家族企业，其管理者往往是家族内部成员。这些管理者可能缺乏专业的投资知识和经验，导致投资管理思想和方式单调落后。同时，部分中小企业缺乏规范的投资管理制度和流程，在做投资决策时，管理者可能会带有个人情感而并非基于科学投资理念的判断，导致投资决策过程随意性较大，难以保证决策的科学性和准确性。在投资实施之后，这些管理者可能不重视融资、投资和经营的紧密联系，不能及时发现风险，从而造成较大损失。此外，中小企业的管理者大多只关注短期的利益而忽视企业的长期发展，缺乏长期的规划。这导致企业在投资过程中只注重短期的收益，而忽视长期的效益和风险。

（二）缺乏投资项目必要的可行性分析

中小企业可能并不是在总结和分析企业自身情况、发现存在的问题、充分分析经济环境和市场发展趋势、对投资环境进行科学分析的基础上把握投资机会的。投资决策者提出投资项目往往是根据自身的经验以及市场上的热门来决定的，有时候会出现"一哄而上"的现象，投资的盲目性很大。此外，由于不能全面掌握市场情况，缺乏现代企业管理知识和财务管理知识，企业管理者在制定企业收缩与扩张战略、确立新的投资等方面缺乏可行性研究，没有利用体现投资项目营运能力和获利能力的指标对投资项目的经济效益进行技术上的分析，在进行投资决策时不能充分论证项目的可行性。

（三）投资结构不合理

中小企业在实际投融资过程中，可能考虑不周全。中小企业的部分管理者由于缺乏相关的财务管理知识和投资经验，在进行投资时一般并不重视投资的结构。中小企业的对内投资都非常注重有形资产的投资，特别是固定资产的投资，把大量资金都投到购置企业的固定资产上，从而忽略了对无形资产的投资。而且企业没有充分认识到无形资产的重要作用，在选择投资项目时都认为投资无形资产的投入比较大且见效较慢，不愿意把资金投到无形资产开发上，专利权、商誉、商标权和人力资源开发往往很落后，致使企业在这个无形资产发挥主导作用的时代没有很强的实力参与激烈的竞争，失去健康、稳健、快速发展的强大动力。

（四）缺乏专业人才

中小企业的投资管理需要专业的人才来进行。由于中小企业的规模实力和行业影响力较小，可能很难吸引高层次专业人才。同时，由于企业内部缺乏培训和激励机制，中小企业内部的人才也很难得到有效的培养和长远发展。

（五）融资受到约束

中小企业资金短缺主要是由筹资渠道少、资金运用不合理造成的。中小企业本身的资金实力比较薄弱，资金来源主要是企业所有者的资本金、亲戚朋友的借款和其他资金，还有利润留存的部分资金，其中大部分是企业所有者的资本金。除了维持企业正常的经营活动所需要的资金以外，能用于投资的资金较少。而中小企业对外筹集资金的主要来源是银行和其他金融结构，但是中小企业吸引金融机构投资或取得借款比较困难。银行和其他金融机构因为要冒高风险所以提高了贷款利率或者限制了中小企业贷款的条件等，增加了中小企业的融资成本。当中小企业的经营状况出现问题急需资金周转却无法筹集到所需要的资金时，就无法进行日常的经营活动，更谈不上投资了。

三、中小企业投资管理原则

为了适应投资项目的特点和要求，实现投资管理的目标，做出合理的投资决策，投资管理需要符合相应的原则，以保证投资活动的顺利开展。

（一）可行性分析原则

中小企业投资项目的金额较大、时间较长，一旦投资项目失败将对企业造成重大负面影响。因此，在进行投资决策时，需要进行科学的可行性分析。可行性分析的主要任务是对投资项目实施的可行性从技术、市场、财务、组织、社会等多方面进行科学的论证。通过对项目未来发展的预测，进行定性和定量分析来比较项目优劣，给投资决策提供重要参考。

（二）结构平衡原则

中小企业的投资项目涉及固定资产生产能力和条件的构建，以及相关流动资产的配套等，是一项综合性工程。同时中小企业融资能力有限，需要让有限资金发挥最大效用。只有遵循结构平衡原则，投资项目实施后才能正常顺利地运行，同时避免资源闲置和浪费。

（三）动态监控原则

中小企业投资的动态监控原则是指对投资项目实施过程的进程控制。固定资产投资项目在建设期间应根据工程进度逐步进行资金拨付和资金结算。金融投资项目则要广泛收集资本市场的相关信息，了解金融投资标的的财务状况，动态评估投资价值。

四、中小企业投资管理内容

中小企业投资管理内容包括投资计划制订、投资可行性分析、投资过程控制、投资后评价等方面。

（一）投资计划制订

中小企业需要制定符合自身特点和市场环境的投资战略规划，明确投资目标、投资方向和投资重点。中小企业需要明确投资目标包括扩大生产规模、提高产品质量、开拓新市场等。在确定投资目标时，需要充分考虑企业的战略规划和实际情况，确保投资计划与企业的发展方向和目标一致。确定好目标后，要进行充分的市场调研，选择符合自身特点和自身能力能够支撑的投资方向和投资重点。

（二）投资可行性分析

中小企业在可行性分析过程中需要综合考虑多个因素，权衡利弊得失，制定科学合理的投资策略。中小企业可以从如下层面进行可行性分析：

（1）技术层面　对投资项目的技术进行评估，包括技术的先进性、成熟性、适用性和成本效益等方面。评估时需要考虑企业现有的技术水平和研发能力，以及市场需求和技术发展趋势等因素。

（2）市场层面　对投资项目的市场需求进行评估，包括市场需求量、竞争状况、销售渠道和客户群体等方面。评估时需要了解市场趋势和竞争对手情况，制定合理的市场定位和营销策略。

（3）财务层面　对投资项目的财务状况进行评估，包括项目的投资回报率、净现值、内部收益率等方面。评估时需要编制详细的财务计划和财务报表，进行财务风险分析和预测。

（4）组织层面　对投资项目的组织管理进行评估，包括项目管理团队的能力、组织架构和制度建设等方面。评估时需要考虑企业现有的管理水平和资源状况，制定合理的组织架构和人力资源计划。

（5）社会责任层面　对投资项目对社会和环境的影响进行评估，包括项目的环保措施、社会效益和可持续发展等方面。评估时需要了解相关法律法规和政策要求，制订合理的社会和环境计划。

（三）投资过程控制

中小企业应当加强针对投资活动各环节风险和问题的控制和防范，提高投资效率，主要包括如下方面的过程控制：

（1）投资决策控制　中小企业需要对投资项目进行全面评估，包括资源整合、市场前景、经济效益等方面。评估时需要制定合理的评估标准，采用科学的方法进行评估，确保投资决策的科学性和准确性。

（2）投资执行控制 中小企业需要对投资项目进行全面的管理和监控，包括项目进度、质量、成本等方面。需要制定合理的项目计划和投资管理制度，确保项目按照制订的计划顺利进行。同时，需要加强风险管理和监控，及时发现和解决潜在问题。

（3）投资优化控制 中小企业需要根据实际情况和市场环境的变化，对投资项目进行优化调整。优化调整时需重新评估项目的可行性和经济效益，制定相应的优化方案和应对措施，确保投资活动的可持续发展。

（四）投资后评价

中小企业需要对投资项目的收益进行全面评价，包括投资回报率、净现值等方面。评价时需要采用科学的方法和标准，确保评估结果的准确性和可靠性。同时，需要对投资项目的可持续性和未来发展前景进行评价，为企业未来的投资决策提供依据。

五、中小企业投资战略

中小企业在投资管理中应科学合理地选择适合企业实际和项目发展的投资战略，提高投资管理的科学性和效益性，从而推动企业的可持续发展。投资战略主要解决战略期间内，企业投资的目标、规模、方式以及时机等重大问题，它是企业最根本的决策。中小企业投资战略主要有以下几种。

（一）专业化投资战略

中小企业可以根据自身规模较小、资源有限等特点，制定专业化经营战略。通过集中在单个产品线和细分市场上进行投资项目选择和实施，扩大生产批量，提高产品质量，中小企业可以赢得竞争优势，并可为大型企业提供配套产品，从而走上以小补大、以专取胜、以精发展的可持续健康发展之路。

（二）差异化投资战略

中小企业可以根据差异化、独特性的投资发展方式，寻找市场上的空白，凭借自身灵活、快速反应的特性，一举进入空白市场。通过实施相关差异化投资战略，中小企业可以完成在该空白市场中的迅速构建和发展。

此外，中小企业可以根据企业生命周期发展阶段的不同，选择差异化的投资战略。例如，初创期的中小企业可采用一体化投资战略，将全部资源集中使用在某一个特点的市场、产品或者技术上，通过有限的资源在某一领域上的高度集中来达到增加主要业务销售量、提高市场占有率等目的，从而为企业的发展进行原始资本积累；而成熟期的中小企业为实现可持续发展及分散企业投资风险，可采取相关多元化投资战略；衰退期的中小企业可采用缩减转移投资战略。

（三）品牌化投资战略

品牌化投资战略是指中小企业在投资过程中注重品牌的建设和维护，以品牌为核心竞争力，提升企业的市场地位和价值。首先，中小企业在制定投资战略时，应将品牌建设纳入其中，将品牌作为企业发展的重要资产，注重品牌的独特性和差异性；在投资项目落地实施后，中小企业应注重投资项目品牌质量的提升。质量是品牌的基础，只有高质量的产品和服务才能赢得消费者的信任。企业应通过提高产品质量、加强研发创新、改善售后服务等方式，不断提升品牌的知名度和美誉度。此外，中小企业应加强投资项目品牌的维护和管理。通过建立完善的品牌管理体系和规章制度，加强对品牌的知识产权保护，防范品牌风险，维护品牌的形象和声誉。

第四节　中小企业绩效评价

中小企业的绩效评价是指运用相关方法和原理，根据特定指标体系，对照统一的标准，按照一定的程序，通过定量、定性对比分析，对企业一定经营期间的经营效益和经营者业绩做出客观、公正和准确的综合评判。

▶ 一、中小企业绩效评价的意义

中小企业绩效评价的意义在于全面了解企业的经营状况，通过定期评价帮助企业及时发现问题和潜在风险，并采取相应措施进行改进，以提高企业各方面的绩效水平。此外，绩效评价也为企业的决策制定和执行提供依据，帮助企业后续制定更科学合理的发展战略和经营计划。具体而言，中小企业绩效评价有如下积极意义。

（一）提升企业的战略执行力

将中小企业的绩效目标进行层层分解，并将具体的工作任务和指标落实到各个部门和员工身上，通过绩效评价来衡量其完成情况，有助于确保企业的绩效目标成功实现。

（二）改进企业绩效

通过绩效评价，中小企业可以发现在实际生产经营过程中的问题和风险，得到有针对性的反馈和改进建议，促使企业不断提高防控风险、解决问题的能力，实现企业各方的共同发展。此外，通过绩效评价，中小企业可以发现自身的优势，明确重点发展方向，从而优化资源配置，提高工作效率和质量，增强企业的核心竞争力，提高市场地位，以进一步提升企业绩效。

（三）促进企业可持续发展

绩效评价不仅关注短期业绩，更注重企业的长远发展。通过绩效评价，中小企业可以不断完善自身的治理结构和经营模式，确保企业在不断变化的市场环境中保持持续、健康的发展态势。

（四）促进员工激励和发展

绩效评价结果可以作为员工激励和晋升的重要依据，对表现优秀的员工给予相应的奖励和晋升机会，从而激发员工的积极性和创造力，提高其工作满意度和忠诚度。

▶ 二、中小企业绩效评价的影响因素

（一）企业外部影响因素

1. 宏观经济环境

中小企业的绩效评价受到宏观经济环境的影响。宏观经济环境包括经济结构和体制、总体经济发展状况、市场消费状况、对外贸易状况等，如果宏观经济环境良好，市场需求

增加，企业就有更多的机会发展壮大；反之，如果宏观经济环境不佳，市场需求减少，企业可能会面临更大的经营压力。

2. 行业环境

行业环境也是影响中小企业绩效评价的重要因素。不同行业的竞争程度、市场需求、技术水平等都有所不同，因此，中小企业的绩效评价应该结合行业特点进行。例如，新兴行业的技术创新对企业的竞争力至关重要，而传统行业的品牌和渠道建设则可能更为重要。

3. 政策法规环境

政策法规环境对中小企业的绩效评价也有一定影响。政府政策的稳定性和连续性可以为企业提供更好的发展环境，而法规的变化也可能给企业带来一定的风险。因此，中小企业应该关注政策法规的变化，加强与政府的沟通与合作，为企业的发展创造更好的条件。

对中小企业影响最大的政策包括税收政策和信贷政策等。在税收政策方面，我国针对营业规模较小的中小企业，所得税有相应优惠：对在西部地区相关行业的新建企业实行一定期限的减免税，鼓励其扩大原始资本积累和增加生产发展基金；对特殊性质的中小企业（如福利型企业）免税，鼓励其自食其力、自我发展；对高科技、高风险中小企业在增值税缴纳方面给予一定优惠，鼓励科技人员等创办此类企业，推进我国新技术、新产品、新服务种类的开发。例如，对于从事研究开发活动的中小企业，2024年可继续实施研发费用加计扣除的政策，这意味着大量专精特新中小企业在研发过程中的投入将可以享受更高的税前扣除额度，从而降低税负；小型微利企业在2024年继续享受企业所得税减免的优惠政策，这将有助于支持中小企业的发展，推动经济增长；高新技术中小企业也在2024年继续享有税收优惠政策，包括减按15%的税率征收企业所得税等待遇，以鼓励企业进行技术创新和产业升级。

在信贷政策方面，政府通过信贷政策来鼓励和支持中小企业的发展。1998年和1999年中国人民银行先后印发了《中国人民银行关于进一步改善对中小企业金融服务的意见》以及《中国人民银行关于加强和改进对小企业金融服务的指导意见》，各商业银行进一步加强和改进了对中小企业的金融服务。2002年8月1日，中国人民银行又印发了《中国人民银行关于进一步加强对有市场、有效益、有信用中小企业信贷支持的指导意见》，要求各级商业银行要在坚持信贷原则的前提下，加大支持中小企业发展的力度；充分认识发展中小企业对落实中央扩大内需、增加就业、保持社会稳定的重要意义，对产权明晰、管理规范、资产负债率低、有一定自有资本金、产品有订单、销售资金回笼好、无逃废债记录、不欠息、资信状况良好的有市场、有效益、有信用的中小企业，积极给予信贷支持，尽量满足这部分中小企业合理的流动资金需求。近些年，政府通过大力发展普惠金融、实施定向降准、提供小微企业专项贷款等货币信贷政策为中小企业提供专项融资支持，有力缓解了中小企业融资难、融资贵的问题。

4. 社会文化环境

社会文化因素之中的社会因素包括社会风俗、消费观、人口结构等内容，文化因素包含文化传统、消费者教育水平、宗教信仰等内容，这些社会文化因素会影响企业的市场定位和产品定位，从而影响中小企业的绩效。

5. 科技环境

一方面, 科技发展会给中小企业绩效带来一定的积极作用, 包括通过引入先进的生产技术和设备, 中小企业能够更高效地生产产品或提供服务, 降低生产成本, 提高生产效率; 科技的不断进步和发展, 使得中小企业能够不断推出新产品或升级现有产品, 以满足市场需求, 提高产品差异化程度, 增加企业的市场份额和盈利能力; 利用现代信息技术, 中小企业可以实现经营管理的信息化、智能化, 提高管理效率, 降低管理成本, 增强中小企业的战略决策能力、快速反应能力和风险防范能力; 互联网、电子商务等科技的发展, 为中小企业提供了更广阔的市场渠道和营销手段, 使得中小企业能够更快速地拓展市场, 提高品牌知名度和美誉度。另一方面, 科技发展也可能会给中小企业带来挑战和问题。例如, 新技术的引入可能需要大量的投资和时间成本, 同时使中小企业面临人才短缺、转型动力不足等挑战。

(二) 企业内部影响因素

1. 资源禀赋

中小企业的资源禀赋包括有形资源和无形资源, 有形资源如机器、设备、厂房等, 无形资源如知识产权、品牌、商誉等。这些资源的数量和质量直接影响企业的生产能力、创新能力、市场营销能力等方面, 进而影响企业的绩效评价。

2. 创新能力

创新是中小企业发展的重要驱动力, 创新能力的高低直接决定了企业在市场竞争中的地位。中小企业的创新能力包括技术研发能力、产品创新能力、营销创新能力等, 这些能力的提升有助于企业推出更具竞争力的产品和服务, 提高市场份额和盈利能力。

3. 内部管理

中小企业的内部管理涉及多个方面, 包括组织结构、人力资源管理、财务管理等。组织结构决定了企业的决策机制和沟通机制, 人力资源管理决定了员工的素质和能力, 财务管理决定了企业的投资和融资能力。这些管理要素对企业绩效的影响是显而易见的, 有效的内部管理能够提高企业的运营效率、降低成本、增强其市场竞争力。

4. 企业战略

企业战略是企业发展的指导思想, 包括市场定位战略、产品战略、技术战略等。企业战略的合理性和有效性直接决定了企业绩效的实现程度, 正确的战略能够使中小企业抓住市场机遇、规避风险, 提高绩效水平。

5. 企业文化

企业文化是企业的灵魂, 它包括企业的核心价值观、使命、愿景等。企业文化能够激发员工的归属感和使命感, 提高员工的凝聚力和向心力, 使中小企业成为一个有机的整体, 从而提高企业的绩效水平。

三、中小企业绩效评价的内容

中小企业绩效评价不仅包含对一定时期内企业总体绩效的综合评价, 还涉及对中小企业融资和投资这些重大项目活动的专门评价。

(一) 中小企业总体绩效评价内容

中小企业总体绩效评价不仅包括财务评价, 还包括非财务评价, 这避免了单纯从财务方面评价绩效的片面性。中小企业在制定和实施绩效评价指标时，需要考虑自身实际情况和市场环境，选择合适的指标，制定科学合理的评价体系。同时，需要关注绩效评价的动态性，根据企业发展的不同阶段和市场环境的变化，适时调整评价指标和评价体系。其内容主要包括以下方面：

（1）财务类评价内容 财务类评价内容包括盈利能力、偿债能力、运营能力、发展能力等。其中，盈利能力指标如总资产报酬率、净资产收益率等，用于衡量中小企业资产的盈利能力；偿债能力指标如资产负债率、流动比率等，用于衡量中小企业偿还债务的能力；运营能力指标如存货周转率、应收账款周转率等，用于衡量中小企业资产的管理效率；发展能力指标如营业收入增长率、利润增长率等，用于衡量中小企业可持续发展能力。

（2）客户类评价内容 客户类评价内容包括客户满意度、客户忠诚度、市场占有率等。其中，客户满意度用于衡量中小企业提供的产品或服务满足客户需求的能力；客户忠诚度用于衡量客户对企业的信任度和回头率；市场占有率用于衡量中小企业在市场中的竞争力。

（3）内部运营类评价内容 内部运营类评价内容包括生产效率、质量指标、成本控制等。其中，生产效率指标如全员劳动生产率、设备利用率等，用于衡量中小企业生产效率；质量指标如产品合格率、退货率等，用于衡量中小企业产品的质量水平；成本控制指标如成本费用利润率、成本降低率等，用于衡量中小企业成本控制的效果。

（4）员工发展类评价内容 员工发展类评价内容包括员工满意度、员工培训和晋升等。其中，员工满意度用于衡量员工对中小企业的满意度和忠诚度；员工培训和晋升用于衡量中小企业对员工的培养和发展情况。

（5）创新和学习类评价内容 创新和学习类评价内容包括研发投入、新产品开发周期等。其中，研发投入用于衡量中小企业对研发的重视程度和投入力度；新产品开发周期用于衡量中小企业的产品创新能力。

（二）中小企业融资管理绩效评价内容

中小企业融资管理绩效评价内容主要包括融资成本、融资效率、融资风险、融资结构和资金到位率等方面。企业在评价融资管理绩效时，需要全面考虑这些方面的影响，以制定科学合理的评价标准和方法。同时，需要关注市场环境的变化和企业发展的不同阶段，适时调整评价指标和评价标准，以确保绩效评价的有效性和准确性。

（1）融资成本 融资成本是评估融资效率的重要指标，包括贷款利率、手续费等。较低的融资成本意味着企业能够以较低的成本获得所需的资金，从而提高中小企业的经济效益。

（2）融资效率 融资效率主要反映中小企业资金利用的效率和效益，可以通过财务比率如资产周转率、存货周转率等来衡量。高效的融资管理能够降低企业的融资成本，提高中小企业的偿债能力和盈利能力。

（3）融资风险 融资风险是指中小企业在融资过程中面临的各种不确定性因素，如市场风险、信用风险等。融资风险的管控能力也是评价融资管理绩效的重要方面，可以通过财务指标如流动比率、资产负债率等来评估。

（4）融资结构　融资结构是指中小企业各种融资方式的组合和比例，合理的融资结构能够降低企业的融资成本和提高企业的融资效率。评价企业的融资结构是否合理，可以通过财务指标如债务股权比率等来衡量。

（5）资金到位率　资金到位率是指中小企业实际获得融资资金的比例，资金到位率高则说明企业的融资能力强，能够快速获得所需的资金。该指标通过实际获得资金与计划融资金额的比例来衡量。

（三）中小企业投资管理绩效评价内容

中小企业投资管理绩效评价内容主要包括投资回报率、净现值、内部收益率、投资回收期、风险调整后收益和技术创新指标等。这些评价内容可以全面评估企业投资的效益和风险控制能力，帮助企业做出更科学、合理的投资决策。同时，中小企业在制定和评价投资管理绩效时，还需要关注市场环境的变化和企业发展的不同阶段，适时调整评价指标和评价标准，以确保绩效评价的有效性和准确性。

（1）投资回报率　投资回报率是指中小企业投资所获得的收益与投资成本的比率，用于衡量企业投资的经济效益。投资回报率高则说明企业的投资管理效果好。

（2）净现值　净现值是指中小企业投资项目未来现金净流量的现值减去原始投资额现值，用于衡量企业投资的潜在收益。净现值大于零则说明企业的投资决策可行。

（3）内部收益率　内部收益率是指中小企业投资的收益率，即对投资方案未来的每年现金净流量进行折现，使所得的现值恰好与原始投资额现值相等，从而使净现值等于零时的折现率。内部收益率越高，说明中小企业投资的潜在收益越大。

（4）投资回收期　投资回收期是指中小企业收回投资成本所需的时间。投资回收期越短，说明中小企业投资的回收速度越快，投资风险越低。

（5）风险调整后收益　风险调整后收益是指中小企业在考虑风险因素的情况下，投资的预期收益与风险之间的平衡关系。该指标用于衡量中小企业投资的风险控制能力和风险调整后的收益水平。

（6）技术创新指标　对于技术密集型的专精特新中小企业，投资管理绩效的评价还需要考虑相关技术创新指标，如研发投入、新产品开发周期、专利成果转化数量等，这些指标用于衡量企业研发创新投资对企业技术创新水平和能力的影响。

【思考题】

1. 中小企业的财务特征是什么？
2. 中小企业的融资动机是什么？
3. 中小企业有哪些融资方式？
4. 中小企业投资管理中存在哪些问题？
5. 中小企业投资管理的内容是什么？
6. 中小企业在总体绩效评价、融资管理绩效评价和投资管理绩效评价中各采用什么评价指标？

第十章

企业破产重整、破产和解与破产清算的财务管理

【本章导读】

重庆钢铁股份有限公司（简称重庆钢铁）于1997年8月11日登记注册成立，主要从事钢铁生产、加工和销售，其股票分别在香港联合交易所（简称联交所）和上海证券交易所（简称上交所）挂牌交易。截至2016年12月31日，重庆钢铁合并报表资产总额为364.38亿元，负债总额为365.45亿元，净资产为-1.07亿元。因连续两年亏损，重庆钢铁股票于2017年4月5日被上交所实施退市风险警示。经债权人申请，重庆市第一中级人民法院于2017年7月3日依法裁定受理重庆钢铁重整一案，这标志着重庆钢铁正式进入破产重整程序。

重庆钢铁的案例让我们不禁思考：企业在经营过程中应该如何对财务危机进行识别和防范？破产重整对于陷入危机的企业有什么意义？这正是本章重点讨论的问题。

【学习目标】

通过本章的学习，你应该：

1. 了解庭外重组、破产和解、破产重整与破产清算的基本概念及相关法律规定
2. 掌握财务危机的概念和特征
3. 理解财务危机的征兆和成因
4. 掌握财务危机预警分析模型
5. 熟悉破产和解、破产重整与破产清算的程序
6. 掌握破产和解、破产重整与破产清算的财务管理

第一节　企业破产重整、破产和解与破产清算概述

 一、我国破产法律制度的现状与发展历程

公司破产是现代市场经济体制运行中不可或缺的一环。破产法律制度从法律层面保障了被淘汰公司或产能健康退出市场，对维护市场竞争秩序、实现社会资源的优化配置及产业结构的良性调整起着至关重要的作用。在现代市场经济中，破产法已经成为一个国家、

一个社会信用状况的标志。

1986 年 12 月 2 日，第六届全国人民代表大会常务委员会第十八次会议通过了我国第一部破产法律《中华人民共和国企业破产法（试行）》（简称《破产法（试行）》），于 1988 年 11 月 1 日生效实施，适用范围为全民所有制企业。由于其适用范围有明显局限，1991 年 4 月 9 日，第七届全国人民代表大会第四次会议通过的《中华人民共和国民事诉讼法》第十九章专章规定了"企业法人破产还债程序"，适用于非全民所有制法人型企业，与《破产法（试行）》共同构成我国当时的破产法律制度。

受限于经济发展状况和法学理论水平，以《破产法（试行）》为核心的破产法律制度存在一系列制约市场经济进一步建立和完善的问题。例如，在破产程序中，由政府组成清算组接管破产企业，负责破产财产的保管、清理、估价、处理和分配，并向人民法院报告工作，但其基本以清算为主要方向，不考虑引入市场化资本及专业机构。这从本质上讲与市场经济基本原则是相悖的。

随着社会主义市场经济改革的逐步推进以及我国经济发展与世界接轨的需求与日俱增，一部新的破产法应运而生。2006 年 8 月 27 日，第十届全国人民代表大会常务委员会第二十三次会议审议并表决通过了《中华人民共和国企业破产法》（简称《破产法》）。该法从 1994 年开始起草，历时 12 年，经过多次修改，又经全国人民代表大会常务委员会两年三次审议后，才最终得以通过。《破产法》共十二章一百三十六条，于 2007 年 6 月 1 日生效实施，是我国社会主义市场经济体制改革过程中具有标志性的一部法律。

2007 年 10 月 8 日，第十届全国人民代表大会常务委员会第三十次会议发布《全国人民代表大会常务委员会关于修改<中华人民共和国民事诉讼法>的决定》，删除《中华人民共和国民事诉讼法》（1991 年）第十九章"企业法人破产还债程序"。自此，公司破产问题统一由《破产法》调整。

2011 年，最高人民法院出台《最高人民法院关于适用<中华人民共和国企业破产法>若干问题的规定（一）》；2013 年，最高人民法院出台《最高人民法院关于适用<中华人民共和国企业破产法>若干问题的规定（二）》，并于 2020 年进行修正；2019 年，最高人民法院出台《最高人民法院关于适用<中华人民共和国企业破产法>若干问题的规定（三）》，并于 2020 年进行修正。

《破产法》广泛借鉴国际立法经验，确立了符合市场规律的退出机制与挽救机制，构建了破产清算、和解、重整三位一体的制度体系。在破产程序中，清算组制度被管理人制度取代，同时存在以会计师事务所、律师事务所、破产清算事务所等社会中介机构担任管理人，也保留以政府牵头的清算组形式，实现了破产管理从行政化向市场化的转变。一方面，专业机构的介入有利于引导破产公司及各利益相关方准确把握瞬息万变的市场信息，做出更加有效、更能发挥市场经济体制对国民经济发展推动作用的决策。例如，多年来与国内外实体经济及金融市场密不可分的会计师事务所，在对公司财务状况的把握、资产和资源的估值、各类金融工具的运用以及与国际市场接轨等方面都具有明显的专业优势。另一方面，重整制度的引入，比起"一刀切"的清算制度，从制度层面赋予了破产公司和各利益相关方全新的选择和可能性，使之充分面向市场，对市场经济体制下优胜劣汰的生态环境做出灵活应对。这体现了破产法律制度本质上作为商业及经济类法律，需要与时俱进，同国民经济其他方面相适应、相配套的不可逆的发展趋势。

随着我国破产法律制度的立法不断完善，我国破产实践领域也取得了相当的成就及突破。据 2017 年至 2020 年《最高人民法院工作报告》，2017 年，我国审结破产案件 1.2 万件，重庆钢铁、东北特钢等破产重整案取得了良好效果；2018 年，我国审结公司清算、公司破产等案件 1.6 万件，妥善审理了青岛造船厂等一批资产规模大、职工人数多的公司破产重整案件，并在北京、上海、深圳设立破产法庭；2019 年，我国妥善审结破产重整等案件 4 626 件，涉及债权 6 788 亿元，推动"僵尸企业"平稳有序出清，让 482 家有发展前景的公司通过重整走出困境，帮助 10.8 万名员工稳住就业；2020 年，我国审结破产案件 10 132 件，涉及债权 1.2 万亿元，充分保护债权人及相关方合法权益，让 532 家有发展前景的企业重获新生，帮助 48.6 万名员工稳住就业。

二、破产重整、破产和解、破产清算的决策流程

一家企业在面临财务困境、考虑进行重组时，通常来说有两种思路，即庭外重组和司法破产程序，二者之间的区别主要在于是否存在司法程序介入。

庭外重组是指不依靠司法介入，完全尊重当事人意思自治原则，由债权人、债务人、出资人、重整投资人等各方通过自愿平等的商业谈判，自行协商实现对公司的重组。目前，在国际、国内的各类庭外重组实践中，"权威机构的协调"是不可或缺的要素。1997 年亚洲金融危机后，由英格兰银行和一些主要银行建立起来的"伦敦规则"被亚洲国家广范接受，作为权威机构的英格兰银行可以在解决相关债权人之间争议时提供调停帮助。2016 年，我国银监会发布《关于做好银行业金融机构债权人委员会有关工作的通知》，倡导对于债务规模较大且符合一定条件的困难公司，可以由三家以上债权银行业金融机构发起成立金融债权人委员会，参与对公司的拯救过程。

司法破产程序，顾名思义，就是由人民法院担任困难公司的"主治医师"，直接进入司法流程对公司进行拯救。自《破产法》颁布实施以来，我国构建了以破产清算、破产和解、破产重整三位一体为基础的破产法律制度体系。

破产清算是指公司在宣告破产以后，由清算组接管公司，对破产财产进行清算、评估、处理和分配。破产清算作为破产制度的重要组成部分，具有淘汰落后产能、优化市场资源配置的直接作用，对于缺乏拯救价值和可能性的债务人及时通过破产清算程序对债权债务关系进行全面清理，重新配置社会资源。《破产法》规定程序的启动主要有两种途径：一是由债务人、债权人或者清算组直接申请债务人破产清算；二是由和解程序或重整程序转化而来。此外，自 2015 年 2 月 4 日起施行的《最高人民法院关于适用<中华人民共和国民事诉讼法>的解释》提供了第三种途径，即由执行程序转换到破产清算程序。

破产和解是指具有破产原因的债务人向法院提出和解申请，在法院许可后，债务人和债权人之间就债务人延期清偿债务、减少债务数额等事项达成和解协议，经法院认可后终止破产程序，从而预防公司宣告破产的法律制度。破产和解程序是《破产法》中的破产预防程序，就现阶段而言，主要适用于经营规模较小或者债权人人数较少，有挽救可能但适用重整程序成本过高的债务人。破产和解可以分为进入破产程序之前的和解和进入破产程序之后的和解两种类型。《破产法》第九十五条规定："债务人可以依照本法规定，直接向人民法院申请和解；也可以在人民法院受理破产申请后、宣告债务人破产前，向人民法院申请和解。"

　　破产重整是指对可能或已经发生破产原因但又有挽救希望与挽救价值的法人型公司，通过对各方利害关系人的利益协调，强制性进行业务重组与债务清理，以使公司避免破产、获得重生的法律制度。就总体数量而言，这类公司在财务困难公司中占比不大，但这类公司通常经营规模较大、涉及利益相关方众多，对于其所处行业甚至整个产业链的上下游都具有一定战略意义。如果这类公司由于暂时性支付困难而进入破产清算程序，很可能会造成大量职工失业、资源浪费、社会经济损失甚至社会动荡的不良影响。

　　以上三种方式的具体决策流程如图 10-1 所示。

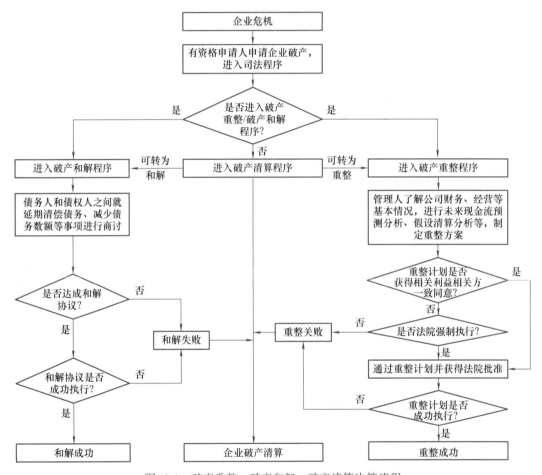

图 10-1　破产重整、破产和解、破产清算决策流程

　　在实际情况中，只要债务人符合程序开始的条件，当事人就可以直接选择一个程序进入，但是，申请进入一个程序后，并非完全不可逆转。原则上，法院受理破产申请后、宣告债务人破产前，针对债权人申请破产清算的，债务人或者出资额占债务人注册资本 1/10 以上的出资人，可以向人民法院申请重整；而已经进入破产重整程序的公司，如果出现法律法规规定的情形（债务人缺乏拯救的可能性、破产重整程序非正常终止或债务人不能执行或不执行破产重整计划等），也会转入破产清算程序。同样，法院受理破产申请后、宣告债务人破产前，债务人可以向人民法院申请和解，转入破产和解程序；而和解协议未获通过或认可、当事人不能执行或者不执行和解协议或和解协议违法的公司，也会转入破产

清算程序。但是就我国的立法政策选择而言，破产和解和破产重整之间是不可以相互转换的，主要是考虑到二者都属于再建型程序，当事人应当在程序开始时就进行理性的选择，这样更有利于减少司法成本。

庭外重组和司法破产程序在破产实践中都存在明显短板。前者可能会因为缺乏制度保障、信息不对称等问题而陷入利益相关方各自为政的僵局；后者消耗的司法成本和经济成本高，在有限的司法保障期限内，很有可能由于各方未能达成一致意见而重整失败。于是，随着破产实践的发展，一种"将法庭外重组与法庭内重整相衔接"的新模式——预重整制度[○]应运而生。对于预重整，主要包括两个方面的内容：

一方面，在企业进入破产重整程序之前，先由债权人与债务人、出资人等利害关系人通过庭外商业谈判，拟定重组方案。破产重整程序启动后，以重组方案为依据拟定重整计划草案，提交人民法院依法审查批准。

另一方面，人民法院受理重整申请前，债务人和部分债权人已经达成的有关协议与破产重整程序中制作的重整计划草案内容一致的，有关债权人对该协议的同意视为对该重整计划草案表决的同意。但重整计划草案对协议内容进行了修改，并对有关债权人有不利影响，或者与有关债权人重大利益相关的，受到影响的债权人有权依法对重整计划草案重新进行表决。

近年来，经我国学术界反复研讨，预重整制度陆续在地方公司破产重整中得到应用和实践。

浙江省高院于2013年通过《关于企业破产案件简易审若干问题的纪要》，设立了预登记制度。该制度允许公司与债权人在预登记期间就债务清偿方案或资产重组方案进行协商，待法院受理破产重整程序后，协商的结果对各利益相关方仍然具有约束力。

2018年3月6日，最高人民法院发布的《全国法院破产审判工作会议纪要》提出探索推行庭外重组与庭内重整制度的衔接，肯定了庭外重组的模式，以及在一定程度上认可了预重整制度。2019年6月，由最高人民法院参与、国家发展改革委牵头、13部门联合发布的《加快完善市场主体退出制度改革方案》，明确提出"研究建立预重整制度，实现庭外重组制度、预重整制度与破产重整制度的有效衔接""明确预重整的法律地位和制度内容"。而在此基础上，最高人民法院于2019年11月发布《全国法院民商事审判工作会议纪要》，正式确认了庭外重组方案或协议的有效性以及与重整计划的可衔接性，并且对各利益相关方具有法律约束力。

虽然立法机关和最高人民法院尚未出台正式的法律文件，但最高人民法院对于预重整制度持肯定的态度。部分地方人民法院及地方人民政府也通过实践探索，就预重整做出了系统性的规定。

三、破产重整、破产和解与破产清算程序

（一）破产重整、破产和解与破产清算的申请主体

可以申请对债务人进入破产程序的主体包括以下五类：

○ 预重整，顾名思义，实为重整的预备工作。其本质为在法庭正式启动重整程序前，预先开展债务重组等相关工作（如梳理资产负债，与各利益相关方沟通谈判，协商重整草案的内容等），以判断债务人是否具备重整价值及重整成功可能性，提高法庭内重整程序的审判效率，从而节约公司的重整成本。这是在破产实践中发展起来的一种模式。

（1）债务人　企业本身即债务人，债务人若破产，可以向人民法院提出破产重整、破产和解与破产清算申请。

（2）债权人　债务人不能清偿到期债务，债权人可以向人民法院提出对债务人进行破产重整或者破产清算的申请，但不能提出破产和解申请。

（3）没有物权担保的普通债权人　没有物权担保的普通债权人享有破产重整申请权，对债务人的特定财产享有担保权的债权人同样享有破产重整申请权。

（4）税务机关和社会保险机构　税务机关和社会保险机构只享有对债务人的破产清算申请权，但不享有破产重整申请权。

（5）破产企业的职工　破产企业的职工作为债权人可以申请债务人企业破产清算或者破产重整，但职工提出破产清算申请应经职工代表大会或者全体职工会议多数决议通过。

综上所述，我国企业破产重整的申请主体涉及多方利益相关者，每个主体都有其独特的动机和考量。无论哪一方提出申请，都必须严格遵循《破产法》的相关规定，并由法院审查决定是否受理该申请。这一过程旨在确保所有利益相关方的合法权益都得到妥善处理，同时促进企业健康、有序的经济重组。

（二）破产管理人

人民法院在受理破产申请的同时，应当指定破产管理人。管理人是负责债务人财产的管理、处分、业务经营以及破产方案的制定和执行的专门人员。其主要职责包括：接管债务人的财产、印章、账簿、文书等资料；调查债务人的财产状况，制作财产状况报告；决定债务人的内部管理事务；决定债务人的日常开支和其他必要开支；在第一次债权人会议召开之前，决定继续或者停止债务人的营业；管理和处分债务人的财产；代表债务人参加诉讼、仲裁或者其他法律程序；提议召开债权人会议；人民法院认为管理人应当履行的其他职责。

（三）破产重整程序

1. 破产申请主体是债权人

如果破产申请主体是债权人，债务人所在地人民法院应当在收到破产申请之日起5日内通知债务人。若债务人对申请有异议的，则应自收到人民法院通知之日起7日内向人民法院提出。人民法院应该自异议期满之日起10日内决定是否受理，特殊情况需要延长时间的，经过上一级人民法院批准，可以延长至15日。人民法院决定同意受理的，应当自受理裁定做出之日起5日内送达债务人，25日内通知已知债权人并予以公告。债务人应当在裁定送达之日起15日内，向人民法院提交各项所要求的资料（财产状况说明、债权债务清册、财务会计报告等）；人民法院决定不同意受理的，应当自裁定做出之日起5日内送达申请人并说明理由。申请人如对判决不服的，可以自裁定送达之日起10日内向上一级人民法院提起上诉。

2. 破产申请主体是债务人

如果破产申请主体是债务人，债务人所在地人民法院应当在收到破产申请之日起15日内裁定是否要受理。如人民法院决定同意受理的，应当自裁定做出之日起5日内送达申请人；如人民法院决定不同意受理的，应当自裁定做出之日起5日内送达申请人并说明理由。申请人若对判决不服的，可以自裁定送达之日起10日内向上一级人民法院提起上诉。

特别地，当 A 股上市公司作为被申请破产的主体时，破产申请程序会涉及召开听证会、证监会审批以及报请最高人民法院审查等，因此人民法院做出受理裁决的时限会相对加长，实际情况需按照不同案例的具体情况而定。

（四）破产和解程序

1. 破产和解的分类

破产和解通常可以分为两大类：自愿和解（Voluntary Arrangement）和正式和解（Formal Arrangement），两者在程序和法律地位上有所不同。

（1）自愿和解 自愿和解也称破产程序开始前的和解，是指债务人主动提出的和解方案，目的是避免走向完全的破产程序。在这种情况下，债务人与债权人之间的和解是基于双方的协商而非法律程序的强制。这类和解通常更为灵活，允许债务人和债权人基于双方的具体情况和需求来协商和解方案。它不需要法院的介入或批准，适用于债务人仍保有一定的偿还能力，并且债权人愿意接受非全额偿还的情况。自愿和解有助于保持商业关系并减少法律成本。但是，自愿和解有可能导致应该破产的公司没有破产，进一步浪费社会的经济资源。

（2）正式和解 正式和解也称破产程序开始后的和解，是指通过法律程序进行的和解，通常在债务人无法偿还全部债务且债权人要求法律介入时发生。这包括破产保护程序、债务重组等。这类和解由法院监督，遵循特定的法律程序，为债权人提供了一个更正式的框架来追讨债务，同时保护了债务人免受不合理追债。正式和解适用于债务人面临严重财务困境，如无法偿还大量债务或面临破产保护的情况。通过正式和解，可以实现债务的重组或减免，帮助企业重新获得财务稳定。

简而言之，自愿和解侧重于双方的协商与灵活性，适用于较轻的财务困难和保持业务连续性；而正式和解则提供了一个更结构化和法律化的解决途径，适用于更为严重或复杂的财务问题。

2. 自愿和解的程序

自愿和解必须遵循的程序如下所示：

（1）提出自愿和解 当公司不能及时清偿到期债务时，可由公司（债务人）提出和解。

（2）召开债权人会议 自愿和解提出以后，债权人要召开债权人会议，以研究债务人的具体情况，讨论决定是否采用自愿和解的方式加以解决。如果认为和解可行，则成立相应的调查委员会，对债务人的情况进行调查，写出评价报告；如果认为自愿和解不可行，则移交法院采用正式的法律程序加以解决。

（3）债权人与债务人会谈 在和解方案实施以前，债权人和债务人要进行一次会谈。由债权人会议推举 4~5 位债权较多的债权人和 1~2 位债权较少的债权人同时参与谈判。谈判的内容是确定调整公司财务基础的方案。在意见达成一致的基础上，各方签署和解协议。

（4）实施和解协议 和解协议签订以后，债务人要按照和解协议规定的条件对公司进行整顿，继续经营，并于规定的时间清偿债权人的债权。

3. 正式和解的程序

正式和解的基本程序如下所示：

（1）破产申请 当公司不能及时清偿债务时，由债权人向法院提出破产申请，或者由申请破产的公司或其上级主管部门向法院提出和解与整顿的申请。

（2）公司由债权人申请破产　在法院受理破产案件后的三个月内，破产公司或其上级主管部门可以申请对该公司进行整顿。整顿申请提出后，公司应向债权人会议提出和解协议草案，草案上应说明公司清偿债务的限期、数额及具体的整顿措施。

（3）债权人会议通过和解协议草案　债务人提出和解后，债权人要召开债权人会议，决定是否同意和解与整顿。按照《破产法》的规定，债权人会议的决议必须由出席会议的有表决权的债权人过半数通过，其所代表的债权额必须占无财产担保债权总额的半数以上，但是通过和解协议草案的决议必须占无财产担保债权总额的2/3以上。由于和解协议草案一般都要求债权人做适当的债务减免或债务展期，因此，只有债权人会议通过和解协议草案，和解才能成立。如果和解协议草案未被债权人会议通过，那么法院就要宣布债务人破产，并予以清算。

（4）法院对和解协议认可做出裁定，中止破产程序　破产公司和债权人达成和解协议后，应将和解协议提交至法院，由法院做最后判定。一般而言，如果在达成和解协议过程中没有其他违法行为，法院都会认可。和解协议经法院认可后，由法院发布公告，中止破产程序。

（5）破产公司及其上级主管部门对公司进行整顿　和解协议自公告之日起具有法律效力，破产公司便开始进入整顿期，整顿期限不得超过两年。公司的整顿由上级主管部门负责主持，整顿方案应经公司职工代表大会讨论，公司整顿情况应向公司职工代表大会报告并听取意见，整顿情况还应定期向债权人会议报告。

（6）法院应终止该公司的破产程序并予以公告　破产公司经过整顿以后，如果能够按照和解协议及时清偿债务，则法院应终止该公司的破产程序并予以公告。但如果整顿期满，破产公司不能按照和解协议清偿债务，则法院应宣告该公司破产并依法进行清算。

（五）破产清算程序

破产清算由法院裁定，严格按法定程序进行，具体如下所示：

（1）法院依法宣告公司破产　当法院依法宣告公司破产时，通常会发布一份正式的法院裁定书，该裁定书包含了一系列法律声明和决定，以确认和宣告公司处于破产状态。

（2）成立破产清算组　破产公司的清算工作应由清算组来完成。法院自宣布公司破产之日起15日内成立清算组，接管破产公司。清算组负责破产财产的保管、清理、估价、处理和分配。清算组可依法进行必要的民事活动。

（3）全面清查财产、债权、债务　清算组成立后，应对公司的财产、债权、债务做全面检查，编制资产负债表和详细的财产目录。清算组还要依法对公司的财产进行处理和拍卖，以便清偿各种债务。如果破产财产不能清偿同一顺序的债务，则应按比例进行分配。

（4）分配剩余财产　如果公司财产的变卖收入清偿所有债务后仍有剩余，那么清算组应指导剩余收入依法在所有者之间进行分配。

（5）办理停业登记　破产清算程序终结时，清算组应在清算程序完成以后，提出清算报告，并编制清算期内的收支表和各种财务账册，经由政府批准的会计师事务所验证，报审批部门批准后，向公司原登记机关申请解除登记，宣布公司终止营业，自此，公司法人资格正式终止。

（六）破产程序的终结

（1）破产程序的终结方式

1）因和解、重整程序顺利完成而终结。

2）因债务人以其他方式解决债务清偿问题（包括自行和解、第三人代为清偿债务）而终结。

3）因债务人的破产财产不足以支付破产费用而终结。

4）因破产财产分配完毕而终结。

（2）裁定终结　人民法院应当自收到管理人终结破产程序的请求之日起 15 日内做出是否终结破产程序的裁定；裁定终结的，应当予以公告。

四、破产重整、破产和解与破产清算的现实意义

《破产法》是基于我国现阶段市场经济的法律制度。相比《破产法（试行）》以破产清算为"债"的主要调整方式，对出现财务困难的公司直接"判死刑"，《破产法》是一套完善的"医疗方案"，有"保守治疗"的破产和解程序，也有结合了"外科手术"对公司本身融资结构甚至生产经营方式进行调整的破产重整制度，只有在各利益相关方理性选择不再救治后，才会"宣告死亡"。这套方案中计划和实施起来最复杂、难度最大的是破产重整制度，集中体现了《破产法》的拯救功能，在"债"的调整问题上，不仅提供了公平有序的制度环境，更是充分考虑了各利益相关方的诉求，发挥了市场经济的效率性优势。

（1）破产重整的现实意义　企业破产重整在维持经济稳定、保护就业和信用市场稳定方面具有显著意义。这个过程不仅帮助经济困难的企业重获生机，避免了因企业突然倒闭而引起的地区或行业经济动荡，同时保护了员工的就业机会，减少失业率。此外，破产重整中的债务重组还有助于维持金融市场和信用市场的稳定，为企业提供改正错误和调整战略的机会。

（2）破产和解的现实意义　企业破产和解的现实意义在于减少法律纠纷、提供灵活性以及维护商业关系。破产和解过程通常比法律程序更快，能够有效减少长时间的诉讼和相关费用，为债务人和债权人提供更多的灵活性来达成互利的协议。此外，破产和解还有助于保持或修复商业关系，从而对未来的业务合作产生积极影响。

（3）破产清算的现实意义　企业破产清算的现实意义体现在清偿债务、市场净化和资源再分配方面。破产清算是确保债权人权益得到尽可能满足的关键过程，同时有助于清除市场中无效率和无竞争力的企业，促进市场的健康和公平竞争。通过破产清算，企业的资源被重新分配给更高效的部门，从而促进经济的整体健康和发展。

第二节　财务危机预警管理

一、企业财务危机的概述

如同在战场上没有"常胜将军"一样，在现代商场中也没有永远一帆风顺的企业，任何一个企业都有遭遇挫折和危机的可能性。从某种程度上讲，企业在经营与发展过程中遇

到挫折和危机是正常和难免的，危机是企业生存和发展的一种普遍现象。

（一）财务危机的概念

国外早期研究文献将财务危机（Financial Distress/Financial Crisis）称为企业失败（Corporate Failure）、经营失败（Business Failure）、财务失败（Financial Failure）或企业破产（Corporate Bankruptcy）。受限于样本数据的可获得性，一些学者在研究企业财务危机问题时，直接将破产认定为财务危机，如 Altman（1968）将向法院申请破产并已执行破产手续的企业认定为财务危机企业。Deakin（1972）也认为财务危机企业是指为了偿还债务已经进行破产清算的企业。随着研究的深入，学者们也在不断拓展财务危机的边界。Gordon（1971）认为企业在失败、破产和重组之前一定会出现财务危机，言外之意，财务危机发生在企业破产重组之前，而破产重组只是财务危机状况进一步恶化后产生的严重经济后果。Ross 等（2000）在总结前人研究成果的基础上，认为认定企业陷入财务危机至少应满足下列条件之一：①经营失败，即企业清算后仍无法偿还全部债务；②法定破产，企业或其债权人向法院提交破产申请；③技术性破产，即企业无法按合约规定按时偿还本金和利息；④会计破产，即企业的账面净资产为负值。

国内关于财务危机领域的研究起步略晚于国外，且早期研究多吸收借鉴了国外的研究成果。谷祺和刘淑莲（1999）将财务危机界定为"企业无力支付到期债务或费用的一种经济现象"，提出了"资金管理技术性失败"一词，认为财务危机包含了"从资金管理技术性失败到破产以及处于两者之间的各种情况"，且"破产是财务危机的一种极端形式"。吕长江等（2004）认为"财务危机和财务破产是两个不同的概念""财务危机是一个动态的持续的过程和状态"，并结合我国的实际情况，将财务危机企业界定为"流动比率小于1，且这种状态在 1~3 年内无法逆转"的企业。随着国内资本市场的发展与实证研究的兴起，我国资本市场特有的特别处理制度（Special Treatment 制度，又称 ST 制度）逐渐成为学术界普遍认可的财务危机企业的识别标志。学者们选择 ST 公司作为财务危机企业的原因在于：①国外关于财务危机的研究普遍使用破产企业的财务数据，然而国内上市公司很少出现破产，这是因为即使企业濒临破产，也会因其稀有的"壳资源"被其他非上市公司收购重组、借壳上市，因此，国内学者无法使用破产作为企业财务危机的标志；②绝大多数上市公司被 ST 的原因是连续两年亏损，且为摘掉 ST、摆脱退市风险，大部分企业不得不进行大规模资产重组，这在一定程度上说明被实施 ST 的企业属于财务危机企业（陈晓和陈治鸿，2000）；③特别处理是一个客观发生的事件，有明确的判断标准，具有良好的可度量性（张鸣和张艳，2001）。

广义的财务危机概念可以理解为：企业经营管理不善、不能适应外部环境的变化和受到不可抗拒因素的影响而导致企业生产经营活动陷入一种危及企业生存和发展的严重困境，使经营循环和财务循环无法正常持续或陷入停滞状态，反映在财务报表上是呈现长时间的亏损状态且无扭转趋势，出现资不抵债甚至面临破产倒闭的危险。企业财务危机过程如图 10-2 所示。

图 10-2　企业财务危机过程

（二）财务风险与财务危机

财务风险是指全部资本中债务资本比率的变化带来的风险。在竞争激烈的市场经济条件下，由于各方面的原因，财务风险是不可避免的。

财务危机与财务风险是有区别的，二者的关系在于：任何企业在生存和发展中都会遇到各种各样的财务风险，若企业抵御财务风险的能力较弱，很有可能陷入财务危机。可见，财务危机是财务风险积聚到一定程度的产物，它是不断变化的。不同企业的财务风险与财务危机有不同的表现；即使同一企业，在不同时间其财务风险与财务危机也有所不同。显然，陷入财务危机的企业必然面临着较大的财务风险，而具有财务风险的企业不一定陷入财务危机。因为财务风险是客观存在的，任何企业必须面对，而财务危机是财务风险发展到一定程度的产物。企业若能在有效期间内采取化解措施，就能降低财务风险，摆脱财务危机；若企业面对财务风险束手无策，或措施不力，很有可能进一步加剧财务危机，甚至导致破产。财务风险与财务危机的关系如图10-3所示。

图10-3　财务风险与财务危机的关系

▶▶ 二、财务危机的特征

根据财务危机的概念和过程描述，可以引申出财务危机的主要特征如下：

（1）客观积累性　财务危机往往是由于企业长期的管理缺陷、策略失误或外部环境的不利变化逐步累积而形成的。在危机爆发前的早期阶段，企业经常会展现出一系列预警信号，如连续的财务亏损、现金流短缺、债务累积等。这些信号会提示企业管理层采取措施以避免财务危机的进一步恶化。

（2）突发性　财务危机虽然通常源于长期的问题积累，但其爆发往往具有突然性，尤其是在遭遇突发的市场崩溃、政策变动或自然灾害等事件时。这种突发性的特点意味着危机一旦爆发，会迅速影响企业的财务状况和运营能力，对企业构成直接挑战。

（3）多样性　企业财务危机的成因和表现形式具有显著的多样性。这些因素可能包括内部的管理不善、战略规划失误，或外部的经济环境变化、市场竞争加剧等。财务危机的具体表现也可能各不相同，包括现金流问题、盈利能力下降、资产质量恶化等多种情形。

（4）灾难性　财务危机可能给企业带来灾难性的后果。在严重的情况下，企业可能因无法满足偿债义务而面临破产或清算。此外，财务危机的影响可能不仅限于企业本身，还可能波及股东、员工、供应商、客户等，从而对整个经济体系和社会稳定产生重大影响。

（5）可预见性　财务危机虽具有一定的不可预测性，但通过对企业财务状况的细致分析和管理审计，可以在早期阶段识别出潜在的危机迹象。这些预警信号提供了一个机会窗口，使企业能够采取预防措施，以减轻或避免财务危机的影响。

（6）可逆性　财务危机并非不可逆转。通过及时和有效的干预，以及适当的财务和经营重组措施，财务危机是有可能扭转的。危机的恢复过程需要企业拥有一定的适应能力，如良好的市场基础、有效的管理团队和灵活的经营策略，以确保在危机中保持或恢复稳定性和盈利能力。

由于财务危机具有客观积累性，企业在消亡之前，会经历一个持续的过程，一般包括四个阶段，如图 10-4 所示。

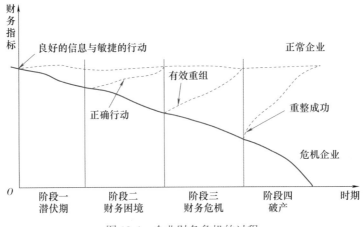

图 10-4　企业财务危机的过程

其中，财务危机与财务困境有较明显的区别：从后果来看，严重的财务危机（如破产）虽然是由轻微的资金管理技术性失败发展而来，并且两者都表现为现金流的不足，但资金管理技术性失败不一定发展为破产；从采取的措施来看，资金管理技术性失败是企业发展过程中经常会遇到的，通常称为资金周转不灵。企业在面对资金管理技术性失败时，通常会使用现有财务资源或管理资源进行化解，如向银行申请延期偿债、进行抵押借款或调整政策措施等。如果企业有一定的财务弹性，资金技术性失败一般可以化解。但当企业面对财务危机时，企业就必须进行重大的政策调整，并且有可能发展为破产消亡。

每一个阶段企业都有可能改善组织绩效，使企业由危机转为正常。在阶段一，通常表现为盲目投资与不当的管理行为，良好的信息与敏捷的行动可以避免组织绩效衰退；在阶段二，通常表现为财务困境，正确的管理行动将使企业转入正常轨道；在阶段三，表现为财务危机，有效的重组可以使企业转危为安；在阶段四，企业进入破产程序，但启动破产程序后，经破产重整后重获新生的公司不乏少数。

综上所述，财务危机是一个多维度、复杂的现象，它不仅表现为企业财务指标的恶化，还涉及企业内外部环境的多方面因素。了解这些特征有助于企业及时识别和应对潜在的财务风险。

▶▶ 三、企业财务危机的成因

企业财务危机的成因通常是多方面的，具体来说，主要包括以下几个方面：

（1）内部管理问题　企业财务危机往往源于管理层的战略决策失误，包括但不限于不当的业务扩张、错误的投资决策、产品开发失误等。此外，财务管理的不善，如资金运用效率低下、成本控制不力、现金流管理不当等，也是导致财务危机的关键因素。有效的内部控制机制的缺失，可能导致企业难以及时发现并纠正这些问题。

（2）市场因素　市场需求的减少和市场竞争的加剧是导致企业财务危机的重要外部因

素。需求下降直接影响销售额和利润，而市场竞争的加剧可能导致市场份额和利润率的下降。在这种环境下，企业的盈利能力受损，进而可能导致财务状况的恶化。

（3）财务结构问题　企业的财务结构，尤其是过度依赖债务融资和资产负债失衡，是财务危机的另一重要成因。高财务杠杆会增加企业的财务风险，而资产流动性差和负债结构不合理则可能影响企业的偿债能力。

（4）行业和经济环境　行业整体衰退或宏观经济环境的恶化会对企业的财务健康构成威胁。例如，行业衰退可能导致整体需求减少，而经济危机、利率上升或通货膨胀等宏观经济因素则可能增加企业的运营成本和融资成本。

（5）技术和创新　在快速变化的市场环境中，技术落后或创新不足可能迅速导致企业失去竞争优势。企业无法跟上行业的技术发展或未能及时推出符合市场需求的新产品和服务，可能会导致市场份额的下降和收入的减少。

（6）外部突发事件　自然灾害、政策变化、行业规则调整等外部突发事件可能突然改变企业的运营环境，对企业的财务状况构成直接威胁。这些事件往往不可预测且难以控制，可能导致运营中断、成本增加或市场动荡。

四、财务危机的征兆

美国危机管理专家菲克（Fink）在 1986 年所著的《危机管理》一书中，将危机的发展分为四个阶段，即潜伏期、爆发期、慢性化期和解决期。企业管理者如果能在潜伏期察觉财务危机的征兆，就可以采取有效措施避开或化解可能出现的财务危机。

大多数情况下，企业破产危机表现为财务危机。而企业财务危机征兆的表现是多种多样的，存在的弊病贯穿于企业生产、营销、管理和财务活动的各个阶段和环节。

（一）财务指标的征兆

企业在日常经营过程中，通过观察现金流量、销售收入、现金和应收账款、财务比率等指标的变化，可以察觉财务恶化的苗头。

1. 现金流量

企业出现财务危机首先表现为缺乏支付到期债务的现金流量。企业的现金流量与销售收入、利润密切相关，它们各自有可能上升，有可能持平，有可能下降，排列组合后呈现出联动的内在规律，用三维直角坐标系表示如图 10-5 所示。

从图 10-5 坐标系区分的象限来看，在现金流量上升的同时，既存在销售收入、利润同时上升的现象，也存在销售收入、利润同时下降的现象，还存在销售收入下降、利润上升的现象以及销售收入上升、利润下降的现象；同理，在现金流量下降的同时，既存在销售收入、利润同时上升的现象，也存在销售收入、利润同时下降的现象，还存在销售收入下降、利润上升的现象及销

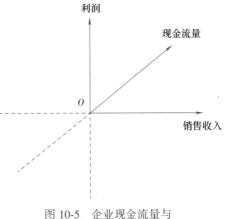

图 10-5　企业现金流量与
销售收入、利润的关系

售收入上升、利润下降的现象。

就财务活动的客观结果而言，第Ⅰ象限属于正常情况，企业运作良好，现金流转顺畅。其余象限均为病态，存在危机隐患。通常情况下，一个企业在销售收入上升时，如果没有利润与现金流量伴随，那么该企业在财务方面便会呈现出病态，如成本失控、对外投资无法收回、流动资金短缺、企业不能按期还债付息等。根据症状的表象及上面的演绎结果，可以将企业的财务"病情"归并为七类三级，以"+"符号的多少表示病情的严重程度。以下列示各"病情"的病因分析与诊断结果。

（1）第一类，销售收入下降、利润上升，同时现金流量上升　此类"病情"为一级，用"+"表示。出现该类"病情"的可能原因是：企业产品销路不畅，主营业务收入下降，企业靠其他业务、对外投资、营业外收入增加利润和现金流量。

诊断：企业资产配置不合理，影响其长期稳定发展。若举债进行证券投资，企业财务风险会进一步加大。企业应尽快调整资产结构及产品结构，生产适销对路的产品，才能稳步健康发展。

（2）第二类，销售收入下降、利润下降，而现金流量上升　此类"病情"为二级，用"++"表示。出现该类"病情"的可能原因是：企业产品销路不畅，成本上升，企业主营业务利润为负值，其他业务、投资活动等增加的利润有限，扭转不了利润下降的局面。从短期看，若亏损额小于折旧额，在固定资产不需要更新之前，企业现金流量仍可维持。一旦亏损额大于折旧额，若外部筹资不能及时到位，企业将很快破产。

诊断：短期内扭亏为盈或进行资产重组。

（3）第三类，销售收入上升、现金流量上升，而利润下降　此类"病情"为一级，用"+"表示。出现该类"病情"的可能原因是：成本费用上升幅度大于销售收入上升幅度，或投资损失超过主营业务利润。

诊断：加强成本控制及投资风险管理。

（4）第四类，销售收入上升、利润上升，而现金流量下降　此类"病情"为一级，用"+"表示。出现该类"病情"的可能原因是：企业放宽信用条件，增加了赊销量，但现金回笼状况差，现金流转不顺畅或长期投资占用资金过大，建设周期过长致使现金流量下降。

诊断：加强应收账款管理及投资风险管理。

（5）第五类，销售收入下降、现金流量下降，而利润上升　此类"病情"为二级，用"++"表示。出现该类"病情"的可能原因是：产品市场占有率下降，现金回笼状况差，投资收益未形成现金流入。

诊断：开发新产品，尽早实现产品更新换代；立足主营业务，调整投资结构，加快货币回笼，增强外部筹资能力。

（6）第六类，销售收入下降、利润下降，同时现金流量下降　此类"病情"为三级，用"+++"表示。出现该类"病情"的可能原因是：产品市场占有率下降，其他业务及投资收益欠佳，外部筹资困难。

诊断：尽快进行资产重组。

（7）第七类，销售收入上升、利润下降，同时现金流量下降　此类"病情"为二级，用"++"表示。出现该类"病情"的可能原因是：企业采用赊销作为促销手段，信用标准降低致使收益质量下降。另外，成本上升或投资损失、营业外支出过高等均会导致利润下降。

诊断：进行账龄分析，调整信用标准；加强成本控制及投资风险管理。

2. 销售收入

一般情况下，销售收入的下降会导致企业当期或以后各期现金流入量的减少，当期现金流量受影响的程度主要取决于企业的信用政策。如果当期现金余额明显下降，产成品存货大量积压，可以说企业财务出现了危险信号。

3. 现金和应收账款

在稳定的信用政策下，若出现平均收现期延长、账面现金较少而应收账款较多的情况，则表明企业现金回笼状况差，现金流转可能受到严重影响。

4. 财务比率

通过对反映企业财务状况的各项比率进行比较分析，观察其变化趋势，从中捕捉危机信号。判断企业财务状况的主要财务比率及危机的征兆见表 10-1。

表 10-1 判断企业财务状况的主要财务比率及危机的征兆

财 务 比 率	计 算 公 式	财务危机的征兆
资产周转率	销售净额/平均总资产×100%	大幅下降
资本经常收益率	经常收益/资本平均总额×100%	大幅下降或负数
销售经常收益率	经常收益/销售净额×100%	大幅下降或负数
经常收益增长率	本期收益/前期收益×100%	小于 1，并逐年下降
销售利息率	利息总额/销售净额×100%	接近或超过 6%（统计数据）
资产负债率	负债总额/资产总额×100%	大幅上升
权益与负债比率	权益总额/负债总额×100%	大幅下降
流动比率	流动资产/流动负债×100%	降到 150% 以下
经营债务倍率	（应付账款+应付票据）/月销售额	接近或超过 4（统计数据）

(二) 报表的征兆

一般来说，财务报表能综合反映企业在一定日期的财务状况和一定时期内的经营成果。为此，通过对总体结构和平衡关系的观察，可以判断企业的安全状态。

1. 利润表

根据经营收益、经常收益与当期收益的亏损和盈利情况，可以将企业的财务状况分为 A~F 六种类型。不同类型财务状况对应的安全状态见表 10-2。

表 10-2 不同类型财务状况对应的安全状态

项 目	A	B	C	D	E	F
经营收益	亏损	亏损	盈利	盈利	盈利	盈利
经常收益	亏损	亏损	亏损	亏损	盈利	盈利
当期收益	亏损	盈利	亏损	盈利	亏损	盈利
说明	接近破产状态		若此状态继续，将会导致破产		根据亏损情况而定	正常状态

注：经营收益=营业收入–营业成本–税金及附加–销售费用–管理费用–资产减值损失+公允价值变动收益+投资收益。

经常收益=经营收益–财务费用。

当期收益=经常收益+营业外收入–营业外支出。

2. 资产负债表

根据资产负债表平衡关系和分类排列顺序，可以将企业的财务状况分为 X、Y、Z 三种类型。X 型表示正常；Y 型表示企业已亏损一部分资本，财务危机有所显现；Z 型表示企业已亏损全部资本和部分负债，临近破产。不同类型对应的安全状态如图 10-6 所示。

a)   b)   c)

图 10-6 不同类型对应的安全状态

c) Z 型　b) Y 型　a) X 型

(三) 经营状况的征兆

1. 盲目扩大企业规模

企业规模的扩大通常有两种形式：一是内部扩充，二是外部扩张。内部扩充会增加固定资产投资，要耗用企业大量现金，如果某一时期企业的固定资产大幅度增加，但其生产能力和营销能力未能很好地配合，则易导致流动资金紧张。盲目的固定资产扩充往往给财务危机的形成留下隐患。

企业并购是外部扩张的一条捷径，作为一种高风险、高收益的行为，不少企业只看到其好处，而忽视了可能的风险。如果企业同时在许多地方大举收购其他企业，同时涉足许多不同的经营领域，则可能使企业负担过重，出现资金紧张问题。因此，对于企业大量的收购行为要多加注意，避免留下财务危机隐患。

2. 企业信誉不断降低

信誉是企业在长期经营中创立和积累起来的，是一种重要的无形资产。信誉好的企业能顺利地从银行取得贷款，也能从客户那里享受到更多的信用。一旦信誉受损，企业的筹资就会变得十分困难，关联企业间的经济往来、信誉结算将无法开展。企业信用状况将变得更糟，表现为经常拖欠银行贷款，推迟支付货款，经常迟发员工薪水等。企业信誉不断降低是财务危机的重要征兆。

3. 关联企业趋于倒闭

由于赊销业务的大量存在，企业之间形成了紧密的债权债务关系。一个企业出现财务危机可能影响关联企业的财务状况，一旦发现关联企业经营情况和财务状况发生异常变化，有出现财务危机的征兆时，就要及时采取应对措施，以防止本企业被拖入财务困境。

4. 产品市场竞争力不断减弱

产品市场竞争力的高低，主要体现在企业产品所占的市场份额和盈利能力上。如果企业产品市场占有率很高，且盈利空间很大，说明企业市场竞争力很强；反之，如果企业的产品出现积压，市场占有率明显下降，或产品市场份额未变，但盈利空间明显缩小，就说明企业市场竞争力在减弱，从而埋下发生财务危机的伏笔。

5. 无法按时编制会计报表

无法按规定时间编制会计报表，会计报表不能及时报送，会计信息延迟公布等，一般都是财务状况不佳的征兆。

（四）其他方面的征兆

企业人员大幅度变动往往也是危机的征兆之一。例如，在一段时间内，管理层重要成员、董事会成员、财务会计人员及其他高级管理人员突然离职或连续变更，尤其是引起轩然大波的高级管理人员集体辞职，通常是公司存在财务危机的明显标志。

企业信用等级降低、资本注销、企业主要领导人的反常行为、组织士气低落、注册会计师出具保留意见的审计报告等，也是企业财务危机发生的征兆。

▶ 五、财务危机预警分析系统

财务危机预警分析系统是采用及时的数据化管理方式，通过全面分析企业内部经营和外部环境的各种资料，以财务指标数据形式将企业面临的潜在危险预先告知经营者，同时寻找财务危机发生的原因和企业财务管理中隐藏的问题，并明确告知经营者解决问题的有效措施的智能化管理系统。财务危机预警分析系统主要由指标体系、预警界限、数据处理和信号显示四部分组成。其构建步骤如下：

第一步，建立一套能够敏感反映企业财务危机状况的指标体系。

第二步，根据企业的历史资料以及各个时期的理财环境，并参考国际公认标准、专家意见，确定各指标的预警界限，以及由预警界限所划分的安全状态。

第三步，用选定的数据处理方法，对各指标的取值进行综合处理，得出相应的安全等级（安全状态综合值=Σ各指标安全状态分值×各指标重要性系数）。

第四步，用信号显示企业财务安全状态和安全等级。

在财务危机预警分析系统的构建过程中，财务危机预警分析模型是关键。以下简要介绍几种具有代表性的财务指标信息类模型。

（一）单变量预警模型

单变量预警模型通常基于某个财务指标的阈值，当该指标超过或低于特定数值时触发警报。这是一个简单而直观的方法，特别是当某个财务指标对于公司的财务健康状况具有很强的预测能力时。最早建立单变量预警模型进行财务危机预测研究的是菲茨·帕特里克（Fitz Patrick）。1932 年，菲茨·帕特里克以 19 家公司为样本，运用单个财务比率将样本分为破产组和非破产组，结果表明判别能力最高的两个比率是权益净利率与产权比率。1966 年，威廉·比弗（William Beaver）沿用上述思路，提出了单变量预警模型。他通过对 1954 年—1964 年大量失败企业和成功企业的比较研究，对 14 种财务比率进行取舍，最终得出可以有效预测财务失败的比率依次为：

1）债务保障率=现金流量/债务总额。

2）资产负债率=负债总额/资产总额。

3）资产收益率=净收益/资产总额。

4）资产安全率=资产变现率-资产负债率。

威廉·比弗认为债务保障率能够最好地判定企业的财务状况（误判率最低），其次是资产负债率，且离失败日越近，误判率越低。但各比率判断的准确率在不同的情况下会有所差异，所以在实际应用中往往使用一组财务比率，而不是一个比率，这样才能取得良好的预测效果。

（二）多变量预警模型

1. Z 计分模型

美国爱德华·埃特曼（Edward Altman）在 1968 年提出多元线性函数模型，即 Z 计分（Z-score）模型。该模型运用多种财务指标加权汇总产生的破产风险指数（称为 Z 值）来预测财务危机。该模型由埃特曼于 20 世纪 60 年代末提出，模型如下：

$$Z = 0.012X_1 + 0.014X_2 + 0.033X_3 + 0.006X_4 + 0.999X_5 \tag{10-1}$$

式中　Z——Z 计分模型的破产风险指数；

　　　X_1——（期末流动资产－期末流动负债）/期末总资产；

　　　X_2——期末留存收益/期末总资产；

　　　X_3——息税前利润/期末总资产＝（本期财务费务费用＋本期所得税＋本期净利润）/期末总资产；

　　　X_4——期末股东权益的市场价值/期末总负债；

　　　X_5——期末销售收入/期末总资产。

该模型实际上是通过五个变量（五种财务比率），将反映企业偿债能力的指标（X_1、X_4）、获利能力指标（X_2、X_3）和营运能力指标（X_5）有机地结合起来，综合分析预测企业面临财务风险或破产的可能性。根据这一模型，Z 值越低，企业就越有可能破产。Z 计分模型的具体判断标准见表 10-3。

表 10-3　Z 计分模型的具体判断标准

Z 值范围	判断标准	破产概率
$Z \geqslant 2.99$	财务危机的可能性很小	0.5%～10%
$2.765 \leqslant Z < 2.99$	有财务危机的可能	11%～50%
$1.81 \leqslant Z < 2.765$	财务危机的可能性很大	财务状况不稳定，较难估计财务危机的可能性，属于"未知区域"或"灰色区域"
$Z < 1.81$	财务危机的可能性非常大	51%～100%

作为一个简单的判断标准，Z 值的临界值为 1.81，在 1.81 以下的企业都可被视为破产企业；非破产上限值为 2.675，它是破产企业与非破产企业的分界点。

该模型的预测结果表明，企业破产前两年的预测准确率最高，随着时间的推移，预测准确率下降。运用多变量模型预测企业破产的情况见表 10-4。

表 10-4　运用多变量模型预测企业破产的情况

企业破产之前的年数	实际破产的企业数量（家）	正确预测的数量（家）	未正确预测的数量（家）	准确率
1	33	31	2	94%
2	32	23	9	72%
3	29	14	15	48%
4	28	8	20	29%
5	25	9	16	36%

由表 10-3 可知，Z 计分模型在企业破产前一年的准确率达到 95%，而在破产前两年准确率降到了 72%，前三年以上的准确率不到一半，仅为 48%。可见，Z 计分模型只适用于短期（两年以内）的预测，说明这一模型还不成熟。后来，许多学者根据埃特曼的思路建立了改进的模型，有的模型甚至将预测能力延伸到了企业破产前七年。但无论如何，埃特曼的成就就是不可磨灭的，而且基于该模型的预测准确率较单变量模型要高得多，模型的使用成本极低，因此，Z 计分模型至今仍然是使用得最广泛的一种主流模型。

2. F 计分模型

由于 Z 计分模型在建立时并没有充分考虑现金流量的变动等方面的情况，因而具有一定的局限性。1996 年北京化工大学会计系周首华、美国夏威夷大学会计学院杨济华和中国人民大学王平三人在埃特曼研究的基础上，考虑了现金流量对企业破产的影响，对 Z 计分模型加以改造，并建立了财务危机预测的新模型——F 计分模型。F 计分模型的计算公式如下：

$$F=-0.1774+1.1091X_1+0.1074X_2+1.9271X_3+0.0302X_4+0.4961X_5 \quad (10\text{-}2)$$

式中　F——F 计分模型的破产风险指数；

X_1——（期末流动资产-期末流动负债）/期末总资产；

X_2——期末留存收益/期末总资产；

X_3——（税后纯收益+折旧）/平均总负债；

X_4——期末股东权益的市场价值/期末总负债；

X_5——税后纯收益+利息+折旧）/平均总资产。

F 值的临界值为 0.0274。若某一特定企业的 F 值低于 0.0274，则将被预测为破产公司；反之，若 F 值高于或等于 0.0274，则公司将被预测为继续生存公司。

在 F 计分模型中，X_1、X_2 及 X_4 的含义与 Z 计分模型中的 X_1、X_2 及 X_4 的含义相同，两个模型中所用比率的区别就在于其 X_3、X_5 的不同。F 计分模型中的 X_3 是一个现金流量指标，它是衡量企业所产生的全部现金流量可用于偿还企业债务能力的重要指标。一般来讲，企业提取的折旧费用，也是企业创造的现金流入，必要时可将这部分资金用来偿还债务。X_5 则测定的是企业总资产在创造现金流量方面的能力，相对于 Z 计分模型，F 计分模型可以更准确地预测出企业是否存在财务危机（其中的利息是指企业利息收入减去利息支出后的余额）。

F 计分模型的主要特点是：①F 计分模型加入现金流量这一预测变量。许多专家证实现金流量比率是预测公司破产的有效变量，因而它弥补了 Z 计分模型的不足。②该模型考虑了现代公司财务状况的发展及其有关标准的更新。例如，公司应有的财务比率标准已发生了许多变化，特别是现金管理技术的应用，已使公司所应维持的必要的流动比率大为降低。③该模型使用的样本更大。其使用了 Compustat 数据库中 1990 年以来的 4 160 家公司的数据为样本，而 Z 计分模型的样本仅为 66 家（33 家破产公司及 33 家非破产公司）。

当然，以上模型设计之初主要是针对一般大中型企业的，它对企业的适用性还有待实践去检验。从理论上讲，既然该模型能对大中型企业面临的风险状况做出大概的判断，那么它对小企业应该也具有一定的参考意义。

六、企业破产危机的应对与管理评价

企业应对破产危机的关键是捕捉先机，即在危机到来之前，建立明确的、便于操作的应急预案，避免事前无计划、事后忙乱的现象。应急预案的内容可能会随着企业经营范围、理财环境的变化而变化，但一般包括以下几个方面：①处理危机的目标（包括最高目标和最低目标）与原则。②与债权人的谈判策略。③专家与组织。④应急资金的来源。⑤削减现金支出和变卖资产的顺序。⑥资产结构与负债结构的调整和优化措施。⑦应急措施，如利用媒体与债权人进行沟通，以此控制危机，设法使受危机影响大的债权人站到企业的一边，帮助企业解决有关问题；邀请公正的权威性机构及专家来帮助解决危机，以取得债权人与社会对企业的信任；设立危机控制中心等。⑧重组计划。破产危机应急具体对策见表 10-5。

表 10-5　破产危机应急具体对策

对策	举　例	优　缺　点
规避	放弃风险大的投资项目	操作简便易行，安全可靠，效果有保障，但该方法易丧失盈利机遇，为竞争对手所利用
布控	企业建设项目投标的标的、与客户签订购销合同的标的等重大财务决策采取加密措施	可有效控制财务风险的产生，但该方法受技术条件、成本费用、管理水平的限制
承受	变卖企业资产以偿还到期债务	丢卒保车，但该方法会发生实际经济损失，由企业内部资产进行补偿
转移	对已辨识的财务风险予以保险或转让、转包、转租、联营、合资、抵押、预收、预提等	可减少或消除一时的风险损失，但转移不慎有可能导致新的风险因素
对抗	企业已资不抵债，再增加借款；股票投资已套牢，再注入一笔资金	高风险可能带来高回报，但也可能遭受加倍损失

破产预警管理效果评价是指对破产预警管理结果的评价，目的在于总结经验和教训，为以后决策提供依据。可采用破产预警管理效果评价问卷进行效果评价，具体见表 10-6。

表 10-6　破产预警管理效果评价问卷

问　题	是	否	说明
破产预警管理结果是否实现了预期目标？如果存在差异，差异有多大？			
破产预警管理对策是否易于分解落实？			
财务风险损失较预计有无增加？如有，原因何在？			
财务风险控制的力度如何？			
是否存在更佳的方案未被采用？			
破产预警管理过程中是否出现失控区间？失控原因及后果是什么？			
是否有最佳费用选择？			
破产预警管理方案是否具有弹性？是否适用于可能发生的变异？			
破产预警管理的经验教训是什么？			

第三节　重组与破产重整的财务管理

重组也称为改组，是指公司出于自身盈利的动机对公司现有的资源要素（包括人、财、物三方面），在公平互利的基础上，通过一定方式进行再配置，实现要素在公司间的流动和组合的公司行为。

我国有关法规对重组或改组尚无明确的定义。美国颇有影响的《柯勒会计师词典》对此有三种解释：一是一家公司或集团公司财务结构发生重大变化，从而使股东和债权人的利益有所变更；二是管理人员的调整或变动；三是经营方针或生产方法或交易方法的重大变动。对照上述解释，公司收购兼并，国有企业改制为股份有限公司，原集体所有制的乡镇企业改制为经营者控股经营的民营企业，公司因经营管理不善导致更换大股东和管理层等，均属于重组行为。对处于财务困境的公司而言，重组与《破产法》中的和解与重整的概念类似。本章讨论的重组仅指财务困难公司的重组，即财务危机下的公司重组。

一、缩减业务的经营重组

(一) 缩减业务的主要方式

在公司经营重组中，缩减业务的主要方式包括资产剥离（Divestiture）、股权出售（Equity Carve-out）、公司分立（Spin-off）等。

1. 资产剥离

资产剥离是指公司出售某项资产或某个子公司给第三方，获得现金及有价证券。资产剥离所产生的财务成果应当为正的净现值，等于出售所得的报酬减去相关税费，但是在资产剥离的财务评价过程中，主要考虑的因素是机会成本，即资产剥离的净现值是否高于该部分资产继续经营所获得的净现值。这也是所有公司重组方案选择的基本出发点。

2. 股权出售

股权出售是从资产剥离演化而来的，它是将原先100%持股的子公司的部分股份出售给外部投资者，同时对此子公司进行工商登记变更，成立新的公司，其股东可能与原有母公司的股东不同，分离出来的公司将拥有新的管理团队并独立经营。股权出售中涉及有形资产以及员工的分割，但是由于没有货币交易的存在，也无须对资产价值进行重估，因此无须承担相应的税费。

股权出售的动机虽然与资产剥离相似，但是结果有所不同。股权出售后，其他公司不会经营分离出来的单位，因此，不存在公司并购中所具有的协同效应。可能出现的情况是，由于管理机制的变化，该经营单位作为一个独立的公司会比原来经营得更好，这样的话，股权出售就有可能获得经济收益。但是，股权出售也是有成本的。股权出售必须发行新的股票，从而增加了股票发行成本；与持有一家公司的股票相比，股东持有两家独立公司的股票的代理成本也有可能增加。

3. 公司分立

与股权出售不同，在公司分立方式下，母公司将其在子公司中拥有的全部股份按比例分配给母公司股东，从而形成两家独立的、股权结构相同的公司，即将母子公司关系调整为平行的关联公司。因此，新公司的股权结构与母公司的股权结构完全相同，只是新公司拥有自己的管理团队并独立经营，对股东来说，原先只能持有母公司股票，分立之后则同时持有母公司和子公司股票。从公司财务的角度来看，分立和资产剥离的差别在于，剥离会给母公司带来现金流入，而分立则没有现金流量变化。

各种经营重组方式的关键特征见表10-7。

表 10-7　各种经营重组方式的关键特征

特　征	可选的经营重组方式		
	资 产 剥 离	股 权 出 售	公 司 分 立
母公司的现金流入	是	是	无
股权结构变化	是	是	无
新法人出现	有时	是	是
新股发行	有时	是	是
母公司控制权变化	否	是	否

（二）缩减业务的动机

公司经营重组中缩减业务的主要动机是提高效率、降低成本、集中资源、改善财务状况，以及更好地实现战略目标，从而提高竞争力和股东价值。这些决策通常是为了确保公司在竞争激烈的市场环境中保持健康和持续的增长。

1. 提升成本效益与效率

公司推动缩减业务的经营重组的一个主要动机在于追求成本效益和业务效率的提升。通过深入审查各业务领域，公司有望识别出降低成本的机会，进而提高整体的运营效率。这一举措将有助于公司更有效地运作并提供更高的竞争力。

2. 业务集中和优化

为了更好地实现战略目标，公司可能需要调整其业务组合，将资源和关注点更加集中在核心业务领域。这涉及削减或合并不相关或低盈利的业务部门，以确保公司在关键领域具备更高的市场地位，并能够更好地满足客户需求。

3. 改善财务状况

缩减业务的关键动机是改善公司的资本结构和财务状况。公司可能会通过出售不相关的资产、降低负债负担、优化资金运作以及改进现金流管理来实现这一目标。这些举措将有助于提高公司的财务健康和可持续性。

4. 重新进行战略定位

在缩减业务的过程中，公司需要重新评估其战略定位，并寻求更具前景的增长机会。这可能包括重新定位品牌、进入新的市场或行业，以及寻找与核心能力相关的新机遇。重新进行战略定位有助于确保公司在竞争激烈的市场中保持竞争力。

5. 股东价值最大化

公司缩减业务的最终目标之一是最大化股东价值。通过提高盈利能力、降低风险、提高投资回报率以及增加股价，公司可以实现这一目标。公司将不遗余力地确保所有决策都能够最大限度地满足股东的期望和利益。

（三）缩减业务的经营重组与股东价值

现有研究结果表明，公司的经营重组一般会给公司股东带来正收益，收益的大小随着重组战略选择的不同而不同。

如果采用资产剥离的方式，则公司股东可以获得 1%~2% 的超额收益，当资产剥离涉及的业务价值超过公司总价值的一半以上时，股东的超额收益可以达到 8%。资产剥离业务的现金流量处置也会影响股东的超额收益，如果公司将资产剥离所得的收益分配给股东，则股东的超额收益在 2% 以上；如果公司将资产剥离所得的收益用于再投资，则股东的超额收益为 -0.5%。

如果采用公司分立或股权出售的方式，则需要研究分立后母子公司的市场价值之和是否超过了分立前母公司的市场价值。大多数研究结果表明，分立后母子公司的市场价值之和出现了大幅上升，而且股票市场对公司分立或股权出售的决策表现出了正向反应，幅度在 0.17%~2.33%，表明股票投资者认为公司分立或股权出售可以增加股东价值。

▶▶ 二、股权结构重组

股权结构重组是指通过改变公司现有的股权结构，以实现公司控制权和利益的重组。在现代公司制度中，股东对公司权利的行使依赖于其所持有的股票数量，因此，改变公司的股权结构，就能够实现公司控制权和利益的重新分配。

与并购的不同之处在于，股权结构重组通常发生在一家公司的内部，并且在大多数情况下由现有的管理层购买公司股票，以实现股权与实际控制权的统一。与公司分立不同的是，在股权结构重组中，公司并没有消失，也没有与其他公司相融合，而是仍然作为一个独立的经济实体存在。股权结构重组通常有两种形式：转为非上市（Going Private）和管理层收购（Management Buyout）。

（一）转为非上市

转为非上市是指公司的现行管理层或外部私人投资者重新购买股票，从而使公司丧失上市资格，成为少数投资者持股的过程。在转为非上市方式下，投资者可以采用多种方法来购买公众股票，最普通的方法是以现金购买股票，并将公司转为仅由管理层等私人投资者所有的壳公司。这种交易通常不被当作并购看待，而是被看作将公司资产出售给私人。当然还有其他转为非上市的方法，但结果都一样：作为公众持股的公司不再存在，其原有股东得到可观的收益。

1. 转为非上市的动机分析

有很多因素促使公司的管理层将上市公司转为非上市公司，主要动机如下：

（1）控制权集中　上市公司转变为非上市公司，通常意味着对公司控制权的重新集中。这样的转变允许管理层在不受外部股东干预的情况下，更高效地制定和执行公司战略。对于那些追求长期稳定发展而非仅关注短期股价表现的企业来说，这种控制权的集中特别有利。

（2）降低合规成本与财务透明度要求　非上市公司不受上市公司所面临的严格财务报告和透明度规定的约束。这不仅降低了合规成本，而且为公司提供了更大的财务和业务策略灵活性。在非上市的状态下，公司能够更加专注于长期目标和战略，而不必频繁应对短期的市场压力。

（3）重新评估风险与把握机遇　上市公司转变为非上市公司可能反映了对当前市场环境和公司发展阶段的一种重新评估。在某些情形下，作为非上市公司能更好地保护企业免受市场波动和激烈竞争的影响。同时，这也为企业提供了探索新的投资和发展机遇的空间。

（4）抵御市场短期行为和投机　上市公司经常面临市场短期行为和股东对即时回报的过分关注。通过转为非上市公司，企业可以摆脱这种对短期业绩的过分关注，更加专注于长期的企业健康和可持续发展。

（5）私有化带来的财务激励　通过私有化，原有股东可能在一定条件下获得高于市场价的卖出价格，这为他们提供了显著的财务激励。此外，对于管理层和核心员工而言，私有化可能伴随着更具吸引力的股权奖励和激励计划，从而增强他们的工作动力，提高他们对公司的忠诚度。

（6）防御敌意收购的策略　在公开市场中，公司可能面临敌意收购的威胁。转为非上市公司可以使企业免受这种风险，尤其是当管理层认为敌意收购可能对公司的长期利益造成损害时。

每个公司的具体情况不同，决定转为非上市公司的动机也会有所区别。在做出这一重大决策时，企业需要综合考量以上各方面的因素。

2. 转为非上市的经济后果

将股权结构从上市公司转变为非上市公司的决策会带来一系列的经济后果，这些后果不仅会影响公司本身，还可能对股东、员工及其他利益相关者产生深远影响。

（1）资本获取途径的变化　非上市公司无法通过公开市场直接融资，这可能限制了公司获取资金的途径。这种转变意味着公司更多地依赖内部资金、私人投资者或债务融资，而这些融资方式可能成本更高，条件也更为严格。

（2）股东价值的影响　对于股东而言，私有化往往伴随着一次性的卖出机会，这可能意味着短期内获得较高的回报。然而，长期来看，股东将失去通过公开市场交易股票的能力，这可能影响股东的流动性和投资组合的多样性。

（3）公司治理和透明度的变化　非上市公司不受公开市场监管机构的严格监管，这可能导致公司治理和透明度标准有所下降。虽然转为非上市降低了合规成本，但也可能增加了不当管理和内部控制失效的风险。

（4）员工激励和参与的改变　上市公司员工通常可通过股票期权等方式直接参与公司增值。在非上市公司，这种直接参与可能受限，尽管私有化可能带来新的激励机制，如股权奖励计划。

（5）市场竞争力的影响　转为非上市公司可能影响公司的市场地位和竞争力。一方面，由于减少了公开市场的压力，公司可能能够更专注于长期战略和创新。另一方面，缺乏公开市场的曝光可能降低了公司的可见性和品牌认知度。

（6）税务和财务规划的变化　上市与非上市公司在税务和财务规划方面存在差异。非上市公司可能面临不同的税收结构和财务报告要求，这需要重新规划和调整。

（7）流动性和退出策略的限制　对于股东而言，非上市公司的股份通常不像上市公司股份那样容易买卖。这限制了股东的流动性和退出策略，可能导致他们在想要出售股份时面临困难。

综上所述，将上市公司转为非上市公司是一个复杂的决策，涉及多个层面的经济后果。公司在做出这样的决定时需要仔细权衡各种因素，并为可能出现的长期经济影响做好准备。

（二）管理层收购

作为股权结构重组的方式之一，管理层收购是一种主要由管理层自身通过债务融资实现的公司收购。

管理层收购和转为非上市之间存在重要差别。转为非上市是一种直接交易，投资者仅需向公众股东购买股票即可，而且投资者未必就是公司原先的管理者。而在管理层收购中，投资者主要是公司现有的管理人员，主要采用杠杆收购的方法，此时要涉及三方甚至四方投资者。而且，管理层收购中所承担的债务是以公司资产为抵押的。尽管一些管理层收购是针对整个公司的，但大多数情况下是针对公司的一个分部或次级经营单位的。通常情况是，当公司认为某分公司不再适合其战略目标时，就可以将它向其管理层出售，该分公司就不可避免地成为一家私人持股的公司。所以，就结果而言，管理层收购和转为非上市是一致的。

在管理层收购的实际运作过程中，按照事先约定的持股比例，公司通常需要成立一个职工持股会。职工持股会的主要任务就是认购这些股票，并且作为持股职工的代表参加公司的管理决策。而每个职工认购股票的资金，一部分是来自其本人的储蓄，不足部分就通过公司担保或者资产抵押来向金融机构借款。收购完成以后，职工持股会按规定解散，其所拥有的股票将根据职工认购的比例进行分配。所以，管理层收购和职工持股计划也是联系在一起的。

三、破产重整的财务管理

破产重整的财务管理是一个复杂且关键的过程，旨在帮助陷入财务困境的公司恢复稳定并重新获得盈利能力。在破产重整的过程中，财务管理涉及多个方面，包括资产评估、债务重组、现金流管理、成本控制和业务重组等。其中，最重要的环节包括：估算重整公司的价值、构建重整公司的目标资本结构、旧证券的估价和换取新证券以及其他财务管理。

（一）估算重整公司的价值

确定重整公司的总价值是最困难也是最重要的工作。可行的做法是对未来收益资本化，即以估算的未来收益为依据，按某一恰当的贴现率折算为资本的现值。具体分为以下四步：

1）估算公司未来的销售额。

2）分析公司未来的经营环境，以便预测公司未来的收益与现金流量。

3）确定用于未来现金流量贴现的贴现率。

4）用确定的贴现率对未来公司的现金流入量进行贴现，估算出公司的价值。

【例 10-1】 某公司准备进行破产重整，重整前公司资本结构为银行借款 300 万元，长期债券 180 万元，优先股 100 万元，普通股 300 万元。重整后未来 10 年的年度现金流量为 100 万元。同行业平均资本报酬水平为 10%，以此作为贴现率。则该公司的总价值为

$$100\times(P/A,10\%,10)=100\times6.145=614.5(万元)$$

（二）构建重整公司的目标资本结构

构建重整公司的最优资本结构，削减公司的债务负担和利息支出，从而使公司有较充

裕的安全边际，这是破产重整的财务管理中非常重要的一部分。为减少公司的利息支出，公司现有的债务通常会被置换为收益债券或者优先股、普通股，由此减少公司的固定性利息支出或改善公司的负债总额。

此外，为改善公司的负债结构，公司也可以跟债权人协商，改变公司的负债条款，如延长债务的到期日，以减少年度偿债金额。债权人和债务人都很关心与公司未来收益相关的负债与股东权益之间的合理平衡。如果事实证明，重整公司将在未来需要新的筹资，则必须保持一个更为稳健的负债与股东权益的比率，以为公司未来的筹资提供较高的弹性。

【例 10-2】 某重整公司的总价值为 2 000 万元，原有资本结构和重整后资本结构见表 10-8。

表 10-8　某重整公司总价值为 2000 万元时的资本结构变化情况　（单位：万元）

原有资本结构		重整后资本结构	
信用公司债	300	信用公司债	600
抵押公司债	900	抵押公司债	300
优先股	600	优先股	300
普通股	1 000	普通股	800
合计	2 800	合计	2 000

其中，信用公司债是一种不以公司任何资产做担保而发行的债券，属于无担保证券范畴。抵押公司债，是指以公司财务作为担保而发行的一种债券，其中以公司的动产作为抵押的称为质押公司债。抵押公司债又可按等级分为第一、第二……顺位抵押公司债。当公司无法按期支付债息时，第一顺位抵押公司债较后面的顺位具有优先清偿权。企业重整时，经过第一顺位抵押公司债持有人的许可，有可能发行最优先留置权公司债，其清偿要求权位于第一顺位抵押公司债之前。

（三）旧证券的估价和换取新证券

公司新的资本结构确定后，用新的证券替换旧的证券，实现公司资本结构的转换。要做到这一点，需将公司各类债权人和权益所有者按照求偿权的优先级别分类统计，同一级别的债权人或权益所有者在进行资本结构调整时享有相同的待遇。一般情况下，当优先级别在前的债权人或权益所有者得到妥善安置后，优先级别在后的债权人或权益所有者才能得到安置。

【例 10-3】 接上例，如果重整公司的总价值只有 1 200 万元，那么受托人可能制定含300 万元信用公司债、300 万元优先股和 600 万元普通股的目标资本结构。此时，原抵押公司债权人将得到 300 万元信用公司债、300 万元优先股和 300 万元普通股；原信用公司债权人只能得到 300 万元普通股；原优先股和普通股持有人将一无所获。原有资本结构和重整后资本结构见表 10-9。

表 10-9　某重整公司总价值为 1 200 万元时的资本结构变化　　（单位：万元）

原有资本结构		重整后资本结构	
信用公司债	300	信用公司债	300
抵押公司债	900	抵押公司债	
优先股	600	优先股	300
普通股	1 000	普通股	600
合计	2 800	合计	1 200

（四）其他财务管理

（1）现金流管理　在破产重整期间，严格的现金流管理至关重要。这包括监控和控制现金流入和流出，确保企业有足够的流动资金来维持基本运营。可能需要制定紧急现金管理计划，包括推迟或减少支出、加速应收账款的回收等。

（2）资产评估和出售　对公司资产进行全面评估，确定哪些资产是必要的，哪些可以出售以减轻财务负担。在某些情况下，出售资产可能是快速增加现金流量的有效方法。

（3）债务重组　重组现有债务是破产重整的关键环节。这可能包括与债权人谈判以延长偿还期限、减少债务负担或改变偿债条件。目标是创造一个可持续的债务偿还结构。

（4）成本控制和消减　通过削减非必要的支出和成本来减少企业的财务负担。这可能涉及裁员、关闭不盈利的业务部门、减少开支、优化运营流程等。

（5）财务规划和预测　制定详细的财务计划和预测，包括现金流预测、预算编制和财务目标设定。这些规划应与企业的破产重整计划和战略目标紧密结合。

（6）监控和报告　在破产重整过程中，定期监控财务状况和业务绩效，并向管理层、债权人和其他利益相关者提供透明的报告，有助于建立信任并保持利益相关者的支持。

（7）合规性和风险管理　确保在破产重整过程中遵守所有相关法律和监管要求，同时管理与财务重整相关的风险，包括信用风险、市场风险和操作风险等。

（8）利益相关方的沟通和协商　有效沟通和与利益相关方协商是成功的破产重整的关键。这包括与债权人、投资者、员工、供应商等进行沟通，以寻求他们的理解和支持。

破产重整的财务管理是一个挑战性较大的任务，需要精确的策略规划、严格的执行力以及有效的沟通协调能力。成功的破产重整不仅可以帮助公司摆脱财务困境，还能为未来的稳定发展奠定基础。

第四节　破产和解与破产清算的财务管理

对现有子公司或部门进行破产清算也是公司重组的一个重要选择。在其他方式下，子公司或部门会继续存在，只是与母公司的所有权关系发生了变化，而破产清算将导致子公司或部门消失。各个国家的法律对公司破产清算的条件和程序都有明确的规定，因此破产清算所面临的财务管理问题不同于一般意义上的财务管理决策。

一、破产和解与破产清算财务管理的基本原则

破产和解与破产清算中的财务管理所要处理的财务关系主要是破产公司和债权人之间

的关系，管理的对象是达到破产界限的公司，所以，破产和解与破产清算中的财务管理应遵循一些特殊的原则。

（1）公平原则　公平原则是指在破产和解与破产清算的过程中，破产公司要对所有的债权人一视同仁，按照法律和财产合同上规定的先后顺序，对各债权人的求偿权予以清偿，而不能违背法律，为一个或几个债权人的利益而损害其他债权人的利益。公平原则就是要保证各债权人能够公平分配破产公司的财产。

（2）可行原则　可行原则是指在破产和解与整顿的过程中，破产公司必须具备相应的条件，如果不具备相应的条件，则被认为是不可行的。破产和解与整顿是否可行的一个基本判断标准，就是达到破产界限的公司经过破产和解与整顿以后，是否能够按照和解协议清偿债务。如果其能按时清偿债务，则认为破产和解与整顿可行，否则就认为不可行，应通过破产清算来加以解决。

（3）守法原则　破产清算中的财务管理不仅需要财务方面的技术与方法，而且需要更多的法律知识。无论是在破产和解与整顿的过程中，还是在破产清算的过程中，破产公司都必须依法办事。例如，对各种破产财产、破产债权的界定与确认，对破产费用的支付和管理，对各种债务的清偿，都要按《破产法》和有关法律处理。

（4）节约原则　破产清算中的财务管理必须处处遵循节约原则。一般来说，破产和解与整顿比破产清算更能节约费用支出，因此，如果破产和解与整顿方式可行，则破产公司应尽量采用这一方式解决；如果破产和解与整顿方式不可行，才采用破产清算方式解决。在进行破产清算时，破产公司也应尽量节约各种清算费用。

二、破产和解的财务管理

（一）自愿和解的财务管理

在进行自愿和解的过程中，公司（债务人）在财务方面需要处理好以下具体问题：

（1）债务展期　通过与债权人谈判，尽量延长债务的到期日。自愿和解通常都要进行债权的展期，债权人之所以愿意展期，是因为他们期望在以后能够收回更多的债权。如果公司与债权人谈判顺利，则债权人不仅会同意展期，有时还会同意在展期期间把求偿权的位置退于现有供应商之后。债务展期的时间越长，对债务人越有利。

（2）债务减免　通过与债权人谈判，争取最大数量的债务减免。在债务减免的过程中，债权人仅收回部分债权，但要注销全部债权。债权人同意减免债权，是因为减免后可避免债务人正式破产所产生的成本，如管理费用、法律费用、调查费用等。在债权人既愿意进行债权减免，又不愿减免太多的情况下，就需要公司财务人员在谈判时努力争取减免最多的债务。

（3）必须按展期和债务减免的规定来清偿债务　经过债务展期和债务减免以后，公司的债务有所减少，还款时间有所推迟，但经过债务展期和债务减免后的债务必须按时偿还。

（二）正式和解与整顿中的财务问题

正式和解与整顿涉及的财务问题，基本同自愿和解一样，但还有如下几个特殊问题需要注意：

（1）和解协议草案的编制　和解协议草案是一个非常重要的法律文件，如果编制得好，在债权人会议上得到通过，破产公司便可进行破产和解与整顿。如果编制得不好，在债权人会议上得不到通过，破产公司便要被依法宣告破产。和解协议草案一般应包括如下内容：①对各项债务的偿还数额、日期和步骤做出具体说明。在编制和解协议草案时，破产公司财务人员要对债权人和本公司的情况进行具体分析，合理确定债务减免的数额。除债务减免外，草案中还应提出延缓支付债务的要求。一般而言，对到期债务应实行分期分批偿还。这种债务减免和展期，与自愿和解程序基本相似，这里不再详述。②提出改善财务状况的具体方案。主要包括：如何增加公司资金来源；怎样减少公司资金占用；如何扩大市场规模，增加销售收入；采取哪些降低成本的措施等。③载明上级主管部门具体的支持意见。在我国，公司和解与整顿一般由上级主管部门提出，上级主管部门的意见和整顿措施能更好地取得债权人的信任。

（2）整顿期间的财务管理　破产公司一般都存在管理混乱、资产破坏严重、销售收入减少、成本居高不下、产品质次价高等问题。为使整顿取得成效，破产公司在财务上既要筹集一定数量的资金以购置生产经营所需的流动资产；又要筹集一定数量的资金对厂房和设备进行修理或更新，以利于正常生产和大幅降低成本；还要筹集一定数量的资金开发新产品和占领新市场，以增加销售收入；此外，要筹集一定数量的资金以偿还到期债务。

整顿能否取得成功，关键是破产公司能否筹集到整顿过程中所需的资金。在整顿期间，破产公司的信誉较低，公司产品的价格往往跌至最低点，银行也往往不给公司追加贷款。因此，在整顿期间，破产公司可以考虑采取以下措施：①努力争取上级主管部门的资金。既然上级主管部门提出了和解申请，说明它愿意帮助公司渡过难关，因此，上级主管部门的资金可能成为整顿期间公司资金的主要来源。②寻找信誉良好的公司做担保人，向银行获取担保贷款，调整资金结构。③尽可能将债务转化为股权，适当处理过时和毁损的流动资产，减少奖金发放，停止股息和红利支付，节约现金流出。

三、破产清算的财务管理

（一）破产财产的范围及计价

破产申请受理时属于债务人的全部财产，以及破产申请受理后至破产程序终结前债务人取得的财产，称为债务人财产。公司宣告破产后，债务人财产称为破产财产。

下列特殊情况下的财产仍属于破产财产，管理人有权追回：

1）人民法院受理破产申请前一年内，涉及债务人财产的下列行为，管理人有权请求人民法院予以撤销：①无偿转让财产的；②以明显不合理的价格进行交易的；③对没有财产担保的债务提供财产担保的；④对未到期的债务提前清偿的；⑤放弃债权的。

2）为逃避债务而隐匿、转移财产的；虚构债务或者承认不真实的债务的。

3）人民法院受理破产申请前六个月内，债务人不能清偿到期债务，并且资产不足以清偿全部债务或者明显缺乏清偿能力，但仍对个别债权人进行清偿的，管理人有权请求人民法院予以撤销。但是，个别清偿使债务人财产受益的除外。

为了正确确定破产财产的价值，以便合理地按价值进行分配，破产财产的计价可以采用账面价值法、重估价值法和变现收入法等多种方法。

账面价值法是指以核实后的各项资产、负债的账面价值（原值扣除损耗和摊销）为依据，计算企业财产价值的方法。该方法适用于破产财产的账面价值与实际价值偏离不大的项目，如货币资金、应收账款等货币性资产项目。

重估价值法是指对财产的原值以采用重置成本法、现行市价法等方法进行重估所确定的价值为依据，计算企业财产价值的方法。该方法适用于各项财产价值的确定，如设备、存货等。

变现收入法是指以出售资产可获得的现金收入为依据，计算企业财产价值的方法。

（二）破产债权的范围及计价

人民法院受理破产申请时将债务人享有的债权称为破产债权。债权申报期限自人民法院发布受理破产申请公告之日起计算，最短不得少于 30 日，最长不得超过三个月。此外，人民法院裁定终止破产重整计划执行的，债权未受清偿的部分作为破产债权。人民法院裁定终止和解协议执行的，和解债权未受清偿的部分作为破产债权。

债权人申报债权时，应当书面说明债权的数额和有无财产担保，并提交有关证据。申报的债权是连带债权的，应当说明。可以由其中一人代表全体连带债权人申报债权，也可以共同申报债权。在人民法院确定的债权申报期限内，债权人未申报债权的，可以在破产财产最后分配前补充申报；但是，此前已进行分配的，不再对其补充分配。审查和确认补充申报债权的费用，由补充申报人承担。

未到期的债权在破产申请受理时视为到期。附利息的债权自破产申请受理时起停止计息。

管理人对所收到的债权申报材料进行审查并编制债权表，供利害关系人查阅。债务人、债权人对债权表的记录没有异议时，由人民法院裁定确认；如有异议，可向人民法院提起诉讼。凡是依法申报债权的债权人均为债权人会议成员，有权参加债权人会议，享有表决权。

破产债权的计价是为了确定债权人对破产企业拥有的债权额度，以便为破产财产的公平分配提供依据。破产债权的计价因债权类型的不同而不同，主要有以下几种：

1）破产宣告日尚未到期的利随本清债权，其债权额为原债权额，加上从债权发生日至破产申请受理时的应计利息。

2）不计利息的现金债权及非现金债权，一般按债权发生时的历史记录金额计价。

3）以外币结算的债权，按破产宣告日以国家外汇牌价中间价折合的人民币金额计价。

4）索赔债权，赔偿金额由清算组与索赔债权人协商确定。

（三）清算费用与清算损益

（1）清算费用 清算费用是指公司在破产清算过程中所发生的各项支出。清算费用应当从清算财产中优先拨付，一般随时发生随时支付。当破产财产不足以支付清算费用时，清算组要向法院及时申报，由法院宣告破产终结。

清算费用的开支范围包括：清算期间的职工生活费；清算财产管理、变卖和分配所需费用；破产案件诉讼费用；清算期间公司设施和设备维护费用、审计评估费用；为债权人共同利益而支付的其他费用，包括债权人会议会务费、破产公司催收债务差旅费及其他费用。

清算组应严格按照经债权人会议审核的开支范围和标准拨付清算费用。

（2）清算损益 公司破产清算过程中发生的财产盘盈、财产变价净收入、因债权人原因确实无法归还的债务，以及破产清算期间的经营收益等被称为清算收益；公司破产清算过程中发生的财产盘亏、确实无法收回的债权，以及清算期间的经营损失等被称为清算损失；发生的清算费用优先从现有财产中支付；清算终了，清算收益大于清算损失和清算费用的部分，依法缴纳所得税。

（四）破产财产的分配与清偿

当破产财产全部被确认和拍卖，破产债权全部被界定和确认，破产费用总额估算出来后，清算组可提出分配方案。这一方案要由债权人会议通过，经法院裁定后执行。

1. 破产财产的清偿顺序

破产财产的清偿顺序如下：

1）依法处理"别除权"⊖。

2）破产财产（由别除权人优先受偿的除外）在优先清偿破产费用⊖和共益债务⊖后，依照下列顺序清偿：

① 职工劳动债权（破产人所欠职工的工资和医疗、伤残补助、抚恤费用，所欠的应当划入职工个人账户的基本养老保险、基本医疗保险费用，以及法律、行政法规规定应当支付给职工的补偿金）。

② 破产人欠缴的除应当划入职工个人账户的基本养老保险、基本医疗保险费用以外的社会保险费用和破产人所欠缴税款。

③ 无财产担保的普通债权。

3）破产财产不足以清偿同一顺序的清偿要求的，应按照比例分配。

4）法律没有明确规定清偿顺序的债权。对于法律没有明确规定清偿顺序的债权，人民法院可以按照人身损害赔偿债权优先于财产性债权、私法债权优先于公法债权、补偿性债权优先于惩罚性债权的原则合理确定清偿顺序。

5）破产财产依照法定顺序清偿后仍有剩余的，可依次用于清偿破产申请受理前产生的民事惩罚性赔偿金、行政罚款、刑事罚金等惩罚性债权。

2. 破产财产分配方案实施中的特殊问题

无法通知且无法直接交付，或者经通知债权人未受领也无法直接交付的破产财产分配额，管理人应当提存。债权人自最后分配公告之日起满两个月仍不领取的，视为放弃受领分配的权利，管理人或者人民法院应当将提存的分配额分配给其他债权人。

对于附生效条件或者解除条件的债权，管理人应当将其分配额提存。管理人依照规定提存的分配额，在最后分配公告日，生效条件未成就或者解除条件成就的，应当分配给其

⊖ 别除权是指对破产人的特定财产享有担保权的权利人，对该特定财产享有优先受偿的权利。它属于破产债权，其担保物属于破产财产，别除权人享有破产申请权，也应当申报债权。

⊖ 人民法院受理破产申请后发生的以下费用被称为破产费用：①破产案件的诉讼费用；②管理、变价和分配债务人财产的费用；③管理人执行职务的费用、报酬和聘用工作人员的费用。

⊖ 人民法院受理破产申请后发生的以下债务被称为共益债务：①因管理人或者债务人请求对方当事人履行双方均未履行完毕的合同所产生的债务；②债务人财产受无因管理所产生的债务；③因债务人不当得利所产生的债务；④为债务人继续营业而应支付的劳动报酬和社会保险费用以及由此产生的其他债务；⑤管理人或者相关人员执行职务致人损害所产生的债务；⑥债务人财产致人损害所产生的债务。

他债权人；在最后分配公告日，生效条件成就或者解除条件未成就的，应当交付给该债权人。

破产财产分配时，对于诉讼或者仲裁未决的债权，管理人应当依争议标的额将其分配额提存，按照诉讼或者仲裁结果处理。自破产程序终结之日起满两年仍不能受领分配的，人民法院应当将提存的分配额分配给其他债权人。

【例10-4】 某公司申请破产，破产前经审计后的资产负债表（简表）见表10-10。

表10-11中的银行贷款属于信用贷款，抵押债券则是以公司厂房为抵押。

公司进入清算程序后，资产变卖收入如下：流动资产为450万元，厂房为750万元，设备为700万元，无形资产不能变现，合计变现1 900万元。清算期间发生清算费用100万元。

表10-10 某公司破产前经审计后的资产负债表（简表）

2023年6月30日　　　　　　　　　　　　　　　　　　　　（单位：万元）

资　　产		负债及所有者权益	
流动资产	800	应付账款	500
固定资产——厂房	1 400	应付职工薪酬	100
固定资产——设备	900	应交税费	300
无形资产	300	银行借款	700
		抵押债券	800
		所有者权益	1 000
合计	3 400	合计	3 400

则有

扣除清算费用后清算财产结余=1 900-100=1 800（万元）

扣除应付职工薪酬、应交税费的财产结余=1 800-100-300=1 400（万元）

扣除支付抵押资产后的债务结结余=1 400-750=650（万元）

一般债权的求偿总额=500+700+（800-750）=1 250（万元）

结余收入的分配比例=650/1 250×100%=52%

银行应分配的财产结余金额=700×52%=364（万元）

【思考题】

1. 企业破产和解、破产重整与破产清算的概念是什么？它们之间的关系如何？
2. 企业破产的原因有哪些？
3. 企业破产重整的基本目的和程序是什么？
4. 企业破产清算的程序是什么？破产清算时的财务管理应考虑哪些相关内容？

【案例题】

2020年10月15日，甲公司因陷入财务困境无法清偿到期债务而向人民法院提出破产申请。此前一周，甲公司职工李某被拖欠多月工资，径行向人民法院提出针对甲公司的破产申请。

2020 年 11 月 10 日，人民法院裁定受理甲公司破产案件，并采用竞争方式确定 A 会计师事务所担任管理人，同时确定 B 会计师事务所作为管理人的接替人选。甲公司曾于 2016 年 9 月 1 日聘用 A 会计师事务所担任其财务顾问，聘期一年。

管理人在清理债务人财产过程中发现：

（1）甲公司于 2020 年 5 月 8 日提前向乙公司清偿债务 100 万元，该笔债务本应于 2020 年 10 月 10 日到期。

（2）甲公司于 2020 年 10 月 10 日向丙公司订购了一套生产设备，约定货到付款。丙公司于 11 月 9 日向甲公司发出该设备。在货物运送途中，丙公司于 11 月 12 日得知人民法院受理甲公司破产案件，向承运人及管理人要求将设备运回，但未能实现。该设备于 11 月 13 日到达甲公司。

（3）甲公司章程记载其股东王某应于 2021 年 5 月 31 日前向公司缴清价值 50 万元的实物出资。王某已向公司交付一批价值 35 万元的机械设备以履行出资义务。进入破产程序后，管理人要求王某补缴剩余 15 万元出资，王某以其出资期限尚未届满为由拒绝。

思考：

（1）人民法院是否应当受理甲公司职工李某径行提起的破产申请？请说明理由。

（2）A 会计师事务所与本案是否存在影响其忠实履行管理人职责的利害关系？请说明理由。

（3）管理人是否有权要求撤销甲公司向乙公司的提前清偿行为？请说明理由。

（4）管理人是否应当准许丙公司取回生产设备？请说明理由。

（5）王某是否有权以出资期限尚未届满为由拒绝补缴出资？请说明理由。

参 考 文 献

[1] 卡普兰，阿特金斯．高级管理会计：第三版 [M]．吕长江，译．大连：东北财经大学出版社，2012．

[2] 汤谷良，王珮．高级财务管理学 [M]．北京：清华大学出版社，2017．

[3] 王化成，刘亭立，邓路，等．高级财务管理学 [M]．4版．北京：中国人民大学出版社，2023．

[4] 陈真．中国近代工业史资料：第4辑 [M]．北京：三联书店，1961．

[5] 孙文刚，张淑贞．新中国企业财务管理发展60年回眸 [J]．齐鲁珠坛，2009（6）：3-7．

[6] 刘志远．高级财务管理 [M]．上海：复旦大学出版社，2007．

[7] 曾蔚．高级财务管理 [M]．北京：清华大学出版社，2018．

[8] 赵德武，马永强．中国财务管理教育改革发展30年回顾与展望 [J]．财经科学，2008（11）：1-8．

[9] 张晓亮．财务管理概念框架之批判反思 [J]．财会月刊（上），2014（7）：11-13．

[10] 区颖汉．财务管理假设观点研究 [J]．财会研究，2009（18）：48-49；65．

[11] 李双．财务管理假设理论研究 [J]．财会月刊（下），2006（6）：8-9．

[12] 王宁建，宋坤蓉．财务管理假设研究综述 [J]．财会月刊（中），2009（6）：70-71．

[13] 杨旭，熊若岚．财务管理假设研究综述 [J]．财会月刊（下），2010（12）：86-88．

[14] 何瑛，周访，郝雪阳．财务管理理论研究国际比较与展望 [J]．经济管理，2013（2）：175-185．

[15] 李永乐，王勇军．财务管理理论研究起点论综述 [J]．财会通讯（中），2009（3）：39-40．

[16] 李心合．论公司财务概念框架 [J]．会计研究，2010（7）：32-39．

[17] 李心合．论公司财务学假设 [J]．当代财经，2010（12）：120-128．

[18] 王楠．浅谈我国财务管理理论结构研究 [J]．甘肃科技，2017，33（16）：67-68．

[19] 王化成．试论财务管理假设 [J]．会计研究，1999（2）：26-30．

[20] 杨多平．试论财务管理假设 [J]．财会研究，1997（8）：22-23．

[21] 张烜．公司财务管理案例 [M]．北京：中国社会科学出版社，2022．

[22] 陆正飞，朱凯，童盼．高级财务管理 [M]．4版．北京：北京大学出版社，2023．

[23] 中国注册会计师协会组织．公司战略与风险管理 [M]．北京：中国财政经济出版社，2023．

[24] 郭复初．中西方近代财务管理的发展与启迪 [J]．四川会计，1997（7）：3-7．

[25] HIRSHLEIFER. On the Theory of Optimal Investment Decision [J]. Journal of Political Economy, 1958（August）：329-352.

[26] FAMA，MILLER. The Theory of Finance [M]. Hinsdale：Dryden Press，1972.

[27] BREALEY，MYERS. Principles of Corporate Finance [M]. 2nd ed. New York：McGraw-Hill，1984.

[28] MARKOWITZ. Portfolio Selection [J]. Journal of Finance，1952（3）.

[29] 郝以雪．高级财务管理 [M]．成都：西南财经大学出版社，2017．

[30] 蒋瑜洁．中国企业跨国并购后的整合模式：以吉利集团并购沃尔沃汽车为例 [J]．经济与管理研究，2017（7）：126-132．

[31] 张华，胡海川，卢颖．公司治理模式重构与控制权争夺：基于万科"控股权之争"的案例研究 [J]．管理评论，2018（8）：275-289．

[32] 谢洪明，章俨，刘洋，等．新兴经济体企业连续跨国并购中的价值创造：均胜集团的案例 [J]．管理世界，2019（5）：161-178．

[33] 李月娥．从一则腾讯收购案例分析互联网行业海外并购的财务风险防范 [J]．对外经贸实务，2020（1）：76-79．

[34] 马永斌.公司并购重组与整合［M］.北京：清华大学出版社，2020.

[35] 广州白云山医药集团股份有限公司拟股权收购涉及广州医药股份有限公司股东全部权益价值资产评估报告［EB/OL］.［2023-12-11］.http://static.cninfo.com.cn/finalpage/2022-08-08/1214240734.PDF.

[36] 布里格姆，休士顿.财务管理：原书第14版［M］.张敦力，杨快，赵纯祥，等，译.北京：机械工业出版社，2018.

[37] 注册会计师协会组织.财务成本管理［M］.北京：中国财政经济出版社，2019.

[38] 邓长荣，马永开.三因素模型在中国证券市场的实证研究［J］.管理学报，2005，2（5）：591-596.

[39] 林新，赵陵，张宏伟.套利定价理论的实证研究［J］.数量经济技术经济研究，2001（5）：20-33.

[40] 王巍.中国并购报告［M］.北京：人民邮电出版社，2004.

[41] 萨德沙纳姆.兼并与收购［M］.北京：中信出版社，1998.

[42] 张秋生，王东.企业兼并与收购［M］.北京：北京交通大学出版社，2001.

[43] 王东，张秋生.企业兼并与收购案例［M］.北京：清华大学出版社，2004.

[44] 周秀华.企业集团财务管控体系创新探索［J］.财会通讯，2016（17）：43-45.

[45] 姚俊，蓝海林.我国企业集团的演进及组建模式研究［J］.经济经纬，2006（1）：82-85.

[46] 吕林根.浅析企业集团财务管理体制模式及影响因素［J］.经济研究导刊，2018，386（36）：95-96；102.

[47] 吴国忠.关于港口企业集团分配管理的探讨［J］.交通企业管理，2007（10）：33-34.

[48] 何瑛，张大伟.阿里巴巴整体上市解析［J］.财务与会计，2015（10）：30-32.

[49] 陈瑶，余渡.产业政策与集团内部资源配置［J］.产业经济研究，2023（5）：44-57.

[50] 周密.反向收购整体上市与财务效应分析［J］.财会通讯，2019（14）：42-46.

[51] 臧秀清，赵丽娜，李毅.分析师关注会提高内部资本市场效率吗：基于代理成本和融资约束的中介研究［J］.哈尔滨商业大学学报（社会科学版），2023（2）：80-92.

[52] 邢斐，郑婕好.环境不确定性、企业集团与投资效率［J］.财会通讯，2021（7）：60-65.

[53] 郑丽，陈志军，徐英杰.集团内部资本交易、市场依赖性与子公司创新［J］.管理评论，2021，33（8）：104-115.

[54] 徐英杰，陈志军.集团内部资本市场对企业全要素生产率的影响及其机制研究［J］.济南大学学报（社会科学版），2023，33（4）：118-134.

[55] 黄贤环，王瑶.集团内部资本市场与企业金融资产配置："推波助澜"还是"激浊扬清"［J］.财经研究，2019，45（12）：124-137.

[56] 张安淇，李元旭.内部资本市场、控制权结构与冲突协调［J］.烟台大学学报（哲学社会科学版），2023，36（3）：108-116.

[57] 张学伟，王玺杰.内部资本市场跨期配置下最优分部相关性匹配研究：对多元化企业并购整合内在逻辑的诠释［J］.中国管理科学，2021，29（9）：25-35.

[58] 王储，支晓强，王峰娟.内部资本市场理论前沿与研究展望［J］.科学决策，2019（9）：70-93.

[59] 王艳，芦冠庭，万里虹.融资约束与内部资本市场、盈余管理的关系探析：基于保险集团视角的研究［J］.保险研究，2021（9）：3-15.

[60] 黎文靖，严嘉怡.谁利用了内部资本市场：企业集团化程度与现金持有［J］.中国工业经济，2021（6）：137-154.

[61] 武晓芬，唐媚媚，陆旭冉.外部资本市场与内部资本市场：替代还是互补——基于陆港通效应的实证检验［J］.投资研究，2023（1）：103-119.

[62] 柯杰升，李怡，武健伟.中国林业上市公司多元化经营与企业绩效研究：基于内部资本市场的调节和中介效应［J］.农村经济，2020（6）：136-144.

［63］周卫华，刘薇．企业集团财务数字化转型：价值嵌入与路径选择［J］．经济管理，2023（7）：94-111.

［64］李一彧．关于财务公司投资组合风险管理策略的探讨［J］．湖北经济学院学报（人文社会科学版），2018，15（3）：34-36.

［65］张腾．企业集团财务公司有价证券投资业务精益管理提升策略探究［J］．财经界，2023（4）：126-128.

［66］财政部会计财务评价中心．财务管理［M］．北京：经济科学出版社，2023.

［67］中华人民共和国工业和信息化部．关于印发中小企业划型标准规定的通知［EB/OL］．（2011-07-04）［2023-12-11］.https://www.gov.cn/zugk/2011/07/04/content_1898747.htm.

［68］COASE. The nature of the firm［J］. Economica，1937，4（16）：386-405.

［69］JENSEN，MECKLING. Theory of the firm：Managerial behavior，agency costs and ownership structure［J］. Journal of Financial Economics，1976，3（4）：305-360.

［70］李丽霞，等．我国中小企业融资体系的研究［M］．北京：科学出版社，2001.

［71］王铁军．中国中小企业融资28种模式［M］．北京：中国金融出版社，2004.

［72］陈晓红，吴运迪．创业与中小企业管理［M］．北京：清华大学出版社，2011.

［73］高志辉．基于生命周期理论的中小企业股利分配政策研究［J］．中国乡镇企业会计，2013（1）：35-36.

［74］申林平．上市公司破产重整原理与实务［M］．北京：法律出版社，2020.

［75］齐砺杰．破产重整制度的比较研究：英美视野与中国图景［M］．北京：中国社会科学出版社，2016.

［76］中国注册会计师协会组织．经济法［M］．北京：中国财政经济出版社，2023.